Johann Semmelmayer · **Der Berufungsgegenstand**

Schriften zum Prozessrecht

Band 128

Der Berufungsgegenstand

Von

Johann Semmelmayer

Duncker & Humblot · Berlin

Die Deutsche Bibliothek – CIP-Einheitsaufnahme

Semmelmayer, Johann:
Der Berufungsgegenstand / von Johann Semmelmayer. –
Berlin : Duncker und Humblot, 1996
(Schriften zum Prozessrecht ; Bd. 128)
Zugl.: Regensburg, Univ., Diss., 1994/95
ISBN 3-428-08622-8
NE: GT

Fotoprint: Berliner Buchdruckerei Union GmbH, Berlin
Printed in Germany

ISSN 0582-0219
ISBN 3-428-08622-8

Gedruckt auf alterungsbeständigem (säurefreiem) Papier
entsprechend ISO 9706 ♾

Meinem Vater zum Gedenken,
für Silvia, Philipp und Lukas

Vorwort

Das Rechtsmittelrecht gehört seit etwa zehn Jahren zum ständigen Bestandteil der rechtspolitischen Diskussion im Zivilprozeßrecht. Die Suche nach einer Entlastung der Rechtsmittelgerichte und einer effizienteren Gestaltung des Rechtsmittelverfahrens beschäftigt Wissenschaft, Rechtsprechung und Politik. Um die dogmatische Ausformung von Berufung und Revision ist es in den letzten Jahren dagegen ziemlich still gewesen. Der "Angriff" von Peter Gilles gegen die Rechtsmittelkonzeption der herrschenden Meinung ist zwar abgeschlagen worden, hat aber nicht dazu geführt, daß die h. M. nun, angeregt durch zahlreich aufgedeckte Unstimmigkeiten, umfassend neu und verbessert ausgeformt worden wäre. Einer solchen Gesamtkonzeption bedarf es aber, wenn die Grenzen insbesondere der Berufung nicht rein dezisionistisch bestimmt werden sollen. Bei den Zulässigkeitsvoraussetzungen der Berufung, bei zweitinstanzlichen Dispositionen zur Klage oder zur Berufung, im Familienverbundverfahren oder bei den Grenzen des sogenannten "Hochziehens" erstinstanzlich nicht verbeschiedener prozessualer Ansprüche zeigen sich in der Rechtsmittelpraxis immer wieder große Unsicherheiten.

Die vorliegende Arbeit bestimmt aus diesem Grund nicht nur den Gegenstand des zweitinstanzlichen Verfahrens unter Berücksichtigung der herrschenden und der Gilles'schen Lehre neu, sondern geht auch und insbesondere auf alle praxisrelevanten Zulässigkeitsvoraussetzungen, Verästelungen, Gestaltungs- und Veränderungsmöglichkeiten beim Berufungsgegenstand sowie auf sämtliche zweitinstanzlichen Dispositionen zur Klage ein. Dabei zeigt sich wie so oft, daß gerade in klassischen Kernbereichen der Dogmatik eine systematische Aufarbeitung und Gliederung des Stoffes lehrreich und weiterführend ist.

Die Arbeit ist während meiner dreijährigen Tätigkeit als Wissenschaftlicher Assistent am Lehrstuhl von Herrn Prof. Dr. Peter Gottwald entstanden und wurde von der Juristischen Fakultät der Universität Regensburg im Wintersemester 1994/95 als Dissertation angenommen. Rechtsprechung und Schrifttum konnten bis September 1995 berücksichtigt werden.

Mein ganz besonderer Dank gilt meinem Doktorvater und Lehrer, Herrn Prof. Dr. Peter Gottwald, dessen Anregung, stete Gesprächsbereitschaft und liebenswerte Unterstützung das Gelingen dieser Arbeit entscheidend förderten. Danken möchte ich auch meinem Freund Dr. Ulrich Haas, mit dem mich die gemeinsame Assistentenzeit am Lehrstuhl von Prof. Dr. Gottwald verbindet und ohne dessen zahlreiche wertvolle Denkanstöße die Arbeit in dieser Form nicht zustandegekommen wäre. Für ihre vielfältige technische und menschliche Hilfe beim Erstellen dieser Arbeit danke ich ferner Frau Christine Scherbaum sowie den Herren Gerald Wittenzellner und Dr. Klaus Borgmann. Herrn Prof. Dr. Ekkehard Schumann danke ich für die rasche und anregende Erstellung des Zweitgutachtens. Besondere Hervorhebung verdient nicht zuletzt meine Frau Silvia, die eine äußerst entbehrungsreiche Zeit in Kauf nahm und mir durch Rat und Tat eine unschätzbare Hilfe war.

Regensburg, im Oktober 1995

Johann Semmelmayer

Inhaltsverzeichnis

Einleitung: Die Diskussion um den Verfahrensgegenstand im Zivilprozeß 17

Erstes Kapitel

Rechtsmittelverständnis und Berufungsgegenstand 20

§ 1 Begriffliches 20

§ 2 Eigenständiger Berufungsgegenstand 22

I. Verfahrensfortsetzung zum Streitgegenstand (Die herrschende Meinung) 23

1. Rechtsmittelverständnis 23
2. Berufungsgegenstand 26
3. Stellungnahme 28
   a) Zulässigkeitsvoraussetzungen der Berufung 28
   b) Berufungsanträge 30
   c) Die Entscheidung des Berufungsgerichts 31
   d) Die Parteirollen im Berufungsverfahren 32
   e) Ergebnis 33

II. Rechtsmittelverfahren als Kassationsbegehren (Die Meinung Gilles') 34

1. Rechtsmittelverständnis und Berufungsgegenstand 34
2. Stellungnahme 36
   a) Prozeßziel und Berufungsgegenstand 36
   b) Berufungsanträge 37
   c) Das Berufungsverfahren als Tatsacheninstanz 38
   d) Ergebnis 40

III. Rechtsmittelverfahren als Abänderungsbegehren 40

1. Rechtsmittelverständnis 41
2. Berufungsgegenstand 42

a) Prozeßziel des Berufungsklägers ... 42
b) Berufungsanträge ... 43
c) Zulässigkeit und Begründetheit der Berufung ... 44
d) Parteistellung in zweiter Instanz ... 46
e) Ergebnis und Schema ... 48
3. Gegenstand der Anschlußberufung ... 49
4. Exkurs: Rechtsmittelverständnis und Rechtsmittelgegenstand bei Beschwerde und Revision ... 50
IV. Ergebnis ... 52

Zweites Kapitel
Zulässige erste Bestimmung des Berufungsgegenstands 53

§ 3 Gegenstand und Zulässigkeit der Berufung ... 53

§ 4 Form- und fristgerechte Beantragung des Berufungsgegenstands ... 56
I. Berufungseinlegung ... 56
1. Festlegung des objektiven Berufungsgegenstands ... 56
2. Bestimmung der Berufungsparteien ... 57
a) Einfache Streitgenossen ... 58
b) Notwendige Streitgenossen ... 58
aa) Der notwendige Streitgenosse als Berufungsbeklagter ... 58
bb) Der notwendige Streitgenosse als Berufungskläger ... 58
3. Auslegung ... 60
II. Berufungsbegründung ... 62
1. Festlegung des objektiven Berufungsgegenstands ... 62
2. Auslegung ... 62
a) Gesetzeswortlaut ... 62
b) Formerleichterung ... 63
aa) Auslegungsfähige Erklärungen ... 64
bb) Auslegung des Anfechtungsumfangs ... 65
cc) Auslegung des Anfechtungsziels ... 66
dd) Berufungsanträge unter Vorbehalt ... 67
III. Ergebnis ... 68

§ 5 Zulässiger Berufungsgegenstand 69

I. Zulässiger Anfechtungsumfang 69

1. Die vertretenen Meinungen 69

2. Quantitative Teilanfechtung 71

a) Zulässigkeit 71

b) Mehrere Streitgegenstandsentscheidungen 72

c) Quantitative Teile einer Streitgegenstandsentscheidung 74

3. Qualitative Teilanfechtung 76

a) Unzulässigkeit 76

b) Ausnahmen 79

c) Geltendmachung 83

4. Urteilstechnische Teilanfechtung 84

II. Zulässiges Anfechtungsziel 85

1. Beseitigung der Beschwer 85

2. Unzulässigkeit des reinen Prozeßantrags 86

III. Ergebnis 88

§ 6 Berufungsgründe 90

I. Formale Erfordernisse 91

II. Inhaltliche Erfordernisse 93

1. Bestimmtheit 93

2. Erfolgsrelevanz 94

3. Maßgeblichkeit erstinstanzlicher Streitgegenstände 96

4. Maßgeblichkeit erstinstanzlicher Streitgegenstandsteile 102

a) Die vertretenen Ansichten 102

b) Stellungnahme 104

III. Ergebnis 109

IV. Exkurs: Prozeßstoff der zweiten Instanz 109

§ 7 Zulässiger Berufungsgegenstand bei Klagedispositionen 112

I. Berufung zur Verfolgung anderer Zwecke als Urteilsabänderung und Neuentscheidung der ursprünglichen Sache 112

II. Streiterledigende Verfügungsakte zum prozessualen Anspruch 114

1. Klagerücknahme ... 114
a) Vor Einleitung des Berufungsverfahrens ... 114
b) Mit Einleitung des Berufungsverfahrens ... 115
aa) Durch den Kläger und Berufungskläger ... 115
(1) Durch den unterlegenen Kläger ... 116
(2) Durch den obsiegenden Kläger ... 118
bb) Durch den Kläger und Berufungsbeklagten ... 119
2. Vergleich ... 119
a) Vor Einleitung des Berufungsverfahrens ... 119
b) Mit Einleitung des Berufungsverfahrens ... 120
3. Beiderseitige Erledigungserklärung ... 121
a) Vor Einleitung des Berufungsverfahrens ... 121
b) Mit Einleitung des Berufungsverfahrens ... 122
4. Klageverzicht und Klageanerkenntnis ... 124
III. Streitverändernde und streiterweiternde Verfügungsakte zum prozessualen Anspruch ... 125
1. Der Grundsatz: Zulässigkeit der Klagedisposition nur bei Zulässigkeit des Rechtsmittels ... 126
2. Die Ansicht der Rechtsprechung und Literatur: Keine Berufung nur zum Zweck der Klagedisposition ... 128
a) Zweitinstanzliche Klageänderung ... 129
aa) Durch den obsiegenden Kläger ... 129
bb) Durch den unterlegenen Kläger ... 129
b) Zweitinstanzliche Klageerweiterung ... 130
aa) Durch den obsiegenden Kläger ... 130
bb) Durch den unterlegenen Kläger ... 131
3. Klageerweiterung, Klageänderung und Widerklage durch den Berufungskläger nach Maßgabe der §§ 523, 263, 264, 260, 261 Abs. 2 und 530 ZPO ... 132
a) Durch die obsiegende Partei ... 132
b) Durch die unterlegene Partei ... 134
aa) Klageerweiterung i.S.d. §§ 523, 264 Nr. 2 ZPO ... 135
bb) Nachträgliche Klagenhäufung i.S.d. §§ 523, 260 ZPO ... 136
cc) Klageänderung i.S.d. §§ 523, 263 ZPO ... 137
dd) Umstellung der Klage in eine Feststellungsklage zur Hauptsacheerledigung ... 141

ee) Parteiwechsel und Parteierweiterung 143
ff) Widerklage 144
4. Klagedispositionen durch den Berufungsbeklagten 145
a) Notwendigkeit einer angreifenden Parteirolle 145
b) Notwendigkeit einer Beschwer des Berufungsbeklagten 146
IV. Ergebnis 147

Drittes Kapitel

Zulässige Änderung des Berufungsgegenstands 149

§ 8 Veränderung des Berufungsgegenstands 149
I. Nachträgliche Reduzierung 149
II. Nachträgliche Erweiterung 151
1. Unzulässigkeit nach teilweisem Rechtsmittelverzicht 152
2. Zulässigkeit nach anfänglicher Teilanfechtung 153
a) Vor Ablauf der Begründungsfrist 153
b) Nach Ablauf der Begründungsfrist 155
aa) Die Meinung Grunskys: Unzulässigkeit der nachträglichen Rechtsmittelerweiterung 155
bb) Die Meinung Gilles': Uneingeschränkte Möglichkeit der nachträglichen Rechtsmittelerweiterung 157
cc) Die Meinung Sells: Eingeschränkte Möglichkeit der nachträglichen Rechtsmittelerweiterung 159
dd) Die zutreffende herrschende Meinung: Eingeschränkte Möglichkeit der nachträglichen Rechtsmittelerweiterung wegen §§ 519 Abs. 2 S. 2, Abs. 3 Nr. 2 ZPO 160
ee) Anfechtungserweiterung mit nachgeschobenen Berufungsgründen 165
(1) Mit Abänderungsgründen 165
(2) Mit Vollstreckungsabwehrgründen 167
(3) Mit Wiederaufnahmegründen 167
(4) Bei Vorliegen von Wiedereinsetzungsvoraussetzungen 168
3. Nachträgliche Umfangerweiterung durch den Berufungsbeklagten (Erweiterung der Anschlußberufung) 168
III. Anfechtungserweiterung im Verbundverfahren 169
1. Befristung der allgemein anerkannten Anfechtungserweiterung 170

2. Anfechtungserweiterung mit nachgeschobenen Berufungsgründen ... 173

a) Anfechtungserweiterung auf Prognoseverbundsachen ... 173

b) Anfechtungserweiterung bei Vorliegen anderer besonderer Umstände ... 175

3. Gegenanschließung ... 176

IV. Ergebnis ... 176

§ 9 Veränderung des Berufungsgegenstands bei nachträglichen Klagedispositionen ... 178

I. Streiterledigende Dispositionen zur Klage ... 178

II. Streiterweiternde und streitverändernde Dispositionen zur Klage ... 180

1. Durch den Kläger und Berufungskläger ... 181

a) Klageerweiterung und Klagenhäufung ... 181

b) Klageänderung ... 183

2. Durch den Kläger als Anschlußberufungsführer ... 184

3. Durch den Beklagten ... 184

III. Ergebnis ... 185

Viertes Kapitel

Erweiterung des Berufungsgegenstands durch das Berufungsgericht 187

§ 10 Abänderung unangefochtener Entscheidungsteile ... 187

I. Antragsbindung des Berufungsgerichts ... 187

II. Fehlende Zulässigkeitsvoraussetzungen und andere Verfahrensfehler in der ersten Instanz ... 188

III. Fehler im Verbundurteil ... 190

IV. Ergebnis ... 190

§ 11 Entscheidungskompetenz zu unentschiedenen Streitteilen ... 191

I. Hochziehen erstinstanzlich übergangener Ansprüche ... 191

1. Unentschiedene Hilfsansprüche ... 191

2. Übergangene Ansprüche ... 194

II. Hochziehen unentschiedener Streitreste ... 195

1. Überblick ... 195

2. Hochziehen bei Vorbehalts- und Zwischenurteilen ... 196

a) Bei sachlich unrichtigem Abschnittsurteil ... 196

b) Bei unzulässigem Abschnittsurteil 197

c) Bei sachlich richtigem Abschnittsurteil 199

3. Hochziehen bei Anfechtung von Teilurteilen 201

a) Bei unrichtigem Teilurteil mit präjudiziellem Entscheidungsgegenstand 201

b) Bei unzulässigem Teilurteil 204

c) Übrige Fälle 207

III. Ergebnis 210

Zusammenfassung der Ergebnisse 212

Literaturverzeichnis 219

Sachregister 228

Einleitung: Die Diskussion um den Verfahrensgegenstand im Zivilprozeß

Kein gerichtlicher Prozeß ist gegenstandslos.[1] Rechtsschutzziel, Rechtsschutzumfang und Rechtsschutzform konstituieren jedes streitige Verfahren. Sein Prozeßgegenstand ist ein qualifiziertes, quantifiziertes und personifiziertes Rechtsschutzbegehren.

Über den abstrakten Inhalt der zivilprozessualen Klage besteht in Wissenschaft und Rechtsprechung nach langjähriger Diskussion nahezu Einigkeit. Es ist ein vom materiellen Recht gelöster, prozessualer Anspruch auf eine quantitativ und qualitativ bestimmte Leistung, Feststellung oder Gestaltung.[2] Woraus sich der konkret gewählte Verfahrensgegenstand zusammensetzt und wie er sich von anderen unterscheidet, beantwortet die Wissenschaft weit weniger einheitlich. Die Frage führt vielmehr seit Jahrzehnten die Rangliste streitiger Themen der Prozeßdogmatik an. Die Fülle von Veröffentlichungen und unterschiedlichen Auffassungen ist kaum mehr zu übersehen.[3] Laut Nikisch[4] und Schumann[5] dürfte es hier keine zwei sich völlig deckenden Ansichten geben. Der Bundesgerichtshof[6] bezeichnet den Streit als unfruchtbar; Ekelöf[7] als Lieblingskind deutscher Begriffsjurisprudenz. Dennoch führt die juristische Literatur ihn unerschütterlich fort. Dies nicht ganz zu Unrecht. Am Streitgegenstand hängen wichtige prozessuale Fragen: die nach der Rechtskraft, der Rechtshängigkeit, der Klagenhäufung, der Klageänderung und der Entscheidungsbefugnis des Gerichts.[8] Der "prozes-

---

1 *Ekelöf*, ZZP 85 (1972), 145.

2 Vgl. für viele, BGHZ 117, 1, 5; *Stein/Jonas/Schumann*,[20] ZPO, Einl. Rdn. 268 f.

3 Vgl. hierzu *Stein/Jonas/Schumann*,[20] ZPO, Einl. Rdn. 268 f.

4 *Nikisch*, AcP 154 (1955), 272.

5 *Stein/Jonas/Schumann*,[20] ZPO, Einl. Rdn. 267.

6 BGH Warn. 1970, 48.

7 *Ekelöf*, ZZP 85 (1972), 145.

8 *Jauernig*, ZPR, § 37 I; *Rosenberg/Schwab/Gottwald*, ZPR, § 95 II, S. 531; *Stein/Jonas/Schumann*,[20] ZPO, Einl. Rdn. 263; *Beys*, ZZP 105 (1992), 145, 147 f.; *Baumbach/Lauterbach/Hartmann*, ZPO, § 2 Rdn. 4; *Schönke/Kuchinke*, ZPR, S. 178; *Thomas/Putzo*, ZPO, Einl. II Rdn. 2; *Schilken*, ZPR, Rdn. 219 ff.; *Zeiss*, ZPR, Rdn. 305.

suale Anspruch" oder "Streitgegenstand" ist ein zentraler Begriff im heutigen Zivilprozeßrechtssystem.[9]

An den Rechtsmitteln ging die gesamte Streitgegenstandsdiskussion praktisch spurlos vorbei.[10] Eine Auseinandersetzung mit dem inhaltlichen Gegenstand des Rechtsmittelverfahrens erfolgt abseits, gesondert von diesem Streit und nur vereinzelt.[11] Ursache hierfür ist die seit Jahren von der Wissenschaft überwiegend vertretene Ansicht, das Rechtsmittelverfahren führe den erstinstanzlichen Streitgegenstand nur fort und besitze keinen darüber hinausgehenden eigenen Verfahrensgegenstand.[12] Nur eine Mindermeinung mißt den Rechtsmitteln eine eigene Zielsetzung zu. Der Rechtsmittelgegenstand ist danach ein Aufhebungsbegehren zum erlassenen Urteil.[13] Diese Auseinandersetzung ist nicht rein akademischer Natur,[14] müßig[15] oder ein weiterer Beitrag zur Begriffsjurisprudenz.[16] Für den Rechtsschutz der Parteien ist eine gesicherte Erkenntnis zum Verfahrensgegenstand von erheblicher praktischer Bedeutung. Kläger und Beklagter brauchen bei der Inanspruchnahme der Rechtsmittelgerichte Gewißheit über die Gestaltungs- und Änderungsmöglichkeiten zum Prozeßgegenstand. Sie müssen sichere Kenntnis über den Gegenstand formeller und verfahrensrechtlicher Zwänge sowie über die Entscheidungsmöglichkeiten des angerufenen Gerichts haben.[17]

---

[9] So *Gilles*, Rechtsmittel, S. 20.

[10] *Gilles*, Rechtsmittel, S. 20; *Leipold*, in Gilles/Röhl/Schuster/Strempel (Hrsg.), Rechtsmittel im Zivilprozeß, S. 289.

[11] *Gilles*, Rechtsmittel, S. 20; *Blomeyer*, ZPR, § 101, S. 559 Fn. 1.

[12] Hierzu nachfolgend, S. 23 ff.

[13] Hierzu nachfolgend, S. 34 ff.

[14] So aber AK-ZPO/*Ankermann*, Vor § 511 Rdn. 8.

[15] *Jauernig*, FS Schiedermair, S. 289, 297 Fn. 36, begründet diese Beurteilung damit, daß beide Ansichten nur scheinbar konträr wären. Tatsächlich solle jedem Rechtsmittel sowohl der Streitgegenstand als auch ein Kassationsgegenstand zugrunde liegen; der prozessuale Anspruch dem Rechtsmittelverfahren, das Aufhebungsbegehren der Rechtsmittelentscheidung. *Jauernig* übersieht, daß das Gericht über den Verfahrensgegenstand entscheidet. Verfahrens- und Urteilsgegenstand sind daher zwangsläufig identisch; vgl. MünchKomm-ZPO/*Gottwald*, § 322 Rdn. 104.

[16] *Ekelöf*, ZZP 85 (1972), 145.

[17] Im Hinblick auf die Be- und Entlastung der Obergerichte ist die Fragestellung "Verfahrensfortsetzung oder Entscheidungskontrolle" auch rechtspolitisch von großer Bedeutung. Eine starke Betonung des Verfahrensfortsetzungsgedankens trägt zu einer "Instanzenmentalität" bei. Die Parteien neigen bewußt oder unbewußt dazu, den Rechtsstreit erst nach Durchlaufen mehrerer Instanzen als vollwertig anzusehen. Rechtsmittel, verstanden als Entscheiungskontrolle, stärken dagegen die Anerkennung der erstinstanzlichen Kompetenz zum Streitgegenstand. Vgl. hierzu *Gilles*, Humane Justiz, S. 154; *Leipold*, in Gilles/Röhl/Schuster/Strempel (Hrsg.), Rechtsmittel im Zivilprozeß, S. 285 ff.

Eigenartigerweise bieten Literatur und Rechtsprechung bei der Berufung zu allen diesen Punkten keine einheitliche Antwort an. Insbesondere zu folgenden Fragen besteht Streit:

- In welcher Deutlichkeit ist der Berufungsgegenstand zu beantragen?
- Inwieweit kann der Berufungskläger das angefochtene Urteil mit einem Teilrechtsmittel stückeln?
- Darf der Geklagte anstelle eines Sachbegehrens lediglich die Aufhebung und Zurückverweisung der Sache beantragen?
- Unter welchen Voraussetzungen ist die Klage im Berufungsverfahren einer unstreitigen Erledigung zugänglich?
- Ist mit dem Rechtsmittel von Anfang an oder später ein verändertes Klage- oder Widerklagebegehren verfolgbar?
- Mit welchen und wievielen Berufungsgründen muß der Berufungskläger sein Rechtsmittelbegehren unterlegen?
- Bis wann und unter welchen Voraussetzungen kann er Berufungsanträge und Gründe verändern?
- Darf das Berufungsgericht in seine Entscheidung auch unangefochtene Urteilsteile oder erstinstanzlich noch anhängige Streitgegenstandsteile miteinbeziehen?

Zur dogmatisch schlüssigen Beantwortung dieser Fragen ist eine grundlegende Auseinandersetzung mit der Existenz und dem Inhalt des Berufungsgegenstands vonnöten. Ihr ist das erste Kapitel dieser Arbeit gewidmet. Das zweite und dritte Kapitel stellen die konkreten Voraussetzungen und Möglichkeiten einer zulässigen Festlegung und späteren Modifikation des Berufungsgegenstands dar. Das vierte Kapitel untersucht die Bindung des Berufungsgerichts an den gewählten Verfahrensgegenstand.

Die systematische Ordnung der von Rechtsprechung und Wissenschaft verwendeten Begriffe, der diskutierten Probleme und vertretenen Meinungen steht hierbei im Vordergrund. Die angebotenen Lösungen bauen auf der gefundenen Dogmatik der gesetzlichen Regelung auf. Das Streben nach einer begrifflichen Klarheit ist stets ein Hauptanliegen der Arbeit.

Erstes Kapitel

Rechtsmittelverständnis und Berufungsgegenstand

§ 1 Begriffliches

Die ZPO verwendet für den Gegenstand des streitigen Verfahrens Begriffe wie "Streitgegenstand"[1], "geltend gemachter Anspruch"[2], "streitiges Rechtsverhältnis"[3], "Beschwerdegegenstand"[4], "Rechtsstreit"[5] oder "Gegenstand der Verhandlung und Entscheidung".[6] Wissenschaft und Rechtsprechung benutzen für den Prozeßgegenstand im Klageverfahren regelmäßig nur die Formulierungen "Streitgegenstand", "Klageanspruch" oder "prozessualer Anspruch".[7] Den Prozeßgegenstand im Rechtsmittelverfahren bezeichnen sie als "Rechtsmittelgegenstand" oder "Prozeß- bzw. Verfahrensgegenstand der Berufung, Revision oder Beschwerde"[8] aber auch als "Streitgegenstand des Rechtsmittelverfahrens".[9] Im Zusammenhang mit § 511a ZPO

---

[1] §§ 81, 83 Abs. 1 ZPO.

[2] § 306 ZPO.

[3] § 62 Abs. 1 ZPO.

[4] § 511a Abs. 1 ZPO.

[5] § 525 ZPO.

[6] § 537 ZPO. Eingehend zur uneinheitlichen Streitgegenstandsterminologie, *Habscheid*, Streitgegenstand im Zivilprozeß, 1956; *Stein/Jonas/Schumann*,[20] ZPO, Einl. Rdn. 264; *Beys*, ZZP 105 (1992), 145, 147.

[7] Vgl. hierzu etwa BGHZ 8, 383; 30, 213; *Stein/Jonas/Schumann*,[20] ZPO, Einl. Rdn. 263; *Rosenberg/Schwab/Gottwald*, ZPR, § 95 I, S. 530 f.; *Beys*, ZZP 105 (1992), 145 ff.

[8] *Rosenberg/Schwab/Gottwald*, ZPR, § 139 III, S. 837 ff.; *Blomeyer*, ZPR, § 101, S. 559 ff.; *Gilles*, AcP 177 (1977), 192; ders., Rechtsmittel, S. 20, 36 ff.; *Beys*, ZZP 105 (1992), 179; *Schlosser*, ZPR I, Rdn. 389; *Schilken*, ZPR, Rdn. 903; *Kolotouros*, S. 82; *Weitzel*, JuS 1992, 692; *Schellhammer*, Zivilprozeß, Rdn. 1021; *Schönke/Kuchinke*, ZPR, S. 390; *Thomas/Putzo*, ZPO, § 537 Rdn. 1; *Zimmermann*, ZPO, § 525 Rdn. 1; *Stein/Jonas/Schumann*,[20] ZPO, Einl. Rdn. 299; *Stein/Jonas/Grunsky*,[21] ZPO, Allg. Einl. vor § 511 Rdn. 6; *Schlosser*, ZPR I, Rdn. 391; *Schilken*, ZPR, Rdn. 903.

[9] Vgl. nur BGHZ 109, 179; *Zöller/Gummer*, ZPO, § 525 Rdn. 1; *Wieczorek/Rössler*, ZPO, § 525 Anm. A I; AK-ZPO/*Ankermann*, § 525 Rdn. 2. Diese Entwicklung ist zugunsten einer terminologischen Klarheit und Abgrenzbarkeit von Streit- und Berufungsgegenstand abzulehnen.

wird anstelle vom "Berufungsgegenstand" vom "Beschwerdegegenstand" gesprochen.[10]

Mitunter taucht die Bezeichnung "Berufungsgegenstand" auch zur Umschreibung des gesamten, dem Berufungsgericht beigebrachten Prozeßstoffs auf. "Gegenstand der Rechtsmittelverhandlung und Rechtsmittelentscheidung" ist danach der gesamte Verfahrensinhalt der ersten und zweiten Instanz, bestehend aus Tatsachenstoff und Beweisführungen.[11]

Wie im Klageverfahren, ist auch im Berufungsverfahren zwischen disponiertem Verfahrensgegenstand und beigebrachtem Streitstoff zu unterscheiden. Der Berufungsgegenstand legt den (äußeren) quantitativen und qualitativen Rahmen des Verfahrens fest, der beigebrachte Prozeßstoff dessen tatsächliches Streitmaterial.[12] Für den Prozeßstoff ist der Gegenstandsbegriff daher besser zu vermeiden.

---

[10] RGZ 168, 355; BGHZ 1, 29; *Rosenberg/Schwab/Gottwald*, ZPR, S. 813; *Thomas/Putzo*, ZPO, § 511a, Rdn. 1; *Schönke/Kuchinke*, ZPR, S. 386; *Wieczorek/Rössler*, ZPO, § 511a Anm. B; *Zöller/Gummer*, ZPO, § 511a Rdn. 4 ff.; MünchKomm-ZPO/*Rimmelspacher*, § 511a Rdn 13 ff.; *Zeiss*, ZPR, Rdn. 664; *Schumann*, Berufung, Rdn. 288.

[11] So *Lang*, AnwBl 1982, 241. *Becht*, JuS 1991, 134 spricht in diesem Zusammenhang vom "Gegenstand der Prüfung im Berufungsverfahren"; MünchKomm-ZPO/*Rimmelspacher*, § 525 Rdn. 4 vom "Gegenstand der Neuverhandlung"; *Thomas/Putzo*, ZPO, § 525 Rdn. 1 vom "Gegenstand der Verhandlung".

[12] *Wieczorek/Rössler*, ZPO, § 525 Anm. A I und A III; *Rosenberg/Schwab/Gottwald*, ZPR, S. 837 ff. und 840 ff.; *Stein/Jonas/Grunsky*,[21] ZPO, § 525 Rdn. 2 und 3; *Schilken*, ZPR, Rdn. 903 und 905 ff.

§ 2 Eigenständiger Berufungsgegenstand

Welchen Prozeßgegenstand das zweitinstanzliche Verfahren haben kann, ist eine Frage des geltenden Prozeßrechts.

Die Berufung findet gemäß § 511 ZPO "gegen" gerichtliche Entscheidungen statt. Laut §§ 526, 536 ZPO ist die Richtigkeit des angefochtenen Urteils zu überprüfen und gegebenenfalls über eine Abänderung der Entscheidung zu befinden. Diese Vorschriften legen den Schluß nahe, das Berufungsgericht habe sich ausschließlich mit der Überprüfung untergerichtlicher Entscheidungen zu befassen. Ganz anders ist der Wortlaut der §§ 523, 525 und 537 ZPO. Er deutet auf eine Berufung im Sinne einer Verfahrensfortsetzung zur Klage hin. Nach §§ 525, 523 ZPO führen die Parteien den Rechtsstreit von neuem, entsprechend dem landgerichtlichen Verfahren. Neben alten Streitpunkten verhandeln die Parteien und entscheidet die Rechtsmittelinstanz auch über neue, im ersten Rechtszug nicht behandelte Streitpunkte (§ 537 ZPO).

Die ZPO enthält auf den ersten Blick folglich diametrale Aussagen zu Rechtsnatur und inhaltlichem Gegenstand der Berufung:[1] Urteilsüberprüfung zwecks Kassation auf der einen, Verfahrensfortsetzung zur Neuentscheidung auf der anderen Seite. Dementsprechend stellt sich auch die aktuelle Diskussion zum Verständnis der Rechtsmittel dar. Während die einen zur Verfahrensfortsetzung neigen, sehen andere reine Anfechtungsmittel. Die vom Gesetzgeber als "Rechtsmittel" zusammengefaßten Rechtsbehelfe - Berufung, Revision und Beschwerde[2] - ordnen beide Ansichten einheitlich nur einem Modell zu.[3]

---

1 *Ratte*, Beschwerde, S. 38 f.

2 So die Überschrift des Dritten Buches der ZPO.

3 Vgl. *Gilles*, Rechtsmittel, S. 36 ff.; *Kolotouros*, S. 82 ff. einerseits und *Stein/Jonas/Grunsky*,[21] ZPO, Allg. Einl. vor § 511 Rdn. 6; *Stein/Jonas/Schumann*,[20] ZPO, Einl. Rdn. 299; MünchKomm-ZPO/*Rimmelspacher*, Vor § 511 Rdn. 1 ff. andererseits.

I. Verfahrensfortsetzung zum Streitgegenstand (Die herrschende Meinung)

1. Rechtsmittelverständnis

Die maßgebliche prozessuale Funktion der zivilprozessualen Rechtsmittel besteht nach herrschender Anschauung der Wissenschaft in der Rechtskrafthemmung (Suspensiveffekt) und der Entscheidungsbefugnis der höheren Instanz zum Streitgegenstand (Devolutiveffekt).[4] Am Ende der Verfahrensfortsetzung erläßt das Berufungsgericht eine neue Entscheidung zur Sache oder leitet sie zumindest in die Wege.[5] Den tieferen Grund der Rechtsmittel sehen die Vertreter dieser Meinung zwar in der Fehlbarkeit menschlicher Erkenntnis. Jede Entscheidung könne unrichtig sein,[6] und der Rechtsstaatsgedanke erfordere eine Überprüfung der unteren durch die oberen Gerichte,[7] um diese zu beaufsichtigen[8] und Gewähr für die Richtigkeit einer Entscheidung zu geben.[9] Gleichwohl soll das prägende Schwergewicht des Rechtsmittelverfahrens allein in der Fortsetzung des Verfahrens zum Streitgegenstand liegen.[10] Die erneute Sachentscheidung schließe die Urteilskontrolle durch eine teilweise oder vollständige Ablösung des bereits erlassenen

---

[4] Im Suspensiv- und Devolutiveffekt sieht die h.M. die Wesensmerkmale zivilprozessualer Rechtsmittel. Vgl. *Rosenberg/Schwab/Gottwald*, ZPR, § 134 I 1, S. 800 f.; *Baumbach/Lauterbach/Albers*, ZPO, Grdz. vor § 511 Rdn. 2 f.; *Stein/Jonas/Grunsky*,[21] ZPO, Allg Einl. vor § 511 Rdn. 3 f.; *Schönke/Kuchinke*, ZPR, S. 376; *Thomas/Putzo*, ZPO, Vor § 511 Rdn. 2 f.; *Zimmermann*, ZPO, Vor § 511, Rdn. 1; *Blomeyer*, ZPR, S. 533 f; *Behre*, S. 92; *Weitzel*, JuS 1992, 625; *Schlosser*, ZPR I, Rdn. 409 f.; *Sell*, Berufungsbegründung, S. 1.

[5] Vgl. *Hellwig*, System I, S. 842; *Leipold*, in Gilles/Röhl/Schuster/Strempel (Hrsg.), Rechtsmittel im Zivilprozeß, S. 285, 290 f.; *Habscheid/Lindacher*, NJW 1964, 2395; *Behre*, S. 30 ff.; *Nikisch*, ZPR, S. 480 f.; *von Mettenheim*, S. 90; *Schwab*, NJW 1959, 1824, 1827; *Stein/Jonas/Grunsky*,[21] ZPO, Allg. Einl. vor § 511 Rdn. 6; *Bettermann*, ZZP 88 (1975), 365, 386; *Stein/Jonas/Schumann*,[20] ZPO, Einl. Rdn. 299; *Rosenberg/Schwab/Gottwald*, ZPR, § 134 I 1, S. 800; *Ratte*, Beschwerde, S. 39 ff; *J. Blomeyer*, Erinnerungsbefugnis, S. 21 ff; *Lindacher*, FamRZ 1973, 279, 280; *Arens*, AcP 173 (1973), 473, 476. Ob die Parteien das Verfahren fortsetzten oder neu betreiben, unterscheiden die Verfasser dabei nicht genauer. *Habscheid/Lindacher*, NJW 1964, 2395, spricht von einer "Fortsetzung des Rechtsstreits"; *Stein/Jonas/Schumann*,[20] ZPO, Einl. Rdn. 299 und *Ratte*, Beschwerde, S. 39 ff von einer "Fortsetzung der Verhandlung;" *Rosenberg/Schwab/Gottwald*, ZPR, S. 800, 840 von "Verfahrensfortsetzung" und "Erneuerung der Verhandlung"; *von Mettenheim*, S. 90 geht von einer "Wiederholung des Rechtsstreits" aus; *Stein/Jonas/Grunsky*,[21] ZPO, Vor § 511 Rdn. 1 von einer "Erneuerung und Wiederholung des Rechtsstreits;" *Bettermann*, ZZP 88 (1975), 365, 386 und *Schönke/Kuchinke*, ZPR, S. 385, 390 von einer "Neuverhandlung des Rechtsstreits".

[6] *Rosenberg/Schwab/Gottwald*, ZPR, § 134 II, S. 802 f.

[7] *Schumann*, JA 1974, 575.

[8] *Rosenberg/Schwab/Gottwald*, ZPR, § 134 II, S. 802 f.

[9] *Weitzel*, JuS 1992, 625.

[10] Vgl. *Arens*, AcP 173 (1973), 473, 474; *Schlosser*, ZPR I, S. 322 ; *Rosenberg/Schwab/Gottwald*, ZPR, § 134 II, S. 802 f.

Urteils gleichsam inzident mit ein.[11] Die Rechtsmittelentscheidung beantworte die Frage nach der Richtigkeit des Ersturteils durch einen Vergleich zwischen dem neuen und dem alten Ergebnis zur Streitsache automatisch mit.[12] Die Urteilskassation erfolge durch die Neuentscheidung zum Streitgegenstand.[13]

Nach herrschender Ansicht ist das Rechtsmittel demzufolge ein Verfahren zur Fortsetzung des Streits mit dem Ziel einer neuen Entscheidung zum bisherigen prozessualen Anspruch[14] und dem Nebeneffekt einer Richtigkeitskontrolle des alten Urteils.[15]

Insbesondere die Berufung soll der Gesetzgeber in diesem Sinne ausgestaltet haben. Ausweislich der §§ 523, 525, 530, 537 und 540 ZPO sei sie vornehmlich ein Mittel zur Fortsetzung des erstinstanzlichen Rechtsstreits und nicht zur Überprüfung der Richtigkeit der unterinstanzlichen Entscheidung. Das Rechtsmittelgericht frage nicht danach, wie die untere Instanz den Prozeß ehemals hätte entscheiden müssen, sondern wie er jetzt, nach der für die Rechtsmittelinstanz maßgeblichen Tatsachen- und Rechtslage richtigerweise zu entscheiden ist (§ 563 ZPO analog).[16] Erfolg habe der Berufungskläger mit seinem Begehren daher selbst dann, wenn das Ersturteil richtig ist, die Tatsachen- oder Rechtslage sich inzwischen aber geändert hat.[17] Gegen ein unrichtiges Urteil bleibe dem Rechtsmittel der Erfolg dagegen versagt, wenn die Neuentscheidung zum gleichen Ergebnis wie das Ersturteil kommt.[18] In beiden Fällen entscheide das Berufungsgericht also,

---

[11] *Ratte*, Beschwerde, S. 72 ff. meint sogar, neben der erneuten Sachentscheidung sei kein gesonderter Ausspruch über die Aufhebung oder Abänderung des Ersturteils mehr nötig. Ein solcher sei nur deklaratorisch.

[12] *Ratte*, Beschwerde, S. 42.

[13] *Bettermann*, ZZP 88 (1975), 365, 386; *Weitzel*, JuS 1992, 625, 627;

[14] *Rosenberg/Schwab/Gottwald*, ZPR, § 134 I 1. S. 800; *J. Blomeyer*, Erinnerungsbefugnis, S. 21 ff.; *Habscheid/Lindacher*, NJW 1964, 2395; *Behre*, Streitgegenstand, S. 30 ff.; *Stein/Jonas/Schumann*,[20] ZPO, Einl. Rdn. 299; *Stein/Jonas/Grunsky*,[21] ZPO, Allg. Einl. vor § 511 Rdn. 6; *Arens*, AcP 173 (1973), 473, 476. *Schönke/Kuchinke*, ZPR, S. 385, geht ausschließlich vom Rechtsmittelzweck der Urteilsüberprüfung aus. Gleichwohl stellt er den Streitgegenstand als Berufungsgegenstand nicht in Frage.

[15] Wegen dieses "Nebeneffekts" sagt *Arens* (AcP 173 (1973), 473, 476) der h.M. nach, sie gehe in Wahrheit von einer Doppelnatur der Rechtsmittel aus. Dies ist nicht richtig, da die h.M. der Richtigkeitskontrolle gegenüber der Verfahrensfortsetzung keine eigenständige Bedeutung beimißt.

[16] MünchKomm-ZPO/*Rimmelspacher*, Vor § 511 Rdn. 3 f.; *Bötticher*, AcP 158 (1959/60), 262, 268; *Stein/Jonas/Grunsky*,[21] ZPO, Allg. Einl. vor § 511 Rdn. 6.

[17] *Stein/Jonas/Grunsky*,[21] ZPO, Allg. Einl. vor § 511 Rdn. 6; *Arens*, AcP 173 (1973), 473, 476.

[18] *Bettermann*, ZZP 88 (1975), 365, 372 f.; MünchKomm-ZPO/*Rimmelspacher*, Vor § 511 Rdn. 4.

unabhängig von der Richtigkeit oder Unrichtigkeit des angefochtenen Urteils neu und in der Sache selbst.[19] Sollten Kläger und Beklagter nicht ausscheiden,[20] blieben die erstinstanzlichen Parteien in der Berufungsinstanz auch identisch.[21] Der in der Unterinstanz eingetretene Verlust des Rügerechts bestehe in der oberen Instanz fort (§§ 295, 531 ZPO),[22] ein erstinstanzliches Geständnis behalte seine Wirkung bei (§ 532 ZPO),[23] und Tatsachenbehauptungen, die bereits in erster Instanz zulässigerweise zurückgewiesen wurden, seien auch im Berufungsverfahren präkludiert (§ 528 Abs. 3 ZPO).[24] Schließlich soll auch die vorgegebene Instanzenordnung für den Verfahrensfortsetzungsgedanken sprechen. Danach führten die Parteien einen Erkenntnisprozeß einheitlich durch alle Instanzen. Das Verfahren setze sich nicht aus mehreren unterschiedlichen Prozeßgegenständen zusammen.[25]

Die Entstehungsgeschichte der ZPO soll diese Ansicht ein weiteres Mal bestätigen. Die Begründung zur Civilprozeßordnung aus dem Jahre 1877 lautete: "Die Berufung stimmt ihrem Grundcharakter nach mit der römischrechtlichen Appellation überein. Das Berufungsrecht ist nicht, wie die gemeinrechtliche Befugnis der Appellation, ein Recht auf Kritik des Verfahrens erster Instanz oder auf Nachprüfung und Berichtigung des unterrichterlichen Urteils vom Gesichtspunkte der Frage aus, ob gerecht geurteilt, d. h. das dem Unterrichter vorgelegte Material richtig gewürdigt sei, sondern vielmehr das Recht auf Gewährung eines neuen Judizium, auf Erneuerung und Wiederholung des Rechtsstreits vor einem anderen Richter. Daß das neue Verfahren mit dem vorausgegangenen Verfahren, insbesondere mit dem in diesem erlassenen Urteil, welches angefochten wird, im nächsten Zusammenhang steht, ist selbstverständlich..."[26] Der Staat gewähre den Parteien mit der Berufung das Recht, "die Sache von Neuem in einem Verfahren zu verhandeln..." bzw. "ihren Rechtsstreit in einem wohlgeordneten Ver-

---

19 *Habscheid*, NJW 1974, 635, 636. Mit "Sache" ist nachfolgend nicht nur die Begründetheit sondern auch die Zulässigkeit des prozessualen Anspruchs gemeint. Ebenso *Bettermann*, ZZP 88 (1975), 365, 386; *Kolotouros*, Rechtsmittelgegenstand, S. 91.

20 So z. B., wenn einer von mehreren einfachen Streitgenossen keine Berufung einlegt.

21 Vgl. *Schönke/Kuchinke*, ZPR, S 378, § 76 II 3; *Schlosser*, ZPR I, S. 323; *Rosenberg/Schwab/Gottwald*, ZPR, § 137 I 2, S. 819.

22 Vgl. *Schlosser*, ZPR I, S. 323; *Rosenberg/Schwab/Gottwald*, ZPR, § 139 IV 1, S. 842.

23 Vgl. *Schönke/Kuchinke*, ZPR, S. 391; *Schlosser*, ZPR I, S. 323; *Rosenberg/Schwab/Gottwald*, ZPR, § 139 IV 1, S. 842.

24 Vgl. *Schlosser*, ZPR I, S. 322; *Rosenberg/Schwab/Gottwald*, ZPR, § 139 IV 2, S. 844 f.

25 *Kisch*, Urteilslehre, S. 161.

26 *Hahn*, Die gesammten Materialien zur Civilprozeßordnung, erste Abteilung (1880), S. 139.

fahren zweimal zu verhandeln."[27] An dieser Grundkonzeption soll sich bis heute nichts verändert haben,[28] auch wenn die Verordnung über das Verfahren in bürgerlichen Rechtsstreitigkeiten von 1924[29], die Novellen von 1933[30] und 1977[31] die Möglichkeit, neue Angriffs- und Verteidigungsmittel in der Berufungsinstanz vorzubringen, zunehmend beschnitten haben.

2. *Berufungsgegenstand*

Nach dieser Ansicht setzt die Berufungsinstanz das unterinstanzliche Verfahren in der oberen Instanz nur fort. In beiden Prozeßabschnitten können die Parteien demnach nur über den gleichen Verfahrensgegenstand verhandeln und entscheiden. Nicht das Urteil, ein Aufhebungs,- Anfechtungs- oder anderes, eigenständiges Begehren, sondern der ursprüngliche prozessuale Anspruch sei daher auch der Verfahrensgegenstand der zweiten Instanz.[32] Eine Besonderheit läge nur in der Beschränkung der Klage durch die zweitinstanzlichen Berufungsanträge.[33]

---

[27] *Hahn*, Die gesammten Materialien zur Civilprozeßordnung, erste Abteilung (1880), S. 141.

[28] Vgl. *Kissel*, Gerichtsaufbau, S. 69; *Ratte*, Beschwerde, S. 67 ff.; a. A. *Schönke/Kuchinke*, ZPR, S. 385. Er versteht nur die alte, unbeschränkte Berufung als Verhandlungsfortsetzung. Nach der Neufassung des § 529 ZPO soll die Berufung hauptsächlich der Nachprüfung des Urteils aufgrund des in erster Instanz vorgebrachten Prozeßstoffs dienen. Vgl. zu den einschlägigen Reformen: Reichsjustizministerium (Hrsg.), Entwurf einer Zivilprozeßordnung (1931), S. 108 ff; Bundesjustizministerium (Hrsg.), Bericht der Kommission zur Vorbereitung einer Reform der Zivilgerichtsbarkeit (1961), S. 117 und *Stein/Jonas/Schumann*,[20] ZPO, Einl. Rdn 99 ff.; *Schumann*, Recht auf Rechtsmittel, in Gilles/Röhl/Schuster/Strempel (Hrsg.), Rechtsmittel im Zivilprozeß, S. 267, 270.

[29] RGBl. I, 135

[30] RGBl. I, 780.

[31] BGBl. I, 3281.

[32] *Arens*, AcP 173 (1973), 473 ff.; *Habscheid/Lindacher*, NJW 1964, 2395; *Behre*, Streitgegenstand, S. 30 ff., 33; *von Mettenheim*, Prozeßökonomie, S. 90; *Schwab*, NJW 1959, 1824, 1827; *Stein/Jonas/Grunsky*,[21] ZPO, Allg. Einl. vor § 511 Rdn. 6; *Schönke/Kuchinke*, ZPR, S. 390; *Bettermann*, ZZP 88 (1975), 365, 369, 386; *Stein/Jonas/Schumann*,[20] ZPO, Einl. Rdn. 299; *Rosenberg/Schwab/Gottwald*, ZPR, § 134 I 1, S. 800, § 139 III 1, S. 838; *Ratte*, Beschwerde, S. 39 ff; *Kisch*, Juristentag Tschechoslowakei, S. 215 ff., 220; *v. Kries*, Rechtsmittel, S. 146 f., 204; *Schlosser*, ZPR I, Rdn. 389; *Nikisch*, ZPR, S. 480; *Schellhammer*, ZP, Rdn. 1021; offen *Beys*, ZZP 105 (1992), 145, 179; *Sell*, Rechtsmittelbegründung, S. 121.

[33] Vgl. *Rosenberg/Schwab/Gottwald*, ZPR, § 139 III 1, S. 838; *Zimmermann*, ZPO, § 537 Rdn. 2.

Diejenigen, die in der *Anschlußberufung* ein eigenständiges Rechtsmittel sehen,[34] weisen auch ihr den in die zweite Instanz gebrachten Streitgegenstand als Verfahrensgegenstand zu.[35] Wer der Anschlußberufung die Qualität eines eigenständigen Rechtsmittels dagegen abspricht und sie als unselbständiges Angriffsmittel versteht,[36] läßt sie den Gegenstand der Hauptberufung (mithin erneut den Streitgegenstand erster Instanz) nur erweitern.[37]

Beschwerde legt der Rechtsmittelführer gegen Beschlüsse und nicht gegen Urteile ein. Entscheidende andere Unterschiede zur Berufung bestehen nicht. Die herrschende Meinung weist daher auch ihr den Verfahrensgegenstand der unteren Instanz zu.[38]

Selbst dem *Revisions*gericht soll der erstinstanzliche Streitgegenstand anfallen. Das Revisionsgericht sei hier zwar an den im Berufungsurteil festgestellten Sachverhalt gebunden, die rechtliche Würdigung zur Klage könne aber erneut stattfinden.[39] Der Streitgegenstand stehe in der Berufung als zweite, in der Revision als dritte Schicht hinter dem formellen Rechtsmittelbegehren.[40] Auch wenn das Revisionsgericht die Neuentscheidung zum Streitgegenstand nicht selbst treffe, sei diese doch das erklärte Ziel der Parteien.[41] Die im objektiven Interesse verfolgten Zwecke der Revision (Wahrung der Rechtseinheit, einheitliche Fortentwicklung des Rechts und Kontrolle der Instanzgerichte)[42] würden auch durch die Verfahrensfortsetzung erreicht.[43]

---

[34] Vgl. *Rosenberg/Schwab/Gottwald*, ZPR, § 138 I 3, S. 831; *Baur*, FS Fragistas, S. 359; *Klamaris*, Anschlußberufung, S. 167 ff.; *Schellhammer*, ZP, Rdn. 1013; *Becht*, JuS 1991, 134, 138; offen *Stein/Jonas/Grunsky*,[21] ZPO, § 521, Rdn. 3.

[35] *Klamaris*, Anschlußberufung, S. 213 f.; *Rosenberg/Schwab/Gottwald*, ZPR, § 138 I 3, S. 831; *Schnauder*, JuS 1993, 365, 368. Obgleich Vertreter der h.M. zum Rechtsmittelgegenstand, meint *Schellhammer*, ZP, Rdn. 1013: "Kern der Anschlußberufung ist der Sachantrag des Berufungsgegners, das Urteil zu seinen Gunsten zu ändern".

[36] BGHZ 4, 233; 83, 371, 376 f.; BGH NJW 1984, 1240; BGH NJW-RR 1989, 441; *Fenn*, Anschlußbeschwerde, S. 76 ff.; *Baumbach/Lauterbach/Albers*, ZPO, § 521 Rdn. 3.

[37] Vgl. *Schnauder*, JuS 1993, 365, 368.

[38] *Ratte*, Beschwerde, S. 38 ff.

[39] Gemeinsamer Senat der obersten Gerichtshöfe des Bundes, BGHZ 60, 392, 398 f.; 106, 219; BGH NJW 1986, 2765, 2767; BGH NJW-RR 1990, 518, 519; *Rosenberg/Schwab/Gottwald*, ZPR, § 145 II 1 S. 884; *Stein/Jonas/Grunsky*,[21] ZPO, Allg. Einl. vor § 511 Rdn. 6; *Bettermann*, ZZP 88 (1975), 365, 402 ff.; *v. Mettenheim*, Prozeßökonomie, S. 90; *Behre*, Streitgegenstand, S. 34.

[40] So insbesondere *Behre*, Streitgegenstand, S. 30 ff. Bei der Sprungrevision soll die Klage wieder direkt zum Revisionsgegenstand werden, vgl. *Bettermann*, ZZP 88 (1975), 365, 403.

[41] *Bettermann*, ZZP 88 (1975), 365, 369, 402 f.; *Kissel*, Gerichtsaufbau, S. 85; *Rosenberg/Schwab/Gottwald*, ZPR, § 134 I 2, S. 802.

3. Stellungnahme

Der prozessuale Anspruch erster Instanz spielt im Berufungsverfahren tatsächlich eine entscheidende Rolle. Der Kläger begehrt erneut die Zuerkennung des von ihm in der Unterinstanz geltend gemachten Anspruchs, der Beklagte erneut dessen Abwehr. Die Parteien bringen den entscheidungsrelevanten Streitstoff der unteren Instanz in der Oberinstanz regelmäßig vor. Auch tatsächliche Neuerungen können sie vortragen. Das Berufungsgericht berücksichtigt Veränderungen der Rechtslage bis zum Abschluß des Rechtsmittelverfahrens. Das Berufungsverfahren schließt daher zweifellos an das Verfahren erster Instanz an und bildet eine neue Tatsacheninstanz zum alten Rechtsstreit. Aufgrund dieser Erkenntnis mit der herrschenden Meinung den Schluß zu ziehen, die Verfahrensfortsetzung sei der einzige und maßgebliche Inhalt des Berufungsverfahrens und der erstinstanzliche Streitgegenstand zugleich der zweitinstanzliche Verfahrensgegenstand, ist gleichwohl verfehlt. Diese Ansicht führt - wie sogleich zu sehen ist - zu erheblichen rechtsdogmatischen Brüchen mit zahlreichen Normen und verfahrensrechtlichen Besonderheiten des Berufungsrechts.[44]

a) Zulässigkeitsvoraussetzungen der Berufung

Die Berufung hat unstreitig eigene Zulässigkeitsvoraussetzungen. Sie sind von denen der Klage zu unterscheiden. Fehlt eine Zulässigkeitsvoraussetzung zur Berufung, ist das Rechtsmittel unzulässig und wird vom Rechtsmittelgericht verworfen (§ 519b ZPO). Dies ist kein Prozeßurteil zur Klage. Das Berufungsgericht beurteilt die Zulässigkeit der Klage erst im Rahmen der Begründetheit des Rechtsmittels. Es stellt sich daher die Frage: Worauf beziehen sich die Zulässigkeitsvoraussetzungen der Berufung, wenn nicht auf den geltend gemachten Verfahrensgegenstand und worüber entscheidet das verwerfende Urteil, wenn nicht über den geltend gemachten Berufungsgegenstand?

---

[42] Vgl. *Rosenberg/Schwab/Gottwald*, ZPR, § 134 I 2, S. 803.

[43] Ob die eigene Sachentscheidung des Revisionsgerichts oder eine Urteilsaufhebung das dogmatisch prägende Ziel jenes Verfahrens ist, ist umstritten. Vgl. dazu *Arens*, AcP 161, 177, 183. Über die Verfahrensfortsetzung auch in dritter Instanz besteht gleichwohl Einigkeit.

[44] So auch *Gilles*, AcP 177 (1977), 189, 191 Fn. 2.

Einige Vertreter der herrschenden Ansicht[45] qualifizieren die zweitinstanzlichen Zulässigkeitsvoraussetzungen als besondere "Verfahrensfortsetzungsvoraussetzungen". Die Prozeßvoraussetzungen der Berufung hätten eine selbständige Bedeutung nur im Hinblick auf die Verfahrensfortsetzung als solche.[46] Eine die Berufung als unzulässig verwerfende Entscheidung nehme nur formell zum Rechtsmittel Stellung. Über den Verfahrensgegenstand treffe das Rechtsmittelgericht keine Aussage.[47]

Etwas anders geht Blomeyer[48] vor. Neben dem Klagegegenstand als sachlichen Rechtsmittelgegenstand gibt es nach ihm einen weiteren prozessualen Rechtsmittelgegenstand, mit dem sich die verwerfende Entscheidung befaßt.

Beide Ansichten finden im Gesetz keine Stütze. "Verfahrensfortsetzungsvoraussetzungen" kennt die ZPO nicht. Sofern sie besondere Zulässigkeitsvoraussetzungen vorsieht,[49] treten diese regelmäßig nur neben die allgemeinen Prozeßvoraussetzungen des Verfahrens und verdrängen sie nicht in die Begründetheitsstation. Die Zulässigkeitsvoraussetzungen der Berufung ergänzen die Prozeßvoraussetzungen der Klage aber offensichtlich nicht. Vielmehr handelt es sich um eigene und abgeschlossene Verfahrensvoraussetzungen, deren Nichtvorliegen zu einem Prozeßurteil (Verwerfung der Berufung) führt. Auch die Annahme zweier verschiedener Verfahrensgegenstände, wie Blomeyer dies vertritt, ist der ZPO fremd. Die Gerichte untersuchen in allen Verfahren nur einen einheitlichen Verfahrensgegenstand auf seine Zulässigkeit und Begründetheit hin. Sowohl das Prozeß- als auch das Sachurteil ist eine Entscheidung zum geltend gemachten Streitgegenstand. Während das Sachurteil zur Begründetheit des Begehrens Stellung nimmt, erklärt das Prozeßurteil seine prozessuale Geltendmachung für unzulässig.

Die Sachurteilsvoraussetzungen einer Berufung stehen der Annahme, das Rechtsmittel setze das Verfahren zum erstinstanzlichen Streitgegenstand nur fort, demzufolge entgegen.

---

[45] *v. Kries*, Rechtsmittel, S. 150, 169, 204; *Habscheid*, NJW 1974, 635, 636; *Behre*, Streitgegenstand, S. 34.

[46] *Lindacher*, FamRZ 1973, 279, 280; *Habscheid*, NJW 1974, 635, 636.

[47] *Ratte*, Beschwerde, S. 42.

[48] ZPR, § 101, S. 559 ff.

[49] Vgl. z. B. § 33 ZPO für die Widerklage; § 256 ZPO für die Feststellungsklage; § 592 ZPO für die Klage im Urkundenprozeß.

b) Berufungsanträge

Die erste Instanz ist mit dem Urteil abgeschlossen. Über die Klage ist entschieden. Um der Formstrenge für verfahrenseinleitende Akte und dem Dispositionsgrundsatz zu genügen, müßte der Kläger den prozessualen Anspruch in zweiter Instanz erneut erheben.[50]

Die herrschende Meinung sieht die Wiederholung der Klageanträge in der Stellung der Berufungsanträge (§ 519 Abs. 3 Nr. 2 ZPO).[51] Soweit § 519 Abs. 3 ZPO von den §§ 253, 261 Abs. 2 ZPO abweiche, handle es sich erneut um besondere Verfahrensfortsetzungsvoraussetzungen des Rechtsmittels.[52] Die geforderte Urteilsabänderung (§ 519 Abs. 3 Nr. 1, Teilsatz 2 ZPO) führe die Klage erneut in das Verfahren ein. Der festgelegte Anfechtungsumfang beschränke sie unter Umständen (§ 519 Abs. 3 Nr. 1, Teilsatz 1 ZPO).[53]

In Wirklichkeit unterscheiden sich die von § 519 Abs. 3 Nr. 1 ZPO geforderten Berufungsanträge von einer erneuten Klageerhebung oder Klagewiederholung deutlich. Nur der Kläger und Berufungskläger verfolgt als Anfechtungsziel, den Beklagten wie in erster Instanz beantragt zu verurteilen (§ 519 Abs. 3 Nr. 1, Teilsatz 2 ZPO). Der Beklagte fordert als Berufungskläger hingegen die Abweisung des Klageantrags. Er stellt den prozessualen Anspruch also spiegelbildlich als Abwehrbegehren. Rechtsprechung und Literatur sprechen dem Abweisungsantrag des Beklagten in erster Instanz die Qualität eines Sachantrags im Sinne des § 297 ZPO aber unstreitig und zu Recht ab.[54] Allein durch die Verfahrensfortsetzung in zweiter Instanz kann er diese Qualität daher nicht erlangen.

Der nach § 519 Abs. 3 Nr. 1, Teilsatz 2 ZPO festzulegende Anfechtungsumfang ist der Klageerhebung gänzlich fremd. Die Behauptung, der Berufungskläger "begrenze" hiermit den prozessualen Anspruch, ist rechtstechnisch nicht nachvollziehbar. Die Reduzierung der Klage erfordert eine teilweise Klagerücknahme (§ 269 ZPO). Dem Beklagte fehlt hierzu auch als Berufungskläger die Dispositionsbefugnis. Er kann den Klageanspruch un-

---

[50] Ebenso *Gilles*, Rechtsmittel, S. 42.

[51] Jedenfalls behauptet die h.M., die Berufungsanträge formulierten den Berufungsgegenstand, vgl. nur *Baur/Grunsky*, ZPR, Rdn. 219; *Behre*, Streitgegenstand, S. 33 f.; *Habscheid/Lindacher*, NJW 1964, 2395.

[52] *Behre*, Streitgegenstand, S. 33 f.; *Habscheid/Lindacher*, NJW 1964, 2395.

[53] So *Schellhammer*, ZP, Rdn. 1021; *Rosenberg/Schwab/Gottwald*, ZPR, § 139 III 1, S. 838; *Zimmermann*, ZPO, § 537 Rdn. 2.

[54] Vgl. nur BGH NJW 1965, 397; *Wieczorek/Rössler*, ZPO, § 519 Anm. D I; *Schellhammer*, ZP, Rdn. 503.

möglich teilweise zurücknehmen. Selbst beim verfügungsberechtigten Kläger als Berufungskläger ist eine teilweise Klagerücknahme zu bezweifeln. Erstreckt er sein Rechtsmittel auf das klageabweisende Urteilsstück, entfiele mit der Klagerücknahme der zugesprochene Anspruch oder Anspruchsteil (§ 269 Abs. 3 S. 1 ZPO). Dieser sollte nach dem Willen des Klägers aber gerade rechtskräftig werden. Auch die erstinstanzliche Kostenpflicht müßte sich nun gegen ihn wenden, obgleich er erstinstanzlich obsiegte (§ 296 Abs. 3 S. 2 ZPO). All dies will der Kläger sicherlich nicht. Auch bei der Teilanfechtung einer insgesamt beschwerenden Entscheidung käme die teilweise Klagerücknahme dem Kläger ungelegen. Sie würde ihm jede Erweiterungsmöglichkeit zum Rechtsmittel nehmen. Um den klageabweisenden Urteilsteil nicht zu verlieren, würde der Beklagte in die Klagerücknahme zudem nicht einwilligen (§ 269 Abs. 1 ZPO). Ohne ausdrückliche Disposition der Parteien zum prozessualen Anspruch kann das Gericht daher nicht davon ausgehen, mit der Festlegung des Berufungsgegenstands verfügten sie automatisch auch zur Klage.[55]

Die von § 519 Abs. 3 Nr. 1 ZPO geforderten Berufungsanträge stehen der Annahme, das Berufungsverfahren setze nur den Streitgegenstand fort, demzufolge ebenfalls entgegen.

c) Die Entscheidung des Berufungsgerichts

Die Berufungsvorschriften sehen folgende Entscheidungsstruktur vor: Das Rechtsmittelgericht ändert das angefochtene Urteil entweder ab und entscheidet in der Sache selbst, hebt es auf und verweist die Sache an die erste Instanz zurück oder weist die Berufung zurück bzw. verwirft sie (§§ 536, 538, 539, 519b Abs. 1 ZPO). In allen Fällen dürfte nach herrschender Ansicht streng genommen nur zur Klage entschieden worden sein.[56]

Das angerufene Gericht kann aber nur über den geltend gemachten Prozeßgegenstand entscheiden. Verfahrensgegenstand und Urteilsgegenstand sind immer gleich.[57] Wäre der Berufungsgegenstand mit dem Streitgegen-

---

[55] Dies erkennt auch die herrschende Meinung an. Den Widerspruch zu ihrer Berufungsgegenstandstheorie übergeht sie dabei ohne weitere Ausführungen, vgl. BGH NJW-RR 1989, 1276, 1277; *Karmasin*, NJW 1974, 982; *Wieczorek/Rössler*, ZPO, § 519 Anm. D Ib; MünchKomm-ZPO/*Rimmelspacher*, § 519 Rdn. 32; *Zöller/Gummer*, ZPO, § 519 Rdn. 29; *Baumbach/Lauterbach/Hartmann*, ZPO, § 269 Rdn. 11; *Baumbach/Lauterbach/Albers*, ZPO, § 519 Rdn. 19. Eine Klagerücknahme nehmen dagegen an, *Batsch*, NJW 1974, 299; AK-ZPO/*Ankermann*, § 519 Rdn. 15; *Stein/Jonas/Grunsky*,[21] ZPO, § 519 Rdn. 25.

[56] So tatsächlich *Bettermann*, ZZP 88 (1975), 365, 386.

[57] MünchKomm-ZPO/*Gottwald*, § 322 Rdn. 104.

stand der Klage identisch, müßte das Berufungsgericht die Klage demzufolge entweder abweisen oder den Beklagten verurteilen. Das Berufungsgericht entscheidet zur erstinstanzlichen Sache jedoch nur bei Vorliegen eines zulässigen Rechtsmittels (iudicium rescissorium) und auch hier nicht ausschließlich, sondern lediglich Bezug nehmend auf das Urteil der ersten Instanz (iudicium rescidens). Die neue Entscheidung zur Klage ergeht als Urteilsabänderung. Dies ist nicht nur eine deklaratorische Begleiterscheinung zur ohnehin eintretenden Urteilskassation,[58] sondern eine notwendige gerichtliche Verfügung. Ohne sie könnten zwei sich widersprechende Urteile in Rechtskraft erwachsen. Hat der Rechtsmittelkläger mit seinem Rechtsmittel keinen Erfolg und verwirft das Gericht die Berufung oder weist sie zurück, fehlt eine Entscheidung zur Klage gänzlich. Das Gericht befindet hier nur über das Rechtsmittel als solches. Auch bei einer Urteilsaufhebung und Zurückverweisung der Sache an die erste Instanz (§§ 538, 539 ZPO) fehlt ein obergerichtliche Entscheidung zum prozessualen Anspruch, obgleich der Berufungskläger hier einen vorläufigen Erfolg erringen konnte. Die Rechtsmittelinstanz entscheidet nur über das Urteil erster Instanz.[59]

Auch die Entscheidungsmöglichkeiten des Berufungsgerichts stehen der Ansicht, zweitinstanzlicher Verfahrensgegenstand sei erneut der Streitgegenstand, daher entgegen.

d) Die Parteirollen im Berufungsverfahren

Die Ansicht, Kläger und Beklagter behielten in zweiter Instanz ihre erstinstanzlichen Parteirollen bei,[60] ist richtig, läßt jedoch keinesfalls den Schluß zu, der Streitgegenstand werde deshalb auch Berufungsgegenstand. Nur in ihrer Stellung zum Streitgegenstand stehen sich die Parteien in zweiter Instanz erneut als Kläger und Beklagter gegenüber. Hinsichtlich des Rechtsmittelgegenstands werden sie Berufungskläger und Berufungsbeklagter. Beide Parteirollen sind unterschiedlich und voneinander zu trennen. Dies wirkt sich auf den Prozeßgegenstand beider Verfahren aus.

---

58 A. A. *Ratte*, Beschwerde, S. 72 ff.

59 *Bettermann*, ZZP 88 (1975), 365, 387 f. meint dagegen, auch hier beurteile die Berufungsinstanz die erstinstanzliche Hauptsache; a. A. *Blomeyer*, ZPR, § 101, S. 559 ff., der von einer Entscheidung über ein Aufhebungsbegehren ausgeht.

60 *Schönke/Kuchinke*, ZPR, S. 378, § 76 II 3; *Schlosser*, ZPR I, S. 323; *Rosenberg/Schwab/Gottwald*, ZPR, § 137 I 2, S. 819.

Bei der Berufung des Beklagten ist dies besonders deutlich: Hier ist der Beklagte Berufungskläger und damit "Herr" des zweitinstanzlichen Verfahrens. Er entscheidet über dessen Einleitung, Umfang, Inhalt und Fortgang, obgleich er erstinstanzlich nur streiterledigend disponieren konnte.[61] Sein zweitinstanzlicher Rechtsmittelverzicht führt zu keinem Verzichtsurteil nach § 306 ZPO, sondern zur Verwerfung des Rechtsmittels (§ 514 ZPO). Ein Ausbleiben des Klägers und Rechtsmittelbeklagten in der Berufungsverhandlung bedeutet keinen Anspruchsverlust, wie § 330 ZPO es für den Kläger anordnen würde, sondern eine Geständnisfunktion zugunsten des Rechtsmittelklägers (§ 542 Abs. 2 ZPO).[62] Bei Säumnis des Beklagten und Rechtsmittelklägers ergeht das Rechtsmittelversäumnisurteil nicht in der Sache, sondern über das Rechtsmittel.[63]

Beim klägerischen Rechtsmittel haben nicht alle Verfügung zum Berufungsverfahren Auswirkungen auf den Streitgegenstand der Klage. Durch eine Rechtsmittelrücknahme (§ 515 ZPO) oder einen Rechtsmittelverzicht (§ 514 ZPO) verfügt der Berufungskläger über die Berufung und nicht über die Klage. Ohne besonderen Verfügungsakt zum erstinstanzlichen Streitgegenstand verzichtet er weder auf die Klage (§ 306 ZPO), noch nimmt er sie zurück (§ 269 ZPO). Ferner reduziert auch die Teilanfechtung des Urteils die Klage nicht.[64]

Die Parteirollen des Rechtsmittelprozesses sind daher mit der Theorie des Streitgegenstands als Rechtsmittelgegenstand nicht in Einklang zu bringen.

e) Ergebnis

Sartorius[65] hatte bereits der Appellation des gemeinen Prozesses, in der unser heutiges Berufungsverfahren seinen Ursprung findet[66], den Zweck der reinen Verfahrensfortsetzung abgesprochen. Durch sie wurde der Prozeß nicht bloß auf der alten Grundlage wiederholt oder fortgesetzt. Es entstand ein neuer, anderer Prozeß mit einem neuen Richter und einem neuen

---

[61] Im Wege des Anerkenntnisses, des Vergleichs oder der Zustimmung zur Erledigungserklärung des Klägers.

[62] *Kolotouros*, Rechtsmittelgegenstand, S. 83.

[63] *Gilles*, Rechtsmittel, S. 44.

[64] Siehe oben, S. 30 f.

[65] *Sartorius*, AcP 31 (1948), 313, 346.

[66] *Hahn*, Die gesammten Materialien zur Civilprozeßordnung, erste Abteilung (1880), S. 139.

Streitmaterial. Das geltende Berufungsrecht ist ähnlich ausgestaltet. Den besonderen Zulässigkeitsvoraussetzungen, eigenen Parteien, gerichtlichen Entscheidungsmöglichkeiten und Dispositionsakten zum Berufungsverfahren entspricht nur ein eigenständiges Verfahren und ein eigener, vom Klagegegenstand zu trennender Rechtsmittelgegenstand. Die Ansicht, die Berufung setzte den erstinstanzlichen Streitgegenstand lediglich fort, ist somit eine mit der gesetzlichen Ausgestaltung des Berufungsverfahrens unvereinbare Theorie und daher abzulehnen.

II. Rechtsmittelverfahren als Kassationsbegehren (Die Meinung Gilles')

1. Rechtsmittelverständnis und Berufungsgegenstand

Peter Gilles wirft der herrschenden Theorie vor, sie ließe das Urteil erster Instanz zu einer Art nihil, das erstinstanzliche Verfahren zu einer unverbindlichen Vorübung für die anschließend vom Obergericht zu fällende Entscheidung werden.[67] Er lehnt es daher ab, die Rechtsmittel durch Suspensiv- und Devolutiveffekt zu charakterisieren[68] und als Verfahrensfortsetzung mit dem Prozeßgegenstand der ersten Instanz aufzufassen. Die Rechtsmittel stellten vielmehr selbständige Verfahren mit eigenem Prozeßziel (Aufhebung), eigenem Prozeßgegenstand (Aufhebungsbegehren), eigener Entscheidungsart und eigenen prozessualen und sachlichen Erfolgsbedingungen dar, die von der erstinstanzlichen Klage gänzlich zu trennen seien.[69]

Wie jeder Verfahrensgegenstand, könne sich auch der Rechtsmittelgegenstand nur am erstrebten Prozeßziel orientieren. Da der Grund aller Rechtsmittel in der möglichen (ursprünglichen oder nachträglichen) Unrichtigkeit richterlicher Entscheidungen liege,[70] der Rechtsmittelprozeß zudem von Natur aus nicht kreativ, sondern kontrollierend sei,[71] wäre dieses Ziel die Richtigkeitsüberprüfung eines Urteils.[72] Das Rechtsmittelverfahren erschöpfe sich nicht in der Fortsetzung des Ausgangsverfahrens, sondern sei

---

67 *Gilles*, Humane Justiz, S. 154, 166.

68 *Gilles*, Rechtsmittel, S. 158 ff.; ebenso nun auch *Kolotouros*, Rechtsmittelgegenstand, S. 75 ff.

69 *Gilles*, Rechtsmittel, S. 10 ff., 19 ff., 28 ff., 36 ff., 49 ff.; *ders.*, ZZP 91 (1978), 128, 133 ff., 156; *ders.* AcP 177 (1977), 190 ff.; ebenso *Kolotouros*, Rechtsmittelgegenstand, S. 17 ff., 82 ff., 131.

70 *Gilles*, ZZP 91 (1978), 128, 139.

71 *Kolotouros*, Rechtsmittelgegenstand, S. 56.

72 *Gilles*, AcP 177 (1977), 190.

ein neues und davon unabhängiges Verfahren mit folgendem Gegenstand: "Das Begehren einer bestimmten Partei gegenüber dem angerufenen Gericht nach Aufhebung einer bestimmten Entscheidung".[73]

Klage und Rechtsmittel wären nicht zeitlich aufeinanderfolgende Teile eines einheitlichen Verfahrens, sondern vergleichbar einer Entscheidung und einem darauf folgenden Wiederaufnahmeverfahren ausgestaltet.[74] Gilles grenzt damit die Sachentscheidung aus dem eigentlichen Rechtsmittelverfahren aus. Die Reformation folgt der Kassation nur nach.[75] Das Obergericht wird erst durch die Beseitigung des Ersturteils funktionell zur Entscheidung in der Sache zuständig.[76] Der Devolutiveffekt tritt erst nach erfolgreicher Anfechtung und Kassation des angefochtenen Urteils ein, dann aber rückwirkend zum Zeitpunkt der Rechtsmitteleinlegung.[77]

Der Rechtsbehelf wird so zu einer selbständigen prozessualen Gestaltungsklage mit dem Ziel der konstitutiven Vernichtung des Richterspruchs, um im Anschluß daran freien Weg zur erneuten Entscheidung über die erstinstanzliche Klage - "die Sache" - zu erhalten.[78]

Die verschiedenen Rechtsmittel stellten dabei nur verschiedene Abstufungen derselben Kontrollfunktion dar.[79] Die *Revision* sei am deutlichsten als Kassationsverfahren ausgestaltet. Das Revisionsgericht treffe grundsätzlich nur eine Entscheidung über die Unzulässigkeit der Revision oder über die Richtigkeit des OLG-Urteils.[80] Auch bei *Beschwerde* und *Berufung* nimmt Gilles Anfechtungsverfahren an, denn ob zur Anfechtung einer Entscheidung nova zugelassen seien oder nicht, besage über den Grundcharakter des Rechtsmittels nichts. Durch die Zulassung von neuen Tatsachen hätten beide Rechtsmittel ihre Kontrollfunktion nicht verloren.[81] Angesichts immer strenger gewordener Präklusionsvorschriften, könne ohnehin nicht mehr uneingeschränkt von der Berufungsinstanz als zweiter Tatsacheninstanz gesprochen werden.[82] Mit der Urteilsabänderung und zweitinstanzlichen Sach-

73 *Gilles*, Rechtsmittel, S. 28 ff., 37.

74 *Kolotouros*, Rechtsmittelgegenstand, S. 131.

75 *Gilles*, Rechtsmittel, S. 13 ff.

76 *Gilles*, Rechtsmittel, S. 97.

77 *Gilles*, Rechtsmittel, S. 101 f.

78 *Gilles*, Rechtsmittel, S. 33, 49 ff.

79 *Kolotouros*, Rechtsmittelgegenstand, S. 130.

80 Ebenso *Jauernig*, Zivilurteil, S. 108.

81 *Gilles*, Rechtsmittel, S. 191; *Kolotouros*, Rechtsmittelgegenstand, S. 131.

82 *Kolotouros*, Rechtsmittelgegenstand, S. 38.

entscheidung liege zunächst nur eine Aufhebung des Ersturteils vor und erst im Anschluß daran eine reformatorische Sachentscheidung.[83]

2. *Stellungnahme*

Die aus der berechtigten Kritik an der reinen Verfahrensfortsetzungstheorie entstandene Betrachtungsweise vom Rechtsmittelverfahren als eigenständigem Verfahren mit eigenem Prozeßziel und Prozeßgegenstand ist das eigentliche Verdienst Peter Gilles'. Die Berufung erschöpft sich tatsächlich nicht in einer zäsurlosen Verfahrensfortsetzung, ohne Berücksichtigung der ergangenen Sachentscheidung. Rechtsstaatsprinzip, Richtigkeitskontrolle und Rechtsfrieden verlangen vielmehr eine Entscheidung, die auf das vorhandene Urteil Bezug nimmt. Am Ende des erfolgreichen Berufungsverfahrens steht daher auch ein Urteil, das über die Zulässigkeit und Begründetheit des Rechtsmittels und nicht ausschließlich über die Klage entscheidet. Dem entsprechen die vom Gesetz vorgesehenen Entscheidungsmöglichkeiten des Berufungsgerichts: Das Rechtsmittelgericht verwirft die Berufung, weist sie zurück (§§ 519b, 536 ZPO) oder verneint die Existenzberechtigung des Ersturteils (§§ 538, 539 ZPO). Die Zulässigkeitsvoraussetzungen der Berufung erklären sich demzufolge auch als allgemeine Zulässigkeitsvoraussetzungen des zweitinstanzlichen Verfahrens. Sie treten mit denen der Klage nicht mehr in Konkurrenz.

Soweit Gilles ein Kassationsmodell vorsieht, das die Rechtsmittel auf Anfechtungsklagen gegen den Hoheitsakt "Urteil" reduziert und die neue Entscheidung in der Sache gänzlich aus dem Rechtsmittelverfahren verdrängt, entsteht freilich erneut ein der gesetzlichen Ausgestaltung der Berufung nicht entsprechendes Rechtsmittelbild.

a) Prozeßziel und Berufungsgegenstand

Wie Gilles zu Recht feststellt, ist das vom Verfahrenskläger verfolgte Prozeßziel der konstituierende Faktor eines jeden Verfahrensgegenstands. Bei der Berufung ist dies aber zweifellos nicht ausschließlich die Urteilsaufhebung.

Sicher geht es dem *Kläger* und Berufungskläger um die Beseitigung des ihn beschwerenden Ersturteils vor dessen Rechtskrafteintritt, zumal der Beklagte diese Entscheidung seinem weiteren Vorgehen entgegensetzen könn-

---

[83] *Gilles*, Rechtsmittel, S. 33.

te. Gleichwohl geht es dem Kläger aber auch und zuallererst um die Stattgabe seines erstinstanzlich abgelehnten Anspruchs. In der Sache möchte er gegen den Beklagten obsiegen und vollstrecken und nicht nur eine Beurteilung der verfahrensrechtlichen Frage erhalten, ob ein Urteil richtig oder falsch ist, kassiert werden muß oder nicht. Auch dem *Beklagten* und Berufungskläger bringt die bloße Urteilsaufhebung keinen endgültigen Erfolg im Rechtsstreit gegen den Kläger. Da der Kläger seinen erstinstanzlichen Anspruch nach Urteilsaufhebung erneut verfolgen könnte, ist auch ihm letztlich an einer endgültigen Abwehr des klägerischen Begehrens gelegen.

Gilles' Vorschlag, dieses Sachbegehren einem eigenen, der Berufung nachgeschalteten Verfahren zum Streitgegenstand zuzuordnen, findet in den Berufungsvorschriften keine Entsprechung.[84] Weder die Anträge noch das Verfahren oder die Entscheidung zur Berufung sehen eine solche Trennung vor. Die §§ 519 Abs. 3, 523, 525, 526, 536 und 540 ZPO fassen Urteilskontrolle und Neuentscheidung zur Sache in einem Verfahren und in einem Urteil zusammen. Die aus dem Wiederaufnahmerecht abgeleitete doppelte Zäsur von der Urteilsüberprüfung zur erneuten Sachentscheidung konstruiert eine Rechtsmittelkonzeption um den Preis einer die natürliche Betrachtung hintanstellenden Konstruktion.[85] Sie bringt auch keinen praktischen Vorteil.[86]

Das Interesse des Berufungsklägers an einer erneuten Sachentscheidung ist ein entscheidendes Verfahrensziel des Berufungsklägers. Es darf aus dem Berufungsgegenstand daher nicht ausgeschlossen werden.

b) Berufungsanträge

Die Berufungsanträge des § 519 Abs. 3 Nr. 1 ZPO legen den Anfechtungsumfang und die verfolgte Urteilsabänderung in der Sache fest. Der Gilles'sche Rechtsmittelgegenstand findet sich hier nur im Anfechtungsumfang. Die begehrte Sachentscheidung bleibt in seinem Kassationsverfahren zunächst unberücksichtigt. Gilles umgeht diesen Konflikt, indem er bereits die Berufungseinlegung nach § 518 ZPO den Berufungsgegenstand bestimmen läßt. Der Berufungskläger lege das angegangene Urteil mit der Einlegungsschrift ausreichend fest. Dies reiche für die Präzisierung des Kassationsbegehrens aus. Ohne Äußerung einer Berufungsbeschränkung verlange der Rechtsmittelführer die volle Urteilsaufhebung. Eine abweichende Fest-

---

84 *Habscheid*, NJW 1974, 635, 636.

85 *Lindacher*, FamRZ 1973, 279, 280.

86 *Habscheid*, NJW 1974, 635, 636.

legung des Anfechtungsumgangs in der Begründungsschrift stelle eine nachträgliche Änderung des zunächst gewählten Verfahrensgegenstands dar.[87]

Der Berufungskläger erklärt mit der Berufungseinlegung gemäß § 518 Abs. 2 ZPO nur die Berufung als solche und bezeichnet das aufzuhebende Urteil. Von Berufungsanträgen ist in dieser Vorschrift nicht die Rede. Ganz anders in § 519 Abs. 3 Nr. 1 ZPO. Der Gesetzgeber definiert dort die vorzunehmende Festlegung des Anfechtungsumfangs und der begehrten Abänderung legal als "Berufungsantrag." Nach § 519 Abs. 2 S. 1 ZPO ist dem Berufungskläger zwar erlaubt, die Berufungsbegründung in die Einlegungsschrift vorzuverlagern, doch gilt dies nur bei einer dementsprechenden Disposition und nicht stillschweigend und regelmäßig. Einer Fiktion der Berufungsanträge ist § 518 ZPO demnach nicht zugänglich. Die in der Begründungsschrift beantragte Teilanfechtung könnte die zunächst fingierte Vollanfechtung zudem nur im Wege einer teilweisen Berufungsrücknahme reduzieren (§ 515 ZPO). Der Berufungskläger hätte insoweit gemäß § 515 Abs. 3 S. 1 ZPO, Nr. 1220, 1221 Kostenverzeichnis zum GKG[88] eine halbe Verfahrensgebühr zu tragen. Hierzu besteht keine Veranlassung. Weder Berufungsbeklagter noch Gericht durften sich auf eine unbeschränkte Berufung einstellen. Die Antragsfiktion ist ein unnützer Eingriff in die gesetzlichen Vorschriften zur Berufungseinleitung und in die Verfügungsfreiheit des Berufungsklägers. Sie ist daher abzulehnen.[89]

Das gemäß § 519 Abs. 3 Nr. 2 ZPO zu beantragende Sachbegehren spricht gegen den von Gilles angenommenen Kassationsgegenstand als Berufungsgegenstand.

c) Das Berufungsverfahren als Tatsacheninstanz

Gilles' Verständnis vom Rechtsmittel als Richter- oder Entscheidungsschelte zur reinen Urteilskontrolle führte konsequenterweise zu Folgendem: Der Rechtsmittelführer dürfte das Urteil nur mit Bezug auf die Gesetzmässigkeit des stattgefundenen Verfahrens, der Richtigkeit der tatsächlichen

---

[87] *Gilles*, AcP 177 (1977), 189, 191 ff.

[88] In der Fassung des Kostenrechtsänderungsgesetzes vom 24. Juni 1994, BGBl. I, 1325 ff.

[89] Im Ergebnis ebenso die herrschende Meinung. Vgl. BGH NJW 1968, 2106; BGH FamRZ 1981, 946; 1993, 1192, 1193; AK-ZPO/*Ankermann*, § 518 Rdn. 11; *Wieczorek/Rössler*, ZPO, § 519 Anm. D I; MünchKommZPO/*Rimmelspacher*, § 518 Rdn. 11, 17.

Feststellungen und der juristischen Qualifizierungen angreifen.[90] Das dem iudex ad quem vorliegende Streitmaterial müßte in tatsächlicher und rechtlicher Hinsicht unverändert bleiben und der vorherigen Instanz entsprechen.[91] Streitgegenstandsdispositionen des Klägers wären ebensowenig möglich wie Erledigungserklärungen zur Klage, Parteiwechsel, Anerkenntnisse oder das Vorbringen von neuen Tatsachen.[92] Auch Rechtsänderungen dürfte das Gericht nicht berücksichtigen, denn es ist typisches und systemnotwendiges Merkmal einer Anfechtungsklage, die Entscheidung unter Zugrundelegung der Sach- und Rechtslage zum ehemaligen Entscheidungszeitpunkt zu untersuchen.[93] Für den Erfolg einer Anfechtungsklage müßte auch genügen, daß das angefochtene Urteil und das diesem zugrundeliegende Verfahren an nicht unerheblichen Fehlern leiden, auf denen das Urteil beruht. Bereits die Unrechtmäßigkeit eines Urteils und nicht erst dessen Unrichtigkeit im Ergebnis führten zu seiner Aufhebung. In einer vom Berufungskläger geführten Anfechtungsklage hätte dieser den Beweis für die Unrichtigkeit des ergangenen Urteils zu liefern und müßte den Prozeß aus Beweislastgründen verlieren, falls ihm dies nicht zur Überzeugung des Gerichts gelingen würde.[94] Eine Beweisaufnahme zur Hauptsache könnte das Berufungsgericht nicht wiederholen.[95] Passivsubjekt des Rechtsmittelverfahrens wäre schließlich nicht die erstinstanzliche Gegenpartei, sondern der Staat als Träger der Gerichtsbarkeit.[96]

---

[90] Zutreffend *v. Kries*, Rechtsmittel, S. 145; *Leipold*, in Gilles/Röhl/Schuster/Strempel (Hrsg.), Rechtsmittel im Zivilprozeß, S. 285, 291.

[91] Diese Rechtsmittelkonstellation wurde in Frankreich für die Cour de Cassation, das oberste französische Zivilgericht, tatsächlich verwirklicht, vgl. *Sonnenberger/Schweinberger*, Einführung in das französische Recht, 2. Aufl. 1986, S. 172 f., 183 f. Auch im österreichischen Zivilprozeßrecht ist die Berufung auf eine Urteils- und Verfahrensüberprüfung beschränkt, vgl. *Lorenz*, ZZP 65 (1952), 169 ff.; *Klein/Engel*, Der Zivilprozeß Österreichs, S. 403; *Holzhammer*, ZPR, S. 261, 262f; *Pollak*, System, § 116 I, S. 581.

[92] *Gilles*, Rechtsmittel, S. 62 ff., 68 und ZZP 91 (1978), 128, 162 ff., läßt Klagedispositionen nur im Anschluß an die Urteilskassation und auch hier nur aus Gründen der zivilprozessualen Effizienz und Rationalisierung zu. Ebenso *Kolotouros*, Rechtsmittelgegenstand, S. 39 f. *Bettermann*, ZZP 88 (1975), 365, 370 wirft der Kassationstheorie daher zu Recht Inkonsequenz vor.

[93] BVerwGE 78, 243, 244; BVerwG NVwZ 1990, 653; 1991, 361; *Kopp*, VwGO, § 113 Rdn. 113; *Schwerdtfeger*, Fallbearbeitung, § 5 Rdn. 56; umfassend *Kleinlein*, VerwArch 81 (1990), S. 149 ff.

[94] So tatsächlich *Kolotouros*, Rechtsmittelgegenstand, S. 83 f. Er meint, die Beweislast kehre sich im Rechtsmittelverfahren des Beklagten auch zur Klage um. Das Nichtbestehen der erstinstanzlich bejahten Anspruchsvoraussetzungen müsse zweitinstanzlich der Beklagte beweisen. Sollte ihm dies nicht gelingen, würde das Obergericht sein Rechtsmittel als unbegründet zurückweisen.

[95] *Leipold*, in Gilles/Röhl/Schuster/Strempel (Hrsg.), Rechtsmittel im Zivilprozeß, S. 285, 291.

[96] *Schlosser*, ZPR I, S. 322.

Das deutsche Berufungsrecht ist anders ausgestaltet. Es ist offen für Parteidispositionen zum erstinstanzlichen Streitgegenstand (§ 523 ZPO). Klageveränderungen, Klageerweiterungen, Klagebeschränkungen, Klagerücknahmen, Klageverzichte oder Klageanerkenntnisse sind auch nach Urteilserlaß grundsätzlich zulässig, solange die Entscheidung zur Klage noch nicht formell rechtskräftig ist. Auch tatsächliche Neuerungen können die Parteien im Rahmen der §§ 525-530 ZPO vorbringen, denn das Verfahren ist eine zweite Tatsacheninstanz.[97] Das Berufungsgericht legt der Berufungsentscheidung die Sach- und Rechtslage zum Zeitpunkt der letzten mündlichen Verhandlung des Rechtsmittelverfahrens - hic et nunc - zugrunde.[98] Das geltende Recht verlangt für den Erfolg des Rechtsmittels anstelle der Unrechtmäßigkeit nur die Unrichtigkeit des angefochtenen Urteils im Ergebnis (§ 563 ZPO). Verfahrensfehler führen deshalb nur dann zur Urteilsaufhebung, wenn sie das Ergebnis des Vorderrichters zur Klage in Frage stellen.[99] Das nur in den Gründen unrechtmäßige Urteil bleibt unkorrigiert (§ 563 ZPO analog). Das Rechtsmittelgericht hebt hingegen das ehemals rechtmäßige Urteil auf, wenn es jetzt im Ergebnis der geänderten Sach- oder Rechtslage nicht mehr entspricht.[100] Für die im Rahmen der Begründetheit des Rechtsmittels zu beurteilende Zulässigkeit und Begründetheit der Klage trägt der Kläger die Beibringungs- und Beweislast.[101] Berufungsbeklagter ist nicht der Staat, sondern der erstinstanzliche Verfahrensgegner.

d) Ergebnis

Der Gilles'sche Berufungsgegenstand läßt sich mit der gesetzlichen Ausgestaltung und den praktizierten Verfahrensgrundsätzen der Berufung nicht in Einklang bringen und ist daher abzulehnen.

III. Rechtsmittelverfahren als Abänderungsbegehren

Jede der beiden vertretenen Theorien hat einiges für sich. Der Berufungskläger führt zweifellos den Streit zum prozessualen Anspruch erster Instanz fort, um zweitinstanzlich zu einem günstigeren Klageergebnis als in erster

---

[97] *Hellwig*, System I, S. 842.

[98] *Schlosser*, ZPR I, S. 322.

[99] *Bettermann*, ZZP 88 (1975), 365, 371.

[100] *Stein/Jonas/Grunsky*,[21] ZPO, Allg. Einl. vor § 511 Rdn. 6; *Arens*, AcP 173 (1973), 473, 476; *Bettermann*, ZZP 88 (1975), 365, 372 f.; MünchKomm-ZPO/*Rimmelspacher*, Vor § 511 Rdn. 4.

[101] *v. Kries*, Rechtsmittel, S. 146.

Instanz zu gelangen. Die obere Instanz verlängert das unterinstanzliche Verfahren nicht einfach. Da bereits ein Urteil zur Klage vorliegt, prüft es dessen weitere Bestandsberechtigung. Neuentscheidung zum Streitgegenstand und Urteilskassation könnten demnach gemeinsam Eingang in den Berufungsgegenstand gefunden haben.[102]

1. Rechtsmittelverständnis

Die Berufung ist als zweite Tatsacheninstanz ausgestaltet. Prozeßstoff und Beweiserhebungen der ersten Instanz wirken fort. Die Parteien können Neuerungen der Streitsache beibringen und weitere Beweisanträge stellen. Die Berufung dient daher zweifellos der Fortsetzung des Rechtsstreits. Der Kläger und Berufungskläger verfolgt den Streitgegenstand tatsächlich und rechtlich aktualisiert weiter um eine günstige Sachentscheidung zu erhalten. Der Beklagte versucht als Berufungskläger die Klage abzuwehren. Der Kläger kann über seinen prozessualen Anspruch weiter disponieren, der Beklagte darf aufrechnen oder eine Widerklage erheben (§§ 523, 525, 526-529, 530, 532, 533, 537 ZPO). Ist der Rechtsmittelkläger im höheren Rechtszug erfolgreich, erhält er eine neue ihm günstige Sachentscheidung (§§ 536-540 ZPO). Da ein erstinstanzliches Urteil bereits vorliegt, muß das Fortsetzungsverfahren und das zweitinstanzliche Urteil auch auf dieses eingehen. Kommt das Berufungsgericht zu einem anderen Sachergebnis als die untere Instanz, kann es hierüber nicht direkt urteilen. Es muß das Ersturteil anpassen. Die Neuentscheidung des Rechtsstreits erfolgt daher in der Form einer Bezug nehmenden Abänderungsentscheidung (§ 536 ZPO). Das Rechtsmittelgericht vergleicht das gefundene Ergebnis zur aktualisierten Sache mit dem Ergebnis des unterinstanzlichen Urteils. Stimmt die zweitinstanzliche Erkenntnis zur neuen Sache mit dem im Urteil enthaltenen Ergebnis zur alten Sache überein, bedarf es keiner Reformation. Das vorinstanzliche Urteil kann bestehen bleiben. Das Berufungsgericht weist das Rechtsmittel zurück. Besteht keine Übereinstimmung im Ergebnis, verändert es die vorinstanzliche Entscheidung entsprechend der neuen Sacherkenntnis. Die Beurteilung der Sache erfolgt daher als positiver oder negativer Spruch über die Abänderung einer bereits vorhandenen Klageentscheidung.

---

[102] Bereits *Wach* (Vorträge, S. 182) hat eine Doppelgestalt der Berufung angedeutet und die Richtigkeitsprüfung mit der Neuentscheidung in Verbindung gebracht. Ebenso weisen *Arens* (AcP 173 (1973), 473, 474, 479) und *Heintzmann* (ZZP 87 (1974), 199, 211) auf eine mögliche Zweiseitigkeit der Rechtsmittelregelung hin. *Gernhuber* (Zwischenurteil, S. 42) meint, dem Rechtsmittelverfahren läge nicht nur der erstinstanzliche, sondern ein weiterer, auf Aufhebung des Urteils gerichteter Streitgegenstand zugrunde. Ähnlicher Ansicht ist *Menger* (Rechtsschutz, S. 163). Der Verfahrensgegenstand der zweiten Instanz soll danach die Rechtsbehauptung der ersten Instanz und zugleich die der Rechtswidrigkeit und Beschwer des angefochtenen Urteils sein.

Diese auf das Urteil Bezug nehmende Bejahung oder Verneinung einer Entscheidungsabänderung bringt zugleich die ebenfalls erstrebte Überprüfung der Bestandsberechtigung des Ersturteils und dessen Beschwer mit sich. Dabei findet keine statische Rechtmäßigkeitskontrolle der gesamten Entscheidung, sondern eine dynamische und aktualisierte Überprüfung des Urteilsergebnisses statt (§ 563 ZPO analog). Das im Tenor richtige unterinstanzliche Urteil bleibt bestehen, selbst wenn es zum Erlaßzeitpunkt unrechtmäßig war. Das im Ergebnis nicht mehr berechtigte Urteil korrigiert das Berufungsgericht, selbst wenn es zum Erlaßzeitpunkt rechtmäßig war. Das stattgebende oder zurückweisende Rechtsmittelurteil ist demnach auch eine positiv oder negativ ausfallende Erkenntnis über die aktuelle Bestandsberechtigung des vorinstanzlichen Urteils.

Ergebniskontrolle und Verfahrensfortsetzung durch Bezug nehmende Verfahrenswiederholung und -erneuerung sind untrennbar miteinander verbunden. Eine erneute Verhandlung und Entscheidung zum Rechtsstreit darf die Existenz des vorhandenen Urteils und der eventuell fortgeschriebenen Urteilsgrundlagen nicht ignorieren, sondern muß auf sie Bezug nehmen. Nur mit der Verfahrensfortsetzung überprüft das Berufungsgericht das Urteil dynamisch auf seine Richtigkeit im Ergebnis und nicht statisch auf sein Rechtmäßigkeit. Dem Interesse der Parteien an einer richtigen und gerechten Entscheidung ihrer Sache, an der Aufhebung der Urteilsbeschwer und dem öffentlichen Interesse an der Wahrung des Rechtsfriedens, der Rechtseinheit und Rechtsfortbildung[103] ist so gleichzeitig gedient. Der Berufungskläger verfolgt daher ein doppeltes Verfahrensziel: *die Kontrolle der Ergebnisrichtigkeit des belastenden Urteils und die Fortsetzung des Rechtsstreits über den Streitgegenstand in seiner aktuellen Form.*

2. *Berufungsgegenstand*

a) Prozeßziel des Berufungsklägers

Aus dem zweispurigen Rechtsmittelverständnis folgt ein ebenso zweispuriges Prozeßziel:

- Dem Berufungskläger ist an einem anderen Ergebnis zur Zulässigkeit und Begründetheit der erstinstanzlichen Klage gelegen. Der Kläger erstrebt als Berufungskläger ein stattgebendes Urteil, das er bei Bedarf vollstrekken kann. Der Beklagte wünscht als Berufungskläger eine Klageabwei-

[103] Vgl. hierzu *Leipold*, in Gilles/Röhl/Schuster/Strempel (Hrsg.), Rechtsmittel im Zivilprozeß, S. 285, 289 f.

sung, die dem Kläger das behauptete Recht endgültig und rechtskraftfähig abspricht.

- Beide Parteien wollen zugleich die Aufhebung der beschwerenden unterinstanzlichen Entscheidung, bevor diese in Rechtskraft erwächst, endgültig vollstreckt bzw. ihre vorläufige Vollstreckung nicht mehr revidiert werden kann oder sie einer erneuten Klage entgegensteht (§§ 704, 705, 717, 261 Abs. 3 Nr. 1, 322 ZPO).

Die Verfahrensziele Urteilskassation und Neuentscheidung zur Sache schließen sich nicht gegenseitig aus. Der Berufungskläger braucht sie auch nicht in zwei gesonderten Verfahrensschritten zu verfolgen. Er macht sie vielmehr uno actu in einem Reformationsbegehren geltend. Verfolgt der Berufungskläger die Ersetzung des erstinstanzlichen Entscheidungsergebnisses durch ein günstigeres Ergebnis zur Klage, verlangt er die Neuentscheidung zum Streitgegenstand und die Kassation des Ersturteils zugleich. Die Entscheidung zum prozessualen Anspruch (iudicium rescissorium) ergeht nicht direkt, ähnlich einer erstinstanzlichen Entscheidung zur Klage, sondern in Form eines auf das unterinstanzliche Urteil Bezug nehmenden und es modifizierenden Urteils. Die Aufhebung des Ersturteils (iudicium rescindens) erfolgt nicht im Sinne einer vorweg ausgesprochenen Urteilskassation, sondern inzident, mit der abändernden Neuentscheidung zur Sache.[104] Beide Teilziele - Kassation und Neuentscheidung - sind in der erstrebten Urteilsabänderung demnach derart miteinander verstrickt, daß der Berufungskläger das eine Prozeßziel nicht ohne gleichzeitige Erledigung des anderen erreichen könnte.[105]

Gegenstand der Berufung ist demzufolge das Sachbegehren des Berufungsklägers, die erstinstanzliche Entscheidung zu seinen Gunsten zu ändern, kurz, ein Begehren auf Abänderung des Urteils über die Klage.

b) Berufungsanträge

Dem Abänderungsbegehren als Berufungsgegenstand entsprechen die in § 519 Abs. 3 Nr. 1 ZPO vorgesehenen Berufungsanträge:

---

[104] Die Aufhebung tritt bei der Abänderung nicht mehr gesondert in Erscheinung. Sie ist als wesensgleiches Minus begriffsnotwendig miteingeschlossen.

[105] Ähnlich auch MünchKomm-ZPO/*Rimmelspacher*, Vor § 511 Rdn. 3; *Weitzel*, JuS 1992, 625, 627.

- Nach § 519 Abs. 3 Nr. 1, Teilsatz 1 ZPO legt der Berufungskläger fest, inwieweit er das Urteil anficht, mithin, inwieweit das erstinstanzliche Urteil abgeändert werden soll ("Anfechtungsumfang").[106]

- Die Erklärung der beantragten Abänderung des (angefochtenen) Urteils nach § 519 Abs. 3 Nr. 1, Teilsatz 2 ZPO bestimmt die begehrte Entscheidung zum prozessualen Anspruch in der Form einer Bezug nehmenden Abänderung. Der Kläger beantragt als Berufungskläger die Verurteilung des Beklagten; der Beklagte und Berufungskläger die Abweisung der Klage ("Anfechtungsziel").

Beide Elemente - Anfechtungsumfang und Anfechtungsziel - zusammen, bestimmen das zweitinstanzliche Prozeßziel der Urteilsabänderung. Sie müssen einander entsprechen. Der Berufungskläger kann nur für den Teil der Klage eine neue Entscheidung verfolgen, den der Anfechtungsumfang erfaßt und umgekehrt, der Berufungskläger muß den Teil des erstinstanzlichen Urteils anfechten, für den er eine neue Streitgegenstandsentscheidung verlangt. Da der Rechtsmittelführer Anfechtungsumfang und Anfechtungsziel regelmäßig in einem Antrag nennt, kommt es hier praktisch nicht zu Widersprüchen. Das Berufungsgericht ist an das gewählte Reformationsbegehren gebunden und darf das Urteil nur abändern, soweit dies beantragt ist (§ 536 ZPO).

c) Zulässigkeit und Begründetheit der Berufung

Das Berufungsgericht prüft den geltend gemachten Verfahrensgegenstand auf seine Zulässigkeit und Begründetheit hin. Das Abänderungsbegehren unterliegt eigenen Zulässigkeits- und Begründetheitsvoraussetzungen. Die Zulässigkeitsvoraussetzungen der Berufung sind somit besondere Sachurteilsvoraussetzungen des zweitinstanzlichen Verfahrens. Sie überschneiden sich nicht mit den Sachurteilsvoraussetzungen der Klage. Letztere beurteilt das Berufungsgericht erst im Rahmen der Begründetheitsprüfung des Abänderungsbegehrens. Hinsichtlich des gewählten Verfahrensgegenstands ist die Berufung nur zulässig, wenn sich das Abänderungsbegehren auf ein erstinstanzliches Urteil bezieht, das Rechtsmittel form- und fristgerecht eingeleitet ist und der Beklagte die Abwendung einer Beschwer der unterinstanzlichen Entscheidung verfolgt. Fehlen zweitinstanzliche Zulässigkeits-

---

[106] Entschied die erste Instanz über eine quantitativ teilbare Summe oder über mehrere, objektiv oder subjektiv gehäufte Klagen (§§ 59, 260 ZPO), kann der Berufungskläger das Urteil nicht über seine Beschwer hinaus anfechten. Aus Opportunitäts- oder oder Kostenerwägungsgründen kann es für den Berufungkläger auch interessant sein, nur Teile einer umfangreicheren Beschwer anzufechten.

voraussetzungen, verwirft das Berufungsgericht das geltend gemachte Abänderungsbegehren (§ 519b ZPO). Ist die Zulässigkeitshürde genommen, überprüft es, ob das Urteil des unteren Rechtszugs, soweit angefochten, im Ergebnis bestehen bleiben kann oder, dem geltend gemachten Abänderungsbegehren entsprechend, reformiert werden muß (§ 536 ZPO). Hier untersucht es den erstinstanzlich entschiedenen Streitgegenstand in seiner aktuellen Form auf verfahrensrechtliche Zulässigkeit und materiellrechtliche Begründetheit hin (§ 537 ZPO). Kommt das Obergericht zu einem Ergebnis, das dem der unteren Instanz entspricht, lehnt es eine Abänderung ab und weist die Berufung zurück. Unterscheidet sich das neue vom alten Sachergebnis, ändert das Gericht die unterinstanzliche Entscheidung ab, indem es neu und anders zum Streitgegenstand entscheidet und dabei auf die alte Entscheidung Bezug nimmt. Über die Zulässigkeit und Begründetheit des Streitgegenstands entscheidet das Berufungsgericht, entgegen der herrschenden Ansicht, nicht direkt als Verfahrensgegenstand, sondern im Rahmen der Begründetheitsprüfung zum selbständigen Abänderungsbegehren. Anders als von Gilles angenommen, folgt die Verhandlung zur Sache der erfolgreichen Urteilsaufhebung nicht nach, sondern erfolgen beide Schritte uno actu mit der Urteilsreformation.

Der Entscheidungstenor erschöpft sich demnach weder in einem neuen Ausspruch zur Klage noch in einer Entscheidung zur Urteilsaufhebung. Vielmehr ändert die Rechtsmittelentscheidung das angefochtene Urteil ab (stattgebendes Berufungsurteil)[107] oder verneint eine Abänderung aus prozessualen (verwerfendes Berufungsurteil) bzw. sachlichen Gründen (zurückweisendes Berufungsurteil).

Kommt das Berufungsgericht nach Überprüfung des Abänderungsbegehrens zu einem anderen Urteilsergebnis als die Unterinstanz und kann es dennoch nicht in der Sache selbst entscheiden (so in den Fällen der §§ 538, 539 ZPO), ändert es das unterinstanzliche Urteil nicht ab, sondern hebt es nur auf[108] und verweist den Rechtsstreit an diese Instanz zurück. Da keine neue Entscheidung zur Sache ergeht, ist die Urteilskassation nicht in der qualifizierten Form der Urteilsabänderung möglich. Diese Entscheidung stellt dennoch kein aliud zum beantragten und verhandelten Abänderungsbegehren dar, sondern bleibt nur hinter dem beantragten Begehren als Mi-

[107] Der Entscheidungstenor lautet dann: "Das Urteil des ... vom ... Az. ... wird abgeändert" und (auf die Berufung des Beklagten) "die Klage wird abgewiesen", (auf die Berufung des Klägers) "der Beklagte wird verurteilt an den Kläger ...". Benutzt das Gericht anstelle des Begriffs "abgeändert" die Bezeichnung "aufgehoben", bringt es damit regelmäßig nur zum Ausdruck, daß es das erstinstanzliche Ergebnis in toto abändert und von der ursprünglichen Entscheidung nichts mehr bestehen läßt, vgl. BGH MDR 1991, 1091.

[108] *Schneider*, MDR 1991, 1092.

nus zurück (peius). Eine Abweisung der Berufung im übrigen ist in den §§ 538, 539 ZPO nicht vorgesehen. Beantragt der Berufungskläger selbst die Aufhebung des erstinstanzlichen Urteils und die Zurückverweisung der Sache an die erste Instanz, macht er dieses Begehren zum zweitinstanzlichen Verfahrensgegenstand.[109]

d) Parteistellung in zweiter Instanz

Die Parteien des Berufungsverfahrens sind regelmäßig mit denjenigen der ersten Instanz identisch.[110] Da sie vor dem Berufungsgericht über einen eigenen Verfahrensgegenstand verhandeln, treten sie sich zusätzlich in zweitinstanzlichen Parteirollen gegenüber. Der Berufungskläger entscheidet über Einleitung, Umfang und Inhalt des von ihm betriebenen Rechtsmittelverfahrens. Durch Berufungsverzicht (§ 514 ZPO), Berufungsrücknahme (§ 515 ZPO) und Rechtsmittelerledigung[111] kann er unter Umständen über das frühzeitige Ende des geltend gemachten Abänderungsbegehrens disponieren. Ebenso kann der erstinstanzliche Beklagte als Berufungskläger über den Gegenstand des Berufungsverfahrens verfügen. Mit Hilfe der Anschlußberufung kann der Berufungsbeklagte selbst ein Abänderungsbegehren in das Verfahren einbringen. Berufungskläger und Berufungsbeklagter sind demnach, unabhängig von ihrer erstinstanzlichen Stellung, Verfahrensführer und Verfahrensgegner der zweiten Instanz. § 542 ZPO bestätigt dies mit der Regelung der Säumnis des Berufungsklägers und des Berufungsbeklagten in der mündlichen Rechtsmittelverhandlung (§ 542 ZPO). Fehlt der Berufungskläger in der Berufungsverhandlung, ergeht ein Versäumnisurteil zu Lasten seines Abänderungsbegehrens. Ein Ausbleiben des Klägers und Rechtsmittelbeklagten bedeutet ein Geständnis zugunsten des Rechtsmittelklägers. Auch die Verteilung der Rechtsmittelkosten knüpft an das Ergebnis zum Abänderungsbegehren und nicht zur Klage an (§§ 97, 91, 92 ZPO). Soweit das Berufungsgericht das angefochtene Urteil bestätigt und die Berufung zurückweist, trägt der Berufungskläger die Rechtsmittelkosten. Die Kostenverteilung zur Klage bleibt unverändert. Soweit die Berufung erfolgreich ist, trägt der Berufungsbeklagte die Rechtsmittelkosten, zusammen mit den ihn nunmehr treffenden erstinstanzlichen Kosten. Einzig bei bloßer Aufhebung und Zurückverweisung der Sache an die vorhergehende Instanz bleibt die Kostenverteilung dem Schlußurteil zur

---

[109] Zur Frage, ob dieser Antrag zulässig ist und ob nicht doch ein Abänderungsbegehren vorliegt, später, S. 66 f. und 853 ff.

[110] Abgesehen von den Sonderfällen der §§ 634, 856 Abs. 2 ZPO, der zweitinstanzlichen Parteiänderung oder dem Rechtsmittel eines Nebenintervenienten.

[111] Zusammen mit dem Berufungsbeklagten.

Klage vorbehalten.[112] Dies ist interessengerecht, da der Berufungskläger nur einen vorläufigen und keinen endgültigen Erfolg erringen konnte.

Die erstinstanzlichen Parteirollen des Klageverfahrens bleiben daneben unverändert bestehen. Das statthafte und fristgerechte Rechtsmittel suspendiert den Rechtskrafteintritt der angefochtenen Entscheidung (§ 705 ZPO). Die Klage bleibt trotz des inzwischen ergangenen erstinstanzlichen Urteils rechtshängig. Der Kläger kann daher auch zweitinstanzlich über den Streitgegenstand verfügen und die Klage zurücknehmen oder auf sie verzichten. Nur der Kläger kann als Berufungskläger oder Anschlußberufungskläger verlangen, den Beklagten zu mehr oder einem anderen Begehren zu verurteilen. Der Beklagte kann zweitinstanzlich neben der Klageabweisung eine Widerklage verfolgen oder den Klageanspruch anerkennen.

Die unterschiedlichen Parteirollen und Verfügungsberechtigungen erfordern eine strikte Trennung der zweitinstanzlichen Dispositionen zur Berufung einerseits und zur Klage andererseits. Fordert der Berufungskläger die Abänderung des Urteils und die Stattgabe oder Abweisung der ursprünglichen Klage, verfügt er nur zur Berufung. Der Streitgegenstand der Klage bleibt hiervon unberührt.[113] Für spätere Änderungen des Berufungsgegenstands im laufenden Berufungsverfahren gilt Entsprechendes. Die teilweise Rechtsmittelrücknahme oder Rechtsmittelerweiterung hat keine Auswirkungen auf den Umfang des Streitgegenstands. Er bleibt, wie vom Kläger erstinstanzlich beantragt, bestehen.[114] Erst die spezielle zweitinstanzliche Verfügung über die Klage verändert den (erstinstanzlichen) Streitgegenstand.[115] Eine Verringerung des prozessualen Anspruchs, seine Erweiterung oder Änderung berührt wiederum den einmal festgelegten Berufungsgegenstand nicht. Der Berufungskläger muß ihn der neuen Klage erst anpassen.[116] Nimmt ein und derselbe Verfügungsberechtigte Berufungs- und Streitgegenstandsdispositionen in einem Akt vor, kann es vorkommen, daß die eine Verfügung zugleich die andere miterklärt, so z. B. wenn der Kläger als Berufungskläger von Anfang an die Abänderung des Urteils und die Verurteilung des Beklagten zu mehr als erstinstanzlich gefordert verfolgt. Hier legt der Rechtsmittelkläger nicht nur den Berufungsgegenstand fest (§ 519 Abs. 3 Nr. 1 ZPO), sondern verändert auch die Klage (§§ 523, 263, 264 ZPO). Erklärt der Kläger im laufenden Berufungsverfahren eine Klageänderung, ändert er hiermit regelmäßig auch den Berufungsgegenstand und

[112] RGZ 13, 413; *Stein/Jonas/Bork*,[21] ZPO, § 97 Rdn. 7.

[113] Vgl. hierzu bereits S. 30 f., 33.

[114] Hierzu S. 151, 164.

[115] Hierzu S. 112 ff.

[116] Hierzu S. 178 ff.

verfolgt nunmehr die Reformation des Urteils in die Verurteilung des Beklagten entsprechend dem neuen Begehren. Das Zusammenfallen der verschiedenen Dispositionen in einem Verfügungsakt darf nicht darüber hinwegtäuschen, daß Verfügungen sowohl zur Klage als auch zur Berufung vorliegen.[117]

Auch hinsichtlich des zweitinstanzlichen Streitstoffs ist danach zu unterscheiden, ob es sich um Streitmaterial zur Klage oder um solches zur Berufung handelt. Die im Rahmen der Begründetheit des Rechtsmittels zu beurteilende Zulässigkeit und Begründetheit der Klage ist erneut vom Kläger unter Beweis zu stellen.[118] Für die Zulässigkeitsvoraussetzungen der Berufung hat dagegen der jeweilige Berufungskläger zu sorgen.[119] Der erstinstanzliche Streitstoff und die dort vorgebrachten Beweisantritte wirken nicht automatisch in die zweite Instanz fort (§§ 525-528 ZPO). Die Parteien müssen beides in zweiter Instanz erst neu vorbringen.[120]

e) Ergebnis und Schema

Das Berufungsverfahren ist ein eigenständiges Verfahren mit eigenen Prozeßgegenstand und Prozeßstoff. Mit ihm kann der Berufungskläger die Abänderung eines erstinstanzlichen Urteils zu einer ihm günstigeren Entscheidung zur Klage hin verfolgen. Vereinfacht ergibt sich für den Berufungsgegenstand daraus folgendes Schema:

---

[117] Nur die umfassende und abschließende Erledigung des gesammten Rechtsstreits (durch Vergleich, Erledigung der Hauptsache oder Klagerücknahme, § 269 Abs. III S. 1 ZPO) wirkt hinsichtlich Klage und Berufung zugleich. Hierzu S. 114 ff und 178 ff.

[118] *v. Kries*, Rechtsmittel, S. 146.

[119] BGH VersR 1986, 60; 1980, 90; BGH MDR 1981, 644; *Thomas/Putzo*, ZPO, Vor § 511 Rdn. 14.

[120] Hierzu später, S. 109 ff.

BERUFUNGSGEGENSTAND

=

BEGEHREN AUF ABÄNDERUNG DES ERSTINSTANZLICHEN KLAGEERGEBNISSES

Der Berufungskläger legt hierfür fest:

"ANFECHTUNGSUMFANG"
§ 519 III Nr. 1, TS 1 ZPO

=

BEGEHRTER ERSTRECKUNGSUMFANG DER ABÄNDERUNG AM ERSTURTEIL

"ANFECHTUNGSZIEL"
§ 519 III Nr. 1, TS 2 ZPO

=

ABÄNDERNDE ENTSCHEIDUNG ZUR AKTUELLEN KLAGE

=

(Klagebegehren beim Kläger und Berufungskläger, Klageabwehr u/o Widerklagebegehren beim Beklagten und Berufungskläger)

3. Gegenstand der Anschlußberufung

Ein eigener Anschlußgegenstand ist nur denkbar, wenn die Rechtsmittelanschließung ein eigenständiges Rechtsmittel darstellt. Nach Ansicht des BGH ist dies nicht der Fall.[121] Die Anschlußberufung ist danach nur ein angreifender Antrag innerhalb der fremden Berufung, der den (Haupt-)-Berufungsgegenstand nur erweitert.

Für die selbständige Anschlußberufung kann diese Ansicht schon deshalb nicht zutreffen, weil sie nach Verwerfung oder Zurücknahme der Berufung zum Hauptrechtsmittel wird (§ 522 Abs. 2 ZPO) und nur zulässig ist, soweit der Beklagte beschwert ist. Die unselbständige Anschlußberufung erwächst zwar nie zum Hauptrechtsmittel (§§ 521 Abs. 1, 522 Abs. 1 ZPO), doch suspensiert und devolviert auch sie das angefochtene Urteil und läßt dem Beklagten freie Wahl bei der Festlegung des Anschlußbegehrens. Zudem entscheidet das Berufungsgericht immer über die Anschlußberufung, selbst dann, wenn sie sich mit der Berufung überschneidet. Der Rechtsmittelbe-

[121] BGHZ 4, 233; 83, 371, 376 f.; BGH NJW 1984, 1240; BGH NJW-RR 1989, 441; vgl. zum Meinungsstand im übrigen oben, S. 27.

klagte trägt schließlich die Kosten seines erfolglos gebliebenen Angriffsmittels.[122]

Selbständige und unselbständige Anschlußberufung sind demzufolge eigene Rechtsmittel mit eigenem Verfahrensgegenstand. Das Berufungsgericht entscheidet über das vom Berufungsbeklagten geltend gemachte Anschlußabänderungsbegehren. Nach § 522a Abs. 2, Abs. 3, § 519 Abs. 3 Nr. 1 ZPO muß der Anschlußberufungsführer Berufungsanträge wie bei der Hauptberufung stellen und begründen. Eine nur in der mündlichen Verhandlung erklärte und protokollierte Einlegung und Begründung ist nicht ausreichend.[123]

4. Exkurs: Rechtsmittelverständnis und Rechtsmittelgegenstand bei Beschwerde und Revision

Die *Beschwerde* ist als Rechtsmittel gegen weniger bedeutsame Entscheidungen (hauptsächlich Beschlüsse und Verfügungen) vorgesehen (§ 567 ZPO).[124] Ebenso wie die Berufung schiebt sie gegebenenfalls den Rechtskrafteintritt hinaus und hat Devolutivwirkung (§ 568 Abs. 1 ZPO). Sie führt auch zu einer Nachprüfung sowohl der Tat- als auch der Rechtsfrage (§ 570 ZPO).[125] Die Parteien des Beschwerdeverfahrens sind der Beschwerdeführer und der Beschwerdegegner.[126] Der Beschwerdeführer geht gegen eine ihn beschwerende Entscheidung vor und verfolgt deren Abänderung entsprechend seinem vorinstanzlichen Antrag. Stimmt das neue Ergebnis zum aktuellen Begehren des Antragstellers nicht mit dem der ersten Instanz überein, ändert das Beschwerdegericht den angefochten Beschluß bei Entscheidungsreife dementsprechend ab (§ 575 ZPO). Die Beschwerde ist also

---

[122] *Rosenberg/Schwab/Gottwald*, ZPR, § 138 II 1 b, S. 832.

[123] RGZ 152, 23, 27; 171, 129, 131; BGHZ 33, 169, 173; BGH WM 1989, 503, 504; NJW 1993, 269; 270; 1995, 2362; FamRZ 1995, 1138; BAGE 36, 303, 305; BAG NZA 1995, 232; offen OLG Frankfurt FamRZ 1980, 710, 711; zu den Ausnahmen unten, S. 168 f.; a. A. MünchKomm-ZPO/*Rimmelspacher*, § 522a Rdn. 5, 12. An den Inhalt der schriftlichen Begründung einer erst in der mündlichen Verhandlung eingelegten Anschlußberufung muß das Gericht geringere Anforderungen als nach § 519 Abs. 3 Nr. 2 ZPO an die Hauptberufung stellen, da weder der Berufungsbeklagte noch das Berufungsgericht sich sinnvoll auf die Anschlußberufung vorbereiten können, vgl. *Zöller/Gummer*, ZPO, § 519 Rdn. 43.

[124] *Thomas/Putzo*, ZPO, Vor § 567 Rdn. 1.

[125] Das Vorbringen neuen Tatsachenmaterials ist nur bei der Rechtsbeschwerde ausgeschlossen (§ 621e Abs. 2 ZPO; § 14 Abs. 3 KostO; § 10 Abs. 3 BRAGO).

[126] *Thomas/Putzo*, ZPO, Vor § 567 Rdn. 6 f.; *Stein/Jonas/Grunsky*,[21] ZPO, Vor § 567 Rdn. 2.

ein der Berufung nahe verwandtes Rechtsmittel.[127] Sie stellt folglich ebenso wie die Berufung ein Reformationsverfahren zur Abänderung einer Entscheidung dar. Ihr Verfahrensgegenstand ist erneut das Begehren des Beschwerdeführers auf Abänderung der angefochtenen Entscheidung.

Die *Revision* hat der Gesetzgeber anders ausgestaltet. Bei ihr überwiegt die Urteilskassation und die Richtigkeitskontrolle. Anders als § 519 Abs. 3 Nr. 1 ZPO verlangt § 554 Abs. 3 Nr. 1 ZPO für die Revision nur die Festlegung des verfolgten Anfechtungsumfangs und nicht auch des sachlichen Anfechtungsziels. Anders als im Berufungsverfahren ist die eigene Sachentscheidung des Rechtsmittelgerichts nicht der Regelfall sondern die Ausnahme (§ 565 ZPO).

Bei seiner Kontrollentscheidung berücksichtigt das Revisionsgericht gleichwohl jede Veränderung der Rechtslage bis zum Erlaß der Rechtsmittelentscheidung.[128] Entspricht das neue Ergebnis zur Klage dem unterinstanzlichen Entscheidungsergebnis, bleibt auch das unrechtmäßige Urteil bestehen (§ 563 ZPO). Eine Verfahrensfortsetzung findet also unzweifelhaft auch statt. Das Rechtsmittel ist deshalb kein reines Kassationsverfahren im Sinne einer Anfechtungsklage, sondern erneut eine, wenn auch anders gewichtete Kombination aus Urteilsüberprüfung und Verfahrensfortsetzung.

Gegenstand des Revisionsverfahrens ist demnach folgendes Begehren: die Aufhebung der Berufungsentscheidung und die abändernde Entscheidung zur Klage bzw. deren Vorbereitung durch Zurückverweisung der Sache. In den Revisionsanträgen begehrt der Rechtsmittelkläger gemäß § 554 Abs. 3 Nr. 1 ZPO die Aufhebung zum Zwecke der unterinstanzlichen Abänderung des Urteils. Da eine eigene Sachentscheidung des Revisionsgerichts überwiegend nicht in Betracht kommt (§ 565 Abs. 3 und 4 ZPO), muß der Revisionskläger die begehrte Abänderung dabei nicht in concreto bezeichnen. Es reicht aus, wenn er die Aufhebung des Urteils und Zurückweisung der Streitsache an die untere Instanz beantragt.[129]

[127] *Ratte*, Beschwerde, S. 36 ff.; *Thomas/Putzo*, ZPO, Vor § 567 Rdn. 2; *Stein/Jonas/Grunsky*,[21] ZPO, Vor § 567 Rdn. 1.

[128] *Gottwald*, Revisionsinstanz, S. 245 ff. Dieser Fall tritt freilich nur selten ein.

[129] BGH FamRZ 1988, 37; VersR 1976, 727; BAG 17, 313 = NJW 1966, 269; *Baumbach/Lauterbach/Albers*, ZPO, § 554 Rdn. 6; *Stein/Jonas/Grunsky*,[21] ZPO, § 554 Rdn. 5; a. A. OLG Hamburg NJW 1987, 783; differenzierend MünchKomm-ZPO/*Walchshöfer*, § 554 Rdn. 16 (Kassationsantrag soll nur bei Vollrevision ausreichen).

IV. Ergebnis

Die zivilprozessualen Rechtsmittel stellen eigenständige Verfahren dar. Sie schließen an den im Instanzenzug vorausgegangenen Prozeß an. Das Rechtsmittelgericht überprüft das Ersturteil auf seine Bestandsberechtigung hin und setzt zugleich das Verfahren zum prozessualen Anspruch fort. Diese Kombination ist bei den verschiedenen Rechtsmitteln unterschiedlich gewichtet. Im Revisionsverfahren überwiegt die Urteilsüberprüfung, bei der Berufung und der Beschwerde die Verfahrensfortsetzung. *Der Berufungskläger verfolgt daher ein doppeltes Verfahrensziel: die Kontrolle der Ergebnisrichtigkeit des belastenden Urteils und die Fortsetzung des Rechtsstreits über den Streitgegenstand in seiner aktuellen Form.*

Alle Rechtsmittel besitzen einen eigenständigen Verfahrensgegenstand, der sich weder im Streitgegenstand der ersten Instanz noch in einem reinen Kassationsbegehren erschöpft. Mit der Beschwerde und der Berufung verfolgt der Rechtsmittelkläger die Abänderung des Urteils hin zu einem günstigeren Ergebnis zum Streitgegenstand; mit der Revision die Aufhebung des Urteils und die Zurückverweisung des Rechtsstreits zur unterinstanzlichen Entscheidungsabänderung. Im Reformationsbegehren des Rechtsmittelklägers sind Kassation und Neuentscheidung miteinander vereint. *Der Berufungsgegenstand ist das Sachbegehren des Berufungsklägers, die erstinstanzliche Entscheidung zu seinen Gunsten zu ändern, kurz, ein Begehren auf Abänderung des Urteils zur Klage.*

Die Berufungsanträge legen den Berufungsgegenstand fest. Mit dem Anfechtungsumfang bestimmt der Berufungskläger den abzuändernden Teil des Ersturteils; mit dem Anfechtungsziel das Sachbegehren. Da die Klage mit dem statthaft und fristgerecht eingelegten Rechtsmittel rechtshängig bleibt, kann der Verfügungsberechtigte über sie grundsätzlich auch in zweiter Instanz verfügen. Von der Disposition zum zweitinstanzlichen Abänderungsbegehren ist dies zu unterscheiden. Die Verfügungsbefugnis zum jeweiligen Verfahrensgegenstand knüpft an die unterschiedlichen erst- und zweitinstanzlichen Parteistellungen an. Eine Überschneidung der Verfügungen ist denkbar, wenn sich die Verfügungsbefugnis zum Streitgegenstand und zum Berufungsgegenstand in der Person des (Anschluß-)Berufungsklägers vereint.

Zweites Kapitel

Zulässige erste Bestimmung des Berufungsgegenstands

§ 3 Gegenstand und Zulässigkeit der Berufung

Das angerufene Gericht des höheren Rechtszugs befaßt sich mit dem Abänderungsbegehren in der Sache erst, wenn die Berufung zulässig ist.[1] Viele verfahrensrechtliche Entscheidungsvoraussetzungen knüpfen dabei an den gewählten Prozeßgegenstand an. Die Berufung kann sich nur gegen Entscheidungen richten, gegen die dieses Rechtsmittel überhaupt gegeben ist und soweit der Berufungskläger beschwert ist (§§ 511, 519b ZPO). Das Berufungsbegehren muß sich gegen die Beschwer wenden und ihre Abwendung verfolgen.[2] Der Berufungskläger darf dabei die gesetzlich festgelegten, abstrakten Grenzen für die Gestaltung des Verfahrensgegenstands nicht verlassen.[3] Der Wert der vom Berufungsgegenstand erfaßten Urteilsbeschwer muß in vermögensrechtlichen und - seit Inkrafttreten des Rechtspflege-Entlastungsgesetzes vom 11. Januar 1993 am 1. März 1993[4] - auch in nichtvermögensrechtlichen Streitigkeiten die Erwachsenheitssumme des § 511a Abs. 1 ZPO erreichen.[5] Der Berufungsgegenstand ist in der vorge-

---

1 *Blomeyer*, ZPR, § 79 IV; *Zeiss*, ZPR, § 81 II; *Baumbach/Lauterbach/Albers*, ZPO, Grdz. vor § 511 Rdn. 6; *Jauernig*, ZPR, § 72 IV; AK-ZPO/*Ankermann*, Vor § 511, Rdn 9 ff.; *Zimmermann*, ZPO, Vor § 511 Rdn. 2 ZPO. Keine unbedingte Notwendigkeit für die vorrangige Prüfung aller Zulässigkeitsvoraussetzungen nehmen dagegen an, OLG Koblenz NJW-RR 1989, 827; OLG Köln NJW 1974, 1515 (m. Anm. *Gottwald*, S. 2241); KG NJW 1976, 1389; *Grunsky*, ZZP 80 (1967), 55; *Lindacher*, NJW 1967, 1389; *Stein/Jonas/Grunsky*,[21] ZPO, Allg. Einl. vor § 511, Rdn. 8 Fn. 13; *Rosenberg/Schwab/Gottwald*, ZPR, § 136 I, S. 808 Fn. 2.

2 Vgl. RGZ, 130, 100, 101; BGHZ 85, 140, 142 = BGH NJW 1983, 172; BGH NJW 1988, 827; 1990, 2683; BGH NJW-RR 1987, 124; 1989, 254; 1991, 1279; BAG NZA 1993, 381; OLG Karlsruhe FamRZ 1980, 682; *Baumbach/Lauterbach/Albers*, ZPO, Grdz. vor § 511 Rdn. 13; *Kahlke*, ZZP 94 (1981), 442; *Stein/Jonas/Grunsky*,[21] ZPO, Allg. Einl. vor § 511 Rdn. 72; *Ohndorf*, Beschwer, S. 60 ff.; *Rosenberg/Schwab/Gottwald*, ZPR, § 136 II 3 d, S. 812; *Thomas/Putzo*, ZPO, Vor § 511 Rdn. 21; *Zimmermann*, ZPO, Vor § 511 Rdn. 6.

3 Siehe dazu ausf. unten, S. 85 ff.

4 BGBl. I, S. 50.

5 Die Berufungssumme muß dagegen nicht erreicht werden bei Divergenzberufungen im Sinne des § 511a Abs. 2 ZPO und gegen ein zweites Versäumnisurteil gemäß § 513 Abs. 2 S. 2 ZPO. Näher hierzu, LG Köln NJW-RR 1994, 1424; *Rosenberg/Schwab/Gottwald*, ZPR, § 137 I 3a, S. 819 f.; *Zöller/Gummer*, ZPO, § 511a Rdn. 3, 27. Zur analogen Anwendung des § 513

schriebenen Form und Frist durch eine Berufungs- und eine Begründungsschrift zu bestimmen und zu begründen (§§ 516, 518, 519, 519b ZPO).

Nach einer Ansicht in Rechtsprechung und Literatur müssen jene Zulässigkeitsvoraussetzungen, anders als bei der Klage, bereits zu Beginn des Berufungsverfahrens und nicht erst zum Schluß der mündlichen Verhandlung erfüllt sein. Die §§ 516 und 519 ZPO würden strenge Fristen für die Rechtsmitteleinleitung vorsehen, § 4 Abs. 1 ZPO erkläre ausdrücklich den Zeitpunkt der Berufungseinlegung für die Beschwerdesumme als maßgeblich. Ob das Rechtsmittel statthaft sei und sich gegen ein beschwerendes Urteil richte, bestimme sich zu Beginn des Verfahrens.[6]

Diese Ansicht kann nicht überzeugen. Obgleich die einleitenden Rechtsmittelakte der Berufungseinlegung und Berufungsbegründung fristgebunden sind und der Berufungskläger sie fristgerecht abgeben muß (§§ 516, 519 Abs. 2 S. 2 ZPO), sind spätere Änderungen des Berufungsgegenstands dennoch möglich. Decken frist- und formgerechte Berufungsgründe die geänderten Rechtsmittelanträge weiterhin, bleibt die Berufung zulässig. Soweit die Gründe die neuen Anträge nicht mehr erfassen, ist das Rechtsmittel unzulässig.[7] Es ist daher der maßgebliche Prozeßgegenstand zum Ende des Berufungsverfahrens auf seine zulässige Geltendmachung hin zu untersuchen.

Auch Beschwer und Statthaftigkeit des Rechtsmittels sind nicht immer von Anbeginn des Rechtsmittelverfahrens bis zu seinem Ende gegeben oder nicht gegeben. Ein zunächst unstatthaftes Rechtsmittel kann etwa durch eine Gesetzesänderung, die eine bisher anfechtbare Entscheidung für berufungsfähig erklärt, statthaft werden.[8] Die bei Einlegung der Berufung vorhandene Beschwer des Rechtsmittelklägers entfällt während des Berufungsverfahrens z. B. durch eine Urteilsberichtigung nach § 319 ZPO. Die zunächst nicht gegebene Beschwer kann aus eben diesem Grund vorhanden sein.[9] Das Berufungsgericht kann demnach erst zum Ende des Verfahrens beantworten, ob Statthaftigkeit und Beschwer vorliegen.

Abs. 2 ZPO bei Verletzung des rechtlichen Gehörs vgl. BVerfG NJW 1985, 2250, BVerfGE 72, 119 ff. = NJW 1986, 2305 (jeweils bejahend) und BGH NJW 1990, 838 (verneinend).

[6] Vgl. BGHZ 1, 29; BGH NJW 1983, 1063 = MDR 1983, 388; *Zöller/Gummer*, ZPO, Vor § 511 Rdn. 8a; *Schneider*, MDR 1982, 626 f.; *Schumann*, Berufung, Rdn. 288 ff.

[7] BGHZ 88, 360; BGH NJW 1987, 1024, 1025; BGH NJW-RR 1987, 249; OLG Frankfurt FamRZ 1988, 520.

[8] *Stein/Jonas/Grunsky*,[21] ZPO, Allg. Einl. vor § 511 Rdn. 17.

[9] Das Rechtsmittel wird in diesen Fällen rückwirkend unzulässig oder zulässig; vgl. BayObLG MDR 1968, 924; *Stein/Jonas/Grunsky*,[21] ZPO, Allg. Einl. vor § 511, Rdn. 24 f. Nur der formellen Anknüpfung der Rechtsmittelzuständigkeit kann durch Urteilsberichtigung -

Der Beschwerdewert ist nach § 4 Abs. 1 ZPO nach dem Wert der Beschwer zum Zeitpunkt der Berufungseinlegung zu berechnen.[10] Hat der Berufungskläger zu Beginn des Verfahrens DM 1500.- unterschritten, kann er die Erwachsenheitssumme mit Hilfe einer zulässigen Berufungserweiterung später noch erreichen.[11] Ebenso wird die anfänglich über DM 1500.- liegende Beschwerdesumme durch eine willkürliche nachträgliche Reduzierung der Berufungsanträge wieder unter die Grenze des § 511a ZPO gesenkt.[12] Richtigerweise ist demnach auch hier zu formulieren: Der Wert des Beschwerdegegenstands errechnet sich aus dem vom Berufungsumfang (zum Zeitpunkt der Entscheidung) erfaßten Wert der Beschwer (zu Verfahrensbeginn).[13]

Ergebnis: Das Rechtsmittelgericht kann eine abschließende Beurteilung der Zulässigkeit der Berufung erst am Ende des Berufungsverfahrens vornehmen. Maßgeblicher Zeitpunkt für die Zulässigkeit des gewählten Berufungsgegenstands ist daher der Schluß der Berufungsverhandlung und nicht der Zeitpunkt der Einlegung oder der Begründung des Rechtsmittels.[14]

---

außer in Fällen klarer Schreibfehler - nicht nachträglich der Boden entzogen werden; vgl. BGH FamRZ 1994, 1520 f. Ändert sich nur die materielle Rechtslage zum Nachteil des Rechtsmittelführers, entsteht oder entfällt die formal, anhand des Urteils zu bestimmende Beschwer nicht. Die Begründetheit des Rechtsmittels kann dann aber anders zu beurteilen sein; so z.B. wenn die Klageforderung nach Abweisung und Rechtsmitteleinlegung vom Beklagten erfüllt wird; BGHZ 1, 29; BGH NJW 1994, 943 m.w.N.; *Baumbach/Lauterbach/Albers*, ZPO, Grdz. vor § 511 Rdn. 23.

[10] *Stein/Jonas/Grunsky*,[21] ZPO, § 511a Rdn. 19.

[11] Die h.M. sieht hierin nur eine Ausnahme ihres Grundsatzes, § 511a ZPO müsse zu Beginn des Verfahrens erreicht werden, vgl. BGH LM § 519 Nr. 41; BAGE 6, 95; 14, 269; 17, 186, 188; BGH NJW 1961, 1115; *Rosenberg/Schwab/Gottwald*, ZPR, § 136 II 4c a.E., S. 815. *Stein/Jonas/Grunsky*,[21] Allg. Einl. vor § 511 Rdn. 21, lehnt eine heilende Wirkung einer Berufungserweiterung insgesamt ab.

[12] BGH NJW 1983, 1063; *Rosenberg/Schwab/Gottwald*, ZPR, § 137 II 2b, S. 826. Erhöht oder verringert sich nur der Marktwert des Beschwerdegegenstands, führt dies zu keiner nachträglichen Veränderung der Erwachsenheitssumme. Ebenso kann der Berufungskläger die Berufungsanträge bis zum Ende des Verfahrens ohne Auswirkung auf die bereits erreichte Beschwerdesumme verringern, wenn dies einem streiterledigenden Umstand (Veränderung der Sach- und Rechtslage, teilweiser Vergleich, teilweise übereinstimmende Erledigungserklärung, teilweise Klagerücknahme, vorbehaltlose Klaglosstellung) Rechnung trägt. Andernfalls wären diese Akte durch die eintretende Unzulässigkeit des Rechtsmittels gehemmt. Da das Gericht für die Wertberechnung des Beschwerdegegenstands zum Ende des Verfahrens den Wert der Beschwer im Zeitpunkt der Berufungseinlegung einsetzt, bleibt der maßgebliche Beschwerdewert in allen Fällen unverändert (§ 4 Abs. 1 ZPO), vgl. vgl. RGZ 165, 393; 168, 355; BGHZ 1, 29; BGH NJW 1951, 195, 274; 1966, 598; 1983, 1063; BGH LM § 91a Nr. 11; BAG RdA 1965, 357; BGH FamRZ 1988, 156; OLG Frankfurt FamRZ 1988, 520; *Stein/Jonas/Grunsky*,[21] ZPO, Allg. Einl. vor § 511 Rdn. 18, 21; *Rosenberg/Schwab/Gottwald*, ZPR, § 136 II 4c; *Zöller/Gummer*, ZPO, § 511a Rdn. 5 ff.

[13] So richtig MünchKomm-ZPO/*Lappe*, § 4 Rdn. 10 ff.

[14] So auch *Stein/Jonas/Grunsky*,[21] ZPO, Allg. Einl. vor § 511 Rdn. 16.

§ 4 Form- und fristgerechte Beantragung des Berufungsgegenstands

Soweit der Berufungskläger das Rechtsmittel nicht form- und fristgerecht einlegt und begründet, ist es unzulässig (§§ 516, 518, 519, 519b ZPO). Der Berufungskläger kann beide Erklärungen auch mit einem einzigen Schriftsatz bei Gericht einreichen (§ 519 Abs. 2 S. 1 ZPO). Gemäß § 78 Abs. 1 ZPO besteht Anwaltszwang.

I. Berufungseinlegung

Mit der Einreichung der Berufungsschrift beim Rechtsmittelgericht legt der Berufungskläger "die Berufung ein" (§ 518 ZPO). Der Schriftsatz muß enthalten, "die Bezeichnung des Urteils, gegen das die Berufung gerichtet wird und die Erklärung, daß gegen dieses Urteil Berufung eingelegt werde."[1] Der Berufungsführer erklärt in der Berufungsschrift seinen Beschwerdewillen als solchen und benennt das angefochtene Urteil durch genaue Angabe von Gericht, Datum und Aktenzeichen der Entscheidung.[2] Die Einlegung muß rechtzeitig, innerhalb eines Monats nach Zustellung des in vollständiger Form abgefaßten Urteils erfolgen (§ 516 ZPO).[3] Mit ihr wird das Verfahren vor dem Rechtsmittelgericht anhängig.

1. Festlegung des objektiven Berufungsgegenstands

Mit der Berufungseinlegung erklärt der Rechtsmittelführer nach der gesetzlichen Konstruktion das Rechtsmittel nur als solches und bestimmt das angefochtene Urteil.[4] Die Festlegung des Anfechtungsumfangs und der in der Sache verfolgten Entscheidung ist den Anträgen der Begründungsschrift

---

[1] Die Schriftform ist unabdingbar, BGH NJW 1985, 2650. Telegramme, Telefax oder Fernschreiben reichen aus, BAG DB 1974, 1244; BGH MDR 1975, 659; *Zimmermann*, ZPO, § 518 Rdn. 6.

[2] AK-ZPO/*Ankermann*, § 518 Rdn. 11.

[3] Der Beginn der Frist setzt keine mängelfreie, sondern lediglich eine wirksame Verkündung des Urteils voraus, BGH NJW-RR 1994, 127; vgl. auch BGH NJW-RR 1994, 1022.

[4] Vgl. MünchKomm-ZPO/*Rimmelspacher*, § 519 Rdn. 25; *Blomeyer*, NJW 1969, 50 f.

vorbehalten (§ 519 Abs. 3 Nr. 1 ZPO).[5] Enthält die Berufungseinlegung ausdrücklich Äußerungen auch hierzu, handelt es sich um vorverlagerte Teile der Berufungsbegründung (§ 519 Abs. 2 S. 1 ZPO).[6] Auf diese Weise kann die Berufungseinlegung auch den gesamten Begründungsschriftsatz enthalten.[7] Ohne spezielle Ausführungen zu Anfechtungsumfang oder Anfechtungsziel bestimmt die Berufungsschrift den objektiven Verfahrensgegenstand dagegen nicht. Die herrschende Ansicht lehnt die gegenteilige Meinung zu Recht ab.[8]

2. Bestimmung der Berufungsparteien

Die Rechtsmittelparteien bestimmt der Berufungskläger schon in der Berufungsschrift, obgleich auch dies § 518 ZPO nicht ausdrücklich vorsieht.[9] Obsiegten erstinstanzlich mehrere Streitgenossen oder unterlagen mehrere Streitgenossen, kommen sie alle als potentielle Berufungsbeklagte oder Berufungskläger in Betracht. Ist unklar für oder gegen wen bei mehreren Streitgenossen Berufung eingelegt wurde, ist das Rechtsmittel unzulässig.[10]

Die Pflicht zur frühzeitigen Festlegung der Rechtsmittelparteien in der Berufungseinlegung ist aus Gründen der Rechtssicherheit erforderlich.[11] Das von und gegen einen Streitgenossen nicht angefochtene Urteil erwächst mit Ablauf der Berufungsfrist in formeller Rechtskraft (§ 705 ZPO).[12] Hierüber müssen die Parteien frühzeitig Kenntnis erlangen.

---

5 BGH NJW 1983, 1561; BAG DB 1994, 1576; *Thomas/Putzo*, ZPO, § 519 Rdn. 17.

6 *Becht*, JuS 1991, 59; *Weitzel*, JuS 1992, 625, 628; *Schrader/Steinert*, ZP, Rdn. 1024; *Zöller/Gummer*, ZPO, § 519 Rdn. 1; *Baumbach/Lauterbach/Albers*, ZPO, § 519 Rdn. 3; *Sell*, Rechtsmittelbegründung, S. 1 f.

7 Denkbar sind freilich auch drei getrennt aufeinanderfolgende Schriftsätze - Berufungseinlegung, Anträge und Gründe, RGZ 171, 95. In der Praxis reicht der Berufungskläger meist zwei gesonderte Schriftsätze ein, *Weitzel*, JuS 1992, 625, 628.

8 BGH NJW 1968, 2106; BGH FamRZ 1981, 946; 1993, 1192, 1193; AK-ZPO/*Ankermann*, § 518 Rdn. 11; *Wieczorek/Rössler*, ZPO, § 519 Anm. D I; MünchKomm-ZPO/*Rimmelspacher*, § 518 Rdn. 11; a. A. *Gilles*, AcP 177 (1977), 189, 191 ff. (kritisch hierzu bereits oben, S. 37 f.).

9 Literaturansicht und ständige Rechtsprechung, vgl. BGHZ 21, 168, 173 = NJW 1956, 1600; BGH NJW 1961, 2347; 1984, 58; 1985, 2650 f.; 1991, 2775; 1994, 1879; BGH VersR 1984, 1093; 1986, 471; BGH ZIP 1992, 1086, 1087; BAG 9, 159; *Rosenberg/Schwab/Gottwald*, ZPR, § 137 I 3 b, S. 821; *Schneider*, MDR 1979, 1, 3; *Schrader/Steinert*, ZP, Rdn. 1006; *Stein/Jonas/Grunsky*,[21] ZPO, § 518 Rdn. 18 f.

10 MünchKomm-ZPO/*Rimmelspacher*, § 518 Rdn. 13.

11 BGH NJW 1961, 2347; BGHZ 21, 168; BGH VersR 83, 778.

12 MünchKomm-ZPO/*Rimmelspacher*, § 518 Rdn. 16.

a) Einfache Streitgenossen

Einfache Streitgenossen sind selbständige Parteien, die eigene Prozesse nur unter einem gemeinsamen Verfahrensdach führen (§ 61 ZPO).[13] Das Rechtsmittel wirkt daher lediglich für und gegen den Streitgenossen, von dem oder gegen den es eingelegt wurde. Hinsichtlich aller anderer Streitgenossen wird das Urteil mit Ablauf der Berufungsfrist formell rechtskräftig (§ 705 ZPO).[14] Wollen mehrere einfache Streitgenossen Berufung einlegen, müssen sie dies gesondert oder gemeinsam in einer Berufungsschrift tun.[15] Sollen mehrere einfache Streitgenossen Berufungsgegner werden, muß der Berufungskläger gegen sie alle form- und fristgerecht Berufung einreichen.[16]

b) Notwendige Streitgenossen

aa) Der notwendige Streitgenosse als Berufungsbeklagter

Legt der Berufungskläger nur gegen einen von mehreren notwendigen Streitgenossen Berufung ein, werden auch hier die anderen Streitgenossen nicht erfaßt. Sie sind in den Rechtsmittelprozeß und dessen Kostenrisiko nicht miteinbezogen. Da das Berufungsgericht nur einheitlich entscheiden kann,[17] ist die Berufung gegen den benannten Streitgenossen unzulässig.[18] Auf diese Weise wird eine divergierende Entscheidungen unter notwendigen Streitgenossen vermieden und dem Sinn und Zweck des § 62 ZPO entsprochen.

bb) Der notwendige Streitgenosse als Berufungskläger

Legt nur einer von mehreren notwendigen Streitgenossen fristgerecht Berufung ein, werden die übrigen Streitgenossen ebenso nicht zu Rechtsmit-

---

[13] *Rosenberg/Schwab/Gottwald*, ZPR, § 48 III 1, S. 246.

[14] RGZ 130, 230; OLG Karlsruhe OLGZ 1989, 77; *Stein/Jonas/Bork,*[21] ZPO, § 61 Rdn. 4; *Rosenberg/Schwab/Gottwald*, ZPR, § 48 III 1 d, S. 247.

[15] Ist nur einer genannt und der Berufungswille der anderen nicht erkennbar, so liegt eine Berufung nur des genannten Rechtsmittelklägers vor, auch wenn die anderen Streitgenossen Berufungskläger werden wollten, BGH VersR 1976, 493, 494; 1985, 970, 971.

[16] RGZ 48, 216; *Stein/Jonas/Bork,*[21] ZPO, § 61 Rdn. 4; *Thomas/Putzo*, ZPO, § 61 Rdn. 16; *Lindacher*, JuS 1986, 381.

[17] RGZ 61, 394, 399; *Stein/Jonas/Bork,*[21] ZPO, § 62 Rdn. 38.

[18] RGZ 61, 394, BGHZ 23, 73, 74 f.; BGH FamRZ 1975, 406; *Stein/Jonas/Bork,*[21] ZPO, § 62 Rdn. 38; *Rosenberg/Schwab/Gottwald*, ZPR, § 49 IV 2, S. 256; *Baumbach/Lauterbach/Hartmann*, ZPO, § 62 Rdn. 25; a. A. RGZ 157, 33, 36 (unbegründet).

telklägern. Die Berufung des tätigen Streitgenossen ist nach herrschender Ansicht aber nicht unzulässig. Das fristgerechte Rechtsmittel eines Streitgenossen verhindert den Ablauf der Rechtsmittelfrist und den Eintritt der Rechtskraft auch für die anderen Streitgenossen. Die untätigen Streitgenossen dürfen nach Ablauf der eigenen Berufungsfrist nur kein eigenes Rechtsmittel mehr einlegen. Da die Gerichte gegenüber notwendigen Streitgenossen nur einheitlich entscheiden können, wirkt das vom tätigen Streitgenossen erstrittene Berufungsurteil dennoch für alle Streitgenossen. Den untätigen Streitgenossen wird so, ohne die Stellung eines Berufungsklägers eingenommen zu haben, die volle Parteistellung für weitere Verfahren erhalten.[19]

Dem ist zu folgen. Kein Streitgenosse darf einen anderen Streitgenossen entgegen dessen Willen mit einem Prozeßkostenrisiko überziehen, das jener nicht eingegangen wäre. Die Berufung eines Streitgenossen läßt die untätigen Streitgenossen demnach nicht zu Berufungklägern werden. Andererseits steht es jedem Streitgenossen auf Grund seiner Dispositonsfreiheit zu, sich gegen ein beschwerendes Urteil im Rahmen des Rechtsmittelzugs zu wehren. Könnte seine Berufung nicht die gesamte Entscheidung supensieren, würde das Urteil hinsichtlich der untätigen Streitgenossen rechtskräftig werden und einen zweitinstanzlichen Erfolg des tätigen Streitgenossen verhindern. Die Streitgenossen wären untereinander Kontrahenten, obgleich ihnen nach dem Gesetz eine gegenseitig führende und schützende Rolle zugedacht ist. Das fristgerechte Rechtsmittel eines Streitgenossen muß demnach die gesamte Entscheidung hemmen. Die Streitsache bleibt so insgesamt rechtshängig, ohne daß die untätigen Streitgenossen Berufungskläger würden. Ob im Zeitpunkt der Einlegung des fristgerechten Rechtsbehelfs ihre Rechtsmittelfrist noch läuft oder bereits abgelaufen ist, interessiert für die Zulässigkeit und Begründetheit des eingelegten Rechtsmittels nicht. Nach Ablauf der Berufungsfrist der untätigen Streitgenossen sind nur diese von einem eigenem Rechtsmittel ausgeschlossen. In den Genuß eines abändernden Urteils kommen gleichwohl alle. Dies beruht erneut auf der ratio der notwendigen Streitgenossenschaft, divergierende Entscheidungen zu vermeiden (§ 62 ZPO). Die Entscheidungsharmonie endet auch in zweiter Instanz nicht. Die untätigen Streitgenossen werden trotz Ablauf der eigenen Rechtsmittelfrist Berufungspartei (arg § 62 Abs. 2 ZPO).[20] Nur Berufungskläger werden sie nicht. Durch diese Parteistellung ist eine Vernehmung der

---

19 BGH JZ 1985, 633 (m. Anm. *Waldner*) = BGHZ 92, 352 = BGH NJW 1985, 385; OLG Karlsruhe ZIP 1991, 101, 102; MünchKomm-ZPO/*Schilken*, § 62 Rdn. 52; *Thomas/Putzo*, ZPO, § 62 Rdn. 24; *Stein/Jonas/Bork*,[21] ZPO, § 62 Rdn. 39 f.; *Rosenberg/Schwab/Gottwald*, ZPR, § 49 IV 3c, S. 258 f.; *Schumann*, ZZP 76 (1963), 381, 386 ff.

20 *Schumann*, ZZP 76 (1963), 381, 390 ff.; a. A. RGZ 157, 33 (Parteistellung nur für den Fall, daß Rechtsmittelfrist noch lief, als fristwahrendes Rechtsmittel eingelegt wurde).

untätigen Streitgenossen als Partei im Rechtsmittelverfahren des tätigen Streitgenossen gewährleistet. Der Berufungsbeklagte kann zudem gegen alle Streitgenossen Anschlußberufung einlegen.[21] Aufgrund der fehlenden Klägerstellung der untätigen Streitgenossen trägt der tätige Streitgenosse die Kosten einer erfolglosen Berufung allein (§ 97 Abs. 1 ZPO).[22] Legt ein zunächst untätiger Streitgenosse später selbst Berufung ein, wird auch er Berufungskläger. Ist die Rechtsmittelfrist des zunächst untätigen Streitgenossen zu diesem Zeitpunkt bereits verstrichen, ist das Rechtsmittel freilich unzulässig. Ähnlich einer zweiten Berufung derselben Partei ist es dennoch erst dann zu verwerfen, wenn der zuerst tätige Streitgenosse seinen fristwahrenden Rechtsbehelf zurücknimmt oder das Gericht diesen verwirft.[23]

3. Auslegung

Wie jede Prozeßhandlung, ist auch die schriftsätzliche Berufungseinlegung der Auslegung fähig und bedürftig.[24] Nennt der Berufungskläger die Berufungsparteien in der Rechtsmittelschrift nicht ausdrücklich oder ist nicht sofort ersichtlich, welche von mehreren möglichen Parteien Rechtsmittelpartei sein soll, ist die Berufung daher dennoch zulässig, wenn sich die Parteien innerhalb der Berufungsfrist ausreichend deutlich durch Auslegung ermitteln lassen.[25] Dabei kann das Gericht auch andere ihm vorliegende Unterlagen heranziehen, falls sie der Form des § 518 ZPO entsprechen[26] (so insbesondere die beigefügte Urteilsabschrift[27] und eine frühzeitige Berufungsbegründung, § 519 Abs. 2 S. 1 ZPO). Zweifel über die Parteistellung darf der Berufungskläger während der Berufungsfrist durch schriftliche

---

[21] *Rosenberg/Schwab/Gottwald*, ZPR, § 49 IV 3c, S. 259.

[22] *Rosenberg/Schwab/Gottwald*, ZPR, § 49 IV 3c, S. 259; *Thomas/Putzo*, ZPO, § 62 Rdn. 28.

[23] *Schumann*, ZZP 76 (1963), 381, 393 ff.; a. A. *Baumbach/Lauterbach/Hartmann*, ZPO, § 62 Rdn. 26.

[24] BGH NJW 1994, 1879; MünchKomm-ZPO/*Rimmelspacher*, § 518 Rdn. 19.

[25] St. Rspr. BGHZ 21, 168, 173; BGH VersR 1982, 769; 1977, 1101; BGH NJW 1985, 2650; BAG 21, 368; BGH NJW 1970, 2070; 1994, 1879; BGH NJW-RR 1988, 1528; BGH VersR 1987, 261; BGH FamRZ 1986, 1088; *Schneider*, MDR 1979, 1; *Stein/Jonas/Grunsky*,[21] ZPO, § 518 Rdn. 18 f.; *Baumbach/Lauterbach/Albers*, ZPO, § 518 Rdn. 25.

[26] BVerfG NJW 1991, 3140 (m. abl. Anm. *Obert*, NJW 1992, 2139); BAG BB 1981, 795; BGH NJW 1994, 1879; BGHZ 21, 168 = NJW 1956, 1600; BGHZ 65, 114, 115 = NJW 1976, 108; BGH VersR 1971, 763; 1971, 1145; 1982, 769; 1983, 778; 1984, 1093; 1989, 276; BGH Warneyer 1991 Nr. 163; BGH NJW 1991, 2775 = VersR 1991, 938; *Baumbach/Lauterbach/Albers*, ZPO, § 518 Rdn. 27. Eine von der Geschäftsstelle in einem Aktenvermerk festgehaltene fernmündliche Erklärung genügt nicht, BGH NJW 1985, 2650; kritisch *Westerhoff*, JR 1986, 269.

[27] BGH NJW 1994, 1879; OLG Bremen NJW-RR 1995, 1032; die Gerichtsakten erfüllen diese Voraussetzungen nicht, BGHZ 21, 168.

Klarstellungen ausräumen.[28] Da die Einlegung der Berufung eine dem Gericht gegenüber vorzunehmende Prozeßhandlung ist, müssen die Rechtsmittelparteien innerhalb der Rechtsmittelfrist für das Gericht erkennbar werden. Es ist z. B. nicht ausreichend, wenn im Rechtsmittelverfahren nur für den Gegner ersichtlich wird, wer Berufung eingelegt hat.[29] Bleiben wegen einer undeutlichen Fassung der Berufungsschrift Zweifel über den subjektiven Umfang des Rechtsmittels, so ist es insoweit unzulässig.[30]

Bei erstinstanzlichen *Einzelparteien* müssen die Namen der Berufungsparteien nicht in der Berufungsschrift erscheinen.[31] Auch das Fehlen der Anschrift der Berufungsparteien ist unschädlich.[32] Nennt der Berufungskläger Namen, können Gegner und Gericht auf die Parteirollen schließen.[33] Auch die falsche Bezeichnung der Parteirollen (Kläger-Berufungskläger; Beklagter-Berufungsbeklagter) ist durch Auslegung korrigierbar.[34]

Bei mehreren *Streitgenossen* müssen alle genannt werden, die Rechtsmittelkläger sein wollen.[35] Soll sich die Berufung gegen mehrere Streitgenossen richten, reicht die Nennung ihrer erstinstanzlichen Parteistellung ("der Kläger zu 1, 2, u. 3") oder eine hinreichend deutliche Sammelbezeichnung aus ("die erstinstanzlich beklagten Gesellschafter der ... Gesellschaft", "der Kläger zu 1 und alle anderen" oder "etc.").[36] Für die Berufung gegen alle erstinstanzlich siegreichen Streitgenossen reicht bereits die Nennung des an erster Stelle des Urteilsrubrums stehenden Streitgenossen für eine Berufung gegen alle Streitgenossen aus, denn im Zweifel wendet sich der Berufungskläger gegen die gesamte beschwerende Entscheidung.[37] Läßt die Berufungsschrift eine Beschränkung erkennen, z. B. in dem einige von mehreren Streitgenossen als Berufungsbeklagte genannt sind, sind nur die aufgeführten Streitgenossen Berufungsbeklagte.[38] Erwähnt die Berufungs-

---

[28] *Baumbach/Lauterbach/Albers*, ZPO, § 518 Rdn. 27.

[29] BGHZ 21, 168, 173; BGH NJW 1991, 1834; 1994, 1879.

[30] BAG NJW 1994, 3244, 3245.

[31] BGH NJW 1973, 2318; kritisch BAG NJW 1973, 1949.

[32] BGHZ 1965 114; BGH NJW 1988, 2114.

[33] Der Erstgenannte soll nach BVerfG NJW 1986, 2101, BGHZ 65, 115 und BGH VersR 1983, 778 schon wegen der Reihenfolge der Berufungskläger sein.

[34] BGH NJW 1984, 58; 1985, 2651.

[35] BGH VersR 1985, 971; 1993, 2944.

[36] BGH VersR 1989, 276; *Baumbach/Lauterbach/Albers*, ZPO, § 518 Rdn 26; MünchKomm-ZPO/*Rimmelspacher*, § 518 Rdn. 13.

[37] BGH NJW 1961, 2347; 1969, 928; 1984, 58; BGH VersR 1983, 984 = MDR 1984, 134; BGH VersR 1985, 970, 971; 1989, 276; *Zimmermann*, ZPO, § 518 Rdn. 14.

[38] BGH NJW 1961, 2347; BGH VersR 1985, 970; 971; MünchKomm-ZPO/*Rimmelspacher*, § 518 Rdn. 13.

schrift alle Streitgenossen als "Beklagte" und stellt der Berufungskläger gleichwohl Anträge nur gegen einige von ihnen, so sind nur diese Berufungsbeklagte.[39]

II. Berufungsbegründung

1. Festlegung des objektiven Berufungsgegenstands

Auf die Berufungseinlegung folgt eine weitere einmonatige Frist. In dieser hat der Berufungskläger seine Berufung schriftsätzlich zu begründen (§ 519 Abs. 2 S. 2, Abs. 3 ZPO).[40] Er muß sich nun über den Anfechtungsumfang und das Anfechtungsziel erklären ("Berufungsanträge", § 519 Abs. 3 Nr. 1 ZPO). Mit diesen Berufungsanträgen legt der Berufungskläger das genaue zweitinstanzliche Abänderungsbegehren erstmals fest.[41] Der Anfechtungsumfang am Ersturteil und die verfolgte Neuentscheidung zur Sache quantifizieren und qualifizieren den verfolgten Verfahrensgegenstand und verschaffen Rechtsmittelgegner und Berufungsgericht eine frühzeitige Information über den Inhalt des zweitinstanzlichen Verfahrens. Das Gericht ist bei seiner Verhandlung und in seiner Entscheidung an diese Parteidisposition gebunden (§§ 525, 536, 537 ZPO).[42]

2. Auslegung

a) Gesetzeswortlaut

§ 519 Abs. 3 ZPO lautet: "Der Berufungskläger *muß* die Berufung begründen. Die Berufungsbegründung *muß* enthalten: Die Erklärung, inwieweit das Urteil angefochten wird und welche Änderungen des Urteils beantragt werden (Berufungsantrag)." § 519b Abs. 1 ZPO ergänzt hierzu: "Das Berufungsgericht hat zu prüfen, ob die Berufung in der gesetzlichen Form

---

39 BGH NJW 1991, 2775.

40 Stellt der Berufungskläger bei Versäumung der Berufungsbegründungsfrist einen Antrag auf Wiedereinsetzung in den vorigen Stand, so hat er die Rechtsmittelbegründung innerhalb der Wiedereinsetzungsfrist nachzuholen. Der Antrag auf Verlängerung der Begründungsfrist kann die nachzuholende Prozeßhandlung - die Begründung des Rechtsmittels - nicht ersetzten, BGH NJW VersR 1986, 166; 1987, 308; BGH NJW-RR 1990, 379; BGH NJW 1995, 60.

41 BGH NJW 1983, 1561; BAG DB 1994, 1576; *Thomas/Putzo*, ZPO, § 519 Rdn. 17.

42 Zur Bedeutung der in der mündlichen Verhandlung verlesenen Berufungsanträge unten, S. 160 f.

eingelegt ist. Mangelt es an einem dieser Erfordernisse, so ist die Berufung als unzulässig zu verwerfen".

Idealerweise erfüllt der Berufungskläger diese Anforderungen durch folgende Antragsformulierungen:

> "beantrage ich unter voller Abänderung (oder) Aufhebung[43] des Urteils des ...-Gerichts vom ... Az. ...",
> *der Kläger als Berufungskläger:*
> "den Beklagten zu verurteilen ..."
> oder
> *der Beklagte als Berufungskläger:*
> "die Klage abzuweisen."

Oft enthalten die Berufungsgründe die einleitende Formulierung, "das Urteil wird in vollem Umfang zur Überprüfung gestellt." Auch dies reicht als Antrag im Sinne des § 519 Abs. 3 Nr. 1 ZPO aus.

Für die Teilanfechtung formuliert der Berufungskläger:

> "beantrage ich unter teilweiser Abänderung (oder) Aufhebung des Urteils des ...-Gerichts vom ... Az. ... "
> *der Beklagte als Berufungskläger:*
> "soweit dieses der Klage in Höhe von ... wegen ... stattgibt (oder) über den Betrag von ... hinaus stattgibt (oder) dem ... - Anspruch stattgibt",
> "die Klage abzuweisen"
> oder nur
> "die Klage wird abgewiesen, soweit es dem Kläger ... aus ... zuspricht";
> *der Kläger als Berufungskläger:*
> "soweit dieses die Klage in Höhe von ... (oder) wegen ... abweist"
> "und den Beklagten zu verurteilen ..."

b) Formerleichterung

Einer Formerleichterung und Ermittlung der Berufungsanträge durch Auslegung steht der strenge Wortlaut des § 519 ZPO scheinbar entgegen.

Literatur und Rechtsprechung handhaben den Formzwang gleichwohl und zu Recht freier. Ein förmlicher Antrag, ein vom übrigen Text abgesetzter und äußerlich herausgestellter Textteil oder die Bezeichnung als Antrag sind

---

[43] Der Begriff "Aufhebung" sollte bei der Berufung nur für Fälle der §§ 538 f. ZPO verwendet werden. Vgl. auch *Schumann*, Berufung, Rdn. 198. Die Praxis benutzt diesen Begriff dagegen regelmäßig auch bei der Vollberufung. "Aufhebung" bedeutet dort aber nur Totalabänderung des Urteils.

zwar wünschens- und empfehlenswert, aber nicht zwingend erforderlich. Es genügt, wenn sich die Berufungsanträge im Wege der Auslegung aller frist- und formgerechten verfahrenseinleitenden Schriftsätze des Berufungsklägers unzweifelhaft und bestimmt ermitteln lassen.[44] Auch so können sich Gericht und Rechtsmittelgegner über den Verfahrensgegenstand der Berufung, dem Schutzzweck des § 519 Abs. 3 ZPO entsprechend, klar werden. Das Reichsgericht[45] vertrat diese Meinung schon bei Einführung des § 519 Abs. 3 Nr. 1 ZPO im Jahre 1924.[46] Der Gesetzgeber der ZPO wollte jedes Verfahren von entbehrlichen Formen freihalten. Einen förmlichen Antrag zu verlangen, wäre daher auch heute übertriebener und nicht sachgerechter Formalismus.[47] Das Berufungsgericht kann das Rechtsmittel demnach erst dann gemäß §§ 519, 519b ZPO verwerfen, wenn der Berufungsgegenstand fristgerecht weder bezeichnet wurde noch durch Auslegung ermittelbar ist.[48]

In der Praxis ist eine Auslegung dann erforderlich, wenn Zweifel an der Richtigkeit oder Vollständigkeit ausdrücklich gestellter Berufungsanträge bestehen oder der Rechtsmittelführer es vollständig versäumt hat, Anträge zu formulieren.[49]

aa) Auslegungsfähige Erklärungen

Fehlen Berufungsanträge (§ 519 Abs. 3 Nr. 1 ZPO), geben meist die Berufungsgründe (§ 519 Abs. 3 Nr. 2 ZPO) Aufschluß über den Berufungsgegenstand.[50] Das Berufungsgericht kann auch die zur Ergänzung der Begründungsschrift eingereichten Schriftsätze und die Berufungseinlegung zur Auslegung heranziehen, sofern sie Ausführungen zum Rechtsmittelgegen-

---

[44] Vgl. RGZ 145, 38 f.; BGH VersR 1975, 48; 1982, 974 f.; BGH NJW 1951, 153; 1975, 2013, 2014; 1992, 698 f.; 1987, 1335 f.; BGH FamRZ 1993, 1192, 1193; 1987, 59; 1987, 804, 805 = NJW 1987, 3264, 3265; *Rosenberg/Schwab/Gottwald*, ZPR, § 137 II 2 b, S. 825; *Becht*, JuS 1991, 59; *Schellhammer*, ZP, Rdn. 997; *Thomas/Putzo*, ZPO, § 519 Rdn. 17; AK-ZPO/*Ankermann*, § 519 Rdn. 12; *Gilles*, AcP 177 (1977), 189, 195; *Avenarius*, Neue Justiz 1993, 450; *Stein/Jonas/Grunsky*,[21] ZPO, § 519, Rdn. 25; *Baumbach/Lauterbach/Albers*, ZPO, § 519 Rdn. 17; MünchKomm-ZPO/*Rimmelspacher*, § 519 Rdn. 29.

[45] Vgl. JW 1925, 1491; 1926, 814, 1562, 2575; 1928, 1138; 1932, 1138, 2873; 1934, 2772; 1935, 2898.

[46] RGBl. I, S. 135.

[47] Ebenso BGH NJW 1987, 3264, 3265 = FamRZ 1987, 802, 803; BGH VersR 1982, 974 f.; BGH FamRZ 1993, 1192, 1193; *v. Velsen*, ZZP 49 (1925), 356 ff.

[48] Vgl. BGHZ 7, 170, 173 = NJW 1953, 259; BGH VersR 1982, 974 f.; BGH NJW 1988, 827, 828.

[49] OLG Nürnberg MDR 1991, 1091 f. (mit Anm. *Schneider*); *Avenarius*, Neue Justiz 1993, 450.

[50] BGH FamRZ 1994, 827, 828.

stand enthalten.[51] Berufungsfremde Schriftsätze berücksichtigt das Berufungsgericht nur, wenn sie auf die Berufungsbegründung Bezug nehmen oder umgekehrt die Berufungsbegründung auf sie Bezug nimmt und eine Abschrift beigefügt ist oder sich ohnehin bei den Akten des Berufungsgerichts befindet. Auch der Prozeßkostenhilfeantrag für die Berufungsinstanz kann so der Ermittlung des Berufungsgegenstands dienen.[52] Alle Schriftsätze müssen innerhalb der Berufungsschrift bei Gericht eingegangen und von einem Berufungsanwalt unterschrieben sein.[53] Mündliche oder zu Protokoll abgegebene Erklärungen reichen nicht aus.

bb) Auslegung des Anfechtungsumfangs

Die *Vollanfechtung* ist der Regelfall.[54] Der Berufungskläger kann sie leichter als die Teilanfechtung kenntlich machen.[55] Berufungsgründe, neue Tatsachen und Beweismittel, die sich auf den gesamten erstinstanzlich entschiedenen Rechtsstreit erstrecken, deuten auf eine Vollanfechtung hin, solange keine ausdrücklichen Formulierungen für eine Teilanfechtung sprechen.[56] Liegt nach dem Hauptvorbringen unzweideutig eine Vollanfechtung vor, kann das Berufungsgericht auf hilfsweises Vorbringen zu einer Teilanfechtung nicht mehr abstellen.[57] Aus der teilweisen Nichtwiederholung erstinstanzlichen Sachvortrags zum Streitgegenstand kann das Gericht noch nicht mit Gewißheit auf eine Teilanfechtung schließen.[58]

Bei der *Teilberufung* muß der Berufungskläger genau festlegen, auf welchen konkreten Teil des Urteils sie sich bezieht. Über die Anfechtung des

---

[51] Vgl. BGH VersR 1982, 974 f.; BGH FamRZ 1993, 1192, 1193; AK-ZPO/*Ankermann*, § 519 Rdn. 12. Auch die bloße Streitwertangabe im Kopf der Berufungs - oder Begründungsschrift kann genügend Anhaltspunkte zur Ermittlung des Anfechtungsumfangs liefern, BGH VersR 1975, 48 ff.; *Becht*, JuS 1991, 59; a. A. RGZ 115, 190 f.; *Baumbach/Lauterbach/Albers*, ZPO, § 519 Rdn. 17.

[52] RGZ 145, 38, 39; BAG NJW 1961, 2085; BGH NJW 1992, 698; BGH FamRZ 1987, 58; BGH NJW-RR 1994, 569; MünchKomm-ZPO/*Rimmelspacher*, § 519 Rdn. 29.

[53] *Rosenberg/Schwab/Gottwald*, ZPR § 137 II 2, S. 825.

[54] *Gilles*, AcP 177 (1977), 189, 216.

[55] Aus der Formulierung, "das gesamte erstinstanzliche Urteil sei falsch," "zu ersetzen" oder "zu berichtigen," kann das Berufungsgericht regelmäßig auf eine Vollanfechtung schliessen, vgl. BGH NJW 1961, 2347, 1992, 698; KG OLGZ 1975, 53; *Schellhammer*, ZP, Rdn. 997; *Thomas/Putzo*, ZPO, § 519 Rdn. 17; MünchKomm-ZPO/*Rimmelspacher*, § 519 Rdn. 27.

[56] BGH FamRZ 1993, 1192, 1193; BGH VersR 1987, 101; 1982, 974, 975; NJW 1966, 933; 1987, 1335, 1336; *Körting*, AcP 142 (1936), 92, 102; *Rosenberg/Schwab/Gottwald*, ZPR, § 137 II 2 b, S. 825.

[57] BGH VersR 1982, 974, 975; 1987, 101.

[58] *Müller-Rabe*, NJW 1990, 283, 284.

Entscheidungsrests darf dann auch Unklarheit bestehen. Das Rechtsmittel ist nur im eindeutig erkennbaren Umfang eingelegt.[59] Läßt die Auslegung zwei verschieden weite Umfangdispositionen zu, gilt der gemeinsam übereinstimmende Mindestumfang.[60]

Im Zweifel ist jeder Berufungskläger bestrebt, einen zulässigen Berufungsgegenstand zu bestimmen und das Urteil in Höhe der Beschwer anzufechten.[61] Zu einer Umdeutung des gewählten Berufungsgegenstands im Sinne des § 140 BGB darf diese Zweifelsregelung freilich nicht führen.[62] Sind Berufungsanträge zum Anfechtungsumfang ausdrücklich und unzweideutig formuliert, ist von deren Richtigkeit und Vollständigkeit auszugehen. Für eine erweiternde, einschränkende oder korrigierende Auslegung ist kein Raum mehr.[63] Ungenaue, unrichtige und offensichtlich falsche Anträge zum Anfechtungsziel fallen nicht mehr ins Gewicht.[64]

cc) Auslegung des Anfechtungsziels

Hat der Berufungskläger keinen ausdrücklichen Sachantrag zur verfolgten Abänderung gestellt,[65] genügt, wenn sich durch Wiederholung und Umschreibung der erstinstanzlichen Klageanträge in der Begründungsschrift ergibt, daß es ihm um die Abänderung des Urteils im Sinne der erstinstanzlichen Anträge, wie im Tatbestand des Vorurteils enthalten, geht. Dies gilt auch beim ausdrücklich gestellten Aufhebungs- und Zurückverweisungsantrag.[66] Sind alle Sachanträge nur hilfsweise nach Aufhebungs- und Zurückverweisungsanträgen gestellt, kann das Berufungsgericht sie als Hauptanträge auslegen.[67]

---

[59] RG JW 1928, 2711; BGH NJW 1975, 2013, 2014. Gericht und Gegner können sich auf den eindeutig erkennbaren Anfechtungsumfang einstellen. § 519 Abs. 3 ZPO ist daher Genüge getan.

[60] *Avenarius*, Neue Justiz 1993, 450, 451.

[61] BGH NJW 1984, 58 f.; 1961, 2347; FamRZ 1995, 729.

[62] BGH NJW 1984, 58; KG OLGZ 1975, 53, 54; *Schellhammer*, ZP, Rdn. 997; MünchKomm-ZPO/*Rimmelspacher*, § 518 Rdn. 20.

[63] BGH MDR 1991, 1091 ist nur dem Leitsatz nach anderer Ansicht. Im entschiedenen Fall lag kein unzweideutiger Antrag zum Anfechtungsumfang vor.

[64] OLG Darmstadt JW 1934, 176 (m. Anm. *Titze*); *Körting*, AcP 142 (1936), 92, 103.

[65] Zum Erfordernis eines Sachantrags siehe unten, S. 85 ff.

[66] BGH VersR 1987, 101; BGH NJW 1994, 2835, 2836; *Zöller/Gummer*, ZPO, § 519 Rdn. 28; MünchKomm-ZPO/*Rimmelspacher*, § 519 Rdn. 28.

[67] Die Berufung ist daher nicht unzulässig oder nur im Hilfsantrag zulässig; a. A. *Schumann*, Berufung, Rdn. 193.

Stellt der Berufungskläger versehentlich nur einen Kassationsantrag, weil er von einem Fall der §§ 538, 539 ZPO ausgeht, und umschreibt er den Sachantrag auch nicht in den Berufungsgründen, kann das Berufungsgericht gleichwohl Sachanträge ermitteln. Dem Rechtsmittelführer liegt auch hier regelmäßig an einer günstigen Sachentscheidung entsprechend seinen erstinstanzlichen Anträgen.[68] Nur wenn der Berufungskläger unmißverständlich zum Ausdruck bringt, daß er das Urteil in der Sache nicht bezweifelt oder an einer zweitinstanzlichen Sachentscheidung nicht interessiert ist und die Urteilsaufhebung per se verfolgt, liegt kein Sachantrag, sondern ein unzulässiger Kassationsantrag vor.[69]

dd) Berufungsanträge unter Vorbehalt

Unter Vorbehalt erklärte Berufungsanträge reichen für die Zulässigkeit der Berufung nicht aus,[70] wenn innerhalb der Begründungsfrist keine schriftsätzliche Klärung erfolgt. Kann das Berufungsgericht durch Auslegung abschließende Berufungsanträge ermitteln, deutet es die vorbehaltlich formulierten Anträge dahin um. Unter Vorbehalt der späteren Einschränkung gestellte Anträge sind zulässig und belassen den Berufungsumfang wie zunächst gewählt, soweit nicht eine wirksame Änderung erfolgt.[71] Kündigt ein Berufungskläger bereits in der Berufungsschrift an, er werde "gegebenenfalls" die Berufung nur auf einen Teil des Urteils erstrecken und enthält die Berufungsbegründung keine weiteren Ausführungen zum tatsächlich verfolgten Abänderungsbegehren, fehlt eine ordnungsgemäße Festlegung des Berufungsgegenstands (§ 519, 519b ZPO).[72]

---

[68] RG JW 1925, 622; BGH FamRZ 1993, 1192; 1994, 1192; BGH NJW 1987, 3264, 3265; BGH VersR 1976, 727; 1985, 1164; BGH WM 1990, 2129; BAG NJW 1966, 269; *Baumbach/Lauterbach/Albers*, ZPO, § 519 Rdn. 17; *Stein/Jonas/Grunsky*,[21] ZPO, § 519 Rdn. 24; jeweils unter Hinweis auf BAGE 17, 313 f. = NJW 1966, 269 f (zur Revision); *Thomas/Putzo*, ZPO, § 519 Rdn. 17. A. A. MünchKomm-ZPO/*Rimmelspacher*, § 519 Rdn. 28. Einschränkend LG Wuppertal NJW 1985, 2653 f. für die Fälle des § 538 Abs. 1 Nr. 5 ZPO. OLG Hamburg NJW 1987, 783, 784 und *Avenarius*, Neue Justiz 1993, 450, 451 bezweifeln dies nur für die Berufung des Beklagten. Ihm sei mit der bloßen Urteilsaufhebung und Zurückverweisung der Sache ausreichend gedient. Dem ist nicht zu folgen, denn der Beklagte will mit dem Rechtsmittel vor weiteren klägerischen Angriffen in derselben Sache geschützt sein. Dies ist er nur durch ein rechtskraftfähiges klageabweisendes Urteil.

[69] BGH NJW 1976, 2264; 1994, 2835, 2836; BGH VersR 1987, 101; BGH NJW-RR 1991, 256; BAG NJW 1966, 269; OLG München OLGZ 1978, 486 f.; OLG Hamburg NJW 1987, 783 m.w.N.; *Thomas/Putzo*, ZPO, § 519 Rdn. 17.

[70] BGH NJW 1975, 2013, 2014; KG OLGZ 1975, 53, 55; *Avenarius*, Neue Justiz, 1993, 450, 451; *Körting*, AcP 142 (1936), 92, 103; *Wieczorek/Rössler*, ZPO, § 519 Anm. D I a.

[71] BGH NJW 1975, 2013, 2014.

[72] KG OLGZ 1975, 53.

III. Ergebnis

Während der Berufungskläger die Parteien des Verfahrens mit der Berufungseinlegung bestimmt (§ 518 ZPO), erfolgt *die erste Festlegung des objektiven Verfahrensgegenstands* mit den Rechtsmittelanträgen und regelmäßig erst in der Begründungsschrift (§ 519 Abs. 3 Nr. 1 ZPO). Die begehrte Abänderung des erstinstanzlichen Urteilsergebnisses legt der Berufungskläger mit Anfechtungsumfang (§ 519 Abs. 3 Nr. 1, Teilsatz 1 ZPO) und Anfechtungsziel (§ 519 Abs. 3 Nr. 1, Teilsatz 2 ZPO) bestimmt fest. Als Dispositionsakte sind Einlegungs- und Begründungsschrift auslegungsfähig.

§ 5 Zulässiger Berufungsgegenstand

Der Berufungskläger muß mit dem Rechtsmittel einen verfolgbaren Berufungsgegenstand wählen.

I. Zulässiger Anfechtungsumfang

Das Abänderungsbegehren des Berufungsklägers kann nur das unterinstanzliche Urteil erfassen (§ 519 Abs. 3 Nr. 1, Teilsatz 1 ZPO). Unentschiedene Prozeßreste (Ansprüche oder Teile davon), die vor dem Gericht des ersten Rechtszugs noch anhängig sind, werden nicht zulässiger Gegenstand des Berufungsverfahrens. Liegt erstinstanzlich nur ein rechtsmittelfähiges Teil,- Vorbehalts- oder Zwischenurteil vor, ist daher lediglich dieses anfechtbar. Darüber hinaus ist die Berufung unstatthaft.[1] Bei der Berufung gegen ein Endurteil ist fraglich, inwieweit der Berufungskläger dieses mit dem Rechtsmittel in einen angefochtenen und einen unangefochtenen Teil aufspalten kann.

1. Die vertretenen Meinungen

Wissenschaft und Rechtsprechung vertreten überwiegend folgende Ansicht: Der Berufungskläger kann den Rechtsmittelantrag auf selbständige, tatsächlich und rechtlich unabhängig vom übrigen Prozeßstoff zu beurteilende Abschnitte des erstinstanzlichen Streits beschränken. Anerkannt ist die Berufungsbeschränkung daher auf einzelne teilurteilsfähige Entscheidungselemente (einem von mehreren Ansprüchen, Klage und Widerklage, quantitativ selbständigen Schadensposten einer Gesamtsumme).[2] Daneben

---

[1] BGHZ 30, 213; BGH NJW 1983, 1311, 1313; MünchKomm-ZPO/*Rimmelspacher*, § 537 Rdn. 8. Wie die Parteien unentschiedene Entscheidungsreste ausnahmsweise doch in die Berufungsverhandlung einbringen und das Rechtsmittelgericht über sie entscheiden kann, unten, S. 195 ff.

[2] *Zöller/Gummer*, ZPO, § 519 Rdn. 29; *Thomas/Putzo*, ZPO § 519 Rdn. 26, § 546 Rdn. 25; *Sell*, Rechtsmittelbegründung, S. 141, 147; *Müller-Rabe*, NJW 1990, 283 f. MünchKomm-ZPO/*Rimmelspacher*, § 519 Rdn. 30; *Stein/Jonas/Grunsky*,[21] ZPO, § 519 Rdn. 27; AK-ZPO/*Ankermann*, § 519 Rdn. 13; jeweils unter Berufung auf die Rechtsprechung zur Revisionsbeschränkung, BGHZ 45, 289; 48, 134; 53, 154; BGH NJW 1952, 786.

soll die Rechtsmittelaufspaltung auch auf vorbehalts- (Haupt- oder Gegenforderung),[3] grund- (Grund oder Höhe des Anspruchs)[4] und zwischenurteilsfähige Streitgegenstandsteile (Zulässigkeit und Begründetheit der Klage)[5] zulässig sein. Auch ein Zurückbehaltungsrecht oder die Frage nach dem Mitverschulden eines Gläubigers könne schließlich gesonderter Berufungsgegenstand werden, da insoweit eine Revisionsbeschränkung möglich sei.[6]

Eine Rechtsmittelbeschränkung auf sonstige Streitgegenstandselemente lehnt diese Ansicht ab.[7] Gerichtliche Erwägungen zu einzelnen konkurrierenden Anspruchsgrundlagen, Beweisanträgen, rechtliche Würdigungen zu unselbständigen Tatbestandsmerkmalen (z. B. Verschulden) und Einwendungen (z. B. Verjährung) scheiden demnach als gesonderter Berufungsgegenstand aus.[8]

Nur vereinzelt gehen Teile der Rechtsprechung und Literatur weiter und lassen eine Berufungsbeschränkung auch auf unselbständige Streitgegenstandselemente zu, sofern es sich bei ihnen um günstige Entscheidungsteile für den Rechtsmittelbeklagten handelt. Für den Rechtsmittelkläger ungünstige Entscheidungsteile könne der Berufungskläger dagegen nicht von der Anfallwirkung ausnehmen. Diese Lösung soll prozeßwirtschaftlicher als die herrschende Ansicht sein. Der Berufungskläger stellt das Urteil in für richtig befundenen Teilen nicht mehr zur Überprüfung des Berufungsgerichts. Der Prozeßstoff wird auf den einzig streitigen Prozeßteil beschränkt; das Verfahren dadurch stark konzentriert und beschleunigt.[9]

---

[3] § 302 ZPO. Vgl. RGZ 161, 171; BGHZ 36, 316; 45, 289; 53, 154; 109, 179, 188 f.; BGH WM 1993, 141, 142; *Zöller/Gummer*, ZPO, § 519 Rdn. 29; 537 Rdn. 6; *Kapsa*, S. 156 ff.; MünchKomm-ZPO/*Rimmelspacher*, § 519 Rdn. 30, § 536 Rdn. 33; *Sell*, Rechtsmittelbegründung, S. 141, 147; AK-ZPO/*Ankermann*, § 519 Rdn. 13.

[4] § 304 ZPO. Vgl. BGH NJW 1994, 2835 f.; MünchKomm-ZPO/*Rimmelspacher*, § 519 Rdn. 30.

[5] § 280 Abs. 2 ZPO. Nicht selbständig anfechtbar sollen dagegen zwischenurteilsfähige Elemente nach § 303 ZPO sein, da es sich hier um ein nicht selbständig anfechtbares Zwischenurteil handelt, *Thomas/Putzo*, ZPO § 519 Rdn. 26, § 546 Rdn. 25.

[6] Vgl. *Müller-Rabe*, NJW 1990, 283 f.; *Thomas/Putzo*, ZPO § 519 Rdn. 26, § 546 Rdn. 25.

[7] Vgl. MünchKomm-ZPO/*Rimmelspacher*, § 519 Rdn. 31; *Gilles*, AcP 177 (1977), 189, 237 ff.; *Sell*, Rechtsmittelbegründung, S. 145 ff.; *Thomas/Putzo*, ZPO § 519 Rdn. 26.

[8] Vgl. *Müller-Rabe*, NJW 1990, 283 f.

[9] OLG Bamberg NJW 1979, 2316; KG NJW 1983, 291; *Baumbach/Lauterbach/Albers*, ZPO § 519 Rdn. 30; *Grunsky*, ZZP 84 (1971), 129, 149; *ders*., ZZP 88 (1975), 49, 60 ff.; *Stein/Jonas/Grunsky*,^{21} ZPO, § 519 Rdn. 27; AK-ZPO/*Ankermann*, § 519 Rdn. 13.

2. *Quantitative Teilanfechtung*

Die Rechtsmittelbeschränkung erfolgt mit den Berufungsanträgen (§ 519 Abs. 3 Nr. 1 ZPO).

a) Zulässigkeit

Das Rechtsmittelrecht wird vom "Quantitätsgrundsatz" beherrscht. Soweit die erstinstanzliche Entscheidung über den Rechtsstreit quantitativ teilbar ist, ist sie auch durch das Berufungsgericht gesondert beurteilbar.[10] Der Berufungskläger kann dies schon in der verfahrenseinleitenden Disposition zum Berufungsgegenstand berücksichtigen. Er muß sich nicht gegen das Urteil in toto wenden und mangels Beschwer oder materieller Erfolgsaussicht hinsichtlich eines Entscheidungsteils eine teilweise ablehnende Rechtsmittelentscheidung riskieren. Die Berufung ist somit auf einen quantitativen Teil der unterinstanzlichen Entscheidung beschränkbar.

Das Rechtsmittel zielt auf eine Änderung des Urteils und nicht des Streitgegenstands ab. Die quantitative Teilanfechtung bezieht sich daher auf das erstinstanzliche Entscheidungsergebnis zur Klage und nicht auf die Klage selbst. Jene bleibt durch die Teilanfechtung unberührt. Der Berufungskläger nimmt sie nicht teilweise zurück.[11] Welchen Anspruch der Berufungskläger mit dem Abänderungsbegehren in der Sache verfolgt, interessiert bei der Ermittlung des Anfechtungsumfangs nur insoweit, als das Berufungsgericht in Zweifelsfällen aus dem Sachbegehren auf einen bestimmten Anfechtungsumfang schließen kann.[12]

Ob der Berufungskläger vom angefochtenen Urteilsteil beschwert ist oder nicht, und welchen Teil der Beschwer der Berufungskläger anficht, berücksichtigt das Gericht ebenso nur bei der Auslegung zweifelhafter Dispositionen zum Anfechtungsumfang. Bei unzweifelhafter Umfangfestlegung kann die Beschwer des Berufungsklägers dahinstehen. Sie spielt erst bei der Beurteilung der Zulässigkeit des Rechtsmittels wieder eine Rolle.

---

10 Vgl. §§ 519 Abs. 3 Nr. 1, 525, 536, 537 ZPO.

11 A. A. *Batsch* NJW 1974, 299; *Stein/Jonas/Grunsky*,[21] ZPO, § 519 Rdn 25. Wie hier BGH NJW-RR 1989, 1276, 1277; *Karmasin* NJW 1974, 982; *Wieczorek/Rössler*, § 519 Anm. D Ib; MünchKomm-ZPO/*Rimmelspacher*, § 519 Anm. 32; *Zöller/Gummer*, ZPO, § 519 Rdn. 29. Vgl. hierzu bereits oben, S. 30 f., 33, 47.

12 Vgl. hierzu bereits oben, S. 65 f.

Eine Vollanfechtung liegt daher nicht immer dann vor, wenn der Berufungskläger die Beseitigung der gesamten Beschwer verlangt.[13] Die gegenteilige Regel vermengt den Dispositionsakt des Berufungsklägers zum Anfechtungsumfang mit der Zulässigkeit der Berufung. Das Berufungsgericht überprüft erst das gewählte Abänderungsbegehren daraufhin, ob es gegen die erstinstanzliche Beschwer gerichtet ist oder nicht. Legt der Berufungskläger gegen die gesamte Entscheidung Berufung ein und verwirft sie das Gericht wegen eines Teils oder einer Person als unzulässig, ist der verbleibende Rest keine Teilanfechtung, sondern zulässiger Teil einer Vollberufung. Ficht der Berufungskläger ein Urteil nur teilweise an, obgleich er überhaupt nicht beschwert ist, liegt eine unzulässige Teilberufung und keine "Nichtberufung" vor.

b) Mehrere Streitgegenstandsentscheidungen

Die erstinstanzlichen Urteile zu kumulativ, sukzessiv und hilfsweise geltend gemachten Streitgegenständen oder zu Klage und Widerklage, stellen jeweils eine Mehrheit zusammengefaßter Einzelentscheidungen dar.[14] Auch bei einfachen oder notwendigen Streitgenossen auf der Kläger- oder Beklagtenseite ist dies der Fall. Der Kläger konnte jeden Streitgegenstand schon in erster Instanz gesondert geltend machen und das Untergericht kann abtrennen oder gesondert entscheiden.[15] Durch die Zusammenfassung in einem Verfahren und in einem Urteil verlieren die einzelnen Streitgegenstände nicht ihre tatsächliche und rechtliche Selbständigkeit. Das Urteilsergebnis setzt sich aus mehreren Einzelergebnissen zusammen.[16] Diese Selbständigkeit setzt sich in die zweite Instanz fort.[17] Der Berufungskläger kann das Urteil daher quantitativ aufteilen und zu einzelnen prozessualen Ansprüchen gesondert anfechten. In der Sache verfolgt der Berufungskläger

---

[13] So aber *Grunsky*, NJW 1966, 1393.

[14] *Gilles*, AcP 177 (1977), 189, 197.

[15] BGHZ 23, 73, 74; BGH NJW 1962, 1722; *Stein/Jonas/Leipold*,[21] ZPO, § 62 Rdn. 38; *Thomas/Putzo*, ZPO, § 301, Rdn. 2; *Rosenberg/Schwab/Gottwald*, ZPR, § 59 III 2, S. 308. Im familiengerichtlichen Verbund scheidet diese Möglichkeit (außer im Fall des § 627 ZPO) aus. Dennoch stellt auch hier jede Folgesache einen selbständig anfechtbaren Streitgegenstand dar (arg. § 629 a Abs. 2 ZPO); vgl. BGH FamRZ 1994, 827, 829; BGH NJW-RR 1994, 835; *Schwab/Maurer*, Scheidungsrecht, Rdn. 786; *Johannsen/Henrich/Sedemund-Treiber*, § 629a ZPO Rdn. 2; *Baumbach/Lauterbach/Albers*, ZPO, § 629a Rdn. 1. Bei der notwendigen Streitgenossenschaft kann erstinstanzlich ebenso nur einheitlich geklagt und entschieden werden. Jeder notwendige Streitgenosse kann aber trotzdem ein Rechtsmittel nur für sich einlegen oder Berufungsbeklagter werden, vgl. oben, S. 58 ff.

[16] Auch das mehrere Klagen abweisende Urteil.

[17] *Müller-Rabe*, NJW 90, 283, 284; *Sell*, Rechtsmittelbegründung, S. 78.

erneut die Verurteilung des Beklagten bzw. die Abweisung der Klage soweit vom Anfechtungsumfang erfaßt.

§ 537 ZPO bestätigt die Zulässigkeit solcher Teilberufungen. Das erstinstanzliche Urteil ist danach in die Zu- oder Aberkennung einzelner prozessualer Ansprüche teilbar; das Berufungsgericht in seiner Prüfungs- und Entscheidungsbefugnis auf einzelne Streitgegenstände beschränkbar. Der unangefochtenene Entscheidungsteil kann in formeller und materieller Rechtskraft erwachsen,[18] ohne daß dies der Entscheidung zum Klagerest entgegensteht, denn die Rechtskraft greift über den Streitgegenstand nicht hinaus (§§ 705, 322 Abs. 1 ZPO).[19]

Gibt die erste Instanz einem Hilfsanspruch statt, kann der Kläger das Urteil nur zum abgewiesenen Hauptanspruch anfechten. Im Hilfsanspruch ist er nicht beschwert. Verneint auch das Berufungsgericht den Hauptanspruch, so verwirft es die Berufung. Den Hilfsanspruch kann es ohne Anschlußrechtsmittel des Beklagten nicht mehr überprüfen, da er von den Berufungsanträgen nicht erfaßt ist (§ 536 ZPO).[20] Geht der Beklagte gegen die Stattgabe des Hilfsanspruchs vor, bleibt der abgewiesene Hauptanspruch unangefochten. Das Berufungsgericht ist an das Ergebnis hierzu gebunden und kann, ohne Anschlußberufung des Klägers, dem Hauptanspruch nicht mehr stattgeben.[21] Vermag der Kläger mit seinem Anschlußrechtsmittel zu obsiegen und gibt das Berufungsgericht ihm statt, ist auch eine rechtskräftige Entscheidung über den Hilfsanspruch aufgehoben.[22] Weist die erste Instanz Haupt- und Hilfsanspruch ab, und geht der Kläger, um Gerichtskosten zu sparen (§ 19 Abs. 4 ZPO), nur wegen des Hauptanspruchs in Berufung, darf das Berufungsgericht dem Hilfsantrag nicht mehr stattgeben (§ 536

---

[18] Bei der subjektiven Teilanfechtung erwächst das unangefochtene Urteil hinsichtlich einzelner Streitgenossen mit Ablauf der Berufungsfrist in Rechtskraft (Besonderheiten gelten nur bei der notwendigen Streitgenossenschaft). Für die objektive Teilanfechtung ist überwiegend anerkannt, daß der nicht angefochtene Urteilsteil mit Ablauf der Möglichkeit, das Rechtsmittel zu erweitern, am Ende des Brufungsverfahrens rechtskräftig wird. Siehe hierzu näher unten, S. 155, 160 ff.

[19] BGHZ 42, 340, 344; BGH NJW 1088, 2300, 2301; MünchKomm-ZPO/*Gottwald*, § 322, Rdn. 102; *Stein/Jonas/Leipold*,[20] ZPO, § 322 Rdn. 100.

[20] BGHZ 106, 219, 221 = NJW 1989, 1486, 1487; BGH NJW-RR 1990, 380, 381; *Stein/Jonas/Grunsky*,[21] ZPO, § 537 Rdn. 9; *Thomas/Putzo*, ZPO, § 260 Rdn. 18. Bei einem Erfolg des Rechtsmittelklägers gibt das Berufungsgericht der Klage im Hauptantrag statt und hebt die Verurteilung nach Hilfsantrag zur Klarstellung auf, BGHZ 106, 219; *Thomas/Putzo*, ZPO, § 260 Rdn. 18.

[21] BGHZ 41, 38; 21, 13, 16; *Wieczorek/Rössler*, ZPO § 536 Anm. C I; *Stein/Jonas/Grunsky*,[21] ZPO, § 537 Rdn. 9; MünchKomm-ZPO/*Rimmelspacher*, § 536 Rdn. 26; *Rosenberg/Schwab/Gottwald*, ZPR, § 139 III 2, S. 838; *Thomas/Putzo*, ZPO, § 260 Rdn. 18; *Baumbach/Lauterbach/Albers*, ZPO § 527 Rdn. 6; *Merle*, ZZP 83 (1970), 436, 456.

[22] BVerwG DVBl. 1980, 597; *Baumbach/Lauterbach/Albers*, ZPO, § 527 Rdn. 6

ZPO).[23] Obsiegt der Kläger erstinstanzlich mit dem Hauptanspruch, fehlt eine Entscheidung zum Hilfsanspruch. Dieser hat sich erledigt. Seine Rechtshängigkeit erlischt mit Rechtskraft des erstinstanzlichen Urteils rückwirkend.[24] Eine Teilanfechtung scheidet daher aus.[25] Weist die erste Instanz den Hauptanspruch ab und übersieht den Hilfsanspruch oder entscheidet bewußt nicht über diesen, weil sie den Eventualantrag als nicht wirksam gestellt ansieht, kommt ebenso keine Teilanfechtung in Betracht.[26]

Entscheidet die erste Instanz über alle Stufen einer sukzessiv gehäuften Klage und weist die Klage insgesamt ab,[27] kann der Kläger ausschließlich die Verneinung des Leistungsanspruchs anfechten. Das Berufungsgericht darf dem Zahlungsantrag in diesem Fall durch Erlaß eines Grundurteils stattgeben und die Sache im übrigen an die erste Instanz zurückverweisen.[28] Entscheidet die erste Instanz lediglich über eine Stufe, fehlt eine Entscheidung zu den übrigen Streitgegenständen. Die Frage einer Teilanfechtung stellt sich infolgedessen nicht.[29]

c) Quantitative Teile einer Streitgegenstandsentscheidung

Die auf Geld oder eine andere mengenmäßige Summe lautende Entscheidung zu einem Streitgegenstand (stattgebend oder abweisend) ist quantitativ jederzeit in ziffernmäßige Teilsummen oder in einzelne Gegenstände teilbar. Sind die einzelnen Anspruchsteile ziffernmäßig oder sonstwie bestimmt individualisierbar (selbständige Anspruchsposten oder unselbständige Rechnungsposten), hätte der Kläger zu jedem Posten bereits erstinstanzlich gesondert klagen können. Auch ein Teilurteil hätte zu jedem Anspruchsteil ergehen können.[30] Es ist daher auch eine Teilberufung zulässig.[31]

---

[23] MünchKomm-ZPO/*Rimmelspacher*, § 536 Rdn. 25.

[24] *Stein/Jonas/Schumann*,[20] ZPO, § 260 Rdn. 22; *Thomas/Putzo*, ZPO, § 260 Rdn 17; *Zimmermann*, ZPO, § 260, Rdn. 10.

[25] Ob das Berufungsgericht den unentschiedenen Hilfsanspruch nach Verneinung des Hauptanspruchs in die zweite Instanz ziehen und entscheiden kann, vgl. unten, S. 191 ff.

[26] MünchKomm-ZPO/*Rimmelspacher*, § 536 Rdn. 28. Vgl. auch hierzu unten, S. 194 f.

[27] OLG Stuttgart NJW-RR 1990, 766; *Stein/Jonas/Schumann*,[20] ZPO, § 254 Rdn. 30.

[28] Zu einem ähnlichen Fall BGH NJW 1991, 1893.

[29] Ob das Berufungsgericht nach Beurteilung des Rechnungslegungsanspruchs über alle Stufen entscheiden kann, vgl. unten, S. 201 ff.

[30] Bei streitigem Anspruchsgrund kann zu unselbständigen Rechnungsposten eines einheitlichen Anspruchs ein Teilurteil nur zusammen mit einem Grundurteil über den Rest ergehen; vgl. BGH NJW 1989, 2821; 1991, 2082; 1992, 511; *Thomas/Putzo*, ZPO, § 301 Rdn. 2 f. Ist nur die Höhe des Anspruchs im Streit, kann jeder quantitative Anspruchsposten Gegenstand eines Teilurteils sein; vgl. BGH BGH NJW-RR 1989, 1149; 1990, 1303; NJW 1992, 1770.

Beispiel:
Die Klage auf Zahlung von Schadensersatz in Höhe von DM 5000.-, bestehend aus DM 3000.- Verdienstausfall im Monat April und DM 2000.- Verdienstausfall im Monat Mai, weist die Unterinstanz wegen Verneinung des Verdienstausfalls im Mai in Höhe von DM 2000.- ab und verurteilt den Beklagten nur im übrigen. Geht der Kläger wegen des Verdienstausfalls im Mai in Berufung, ist das Instanzgericht an die Bejahung des Verdienstausfalls im April gebunden. Bejaht es den Verdienstausfall im Mai, kann es die Berufung nicht mit der Begründung zurückweisen, das Untergericht hätte für den Monat April keinen Verdienstausfall annehmen dürfen. Verneint das Berufungsgericht den Anspruch auf Verdienstausfall für den Monat Mai, kann es den Beklagten auch dann nicht zur Zahlung von weiterem Verdienstausfall verurteilen, wenn die erste Instanz diesen für den Monat April zu niedrig angesetzt hat.

Selbst unselbständige quantitative Teilsummen eines nicht im Sinne des § 301 ZPO teilbaren Anspruchs können Gegenstand eines Rechtsmittels werden. Zur unangefochtenen Summe kann kein gesondertes Berufungsverfahren nachfolgen, das der Rechtsmittelentscheidung zum ersten Teilbetrag entgegenstünde. Erwächst das Urteil zur unangefochtenen Anspruchssumme bis zum Ende der Berufungsverhandlung in formeller und materieller Rechtskraft, ist dies der Rechtsmittelentscheidung nicht hinderlich. Die Rechtskraft des unangefochtenen Entscheidungsteils erstreckt sich nicht über den unangefochtenen Anspruchsteil hinaus.

Beispiele:
Der Kläger klagt auf Zahlung des Kaufpreises in Höhe von DM 40000.-. Das Gericht erster Instanz verurteilt den Beklagten nur zur Zahlung von DM 34000.-. Im übrigen weist es die Klage ab. Beiden Parteien ist eine Beschränkung der Berufung auf die beschwerende Urteilssumme gestattet. Der Kläger muß einen höheren Anspruch als erstinstanzlich zugesprochen nachweisen. Der Beklagte hat als Rechtsmittelführer auch die zugesprochene Anspruchssumme abzuwehren. An einer abändernden Entscheidung über den unangefochtenen Urteilsteil ist das Berufungsgericht jeweils gehindert (Verbot der reformatio in peius).

Wurde die Klage insgesamt in Höhe von DM 40000.- abgewiesen, kann der Kläger, der nun davon ausgeht, es stünde ihm der Anspruch zumindest in geringerer Höhe zu, wegen DM 20000.- in Berufung gehen. Die in Rechtskraft erwachsende teilweise Klageabweisung hindert das Berufungsgericht nicht an einer Stattgabe in Höhe von DM 20000.-. Der Kläger muß hierzu nur einen 20000.- DM-Anspruch nachweisen. Die unangefochtene Abweisung des Anspruchs erwächst nur bezüglich einer DM 20000.- übersteigenden Summe in Rechtskraft. Gibt das Berufungsurteil der Klage in Höhe von DM 20000.- statt, steht fest, daß dem Kläger ein Anspruch in Höhe von DM 20000.-, nicht aber in Höhe von weiteren DM 20000.- zusteht. Die Entscheidungen widersprechen sich daher nicht. Die materielle Rechtskraft der ersten

---

31 *Zöller/Gummer*, ZPO, § 519 Rdn. 29; *Rosenberg/Schwab/Gottwald*, ZPR § 137 II 2 a, S. 824; *Sell*, Rechtsmittelbegründung, S. 141, 147; MünchKomm- ZPO/*Rimmelspacher*, § 519 Rdn. 30; AK-ZPO/*Ankermann*, § 519 Rdn. 13.

Entscheidung braucht das Berufungsgericht nicht zu interessieren.[32] Nur mehr als DM 20000.- darf das Rechtsmittelgericht dem Kläger nicht zusprechen, auch wenn es zur Erkenntnis gelangt, ein Anspruch in Höhe von DM 40000.- existiere (§§ 536, 537 ZPO).

Nimmt der Kläger den Beklagten in Höhe von DM 5000.- in Anspruch und weist das Berufungsgericht die Klage ab, weil es der Ansicht ist, den Kläger treffe am schädigenden Ereignis das alleinige (Mit-)Verschulden, kann dieser mit der Behauptung, er trage Mitverschulden nur zu 1/2, in Höhe von DM 2500.- in Berufung gehen. Weist der Kläger zweitinstanzlich einen Anspruch in Höhe von DM 2500.- nach (z. B.: der Schaden beträgt 2500.-DM, den Kläger trifft kein Mitverschulden; der Schaden beträgt DM 5000.-, den Kläger trifft hälftiges Mitverschulden) kann das Berufungsgericht das angefochtene Urteil abändern und den Beklagten insoweit verurteilen. Die unangefochtene erstinstanzliche Klageabweisung in Höhe von DM 2500.- steht auch hier der zweitinstanzlichen Klagestattgabe in Höhe von DM 2500.- nicht entgegen.[33]

Spricht die erste Instanz einen Klageanspruch vollumfänglich zu, kann der Beklagte gegen den Teilbetrag in Berufung gehen, den er in jedem Fall für überhöht empfindet. Vor dem Rechtsmittelgericht muß er nachweisen, daß dem jedenfalls dieser Anspruchsteil nicht zusteht. Soweit er die Klagestattgabe nicht anficht (und das Rechtsmittel auch nicht erweitert), darf das Rechtsmittelgericht den Anspruch nicht abweisen, auch wenn es zur Erkenntnis kommt, der gesamte Anspruch bestehe bereits dem Grunde nach nicht (§§ 536, 537 ZPO).

3. Qualitative Teilanfechtung

a) Unzulässigkeit

Bei der qualitativen Teilanfechtung legt der Berufungskläger gegen die erstinstanzliche Entscheidung insgesamt Berufung ein. Der Kläger und Berufungskläger verfolgt erneut die Verurteilung des Beklagten; der Beklagte und Berufungskläger die Abweisung der Klage. Das Obergericht soll seine Entscheidung nun jedoch ausschließlich nach Beurteilung einzelner, vom Berufungskläger ausgewählter Streitpunkte fällen. Alle übrigen erstinstanzlich verhandelten und entschiedenen Streitpunkte soll das Berufungsgericht seiner Rechtsmittelentscheidung ohne erneute Prüfung zugrunde legen. Der Berufungskläger legt demnach gegen das unterinstanzliche Entscheidungsergebnis Vollberufung ein und teilt nur die Entscheidungsgründe des Urteils in angefochtene und unangefochtene, um auf diesem Weg tatsächliche Neuerungen und eine zweitinstanzliche Subsumtion zu einzelnen Streitpunkten des Streitgegenstands auszuschalten.

---

[32] A. A. *Batsch*, NJW 1974, 299 ff.

[33] A. A. *Batsch*, NJW 1974, 299 ff.

Mit den Berufungsanträgen des § 519 Abs. 3 Nr. 1 ZPO kann der Berufungskläger unstreitig keine qualitative Teilanfechtung beantragen. Sie lauten wie gewöhnlich auf Abänderung des Urteils und Stattgabe oder Abweisung der Klage. Für eine Beschränkung des Verfahrensgegenstands kommen somit nur die Berufungsgründe des § 519 Abs. 3 Nr. 2 ZPO in Betracht.

Begründet der Berufungskläger sein Rechtsmittel fristgerecht nur zu einzelnen Streitpunkten, soll das Berufungsgericht nach einer in der Wissenschaft vertretenen Ansicht an die getroffene Auswahl tatsächlich gebunden sein. Die Berufungsgründe gehören so zum verfügbaren Rechtsmittelangriff.[34]

Dem ist folgendes zu entgegnen: Der Berufungskläger legt den Berufungsgegenstand mithilfe der Berufungsanträge fest (§ 519 Abs. 3 Nr. 1 ZPO). Die Begründung kann lediglich zur Auslegung herangezogen werden. Sie ist eine Sachurteilsvoraussetzung für das Berufungsverfahren zum bereits festgelegten Prozeßgegenstand und nicht die Verfügung selbst. § 519 Abs. 3 Nr. 2 ZPO dient allein dem Zweck, Berufungsgericht und Rechtsmittelgegner frühzeitig von der inhaltlichen Zielrichtung des Rechtsmittels in Kenntnis zu setzen und den Verfahrensstoff zu konzentrieren. Soweit der Berufungskläger mit den Urteilsrügen und tatsächlichen Neuerungen Streitmaterial vorbringt, handelt es sich demnach um beigebrachten Streitstoff (Angriffs- und Verteidigungsmittel) oder (nicht bindende) rechtliche Ausführungen, aber nicht um den Angriff selbst.[35] § 527 ZPO bestätigt dies. Das Gesetz spricht sich hier ausdrücklich für die Möglichkeit einer Beibringung von Streitmaterial auch nach Ablauf der Begründungsfrist aus und begrenzt dies nur durch die Präklusionsvorschrift des § 296 ZPO.[36] Über die angeführten Berufungsgründe kann somit keine Festlegung des Verfahrensrahmens erfolgen.[37] Sparsam gehaltene Rechtsmittelgründe ändern am beantragten Berufungsgegenstand nichts. Dieser bleibt uneingeschränkt, wie

---

[34] *Lepp*, NJW 1984, 1944; *Zöller/Gummer*, ZPO, § 519 Rdn. 27, 37; *Schneider*, MDR 1985, 21, 22; *Schellhammer*, ZP, Rdn. 998 f.

[35] A. A. *Lepp*, NJW 1984, 1944; dagegen *Fuhrmann*, Zurückweisung, S. 66 (er meint, sogar die mit der Berufungsbegründung vorgebrachten Rechtsansichten seien Angriffs- und Verteidigungsmittel).

[36] Nach Ablauf der Fristen der §§ 519 Abs. 3, 520 Abs. 2 ZPO in der Berufungsbegründung, der Berufungserwiderung, Replik oder Duplik nicht genannte Angriffs- und Verteidigungsmittel, unterliegen laut § 527 ZPO der Präklusion des § 296 Abs. 1 und 4 ZPO.

[37] MünchKomm-ZPO/*Rimmelspacher*, § 527 Rdn. 19; *Stein/Jonas/Grunsky*,[21] ZPO, § 527 Rdn. 10; *Müller-Rabe*, NJW 1990, 283, 288.

beantragt maßgeblich. Ob er schließlich zulässig ist, hängt davon ab, welche Anforderungen das Gesetz an die Berufungsgründe stellt.[38]

Selbst wenn der Berufungskläger einen besonderen Hinweis in die Begründungsschrift aufnimmt, der ausdrücklich verdeutlicht, daß ihm an einer beschränkten Anfallwirkung gelegen ist, werden die Berufungsgründe hierdurch nicht zum verfügbaren Angriff. Der Wirksamkeit einer solchen Erklärung steht § 537 ZPO entgegen. Ist die Zulässigkeitshürde zum beantragten Verfahrensgegenstand einmal genommen, hat das Berufungsgericht zu allen, einen zu- oder aberkannten Anspruch betreffenden Streitpunkten Verhandlungs- und Entscheidungsbefugnis ("Allzuständigkeit," § 537 ZPO), ohne daß der Berufungskläger hierauf einwirken könnte.

Der tatsächliche Streitstoff ist durch die §§ 525-529 ZPO ausdrücklich der Beibringungsfreiheit beider Parteien und nicht der Dispositionsbefugnis des Berufungsklägers unterstellt. Dürfte der Berufungskläger von sich aus die zweitinstanzlichen Streitpunkte innerhalb eines Streitgegenstands festlegen, wäre der Berufungsbeklagte auf die Anschlußberufung verwiesen, um das aus seiner Sicht entscheidungsrelevante Tatsachenmaterial in das Verfahren einzubringen. Dem widerspricht Art. 103 Abs. 1 GG. Innerhalb der verfügten Grenzen eines fremden Rechtsmittels muß der Berufungsbeklagte auch ohne eigenen Rechtsbehelf rechtliches Gehör finden können. Der Rechtsmittelführer kann den Rechtsmittelbeklagten daher nicht daran hindern, alte und neue Angriffs- und Verteidigungsmittel seiner Wahl vorzubringen. Sie unterliegen nur der Präklusion gemäß §§ 527-529 ZPO.

Auch in der Rechtsanwendung ist das Gericht nicht auf die vom Rechtsmittelkläger angeführten Streitpunkte beschränkt. Der Berufungskläger kann auf die gerichtliche Subsumtion keinen Einfluß nehmen ("iura novit curia"). Da sich materielle und prozessuale Dispositionen nicht decken, vermag bereits die übereinstimmend von den Parteien vorgeschlagene Beschränkung der gerichtlichen Subsumtion (sog. "Ausschaltungsbefugnis") keine prozessuale Bindungswirkung zu erzeugen.[39] Für eine Ausschaltungsbefugnis allein des Berufungsklägers muß dies erst Recht gelten.

Ein weiteres steht der Verfügungsbefugnis des Berufungsklägers zu einzelnen Streitpunkten entgegen: Ist das Berufungsgericht auf die isolierte

---

[38] Hierzu später, S. 96 ff., 102 ff.

[39] Vgl. hierzu allgemein BGH JR 1969, 102; BAG ZIP 1991, 334, 335; *Rosenberg/Schwab/Gottwald*, ZPR, § 78 II, S. 426. Zur Revision, RGZ 149, 165; *Rosenberg/Schwab/Gottwald*, ZPR, § 142 III 4c, S. 870. Eine Ausschaltungsbefugnis bejahen dagegen MünchKomm-ZPO/*Lüke*, Vor § 253 Rdn. 36; *Baur*, Festschrift Bötticher, S. 1 ff.

Überprüfung bestimmter erstinstanzlicher Einzelerwägungen bei unveränderter Übernahme anderer Entscheidungsteile beschränkt, entstehen leicht materiellrechtliche Prämissen, die zur Fällung eines unrichtigen Urteils zwingen könnten. Erneut wäre das Gericht in der Anwendung des Rechts gebunden.[40]

Beispiel:
Das erstinstanzliche Gericht geht in einem Schadensersatzprozeß von einem Mitverschulden des Klägers aus. Der Beklagte wird daher nur zum Teil verurteilt, im übrigen wird die Klage abgewiesen. Der Kläger beschränkt darauf hin sein Rechtsmittel auf die Frage des Mitverschuldens. Das Berufungsgericht gelangt zur Erkenntnis, den Kläger treffe kein Mitverschulden, da er zur entscheidenden Zeit nicht am Ort des Geschehens war. Erkennt das Gericht aus demselben Grund auch, daß der Kläger nicht geschädigt sein kann, müßte es den Beklagten gleichwohl uneingeschränkt verurteilen und einem nicht gegebenen Anspruch stattgeben.

Infolgedessen kann der Berufungskläger mit dem Rechtsmittel nur gegen den abgeschlossenen Entscheidungsteil zu einem ganzen Anspruch mitsamt der ihm zugrundeliegenden tatsächlichen und rechtlichen Würdigung vorgehen. Eine Beschränkung des Rechtsmittels auf einzelne Entscheidungselemente zum Streitstoff ist ihm versagt.[41] Der Berufungskläger kann mit der Berufungsbegründung keine qualitative Rechtsmittelbeschränkung vornehmen.

Da auch § 519b ZPO sich auf die angefochtene Streitgegenstandsentscheidung und nicht auf jedes einzelne Streitgegenstandselement erstreckt, erreicht der Berufungskläger eine qualitative Teilanfechtung auch nicht auf dem Weg einer bewußt in Kauf genommenen Teilunzulässigkeit. Nennt er weniger Berufungsgründe als für die Zulässigkeit des Rechtsmittels erforderlich sind, ist die Berufung insgesamt und nicht nur hinsichtlich der ungenannten Streitpunkte unzulässig.

b) Ausnahmen

Soweit dem Berufungskläger mitunter erlaubt wird, zumindest solche Streitgegenstandselemente von einer erneuten zweitinstanzlichen Beurteilung auszuschließen, die für den Berufungsbeklagten günstig entschieden

---

40 Vgl. *Sell*, Rechtsmittelbegründung, S. 153 f.

41 Ebenso BGH NJW-RR 1986, 991, 992 = ZIP 1986, 787, 789; BGH NJW 1990, 326; MünchKomm-ZPO/*Rimmelspacher*, § 519 Rdn. 31, § 537 Rdn. 19 ff.

wurden,[42] sind die eben angeführten Bedenken nicht ausgeräumt. Will der Berufungsbeklagte dieses Streitmaterial bei der Verhandlung der angefochtenen Streitpunkte vorbringen, darf ihn der Berufungskläger erneut nicht auf die Anschlußberufung verweisen.[43] Auch die Gefahr rechtlicher Prämissen und unrichtiger Entscheidungen ist nicht gebannt. Im Einzelfall danach abzugrenzen, ob Interessen des Berufungsbeklagten verletzt sind oder nicht, widerspricht zudem dem Grundsatz der Rechtsmittelklarheit. Der gewählte Berufungsgegenstand darf nicht von einem erst bei Verfahrensende beurteilbaren Umstand abhängen.[44] Der Berufungskläger kann daher auch solche Streitpunkte, deren erstinstanzliche Würdigung für den Berufungsbeklagten günstig ausfiel, nicht aus dem zweitinstanzlichen Verfahren eliminieren.

> Beispiel:
> Der verurteilte Beklagte kann das Rechtsmittel nicht aufspalten und das Berufungsgericht an die untergerichtliche Bejahung der Forderung binden, um lediglich die verneinte Verjährung zur erneuten Prüfung zu stellen. Gelangt das Berufungsgericht zur Erkenntnis, der erstinstanzlich stattgegebene Anspruch sei verjährt, eine zweite, bisher unerkannte Anspruchsgrundlage dagegen unverjährt gegeben, kann es die Berufung zurückweisen.

Auch die Zulassung der qualitativen Teilanfechtung gegen zwischen- oder vorbehaltsurteilsfähige Einzelerwägungen unter Übernahme anerkannter Regeln der Zulassungsbeschränkung zur Revision[45] begegnet Bedenken.

Tatsächlich darf das Berufungsgericht die Revision auf die Überprüfung von Forderung oder Gegenforderung (bei der Aufrechnung),[46] auf ein Zurückbehaltungsrecht,[47] auf die Frage des Mitverschuldens[48] und auf Grund oder Höhe des Anspruchs[49] beschränkt zulassen, wenn diese Elemente selb-

---

[42] So OLG Bamberg NJW 1979, 2316; KG NJW 1983, 291; *Baumbach/Lauterbach/Albers*, ZPO, § 519 Rdn. 30; *Grunsky*, ZZP 84 (1971), 129, 149; *ders.*, ZZP 88 (1975), 49, 60 ff.; *Stein/Jonas/Grunsky*,[21] ZPO, § 519 Rdn. 27; AK-ZPO/*Ankermann*, § 519 Rdn. 13.

[43] *Stein/Jonas/Grunsky*,[21] ZPO, § 519 Rdn. 27 nimmt den Berufungsbeklagten daher vom Erfordernis der Anschlußberufung ausnahmsweise aus.

[44] Zutreffend *Zöller/Gummer*, ZPO, § 519 Rdn. 29.

[45] So *Müller-Rabe*, NJW 1990, 283 f. und *Thomas/Putzo*, ZPO, § 519 Rdn. 26, § 546 Rdn. 25.

[46] BGHZ 53, 154.

[47] BGHZ 45, 289.

[48] BGHZ 76, 397, 399 ff.

[49] BGHZ 76, 397, 399 ff.; BGH NJW 1982, 2380 ff.

ständig beurteilbar sind und ihnen ein eigener Streitstoff zugrunde liegt (§ 546 Abs. 1 ZPO).[50]

Entscheidende Unterschiede zwischen dem Revisions- und dem Berufungsverfahren stehen einer Übernahme dieser Regeln auf die Berufungsbeschränkung durch den Berufungskläger aber entgegen.[51] Anders als der Berufungsrechtszug ist das Revisionsverfahren keine Tatsacheninstanz. Altes Streitmaterial legt das Revisionsgericht seiner Entscheidung von sich aus zugrunde. Neue Tatsachen, Beweisangebote und Beweiseinreden können die Parteien nicht mehr vorbringen (§ 561 ZPO).[52] Die beschränkte Revisionszulassung verletzt daher nicht das Interesse des Rechtsmittelbeklagten, Streitstoff zu allen Rechtsfragen und Urteilselementen ohne Anschlußrechtsmittel beizubringen. Das Revisionsgericht entscheidet, abgesehen von den Fällen des § 565 Abs. 3 ZPO, zudem nicht nach isolierter Betrachtung eines einzigen Streitpunkts über den gesamten prozessualen Anspruch. Kommt das Revisionsgericht bei der Beurteilung des angefochtenen Urteilselements zu einem abweichenden Ergebnis als die Vorinstantz, hebt es das angefochtene Urteil auf, verweist den Rechtsstreit zurück und überläßt den Parteien eine erneute Verhandlung zum gesamten prozessualen Anspruch (§§ 564 f. ZPO). Das Untergericht kann bei seiner Entscheidung in der Sache dann alle Streitgegenstandselemente an die abweichende Beurteilung des einen Elements angleichen. Die Gefahr einer falschen Gesamtentscheidung durch die isolierte Abänderung eines Streitpunkts besteht folglich nicht. Soweit das Revisionsgericht in der Sache selbst entscheiden kann (§ 565 Abs. 3 ZPO), handelt es sich durchgehend um Fälle, in denen die ungeprüfte Übernahme eines unangefochtenen Streitpunkts keine Auswirkungen auf die Richtigkeit der neuen Sachentscheidung haben kann. Andernfalls dürfte das Gericht nicht vom Vorliegen einer "Entscheidungsreife" im Sinne des § 565 Abs. 3 ZPO ausgehen.

Die für die Revisionszulassung entwickelten Grundsätze können für die Berufungsbeschränkung daher nicht uneingeschränkt übernommen werden. Eine beschränkte Anfallwirkung läßt sich einzig für Entscheidungselemente rechtfertigen, die einer Mehrheit von selbständigen Ansprüchen vergleichbar sind und bei denen Auswirkungen auf den Entscheidungsrest ausgeschlossen sind. Als solche kommen nur gesondert einklagbare Streitpunkte, mit tatsächlich und rechtlich eigenständiger Basis in Betracht.

---

[50] Vgl. hierzu *Prütting*, S. 235 m.w.N.

[51] A. A. *Müller-Rabe*, NJW 1990, 283, 284.

[52] Vgl. *Gottwald*, Revisionsinstanz, S. 92 ff.

Bei vorbehaltsurteilsfähigen Streitgegenstandsteilen sind diese Voraussetzungen erfüllt. Haupt-, Aufrechnungs- und Gegenforderung haben regelmäßig eigene tatsächliche und rechtliche Voraussetzungen und können auch Gegenstand einer gesonderten erstinstanzlichen Klage sein.[53] Eine Gleichbehandlung mit der objektiven Klagenhäufung ist daher angebracht. Der Berufungskläger kann das Rechtsmittel auf die Haupt- oder die Gegenforderung beschränken. Der unangefochtene Entscheidungsteil fällt dem Obergericht entgegen § 537 ZPO nicht zur Entscheidung an.[54]

Beispiele:
Die erste Instanz weist die Klage wegen einer aufgerechneten Gegenforderung teilweise ab. Der Kläger ficht nur die Bejahung der Gegenforderung an und verlangt, das Urteil abzuändern und den Beklagten voll zu verurteilen. Das Berufungsgericht kann das Rechtsmittel des Klägers nicht zurückweisen, wenn es die Aufrechnungsforderung zwar verneint, aber zur Erkenntnis gelangt, die Urteilssumme sei aus anderen Gründen herabzusetzen. Ohne Anschlußrechtsmittel des Beklagten darf es die Klage aus keinem anderen Grund als dem der Aufrechnung oder einem sonstigen Gegenrecht abweisen. Legt der Beklagte nur gegen die Bejahung der Hauptforderung Berufung ein, kann das Berufungsgericht das Gegenrecht nicht mehr überprüfen, wenn es der Ansicht ist, die Hauptforderung besteht.

Bei Verurteilung zur Leistung Zug um Zug ist der Beklagte als Berufungskläger nicht vorbehaltlos verurteilbar. Auf die Berufung des Klägers darf das Berufungsgericht die Klage nicht mehr abweisen.[55]

Einzelne konkurrierende Anspruchsgrundlagen eines einheitlichen Streitgegenstands sind bereits erstinstanzlich nicht gesondert einklagbar. Ebensowenig können sie Gegenstand eines Teilurteils werden.[56] Ihnen fehlt ein selbständig beurteilbarer Sachverhalt. Infolgedessen kann der Berufungskläger das Rechtsmittel auch nicht auf die Überprüfung einzelner Anspruchsgrundlagen beschränken. Ebenso scheidet eine Beschränkung auf die erstin-

---

[53] Entscheidet das Untergericht über eine Aufrechnungsforderung, indem es die Hauptforderung wegen der aufgerechneten Gegenforderung abweist oder der Hauptforderung vorbehaltlos stattgibt, ist jeder Entscheidungsteil sogar gesondert der Rechtskraft fähig (§ 322 Abs. 2 ZPO). Dies ist sowohl für die Verneinung der Gegenforderung als auch für den Untergang der Gegenforderung aufgrund der Aufrechnung überwiegend anerkannt, vgl. *Rosenberg/Schwab/Gottwald*, ZPR § 153 III 3b, S. 924.

[54] Vgl. auch BGHZ 36, 316; 45, 289; 53, 154; RGZ 161, 171; BGHZ 109, 179, 188 f.; BGH WM 1993, 141, 142; *Zöller/Gummer*, ZPO, § 519 Rdn. 29; 537 Rdn. 6; *Stein/Jonas/Grunsky*,[21] ZPO, § 536 Rdn. 12; *Kapsa*, S. 156 ff.; MünchKomm-ZPO/*Rimmelspacher*, § 519 Rdn. 30, § 536 Rdn. 33; *Sell*, Rechtsmittelbegründung, S. 141, 147; AK-ZPO/*Ankermann*, § 519 Rdn. 13.

[55] RGZ 85, 120; *Kapsa*, S. 145.

[56] BGH NJW 1971, 564.

stanzliche Erkenntnis zum Mitverschulden, zum Anspruchsgrund, zur Anspruchshöhe, zur Zulässigkeit und zur Begründetheit der Klage aus.[57]

Beispiele:
Die erste Instanz gibt einem Anspruch statt und begründet dies damit, die Forderung sei zwar nicht aus c.i.c., aber aus § 823 Abs. 1 BGB gegeben. Der Beklagte kann mit seiner Berufung das Rechtsmittelgericht nicht an die Überprüfung lediglich des Deliktsanspruchs binden. In der Rechtsanwendung ist das Gericht nicht auf die vorgebrachten Anspruchsgrundlagen beschränkt.[58] Dem Berufungskläger steht keine Ausschaltungsbefugnis zu. Das Gericht kann die Berufung zurückweisen, wenn es der Ansicht ist, § 823 BGB sei nicht erfüllt, c.i.c. dagegen schon.

Der Kläger macht einen Schadensersatzanspruch in Höhe von DM 20000.- geltend. Das Gericht verurteilt den Beklagten wegen eines Mitverschuldens des Klägers von 25 Prozent nur in Höhe von DM 15000.-. Der Kläger legt Berufung ein und bestreitet sein Mitverschulden. Das Berufungsgericht ist nicht auf eine Prüfung des klägerischen Mitverschuldens beschränkt. Verneint es ein Mitverschulden, kann es die Berufung dennoch zurückweisen, wenn der Anspruch aus anderen Gründen nicht besteht. Bestätigt das Gericht das Mitverschulden, kann es DM 5000.- zusprechen, wenn es zu der Erkenntnis gelangt, der Kläger habe einen Schaden in Höhe von z. B. DM 30000.- .

Weist das Gericht erster Instanz eine 7000 DM-Klage in Höhe von DM 4000.- ab, weil der Anspruch der Höhe nach nur insoweit bestehe, kann der Kläger das Berufungsgericht nicht an die Bejahung des Klagegrunds binden. Stellt das Berufungsgericht fest, der Anspruch besteht bereits dem Grunde nach nicht (z. B. weil kein Schaden entstanden ist oder der Anspruch verjährt ist), darf es die klägerische Berufung zurückweisen.

Weist die erste Instanz die Klage als unbegründet ab, kann der Kläger sein Rechtsmittel nicht auf die Begründetheitsfrage beschränken. Ist die Klage unzulässig, hebt das das Berufungsgericht das Urteil der unteren Instanz auf und weist die Klage als unzulässig ab.

c) Geltendmachung

Von einer qualitativen Teilanfechtung ist in den zulässigen Ausnahmefällen immer dann auszugehen, wenn sich der Berufungskläger in seinen Berufungsgründen auf Kritik oder Neuerungen zum betreffenden Streitpunkt beschränkt und insoweit eine nur beschränkte Anfallwirkung wünscht.[59] Ob

---

57 A. A. *Müller-Rabe*, NJW 1990, 283, 284 und *Thomas/Putzo*, ZPO, § 519 Rdn. 26, § 546 Rdn. 25. (je unter Verweis auf die Möglichkeit einer Revisionsbeschränkung); BGH NJW 1994, 2835, 2836; MünchKomm-ZPO/*Rimmelspacher*, § 519 Rdn. 30 und *Stein/Jonas/Grunsky*,[21] ZPO, § 536 Rdn. 12 (je für grundurteilsfähige Entscheidungsteile).

58 RGZ 80, 363; 86, 145; 139, 357.

59 *Müller-Rabe*, NJW 1990, 283, 284.

dies der Fall ist, kann das Berufungsgericht auch durch Auslegung ermitteln. Scheidet eine qualitative Teilanfechtung aus, ist auch ein dahingehender, ausdrücklicher Wunsch des Berufungsklägers unbeachtlich. Führt die Berufungsbegründung nur einzelne Streitpunkte an, ist der Berufungsgegenstand der Rechtsmittelanträge gewählt. Dessen Zulässigkeit hängt von der Erfüllung der Begründungspflicht des § 519 Abs. 3 Nr. 2 ZPO ab.[60] Ist die Zulässigkeitshürde genommen, fallen alle Streitpunkte des zu- oder aberkannten Anspruchs zur obergerichtlichen Verhandlung und Entscheidung an (§ 537 ZPO).

4. Urteilstechnische Teilanfechtung

Der Berufungskläger kann das erstinstanzliche Urteil mit dem Rechtsmittel nicht in seine technischen Bestandteile (Rubrum, Tenor, Tatbestand, Entscheidungsgründe) aufspalten. Ein auf die Abänderung im Kostenpunkt gerichtetes Rechtsmittel scheidet ebenfalls aus (§ 99 Abs. 1 ZPO).[61] Sämtliche Entscheidungselemente erstrecken sich auf alle entschiedenen Streitgegenstände und Streitgegenstandsteile. Von diesen können sie nicht abgetrennt werden.

Nur der Ausspruch zur vorläufigen Vollstreckbarkeit ist einzeln anfechtbar (arg. §§ 717 Abs. 1 ZPO).[62] § 718 ZPO steht dem nicht entgegen. Beschränkt sich der Berufungsantrag auf die vorinstanzliche Vollstreckbarkeitsentscheidung, scheidet eine Vorabentscheidung nach § 718 ZPO aus, weil es dann daneben keine andere Hauptsache mit einem anderen Verfahrensgegenstand gibt.[63] Ein isoliertes Vorgehen gegen die Vollstreckbarkeitserklärung ist freilich nur selten zweckmäßig. Die erstinstanzlich obsiegende Partei, die nicht oder nur eingeschränkt vorläufig vollstrecken kann, kommt schneller in den Genuß der erstinstanzlichen Rechtskraft und damit an die Möglichkeit uneingeschränkt zu vollstrecken als an eine Berufungsentscheidung zur vorläufigen Vollstreckbarkeit. Legt die Gegenpartei Berufung gegen die Entscheidung zur Hauptsache ein, kann die obsiegende Partei eine Vorabentscheidung des Berufungsgerichts über die vorläufige Vollstreckbarkeit beantragen (§ 718 ZPO). Auch der erstinstanzlich Unterlegene, der gegen die Hauptsacheentscheidung in Berufung geht, kann eine Vorabentscheidung über die vorläufige Vollstreckbarkeit beantragen (§ 718 ZPO).

---

[60] Siehe hierzu nachfolgend, S. 102 ff.

[61] OLG Köln NJW-RR 1989, 1406; MünchKomm-ZPO/*Rimmelspacher*, Vor § 511 Rdn. 37, § 519 Rdn. 31.

[62] RG JW 1912, 247; OLG Nürnberg NJW 1989, 842.

[63] OLG Nürnberg NJW 1989, 842; OLG Frankfurt NJW 1982, 1890.

Beim erstinstanzlich Unterlegenen, der gegen die Hauptsache nicht vorgehen möchte, verhindert die isolierte Berufung gegen die vorläufige Vollstreckbarkeitserklärung den Rechtskrafteintritt der Sachentscheidung nicht, so daß auch hier die Rechtsmittelentscheidung zur vorläufigen Vollstreckbarkeit durch den Rechtskrafteintritt überholt wird.

II. Zulässiges Anfechtungsziel

Der Berufungskläger muß gemäß § 519 Abs. 3 Nr. 1, Teilsatz 2 ZPO in bestimmter Weise festlegen, welche Abänderung des angefochtenen Urteils zur erstinstanzlichen Sache er mit der Berufung verfolgt (Sachantrag). Das Rechtsmittel ist nur zulässig, wenn er gegen die nachteilige Entscheidung erster Instanz aufbegehrt und die Beschwer geltend macht, denn nur hierfür steht das Berufungsverfahren zur Verfügung. Die Anfechtung der Beschwer hat sich aus den Berufungsanträgen der Berufungsbegründung zu ergeben.[64]

1. Beseitigung der Beschwer

Soweit der Anfechtungsumfang reicht, muß der Rechtsmittelkläger eine ihm günstige Entscheidung zum erstinstanzlichen Streitgegenstand begehren.[65] Für den Kläger ist dies regelmäßig die Urteilsreformation zur Klagestattgabe, für den Beklagten diejenige zur Klageabweisung.

Verfolgt der Kläger anstelle der Abweisung als unzulässig eine Klageabweisung als unbegründet oder eine andere Änderung der Abweisungsgründe, ist das Anfechtungsziel nicht die vollständige oder teilweise Beseitigung der Beschwer.[66] Begehrt er anstelle eines abweisenden Sachurteils nur ein (weniger beschwerendes) Prozeßurteil, soll das Gericht die Beschwer nur reduzieren, aber nicht beseitigen. Auch hier fehlt demnach eine Weiterverfolgung der Sache und ein zulässiger Antrag nach § 519 Abs. 3 Nr. 1,

---

[64] MünchKomm-ZPO/*Rimmelspacher*, Vor § 511 Rdn. 36.

[65] Vgl. RGZ, 130, 100, 101; BGHZ 85, 140, 142 = BGH NJW 1983, 172; BGH NJW 1988, 827; 1994, 2835; BGH NJW-RR 1987, 124; 1989, 254; 1991, 1279; BAG NZA 1993, 381; OLG Karlsruhe FamRZ 1980, 682; *Baumbach/Lauterbach/Albers*, ZPO, Grdz. vor § 511 Rdn. 13; *Kahlke*, ZZP 94 (1981), 442; *Stein/Jonas/Grunsky*,[21] ZPO, Allg. Einl. vor § 511 Rdn. 72; *Ohndorf*, Beschwer, S. 60 ff.; *Rosenberg/Schwab/Gottwald*, ZPR, § 136 II 3 d, S. 812; *Thomas/Putzo*, ZPO, Vor § 511 Rdn. 21; *Zimmermann*, ZPO, Vor § 511 Rdn. 6.

[66] *Blomeyer*, NJW 1969, 587; *Rosenberg/Schwab/Gottwald*, ZPR, § 136 II 3 d, S. 812; MünchKomm-ZPO/*Rimmelspacher*, Vor § 511 Rdn. 37.

Teilsatz 2 ZPO.[67] Der verurteilte Beklagte kann nur die Klageabweisung und nicht die Klagestattgabe mit anderen Urteilsgründen anstreben.

2. *Unzulässigkeit des reinen Prozeßantrags*

Das Berufungsgericht entscheidet dann nicht in der Sache selbst, wenn der Erstrichter hierzu keine abschließende Gelegenheit hatte (§ 538 ZPO) oder die erste Instanz unter einem Verfahrensfehler leidet (§ 539 ZPO). Das Gericht hebt das angefochtene Urteil in diesen Fällen nur auf und verweist den Rechtsstreit an die Unterinstanz zurück (§ 540 ZPO).

Es stellt sich die Frage, ob der Berufungskläger dieser Entscheidungsvariante auch von vornherein entsprechen und anstelle einer abändernden Sachentscheidung ausschließlich eine Urteilsaufhebung und Zurückverweisung beantragen kann.

Die herrschende Meinung lehnt einen solchen Kassationsantrag nur dann als unzulässig ab, wenn sich ein Sachantrag auch durch Auslegung nicht ermitteln läßt. Sie entspricht damit ihrer Theorie vom Streitgegenstand als Berufungsgegenstand, denn danach kann es in der Berufungsinstanz nur um die Sache selbst und nicht um das Urteil erster Instanz gehen. Da diese heilende Auslegung bei den meisten "Kassationsanträgen" der Fall ist, kommen unzulässige "echte" Kassationsanträge nur selten vor.[68] Nur wenn auch durch Auslegung kein Sachantrag ermittelt werden kann und es dem Berufungskläger von Anfang auf eine Urteilsaufhebung und Zurückverweisung der Sache an das Untergericht, ungeachtet der Sache selbst ankommt, soll die Berufung unzulässig sein.[69]

Vom Kassationsbegehren als Berufungsgegenstand ausgehend, verlangt Gilles für die Zulässigkeit des Rechtsmittels nur einen Aufhebungsantrag.

---

[67] MünchKomm-ZPO/*Rimmelspacher*, Vor § 511 Rdn. 37; a. A. BGH LM § 511 Nr. 8; *Bettermann*, ZZP 82 (1969), 24, 57; *Rosenberg/Schwab/Gottwald*, ZPR, § 136 II 3 d, S. 812.

[68] Siehe oben, S. 66 f. Auch Kassations-und hilfsweiser Sachantrag können in einen Sachantrag umgedeutet werden. A. A. *Schumann*, Berufung, Rdn. 193 (Zulässigkeit nur im Hilfsantrag).

[69] BGH NJW 1976, 2264; 1994, 2835, 2836; BGH VersR 1985, 1164; BGH NJW 1987, 3265 = FamRZ 1987, 802 f.; BGH FamRZ 1993, 1192; OLG Hamburg NJW 1987, 783 f. = JZ 1987, 51; LG Wuppertal, NJW 1985, 2653; OLG München OLGZ 1978, 486 = VersR 1978, 1027 (nur Leitsätze); MünchKomm-ZPO/*Rimmelspacher*, § 519 Rdn. 26; *Schumann*, Berufung, Rdn. 193; *Zöller/Gummer*, ZPO, § 519 Rdn. 28; *Baumbach/Lauterbach/Albers*, ZPO, § 519 Rdn. 17; *Thomas/Putzo*, ZPO, § 519 Rdn 17; *Schumann*, Rdn. 193; *Zöller/Gummer*, ZPO, § 519 Rdn. 28; *Avenarius*, Neue Justiz 1993, 450 f.; a. A. *Bettermann*, ZZP 88 (1975), 365, 387 f.

Der Sachantrag ist für ihn erst für das nachfolgende Verfahren zur Sache erforderlich.[70]

Nach dem hier vertretenen Berufungsgegenstand der Urteilsabänderung durch Reformation (Kassation und Neuentscheidung in einem Akt), bedarf die zulässige Berufung der Stellung eines Abänderungsantrags zur erstinstanzlichen Entscheidung über den Streitgegenstand. Dies kann der Kläger nur mit dem Antrag erfüllen, das Urteil abzuändern und den Beklagten zu verurteilen, der Beklagte mit dem Antrag, das Urteil abzuändern und die Klage abzuweisen. Beide Begehren stellen jene zweitinstanzlichen Sachanträge dar, die § 519 Abs. 3 Nr. 1 fordert.[71] Sie ermöglichen die reformierende (§ 536 ZPO) und die kassierende (§§ 538, 539 ZPO) Entscheidung des Berufungsgerichts zugleich. Das Berufungsgericht nimmt in den Fällen der §§ 538 und 539 ZPO die begehrte Sachentscheidung grundsätzlich nicht selbst vor, sondern verweist den Berufungskläger zur Erreichung seines Klage- oder Klageabwehrbegehrens an das erstinstanzliche Gericht zurück, indem es dessen Bindung an die erlassene Entscheidung beseitigt (§ 318 ZPO). Für den Berufungskläger stellt dies einen Teilerfolg dar, denn er ist einer günstigen Sachentscheidung zumindest näher gekommen. Das Urteil des Berufungsgerichts stellt daher gegenüber dem Rechtsmittelantrag kein aliud, sondern lediglich ein peius dar. Eine solche Entscheidung ist vom disponierten Begehren gedeckt (§ 536 ZPO).[72] Will das Berufungsgericht in den Fällen der §§ 538, 539 ZPO wegen Sachdienlichkeit und Entscheidungsreife der Klage dennoch eine eigene Sachentscheidung fällen (§ 540 ZPO), ist es bei vorhandenen Sachanträgen auch hieran nicht gehindert.

Könnte der Berufungskläger einen reinen Kassationsantrag stellen und auf Aufhebung und Zurückverweisung der Sache bestehen, wäre das Berufungsgericht an diesen Antrag gebunden (§ 536 ZPO) und könnte weder in den Ausnahmefällen der §§ 538, 539, 540 ZPO noch in allen Normalfällen, in denen bereits die §§ 538, 539 ZPO nicht vorliegen, eine Sachentscheidung fällen.[73] An der kostspieligen und zeitraubenden Zurückverweisung haben

---

[70] *Gilles*, AcP 177 (1977), 189, 192 f.

[71] BGH NJW 1965, 397; *Wieczorek/Rössler*, ZPO, § 519 Anm. D I; *Avenarius*, Neue Justiz 1993, 450, 451. Zu unbezifferten Schmerzensgeldanträgen bedarf es genauer Ausführungen in der Berufungsbegründung, wenn der Abänderungsantrag unbeziffert bleibt, BGH MDR, 579 = NJW 1987, 1335; BGH FamRZ 1989, 849; *Zöller/Gummer*, ZPO, § 519 Rdn. 28; Vor § 511, Rdn. 15; *Schellhammer*, ZP, Rdn. 997.

[72] Ein Zurückweisung der Berufung im übrigen ist ausweislich §§ 536, 538, 539 ZPO nicht erforderlich.

[73] Unzutreffend insoweit *Stein/Jonas/Grunsky*,[21] ZPO, § 519 Rdn. 24.

die Parteien zudem kein schutzwürdiges Interesse.[74] Die Fehlerhaftigkeit des Urteils allein kann der Berufungskläger zweitinstanzlich nicht unter Beweis stellen. Für Kläger und Beklagten gilt dies gleichermaßen.

Da der bloße Aufhebungs- und Zurückverweisungsantrag weder § 519 Abs. 3 Nr. 1 ZPO entspricht noch der Entscheidungsstruktur der §§ 536-540 ZPO gerecht wird, ist er abzulehnen. Freilich kann das Berufungsgericht von einem reinen Kassationsantrag nur in den seltensten Fällen ausgehen, denn selbst bei einem ausdrücklich gestellten "Aufhebungsantrag" wünscht der Rechtsmittelführer in Wahrheit meist eine Sachentscheidung. Das Berufungsgericht kann den Sachantrag daher regelmäßig durch Auslegung der Berufungsbegründung ermitteln.[75]

Scheidet aber auch die Möglichkeit einer Eigenentscheidung des Berufungsgerichts zur Sache zweifellos aus, würde es einen nicht gerechtfertigten Formalismus darstellen, den bloßen Aufhebungsantrag zu verwerfen, obgleich das Gericht die begründete Berufung offensichtlich nicht anders tenorieren kann. In diesen Fällen ist der bloße Kassationsantrag folglich ausnahmsweise zulässig.

Beispiel:
Wendet sich der Kläger und Berufungskläger, der erstinstanzlich vor dem Familiengericht mehrere Familiensachen im Verbund geltend gemacht hat, gegen die Abtrennung einer Familiensache und rügt einen Verstoß gegen die Vorschriften der §§ 623, 628 ZPO, kann das Berufungsgericht die Berufung nur zurückweisen oder das Urteil aufheben und an das Familiengericht zur Entscheidung im Verbund zurückverweisen. Hier ist ein Kassationsantrag daher zulässig.[76]

III. Ergebnis

Das Rechtsmittelrecht wird grundsätzlich vom "Quantitätsgrundsatz", d. h. dem Prinzip quantitativer Teilung oder Teilbarkeit prozessualer Entscheidungen beherrscht. Der Berufungskläger kann den *Anfechtungsumfang* bei einer Entscheidung über kumulativ, hilfsweise, sukzessiv oder durch Klage und Widerklage geltend gemachte Streitgegenstände gemäß § 519 Abs. 3 Nr. 1, Teilsatz 1 ZPO auf jede einzelne Streitgegenstandsentscheidung be-

---

74 BGH NJW 1987, 783, 784; OLG München OLGZ 1978, 486 f.; OLG Hamburg NJW 1987, 783, 784; OLG München OLGZ 1978, 486; OLG Hamburg NJW 1987, 783, 784; *Schumann*, Berufung, Rdn. 193.

75 Vgl. hierzu oben, S. 66 f.

76 BGH NJW 1979, 1603 = FamRZ 1979, 690; OLG Frankfurt FamRZ 1988, 966; 1983, 1258; zustimmend *Baumbach/Lauterbach/Albers*, ZPO, § 519 Rdn. 17.

schränken. Die auf eine bestimmte geld- oder mengenmäßige Summe lautende Entscheidung zu einem Streitgegenstand (stattgebend oder abweisend), kann der Rechtsmittelkläger in einzelne, ziffernmäßige oder sonstwie quantitativ bestimmbare Teilsummen aufteilen und teilweise anfechten. Die qualitative Teilanfechtung des Urteils im Sinne einer auf einzelne Urteilselemente beschränkten Anfallwirkung ist dagegen unzulässig. Eine Ausnahme gilt nur für vorbehaltsurteilsfähige Entscheidungselemente, da sie einer objektiven Klagenhäufung ähnlich sind.

Der Berufungskläger hat gemäß § 519 Abs. 3 Nr. 1, Teilsatz 2 ZPO als *Anfechtungsziel* bestimmt festzulegen, welche Abänderung des angefochtenen Urteils zur erstinstanzlichen Sache er mit der Berufung verfolgt (Sachantrag). Die Berufung ist dabei nur zulässig, wenn der Berufungskläger gegen die nachteilige Entscheidung erster Instanz aufbegehrt und eine günstige Entscheidung zur Sache verfolgt. Die Urteilsaufhebung allein darf der Berufungskläger nur verlangen, wenn das Rechtsmittelgericht bei erfolgreicher Berufung von Anfang an nicht anders als zurückverweisend entscheiden kann.

§ 6 Berufungsgründe

Seit dem Gesetz zur Änderung des Verfahrens in bürgerlichen Rechtsstreitigkeiten vom 27.10.1933[1] verpflichtet § 519 Abs. 3 Nr. 2 ZPO den Berufungskläger zur fristgerechten und schriftsätzlichen Bezeichnung der Gründe der Anfechtung ("Berufungsgründe") sowie der neuen Tatsachen, Beweismittel und Beweiseinreden, welche er zur Rechtfertigung seiner Berufung anzuführen hat.[2] Formale und nicht auf den konkreten Streitfall bezogene Berufungsbegründungen sind unzulässig.[3] Durch die sorgfältige Auseinandersetzung mit dem Rechtsstreit sollen aussichtslose Rechtsmittel vermieden, durch die Beschränkung des Rechtsstoffs der zweitinstanzliche Rechtsstreit zusammengefaßt, beschleunigt und die Berufungsgerichte entlastet werden. Der Berufungskläger informiert Berufungsgericht und Berufungsgegner frühzeitig und umfassend über seine ihm zur Einlegung des Rechtsmittels bewegenden Gründe. Die größtmögliche Gewähr für die Richtigkeit der Entscheidung ist geschaffen.[4]

Das Gesetz unterscheidet in § 519 Abs. 3 Nr. 2 ZPO zwei Arten der Berufungsrechtfertigung: die substantiierte, mit Gründen versehene Rüge im einzelnen, der erste Richter habe den Sachverhalt in rechtlicher oder tatsächlicher Hinsicht unrichtig beurteilt (Angriffs- oder Verteidigungsmittel unrichtig oder gar nicht gewürdigt, Verfahrensfehler begangen, *"Berufungsgründe"*) und das bestimmte Vorbringen neuer Tatsachen, Beweismittel und Beweiseinreden im einzelnen (neue, in erster Instanz nicht vorge-

---

[1] RGBl. 1933 I, 780 ff.;

[2] Die in § 480 CPO vorgesehene Berufungsbegründung hatte lediglich vorbereitenden Charakter. Eine nicht vorgenommene Erklärung über die beabsichtigten neuen Tatsachen und Beweismittel hatte keine negativen Folgen. Nach der alten Fassung des § 519 ZPO mußte die Berufungsbegründung lediglich die Angabe der neuen Tatsachen, Beweismittel und Beweiseinreden, deren Geltendmachung die Partei "beabsichtigte", enthalten (§ 519 ZPO i.d.F. der Novelle vom 13. Februar 1924, RGBl. I, 135). Diese Begründungspflicht wurde in der Praxis durch eine weitherzige Zulassung von Formalbegründungen umgangen (vgl. RGZ 109, 89).

[3] RGZ 147, 313, 315; 164, 390, 394; BGH NJW 1971, 807, 808; 1975, 1032; 1984, 177, 178; 1987, 3264; 1994, 1481; BGH NJW-RR 1988, 507, 508; 1992, 1340, 1341; BGH VersR 1963, 556; BGH FamRZ 1993, 1192, 1193; BGH ZIP 1994, 789, 792; BAG AP § 519 ZPO Nr. 25; OLG Hamm NJW-RR 1992, 631; *Lang*, AnwBl. 1982, 240, 241; *Schumann*, Berufung, Rdn. 211; *Zöller/Gummer*, ZPO, § 519 Rdn. 33; *Thomas/Putzo*, ZPO, § 519 Rdn. 20 ff.

[4] Vgl. die Gesetzesbegründung zitiert bei *Körting*, AcP 142 (1936), 92, 104.

brachte Angriffs und Verteidigungsmittel, *"tatsächliche Neuerungen"*).[5] Der Berufungskläger kann beides vortragen. Er kann das Rechtsmittel aber auch ausschließlich auf Angriffe gegen das erstinstanzliche Urteil oder nur auf tatsächliche Neuerungen stützen.[6] Das Wort "sowie" in § 519 Abs. 3 Nr. 2 ZPO steht dem nicht entgegen.[7]

Bringt der Berufungskläger die von § 519 Abs. 3 Nr. 2 ZPO geforderten Berufungsgründe nicht form- und fristgerecht vor, ist das Rechtsmittel unzulässig (§ 519b Abs. 1 S. 1 und 2 ZPO).

I. Formale Erfordernisse

Die Begründungspflicht trifft den Berufungskläger bzw. dessen Anwalt (§ 78 Abs. 1 ZPO). Laut § 519 Abs. 2 S. 1 und Abs 3 Nr. 2 ZPO muß sie in der Berufungsschrift oder in der Begründungsschrift erfolgen. Die Gerichte haben formale Lockerungen zugelassen, um übertriebenen Formalismus und überflüssige Schreibarbeit zu vermeiden.[8] Eine ordnungsgemäße Begründung kann danach auch in anderen Schriftsätzen als der Berufungsbegründung enthalten sein. Voraussetzung ist aber, daß die Begründungsschrift auf jene Unterlagen Bezug nimmt, sie sich in Abschrift bei den Akten befinden, als Begründung inhaltlich ausreichen, der Gegenpartei zugehen und von einem beim Berufungsgericht zugelassenen Rechtsanwalt unterzeichnet sind.[9] Unter diesen Voraussetzungen reichen dann z. B.: in Kopie beigelegte Begründungsschriften aus Parallelsachen,[10] Schriftsätze zum Verfahren des vorläufigen Rechtsschutzes[11] oder der Zwangsvollstreckungs-

---

5 Nachfolgend sind Berufungsgründe (im engen Sinn) und tatsächlichen Neuerungen in dem Begriff "Berufungsgründe" (im weiten Sinn) zusammengefaßt.

6 RGZ 143, 291, 294; BGH NJW 1967, 1863 = LM § 519 ZPO Nr. 57; BGH MDR 1967, 755; OLG Stuttgart NJW 1969, 938; *Stein/Jonas/Grunsky*,[21] ZPO, § 519 Rdn. 41; *Baumbach/Lauterbach/Albers*, ZPO, § 519 Rdn. 23. Einschränkend AK-ZPO/*Ankermann*, § 519 Rdn. 22 (wegen § 528 ZPO verlangt er, daß der Berufungskläger in der Begründungsschrift zusätzlich vorträgt, warum das Gericht tatsächliche Neuerungen zulassen muß).

7 BGH NJW 1967, 1869; *Schumann*, Berufung, Rdn. 202.

8 Gegen übertriebenen begrifflichen Formalismus vgl. *Vollkommer*, Formstrenge und prozessuale Billigkeit, S. 231, 254.

9 BGH VersR 1977, 1004; OLG Frankfurt FamRZ 1992, 1086; *Schneider*, MDR 1979, 1, 5; *Lang*, AnwBl. 1982, 240, 241; *Wieczorek/Rössler*, ZPO, § 519 Anm. B IV b.

10 RGZ 152, 319 (Begründung eines Streitgenossen); RG JW 1936, 3048; BGH MDR 1966, 665; BGH VersR 1977, 1004; BAG 17, 186 = AP § 519 ZPO Nr. 17 (m. Anm. *Pohle*); Nr. 20 (m. Anm. *Wieczorek*); Nr. 52; *Lang*, AnwBl. 1982, 240, 242; *Stein/Jonas/Grunsky*,[21] ZPO, § 519 Rdn. 37; *Schrader/Steinert*, ZP, Rdn. 1034.

11 BGHZ 13, 244 = NJW 1954, 1566 = JZ 1954, 644; BGH VersR 1985, 67, 68; *Zöller/Gummer*, ZPO, § 519 Rdn. 42.

einstellung[12] gegen dieselbe Sache. Auch einen bewilligenden Prozeßkostenhilfebeschluß des Berufungsgerichts kann sich der Prozeßbevollmächtigte durch seine Unterzeichnung zu eigen machen.[13] Selbst Rechts- und Sachverständigengutachten, die einer Berufungsbegründung entsprechen, kann der Anwalt übernehmen.[14] Er muß sie dem Gericht freilich persönlich vortragen.[15] Eine in der Einlegungsschrift enthaltene Berufungsrechtfertigung erfüllt die formellen Anforderungen auch ohne Bezugnahme in der nachfolgenden Begründungsschrift (§ 519 Abs. 2 S. 1 ZPO).[16] Reicht der zugelassene Rechtsanwalt innerhalb der Begründungsfrist einen zweitinstanzlichen[17] Prozeßkostenhilfeantrag ein und entspricht dieser inhaltlich den Anforderungen an eine Berufungsbegründung, ist auch er regelmäßig zur Rechtfertigung des Rechtsmittels bestimmt, ohne daß die Begründungsschrift besonders auf ihn Bezug nehmen müßte.[18] Da sich die Schriftsätze und das mündliche Vorbringen aus der ersten Instanz schon vom zeitlichen Ablauf her unmöglich mit der tatsächlichen und rechtlichen Würdigung des Vorderrichters auseinandersetzen können, scheiden sie als einbezogene Berufungsbegründungen aus.[19] Dies gilt selbst dann, wenn der Rechtsstreit einfach und nur eine einzige Rechtsfrage zu entscheiden war.[20]

---

[12] BGHZ 13, 244; *Zöller/Gummer*, ZPO, § 519 Rdn. 42.

[13] BGH NJW 1993, 3333 = FamRZ 1994, 102; *Zöller/Gummer*, ZPO, § 519 Rdn. 42.

[14] RGZ 164, 390; BGH MDR 1963, 483; BGH NJW 1994, 1481; *Zöller/Gummer*, ZPO, § 519 Rdn. 40; *Lang*, AnwBl. 1982, 240, 242. In der Regel ist dies nicht der Fall, vgl. RG JW 1934, 3199; BGH VersR 1963, 565; BGH NJW 1994, 1481; OLG Hamm NJW-RR 1992, 631, 632.

[15] BGH NJW-RR 1994, 569; BGHZ 111, 339, 344 = NJW 1990, 3085.

[16] *Weitzel*, JuS 1992, 625, 628; *Schrader/Steinert*, ZP, Rdn. 1024; *Zöller/Gummer*, ZPO, § 519 Rdn. 1. Die Ankündigung einer noch näheren oder genaueren Berufungsbegründung ändert daran nichts, vgl. BGH VersR 1980, 580.

[17] Der PKH-Antrag aus erster Instanz reicht nicht aus, vgl. BGH NJW 1981, 1620; BGHZ 7, 170; BGH NJW-RR 1994, 569.

[18] Vgl. RGZ 145, 266; BGH VersR 1977, 570; BGH JurBüro 1977, 1546; BGH NJW-RR 1989, 184 = FamRZ 1988, 269; 1986, 91; BGH FamRZ 1989, 849; BAG AP § 519 ZPO Nr. 12 (m. Anm. *Pohle*) = MDR 1960, 441; OLG Frankfurt FamRZ 1992, 1086; *Schneider*, MDR 1979, 1, 5; *Zöller/Gummer*, ZPO, § 519 Rdn. 39; *Wieczorek/Rössler*, ZPO, § 519 Anm. B IV b; *Thomas/Putzo*, ZPO, § 519 Rdn. 2.

[19] BGHZ 7, 172; BGH NJW 1959, 885; 1981, 1620; BGH NJW-RR 1991, 1186; BGH VersR 1966, 931; BGH FamRZ 1993, 46; 1994, 102; OLG Frankfurt FamRZ 1992, 1086; *Lange*, NJW 1989, 438, 439; *Lang*, AnwBl. 1982, 240, 241.

[20] BGH NJW 1959, 885; 1981, 1620; 1994, 1481; BGH AP § 519 ZPO Nr. 34; *Habscheid*, Anm. zu BAG AP § 519 ZPO Nr. 18; a. A. noch RG JW 1936, 2654.

II. Inhaltliche Erfordernisse

1. Bestimmtheit

Berufungsgründe können der Verfahrenskonzentration und frühzeitigen Information von Berufungsgegner und Berufungsgericht nur dienen, wenn sie ausreichend bestimmt formuliert sind.[21] Eine Formalbegründung, wie sie nach der alten Rechtslage üblich war, wird durch den neuen Gesetzeswortlaut unterbunden. Der Berufungskläger muß eine auf den konkreten Streitfall zugeschnittene Berufungsbegründung liefern.[22] Sie muß im einzelnen qualifiziert auf die Entscheidung eingehen und die tatsächlichen und rechtlichen Gesichtspunkte nennen, die dem Reformationsbegehren zugrundeliegen.[23] Die Berufungsgründe müssen durch die Begründungsschrift verständlich werden, ohne daß Gegner oder Gericht weitere Nachforschungen anstellen müssen.[24] Hierzu bedarf es keiner umfangreichen Begründungsschrift. Kurze, auf die wesentlichen Gesichtspunkte beschränkte Ausführungen werden § 519 Abs. 3 ZPO ebenso gerecht wie umfangreiche Auseinandersetzungen mit der angefochtenen Entscheidung.[25]

Die *Urteilsrügen* müssen klar erkennen lassen, warum das angegriffene Urteil nach Ansicht des Berufungsklägers unrichtig oder verfahrensfehlerhaft zustande gekommen ist, was dem Urteil entgegenzusetzen ist und wie unter Berücksichtigung der aktuellen Sach- und Rechtslage richtig zu verfahren und zu entscheiden wäre. Der Berufungskläger kann hierzu seine vom Erstgericht abweichende Ansicht über die tatsächliche und rechtliche Würdigung des Geschehens kundtun. Er kann Angriffs- und Verteidigungsmittel vorbringen, die er schon im ersten Rechtszug vorgetragen hat, die

---

[21] Die Anforderungen der höchstrichterlichen Rechtsprechung an die Berufungsrechtfertigung sind hoch und werden in der Praxis streng verfolgt. BGHZ 7, 170, 173 f.: "Nur wenn an die formalen Voraussetzungen der Berufungsbegründung strenge Anforderungen gestellt werden, ist eine ausreichende Gewähr dafür geboten, daß die vom Gesetzgeber mit dem Begründungszwang eigentlich verfolgten Zwecke wirklich erreicht werden."

[22] BGH NJW-RR 1992, 383 u. 1340.

[23] RGZ 144, 6; BGHZ 68, 397; BGH NJW 1971, 807; 1975, 1032; 1984, 177; 1987, 501, 502; 1988, 828; 1990, 2628; BGH NJW-RR 1988, 507; BGH VersR 1976, 588; 1980, 580; BGH FamRZ 1993, 1192, 1194; BGH VersR 1976, 441, 727; 1978, 182; BGH ZIP 1994, 789, 792; BAG AP § 519 ZPO Nr. 25, LAG Berlin AP § 519 ZPO Nr. 31; OLG Frankfurt FamRZ 1992, 1086; OLG Hamm NJW-RR 1992, 631; *Schneider*, MDR 1979, 1, 5; *Schellhammer*, ZP, Rdn. 998; MünchKomm-ZPO/*Rimmelspacher*, § 519 Rdn. 42; *Rosenberg/Schwab/Gottwald*, ZPR, § 137 II 2c, S. 826; *Schrader/Steinert*, ZP, Rdn. 1034; *Baumbach/Lauterbach/Albers*, ZPO, § 519 Rdn 23; *Stein/Jonas/Grunsky*,[21] ZPO, § 519 Rdn. 34 ff.; *Zimmermann*, ZPO, § 519 Rdn. 16; *Zöller/Gummer*, ZPO, § 519 Rdn. 34 f.

[24] RGZ 144, 6; BGHZ 35, 103, 106 f.; BGH NJW-RR 1992, 1340; weiter BAG AP § 519 ZPO Nr. 18 (mit krit. Anm. *Habscheid*).

[25] Vgl. BGH VersR 1980, 580; *Baumbach/Lauterbach/Albers*, ZPO, § 519 Rdn 22.

aber dort nicht zum Erfolg führten, unberücksichtigt bzw. unerheblich blieben. Es reicht auch, wenn er nur das gerichtliche Vorgehen rügt. Formelhafte Redewendungen, allgemeine Floskeln, pauschale Rügen des Ersturteils, Richtlinien zur Urteilsüberprüfung, Verweisungen auf Normen und unsubstantiierte Bezugnahmen auf das erstinstanzliche Vorbringen sind untauglich.[26] Auch die bestimmte Bezugnahme auf die erstinstanzlichen Schriftsätze oder die Bezeichnung ihres Datums führt zu keiner Stellungnahme zum Urteil und ist unzureichend.[27] Die bloße Behauptung, die Rechtsauffassung des ersten Richters sei falsch, die Beweiswürdigung verfehlt oder der pauschale Vorwurf eines Verfahrensfehlers ohne untermauernde und nachprüfbare, konkrete Tatsachen sowie der Satz, im übrigen gelte das erstinstanzlich Vorgebrachte oder werde auf die unerledigten Beweisantritte Bezug genommen, genügen den gesetzlichen Anforderungen an eine zulässige Berufungsbegründung nicht. Berufungsgericht und Berufungsgegner brauchen das Urteil nicht auf mögliche Fehler zu durchforschen oder diesbezüglich beim Berufungskläger nachzufragen. Dies ist nicht ihre Aufgabe. Vielmehr trägt der Berufungskläger die volle Verantwortung für das Aufzeigen möglicher Unrichtigkeiten.[28]

Neue Tatsachen, Beweisangebote und Beweiseinreden sind konkret auf den entschiedenen Streitgegenstand zuzuschneiden und müssen erkennen lassen, wo sie sich im Rechtsstreit auswirken und wie nach ihrer Berücksichtigung zu entscheiden ist. Unzureichend ist die pauschale Behauptung, die Sach- oder Beweislage habe sich verändert. Die Negativerklärung, "neue Tatsachen und Beweise werden nicht vorgebracht", ist ungenügend und ohne rechtliche Bedeutung.[29]

2. *Erfolgsrelevanz*

In der Zulässigkeitsstation des Rechtsmittels soll keine Vorgriff auf die Begründetheit der Berufung erfolgen. Eine tatsächlich oder rechtlich richtige, in sich schlüssige oder im Endergebnis beachtliche Rechtsmittelbe-

---

[26] BGH FamRZ 1993, 46; BGH NJW 1994, 1481.

[27] *Becht*, JuS 1991, 60; a. A. BGH VersR 1966, 1138. Nach BVerfGE 70, 288 ff. = NJW 1987, 485 f. muß das Berufungsgericht Bezugnahmen auf das erstinstanzliche Vorbringen dann berücksichtigen, wenn bereits das erstinstanzliche Gericht hierauf nicht einging und die zweite Instanz bei erneuter Nichtbeachtung gegen den Grundsatz des rechtlichen Gehörs verstoßen würde (Art. 103 Abs. 1 GG).

[28] BGHZ 35, 103, 107; LAG Berlin AP § 519 ZPO Nr. 31.

[29] *Wieczorek/Rössler*, ZPO, § 519 Anm. D III; *Stein/Jonas/Grunsky*,[21] ZPO, § 519 Rdn. 44.

gründung ist daher nicht erforderlich.[30] Der Berufungskläger muß die genannten Gründe im Verlauf des Berufungsverfahrens auch nicht aufrechterhalten.[31]

§ 519 Abs. 3 Nr. 2 ZPO fordert gleichwohl Berufungsgründe, die das Rechtsmittel im einzelnen "rechtfertigen". Das Verfahren braucht nicht ausführlich betrieben zu werden, wenn sein Erfolg bereits nach dem Vorbringen Berufungsklägers offensichtlich ausscheidet. Es sind demnach potentiell erfolgsrelevante Gründe erforderlich. Eine Abänderung des angefochtenen Urteils muß nach dem Vorbringen des Berufungsklägers zumindest möglich sein.

Auch der Sinn und Zweck des Begründungszwangs sprechen für das Erfordernis einer derartigen Erfolgsrelevanz. Den Berufungsbeklagten und das Rechtsmittelgericht interessieren die (aus der Sicht des Berufungsklägers) möglicherweise durchschlagenden Berufungsgründe. So wird die beabsichtigte Zielrichtung des zweitinstanzlichen Vorgehens sinnvoll verdeutlicht. Dürfte sich der Berufungskläger mit einer für das konkrete Rechtsmittel erfolgsirrelevanten Begründung begnügen, könnte er eine Urteilsrüge abgeben, die bei einer Vielzahl von Fällen qualifiziert erscheint. So könnte er zu der mit der Neufassung des § 519 Abs. 3 Nr. 2 ZPO verworfenen Formalbegründung zurückkehren.

Eine abändernde Entscheidung erscheint dann möglich, wenn die Berufungsgründe das angefochtene *Urteilsergebnis* mit konkreten Überlegungen als unrichtig darstellen. Berufungsgründe, die nur die Urteilsbegründung und nicht das Urteilsergebnis in Zweifel ziehen, reichen für die Zulässigkeit des Rechtsmittels daher nicht aus.[32] Kritik an der tatsächlichen oder rechtlichen Würdigung, am Verfahren der ersten Instanz und neues Tatsachen- und Beweismaterial genügt nur, wenn das in der Sache verfolgte Begehren im Ergebnis anders als durch die erste Instanz entschieden werden könnte. Ein rein vorsorgliches Eingehen auf Anspruchsvoraussetzungen oder An-

---

[30] BGH VersR 1964, 949; 1977, 152; BGH NJW 1981, 1453; 1991, 1106; BGH WM 1991, 127; BGH NJW-RR 1992, 1340; BGH FamRZ 1994, 827, 829; *Schneider*, MDR 1979, 1, 5; *Rosenberg/Schwab/Gottwald*, ZPR, § 137 II 2c, S. 826; *Baumbach/Lauterbach/Albers*, ZPO, § 519 Rdn. 23, 33; *Thomas/Putzo*, ZPO, § 519 Rdn. 22.

[31] BGH NJW 1985, 2828 (mit zust. Anm. *Kuchinke*, JZ 1986, 90); *Baumbach/Lauterbach/Albers*, ZPO, § 519 Rdn. 33.

[32] Ebenso BGH NJW 1990, 1184; BGH NJW-RR 1992, 1340; BGH ZIP 1994, 789, 792; *Jauernig*, ZPR, § 73 III; *Schellhammer*, ZP, Rdn. 998; MünchKomm-ZPO/*Rimmelspacher*, § 519 Rdn. 41; *Zöller/Gummer*, ZPO, § 519 Rdn. 34 und 27; a. A. noch BGH VersR 1977, 152 (die tragenden Urteilserwägungen werden in den Berufungsgründen nur mitangesprochen aber nicht in Frage gestellt).

spruchshindernisse, die von der ersten Instanz nicht behandelt wurden, ist nicht erforderlich.[33]

Wäre der Streitgegenstand, wie von der herrschenden Meinung behauptet, auch der Prozeßgegenstand des Rechtsmittels, müßten die nach §§ 519 Abs. 3, 519b ZPO erforderlichen Berufungsgründe konsequenterweise nicht das erstinstanzliche Urteilsergebnis, sondern die Klagestattgabe bzw. Klageabweisung rechtfertigen. Einem derartigen Erfordernis unterliegt aber nicht einmal die Zulässigkeit der erstinstanzlichen Klage. Ist sie unschlüssig vorgebracht, weist die erste Instanz sie als unbegründet und nicht als unzulässig ab.[34]

3. *Maßgeblichkeit erstinstanzlicher Streitgegenstände*

Für die Berufung gegen mehrere obsiegende *einfache* oder *notwendige Streitgenossen* muß der Berufungskläger substantiiert auf alle vom Urteil erfaßten Parteien eingehen. Auch mehrere objektive Streitgegenstandsentscheidungen zu einer *kumulativ gehäuften Klage* bedürfen je einer frist- und formgerechten Berufungsrechtfertigung. Kommt der Berufungskläger dieser Pflicht nicht nach, ist die Berufung hinsichtlich des nicht begründeten prozessualen Anspruchs unzulässig (§ 519b Abs. 1 ZPO).[35]

Diese Interpretation des § 519 Abs. 3 Nr. 2 ZPO beruht auf der Erwägung, die bereits für die Zulässigkeit der Teilanfechtung einzelner Streitgegenstandsentscheidungen maßgeblich war. Jeder prozessuale Anspruch ist für sich gesehen selbständig einklagbar. Bei einer gehäuften Klage kann bereits das Untergericht die objektiven oder subjektiven Streitgegenstände abtrennen (§ 145 ZPO). Zu jedem Anspruch hätte erstinstanzlich auch ein Teilurteil gemäß § 301 ZPO ergehen können.[36] Die unterinstanzliche Ent-

---

33 BGH NJW 1975, 1032; BGH ZIP 1994, 789, 792.

34 Unstreitig, vgl. nur *Zöller/Greger*, ZPO, Vor § 253 Rdn. 22 f.; *Thomas/Putzo*, ZPO, Vor § 253 Rdn. 38.

35 BGHZ 22, 272, 278 = NJW 1957, 424, 425 = LM § 519 ZPO Nr. 28; BGH NJW 1990, 2628 = LM § 519 ZPO Nr. 106/107; BGH NJW 1991, 1683 = LM § 308 Nr. 17; BGH NJW 1993, 3073, 3074; BGH ZIP 1994, 789, 792; BGH FamRZ 1995, 1138; *Sell*, S. 78 ff.; *Grunsky*, ZZP 88 (1975), 49, 59; ZZP 84 (1971), 129; *Stein/Jonas/Grunsky*, ZPO, § 519 Rdn. 31; *Schumann*, Berufung, Rdn. 209; *Mittenzwei*, MDR 1972, 468, 470 f.; *Schneider*, MDR 1979, 1, 5; *Zöller/Gummer*, ZPO, § 519 Rdn. 27, 37; *Müller-Rabe*, NJW 1990, 283, 284; *Rosenberg/Schwab/Gottwald*, ZPR, § 137 II 2 c, S. 826; MünchKomm-ZPO/*Rimmelspacher*, § 519 Rdn. 40, 44; *Gilles*, AcP 177 (1977), 189, 197; *Baumbach/Lauterbach/Albers*, ZPO, § 519 Rdn. 33; *Zimmermann*, ZPO, § 519 Rdn. 16; identisch für die Revisionsbegründungspflicht gem. § 554 Abs. 3 ZPO, RGZ 62, 15; 66, 178; 113, 166; BAG DB 1977, 1369, 1370; BAG 2, 58, 59; BAG AP § 72 ArbGG Nr. 27 (Streitwertrevision); BGH WM 1977, 941; BGH NJW 1991, 1683, 1684 f.

36 BGHZ 23, 73, 74; BGH NJW 1962, 1722; *Stein/Jonas/Leipold*,[21] ZPO, § 62 Rdn. 38. *Thomas/Putzo*, ZPO, § 301 Rdn. 2; *Rosenberg/Schwab/Gottwald*, ZPR, § 59 III 2, S. 308.

scheidung stellt sich als Sammelentscheidung mehrerer prozessualer Ansprüche unter einem gemeinsamen Dach dar.[37] Diese Selbständigkeit der einzelnen Urteilsergebnisse setzt sich in die zweite Instanz fort.[38] Dabei spielt es keine Rolle, ob die prozessualen Ansprüche aus verschiedenen oder aus einem Sachverhalt herrühren, wenn sie nur unterschiedliche Streitgegenstände darstellen. Das Verfahren vor dem Obergericht kann nur Erfolg haben, wenn das Ergebnis zu jedem einzelnen Streitgegenstand anders als in erster Instanz ausfällt. Die Berufungsgründe müssen sich daher auf alle angefochtenen Streitgegenstandsentscheidungen beziehen und auch sämtliche Einzelentscheidungen in Frage stellen.

Zu unnützer Schreibarbeit wollte § 519 Abs. 3 Nr. 2 ZPO dabei nicht verpflichten. Hängt die Begründetheit mehrerer Ansprüche unmittelbar voneinander oder einer einheitlichen, allen Ansprüchen gemeinsamen Voraussetzung ab, kann ein Berufungsgrund die Richtigkeit der gesamten Entscheidung in Zweifel ziehen. Der Berufungskläger braucht ihn nicht für jeden Anspruch zu wiederholen. Er entzieht allen Streitgegenstandsentscheidungen zugleich die tragfähige Urteilsgrundlage und vereint die Rechtfertigung des gesamten Rechtsmittels in sich.[39] Dies gilt auch für die Berufungsrechtfertigung, die sich ausdrücklich nur auf eine Streitgegenstandsentscheidung bezieht. Der angefochtene, aber nicht gesondert gerechtfertigte Entscheidungsteil ist bereits aus Rechtsgründen mitangesprochen.[40] Ob die erste Instanz die Ansprüche zu- oder absprach, spielt dabei keine Rolle.[41] Selbst der abgewiesene Folgeanspruch, zu dessen Erfolg, neben der Bejahung des Hauptanspruchs weitere Tatbestandsvoraussetzungen erforderlich sind, ist mit Berufungsgründen gegen die Abweisung des ersten Anspruchs zulässig angefochten. Die Stattgabe des Folgeanspruchs erscheint mit der Stattgabe des Hauptanspruchs zumindest möglich.[42] Dies reicht aus, um die Richtigkeit des erstinstanzlichen Urteils zu beiden Ansprüchen in Frage zu

---

[37] *Gilles*, AcP 177 (1977), 189, 197.

[38] *Müller-Rabe*, NJW 1990, 283, 284; *Sell*, Rechtsmittelbegründung, S. 78.

[39] RG JW 1937, 542; BGH NJW 1994, 2290; BGH ZIP 1994, 789, 792; BAG AP § 72 ArbGG Nr. 27 (Streitwertrevision); BAG AP § 630 BGB Nr. 12; BAG NJW 1990, 597, 599; BAG NZA 1987, 808; 1988, 37; *Müller-Rabe*, NJW 1990, 283, 284; *Baumbach/Lauterbach/Albers*, ZPO, § 519 Rdn. 24; MünchKomm-ZPO/*Rimmelspacher*, § 519 Rdn. 40; *Thomas/Putzo*, ZPO, § 519 Rdn. 24; *Sell*, Rechtsmittelbegründung, S. 80. Bei einem tatsächlichen Abhängigkeitsverhältnis genügen eine tatsächliche Urteilskritik oder tatsächliche Neuerungen zum Hauptanspruch. Bei einer rechtlichen Abhängigkeit genügen tatsächliche und/oder rechtliche Kritik oder tatsächliche Neuerungen zu einem Anspruch oder zum gemeinsamen Grund aller Ansprüche. A. A. *Stein/Jonas/Grunsky*,[21] ZPO, § 519 Rdn. 31.

[40] BAG AP § 554 ZPO Nr. 13; BGH LM § 554 ZPO Nr. 23.

[41] A. A. RG JW 1937, 2786. Es läßt eine Begründungserleichterung nur zu, wenn Haupt- und Folgeanspruch im erkennenden Urteil zugesprochen wurden.

[42] BAG NZA 1987, 808; a. A. BAG NZA 1986, 600; *Zöller/Gummer*, ZPO, § 519 Rdn. 37.

stellen. Auf erstinstanzlich nicht behandelte Streitpunkte braucht der Berufungskläger nicht - auch nicht vorsorglich - einzugehen.[43] Eine Ausnahme zum Grundsatz, die Berufung sei zu jeder Streitgegenstandsentscheidung zu rechtfertigen, liegt in allen Fällen der Begründungserstreckung auf mehrere Streitgegenstände nicht vor.[44]

Beispiele:

Ein gekündigter Arbeitnehmer klagt auf auf Feststellung der Unwirksamkeit der Kündigung und auf Zahlung von Arbeitslohn aus Annahmeverzug. Die erste Instanz weist ihn mit beiden Anträgen wegen vermeintlicher Wirksamkeit der Kündigung ab. Der Kläger kann zulässig Vollberufung einlegen, auch wenn er nur die Wirksamkeit der Kündigung bezweifelt.[45] Gleiches gilt im Verhältnis Kündigungsschutzklage und Klage auf Weiterbeschäftigung,[46] im Verhältnis Schadensersatzklage und Klage auf Feststellung zukünftigen Schadensersatzes[47] oder Klage auf Unterlassung, wenn die Entscheidung zum einen Anspruch auf der zum anderen Anspruch unmittelbar aufbaut.

Der Berufungskläger kann die Berufung gegen mehrere notwendige Streitgenossen mit Gründen gegen nur einen Streitgenossen auch gegen die anderen führen. Für die Berufung gegen mehrere einfache Streitgenossen, die aus einem einheitlichen Grund obsiegten, gilt Entsprechendes.[48]

Die Berufung gegen ein Urteil, das einen Schadensersatzanspruch und einen Herausgabeanspruch ablehnt, weil ein deliktisches Handeln nicht vorliegt, ist ausreichend gerechtfertigt, wenn die Berufungsbegründung den einheitlichen Rechtsgrund Delikt aufgreift.[49]

Für die Berufung gegen einen Haupt- und einen Zinsanspruch ist eine Begründungserstreckung nicht anerkannt.[50] Ohne gesonderte Berufungsgründe, so wird be-

---

[43] BGH NJW 1975, 1032; BGH ZIP 1994, 789, 792.

[44] *Müller-Rabe*, NJW 1990, 283, 284 verkennt dies.

[45] BAG AP § 72 ArbGG Nr. 27 (Streitwertrevision).

[46] BAG NZA 1988, 37.

[47] BAG AP § 630 BGB Nr. 12; ebenso für Unterlassungs- und Schadensersatzanspruch, denen aus demselben Grund stattgegeben wurde, RG JW 1937, 2786.

[48] Legen mehrere Streitgenossen Berufung gegen ein im wesentlichen gleichlautendes Urteil ein, kann ein Streitgenosse auf die Berufungsbegründung des anderen Streitgenossen verweisen, sofern er eine Abschrift hiervon beilegt, BAG AP § 519 ZPO Nr. 17; *Wieczorek/Rössler*, ZPO, § 519 Anm. D III. Begründet ein notwendiger Streitgenosse sein Rechtsmittel, wirkt dies für alle anderen Streitgenossen mit. Auch für ihre Rechtsmittel ist § 519 Abs. 3 Nr. 2 ZPO erfüllt. Sie können aber ihrerseits innerhalb der Begründungsfrist die Berufung selbständig begründen, *Thomas/Putzo*, ZPO, § 62 Rdn. 25. Die von der Partei eingelegte Berufung kann auch der Streithelfer begründen und umgekehrt. Legen beide, Partei und Streithelfer, Berufung ein, wirkt die rechtzeitige Begründungsschrift des einen auch zugunsten des anderen, BGH NJW 1985, 2480.

[49] BGH ZIP 1994, 789, 792.

[50] Vgl. MünchKomm-ZPO/*Rimmelspacher*, § 519 Rdn. 40; *Müller-Rabe*, NJW 1990, 283, 284; *Baumbach/Lauterbach/Albers*, ZPO, § 519 Rdn. 25; *Zöller/Gummer*, ZPO, § 519 Anm. 38; *Schneider*, MDR 1975, 801, 806; 1979, 1, 5; *ders.* weniger streng in JurBüro 1974, 163, 166

hauptet, könne der Berufungskläger den Zinsanspruch nicht zulässig anfechten, auch wenn dies zusammen mit dem Hauptanspruch erfolge und hierzu Berufungsgründe vorgebracht würden.[51] Beruht das prozessuale Ergebnis zum Zinsanspruch dem Grunde nach auf dem Ergebnis zum Hauptanspruch, ist aber kein Unterschied zu den bisher dargestellten Fällen der Begründungserstreckung erkennbar. Die Urteilsschelte zum Hauptanspruch stellt regelmäßig auch den akzessorischen Hilfsanspruch in Frage. Ob es sich bei den erstinstanzlich zu- oder abgesprochenen Zinsen um gesetzliche (§ 291 BGB) oder weitergehende (z. B. Verzugszinsen, § 288 BGB) handelt, kann dahinstehen. Für die Anfechtung der Entscheidung zu Haupt- und Zinsanspruch reicht daher der substatiierte Angriff gegen die Hauptforderung auch zur Berufungsgründung gegen die Entscheidung zum Annexanspruch aus.[52]

Weist das erstinstanzliche Gericht eine Stufenklage ab, weil bereits der Auskunftsanspruch nicht bestehe, können Ausführungen zum Auskunftsbegehren die Abweisung in allen drei Stufen in Frage stellen. Zu einer näheren Begründung hat der Berufungskläger keinen Anlaß, bevor das Berufungsgericht nicht positiv über seinen Auskunftsanspruch entscheidet.[53] Weist das Erstgericht die Stufenklage ab, weil der Anspruch schon dem Grunde nach nicht besteht, genügen Ausführen hierzu.

Auf die Entscheidung zum abhängigen Anspruch ist in den Berufungsgründen immer dann gesondert einzugehen, wenn sie (auch nur hilfsweise) auf weiteren selbständig tragenden tatsächlichen oder rechtlichen Erwägungen beruhen, die das Ergebnis weiterhin tragen.[54] Der Berufungskläger muß nun auch diese Urteilsgründe angreifen.[55] Hat die erste Instanz den Folgeanspruch als unzulässig, den Hauptanspruch als unbegründet abgewiesen, bedarf es ebenfalls gesonderter Anfechtungsgründe zu beiden Entscheidungsteilen.[56]

(Verurteilt die erste Instanz den Beklagte neben dem Hauptanspruch nur zu den gesetzlichen Zinsen i. H. v. 4 %, soll die Berufungsbegründung gegen die Hauptforderung auch zur Bekämpfung der Zinsforderung ausreichen; nicht dagegen bei einer Verurteilung zu einem höheren Zinssatz); zögernd auch *Stein/Jonas/Grunsky*, ZPO,[21] § 519 Rdn. 31.

[51] *Müller-Rabe*, NJW 1990, 283, 284 meint: Würden die Berufungsgerichte in praxi dennoch keine gesonderte Teilunzulässigkeit tenorieren, läge dies nur daran, daß sie den Tenor nicht über Gebühr verkomplizieren wollten. Bei Unbegründetheit der Berufung gegen den Hauptanspruch könnten die Gerichte das unzulässige Rechtsmittel gegen den Zinsanspruch daher der Einfachheit halber ebenso als unbegründet zurückweisen. Bei Begründetheit der Berufung gegen den Hauptanspruch sollen sie den unzulässig angefochtenen Zinsanspruch in den Gründen des Berufungsurteils unter Hinweis auf § 519 Abs. 3 Nr. 2 ZPO sachlich bestätigen. Ebenso *Zöller/Gummer*, ZPO, § 519 Anm. 38; *Schneider*, MDR 1975, 806.

[52] BGH NJW 1994, 1657, m.w.N. Die Gerichte tenorieren in der Praxis demnach stets richtig, wenn sie das zum Zinsanspruch nicht ausdrücklich begründete Rechtsmittel nicht als unzulässig verwerfen.

[53] BGH NJW-RR 1987, 1029, 1030; BGH NJW 1979, 925, 926 (1b aa).

[54] Die Bejahung des Folgeanspruchs ist zusätzlich auf weitere Anspruchsgrundlagen, die Verneinung des Folgeanspruchs auf weitere eigenständige Einwände gestützt.

[55] BGH NJW 1990, 1184 = MDR 1990, 712 = LM § 519 ZPO Nr. 102; BGH ZIP 1994, 789, 792.

[56] BAG NJW 1990, 597, 600; MünchKomm-ZPO/*Rimmelspacher*, § 519 Rdn. 40.

Die Pflicht zur gesonderten Begründung gilt ferner für die Anfechtung einer Entscheidung zu *Klage und Widerklage*. Genügen die Angriffe gegen die Zu- oder Aberkennung des einen Anspruchs zur Anfechtungsbegründung gegen die Entscheidung über den anderen Anspruch jedoch, ist auch hier die Berufungsbegründung gegen einen Entscheidungsteil ausreichend.[57]

Beispiel:
Die Klägerin verlangt Rückzahlung des von ihr bezahlten Kaufpreises für die Lieferung einer bestimmten Ware. Die Beklagte erhebt Widerklage auf Zahlung des Restkaufpreises. Das LG verurteilt die Beklagte antragsgemäß und weist die Widerklage ab. Es reicht, wenn die Beklagte in der Berufungsbegründung ihre Verurteilung zur Kaufpreisrückzahlung in Frage stellt. Damit rechtfertigt sie zugleich die Berufung gegen die Abweisung der Widerklage.[58]

Hat das Erstgericht einen *Haupt- und einen Hilfsantrag* abgewiesen, muß der Kläger seine Vollberufung für beide Ansprüche rechtfertigen. Mit Berufungsgründen gegen die Entscheidung zum Hauptantrag ist hier jedoch regelmäßig auch die Entscheidung über den Hilfsantrag in Frage gestellt, denn diese Entscheidung hätte bei Bejahung des Hauptantrags nicht mehr ergehen können. Unterläßt der Berufungskläger daher sein Rechtsmittel auch hinsichtlich des abgewiesenen Hilfsantrags zu begründen, ist die Berufung insoweit dennoch nicht unzulässig.[59] Lehnt das Obergericht den Hauptantrag ab, muß es weiterhin auf die Zulässigkeit und Begründetheit des Hilfsanspruchs eingehen. Für nicht vorgebrachte Angriffs- und Verteidigungsmittel gilt freilich § 527 ZPO. Legt der Beklagte gegen die Stattgabe des Hauptanspruchs Berufung ein, erschöpft sich das Rechtsmittel gegen diesen Anspruch. Gegen den unentschiedenen Hilfsanspruch liegt keine Berufung vor. Eine Rechtsmittelbegründung erübrigt sich daher insoweit.[60]

---

[57] BGHZ 12, 52, 68 = NJW 1954, 554; BGH NJW 1983, 1063; 1985, 3079; BGH NJW 1968, 396 = MDR 1968, 215 = LM § 519 ZPO Nr. 58 = JZ 1968, 136; *Stein/Jonas/Grunsky*,[21] ZPO, § 519 Anm. 31; *Müller-Rabe*, NJW 1990, 283, 284; *Sell*, Rechtsmittelbegründung, S. 80; *Gilles*, AcP 177 (1977), 189, 197; für die Revisionsbegründung RG JW 1911, 593; 1911, 818; RG ZZP 56, 354 (m. Anm. *Kraemer*); *Rosenberg/Schwab/Gottwald*, ZPR, § 142 III 2 c, S. 869.

[58] BGH NJW 1985, 3079.

[59] A. A. *Baumbach/Lauterbach/Albers*, ZPO, § 519 Rdn. 24; *Sell*, Rechtsmittelbegründung, S. 115; *Thomas/Putzo*, ZPO, § 519 Rdn. 23. Soweit sich die Gegenansicht auf die Entscheidung des Bundesgerichtshofs BGHZ 22, 272, 278 ff. beruft, verkennt sie, daß es dort um die Frage ging, ob der Berufungskläger das Rechtsmittel gegen einen Hauptanpspruch, den er zweitinstanzlich nur mehr hilfsweise stellt, begründen muß. Die Berufungsbegründung gegen die Abweisung des erstinstanzlichen Hilfsanspruchs vermag die Abweisung des erstinstanzlichen Hauptanspruchs natürlich nicht in Frage zu stellen, umgekehrt dagegen schon.

[60] Ob das Berufungsgericht bei Verneinung des Hauptanspruchs auch über den Hilfsanspruch entscheiden darf und muß, siehe unten, S. 191 ff.

Erstreckt sich die Berufung auf mehrere ZPO- Folgesachen eines *familiengerichtlichen Verbundurteils*, muß der Berufungskläger grundsätzlich zu jedem Entscheidungsteil eine form- und fristgerechte Berufungsbegründung abgeben, widrigenfalls das Gericht die Berufung als unzulässig verwirft. Insoweit gelten die allgemeinen Regeln des § 519 Abs. 3 Nr. 2 ZPO.[61] Erfaßt die Berufung FGG-Sachen (§ 629a Abs. 2 S. 2 ZPO),[62] ist hierzu kein fristgerechter Antrag im Sinne des § 519 Abs. 3 Nr. 1 ZPO erforderlich, da die §§ 629a Abs. 2 S. 1, 621e Abs. 3 S. 2 ZPO nicht auf § 519 Abs. 3 ZPO verweisen.[63] Berufungsgründe muß der Berufungskläger dagegen fristgerecht vorbringen. Die Verweisung auf § 519 Abs. 2 und 1 ZPO ginge andernfalls ins Leere.[64] Dem inhaltlichen Erfordernis des § 519 Abs. 3 Nr. 2 ZPO muß diese Begründung dagegen nicht voll entsprechen.[65] Es genügen Ausführungen des Rechtsmittelführers dahin, was er an der angefochtenen FGG-Entscheidung mißbilligt und welche Beschwer er bekämpft.[66] Die Begründungsfrist des § 519 Abs. 2 S. 2 ZPO gilt uneingeschränkt (§§ 621e Abs. 3, 519 Abs. 2 S. 2 ZPO). Richtet der Berufungskläger sein Rechtsmittel gegen die Scheidung, muß er die angefochtenen Folgesachen nicht unbedingt gesondert mit Berufungsgründen versehen. Die Folgesachen hängen materiellrechtlich und prozessual vom Scheidungsurteil ab. Hebt der Familiensenat des OLG das Scheidungsurteil auf, wird auch die Entscheidung zu den Folgesachen gegenstandslos (§ 629 Abs. 3 S. 1 ZPO). Rechtsmittelgründe oder neue Tatsachen gegen die Scheidung rechtfertigen die Berufung daher auch zu den angefochtenen Folgesachen.

---

[61] BGH NJW 1987, 1024, 1025; *Zöller/Philippi*, ZPO, § 629a Rdn. 3; *Sedemund-Treiber*, FamRZ 1986, 209, 212.

[62] Ficht der Berufungskläger sowohl ZPO- als auch FGG-Folgesachenentscheidungen an, so ist einheitlich Berufung an das OLG gegeben, vgl. *v. Heintschel-Heinegg*, II 4 b bb. Dagegen ist die befristete Beschwerde statthaft, wenn der Rechtsmittelkläger nur die Entscheidung einer FGG-Folgesache anficht (§ 629a Abs. 2 S. 1 ZPO).

[63] BGH NJW 1979, 766; BGH FamRZ 1992, 538; 1994, 827, 829; *Zöller/Philippi*, ZPO, § 629a Rdn. 3a.

[64] *Thomas/Putzo*, ZPO, § 621e Rdn. 7.

[65] BGH NJW 1979, 1989; BGH FamRZ 1981, 946, 947.

[66] BGH NJW 1983, 179.

4. Maßgeblichkeit erstinstanzlicher Streitgegenstandsteile

Da Entscheidungen zu einem Streitgegenstand meistens auf mehreren tatsächlichen und rechtlichen Erwägungen aufbauen, stellt sich die Frage, ob die Berufungsbegründung auf sie alle oder nur auf einzelne von ihnen eingehen muß. Wissenschaft und Rechtsprechung bieten hier keine einheitliche Antwort an.

a) Die vertretenen Ansichten

Eine ältere Meinung bestand auf einer gesonderten Berufungsrechtfertigung zu allen entschiedenen Streitgegenstandselementen. Begründet wurde dies mit der Intention des Gesetzgebers. § 519 Abs. 3 Nr. 2 ZPO sollte die ursprünglich vorherrschende Formalbegründung ausschließen. Fehlte eine Berufungsrechtfertigung zu nur einem Streitgegenstandsteil war die Berufung zum gesamten Streitgegenstand unzulässig.[67] Heute wird diese Ansicht nur noch modifiziert vertreten. § 519 Abs. 3 Nr. 2 ZPO fordert danach weiterhin Berufungsgründe zu allen erstinstanzlichen Entscheidungsteilen. Ist jedoch nur ein Streitpunkt gesetzeskonform genannt, soll dies für die Zulässigkeit des Rechtsmittels ausreichen. Alle nicht vorgebrachten Streitpunkte würden nun jedoch aus der Verhandlungs- und Entscheidungsbefugnis des Rechtsmittelgerichts herausfallen. Sie könnte der Berufungskläger auch nicht mehr im Rahmen des § 527 ZPO nachbringen, da es sich bei den Berufungsgründen des § 519 Abs. 3 Nr. 2 ZPO, wie bei den Berufungsanträgen des § 519 Abs. 3 Nr. 1 ZPO, um den Angriff selbst und nicht um Angriffsmittel handle.[68] Für die Zulässigkeit des Rechtsmittels gegen eine Streitgegenstandsentscheidung ist nach dieser Theorie folglich nur ein Berufungsgrund notwendig.

Nach einer in Rechtsprechung[69] und Wissenschaft[70] häufig vertretenen Ansicht genügen regelmäßig Ausführungen zu nur einem einzigen beschwerenden Streitpunkt (z. B. die Erhebung der Verjährungseinrede,[71] das Be-

---

[67] *Körting*, AcP 142 (1936), 92, 105, 113.

[68] *Zöller/Gummer*, ZPO, § 519 Rdn. 27, 37; *Lepp*, NJW 1984, 1944; *Schneider*; MDR 1985, 22; *Schellhammer*, ZP, Rdn. 998 f.

[69] BGH FamRZ 1985, 1023; BGH NJW 1984, 177; BGH NJW 1985, 2828; BGH NJW 1971, 807, 808 = ZZP 84 (1971), 443 (krit. *Schwab*); BGH NJW-RR 1991, 1186, 1187; .

[70] *Zimmermann*, ZPO, § 519 Rdn. 16; *Becht*, JuS 1991, 60 u. 135; *Müller-Rabe*, NJW 1990, 283, 284 ff.; *Wieczorek/Rössler*, ZPO, § 519 Anm. D II a, b; *Baumbach/Lauterbach/Albers*, ZPO, § 519 Rdn. 24; *Mittenzwei*, MDR 1972, 468, 470 f; *Weitzel*, JuS 1992, 625, 628; *Dehner*, NJW 1971, 1565.

[71] BGH NJW 1984, 177; BGH NJW-RR 1991, 1186, 1187.

streiten der Fälligkeit der Forderung, eine Rüge zur tatsächlichen oder rechtlichen Würdigung eines Angriffs- oder Verteidigungsmittels oder zum erstinstanzlichen Verfahren[72]). Ist die Berufung auf diese Weise zulässig begründet, sollen auch die übrigen Streitpunkte dem Berufungsgericht zur Verhandlung und Entscheidung anfallen (arg. § 537 ZPO). Ein Nachschieben oder ein Austausch von Berufungsgründen bis zum Ende der mündlichen Berufungsverhandlung wird zugelassen.[73] Nach der Begründungsfrist geäußerte Angriffs- und Verteidigungsmittel sollen jedoch der Präklusion gemäß §§ 527, 296 Abs. 1 und 4 ZPO unterliegen.[74] Einzig bei selbständigen, einem Teilurteil zugänglichen Teilen eines Anspruchs oder bezüglich Forderung und Gegenforderung verlangt diese Ansicht - wegen der Vergleichbarkeit mit prozessualen Ansprüchen - eine jeweils gesonderte form- und fristgerechte Begründung. Soweit sie nicht erfolge, sei das Rechtsmittel zum nicht begründeten Entscheidungsteil unzulässig.[75] Zu den Fragen, wann sich ein Anspruch aus unselbständigen "Einzelposten" oder "Rechnungsposten" bzw. "zahlenmäßig teilbaren Positionen" oder aus mehreren "selbständigen Positionen" zusammensetzt und in welchen Fällen eine Gleichschaltung mit der objektiven Klagenhäufung gerechtfertigt erscheint, hat sich eine umfangreiche, kaum zu durchdringende Einzelfallkasuistik herausgebildet.[76]

Eine neuere Ansicht[77] bestimmt den Umfang der erforderlichen Einzelkritiken und tatsächlichen Neuerungen zu einer Streitgegenstandsentscheidung ausschließlich nach ihrer Fähigkeit, dem angefochtenen Urteil zu einem Streitgegenstand die Grundlage zu entziehen. Baut die Entscheidung auf einem oder mehreren kumulativen Urteilselementen auf, genüge ein einziger Berufungsgrund. Stützte das Untergericht seine Entscheidung zu einem prozessualen Anspruch dagegen alternativ auf mehrere voneinander unabhängige, selbständig tragende rechtliche Erwägungen, müsse der Rechtsmittelkläger für jeden einzelnen Entscheidungsgrund klarlegen, warum er das Urteil nicht stützt. Bei einem Verstoß hiergegen soll die Be-

---

[72] BGH FamRZ 1985, 1023.

[73] BGH FamRZ 1985, 1023.

[74] BGH NJW 1984, 177, 178; BGH FamRZ 1985, 1023, 1024; BGH NJW 1985, 2828; *Zimmermann*, ZPO, § 519 Rdn. 16; *Becht*, JuS 1991, 60, 135.

[75] BGHZ 22, 278; *Müller-Rabe*, NJW 1990, 283, 285 ff.; *Schumann*, Berufung, Rdn. 208 f.

[76] Vgl. hierzu RGZ 66, 178; BGHZ 22, 272, 278 ff.; BGH LM § 301 ZPO Nr. 26; BGH LM § 536 ZPO Nr. 6; *Mittenzwei*, MDR 1977, 477; *Sell*, 103 ff. und *Müller-Rabe*, NJW 1990, 283, 284 ff.

[77] BGH NJW 1990, 1184; 1993, 3073; BGH NJW-RR 1992, 1340; BGH ZIP 1994, 789, 792; BGH FamRZ 1995, 1138; OLG Stuttgart NJW 1969, 938; MünchKomm-ZPO/*Rimmelspacher*, ZPO, § 519 Rdn. 41; *Thomas/Putzo*, ZPO, § 519 Rdn. 24; in diese Richtung auch *Stein/Jonas/Grunsky*,[21] ZPO, § 519 Rdn. 33.

rufung insgesamt unzulässig sein.[78] Sei die Zulässigkeitshürde dagegen genommen, würden für alle unbenannten Streitpunkte die §§ 527, 537 ZPO gelten. Das Berufungsgericht habe umfassende Verhandlungs- und Entscheidungskompetenz, soweit das erforderliche Tatsachenmaterial nicht präkludiert sei (§§ 525-529 ZPO).

b) Stellungnahme

§ 527 ZPO gestattet dem Berufungskläger die Beibringung von Angriffs- und Verteidigungsmitteln auch nach Ablauf der Begründungsfrist. Soweit sie das Berufungsgericht nicht nach § 296 Abs. 1 und 4 ZPO als verspätet zurückweist, muß es diese seiner Verhandlung und Entscheidung auch zugrundelegen. Würde § 519 Abs. 3 Nr. 2 ZPO ein Nachschieben von Streitpunkten verbieten, ginge § 527 ZPO hinsichtlich sämtlicher erstinstanzlich bereits vorgebrachter und in die Entscheidung eingegangener Angriffs- und Verteidigungsmittel ins Leere. Daß sich § 527 ZPO nur auf *neue* Angriffs- und Verteidigungsmittel erstreckt, ist unwahrscheinlich, da die Norm, anders als § 528 ZPO, keine Beschränkung in dieser Hinsicht enthält. Bei Schaffung des § 527 ZPO im Jahre 1976[79] existierte auch die Rechtsprechung des Bundesgerichtshofs schon, in der dieser einzelne gesetzeskonforme Ausführungen für eine zulässige Rechtsmittelbegründung ausreichen ließ.[80] Wollte der Gesetzgeber hieran etwas ändern, hätte er dies sicher klargestellt.[81] Die Ansicht, § 527 ZPO beziehe sich nicht auf ungenannte Berufungsgründe, weil die Norm nur für Angriffs- und Verteidigungsmittel gelte, § 519 Abs. 3 Nr. 2 ZPO aber den Angriff selbst regele,[82] ist nicht zutreffend. Allein die Berufungsanträge formen den Rechtsmittelangriff. Die Berufungsgründe sind nur zu seiner Auslegung heranzuziehen. Da das Gericht das Recht selbst kennt ("iura novit curia"), können die rechtliche Ausführungen in den Berufungsgründen weder der Angriff sein noch das Gericht binden. Soweit der Berufungskläger Tatsachen vorträgt, informieren auch sie nur Gericht und Gegner und bringen Streitstoff zum zu- oder abgesprochenen Anspruch bei. Dieses Verfahrensmaterial ist nicht der Angriff selbst, sondern Angriffs- oder Verteidigungsmittel,[83] das der Beibringungs-

---

[78] BGH NJW 1990, 1184; 1993, 3073.

[79] BGBl. 1976 I, 3281.

[80] BGHZ 35, 103, 106.

[81] Ebenso *Müller-Rabe*, NJW 1990, 283, 289.

[82] *Lepp*, NJW 1984, 1944.

[83] A. A. *Lepp*, NJW 1984, 1944; dagegen *Fuhrmann*, Zurückweisung, S. 66 (er meint, sogar die mit der Berufungsbegründung vorgebrachten Rechtsansichten seien Angriffs- und Verteidigungsmittel).

freiheit beider Parteien und nicht der Disposition des Klägers unterliegt. Der Berufungskläger muß folglich nicht alle Streitpunkte der erstinstanzlichen Entscheidung in seine Berufungsbegründung aufnehmen.[84]

Nach § 537 ZPO darf das Berufungsgericht alle einen angefochtenen zu- oder aberkannten Anspruch betreffenden Streitpunkte in seine Entscheidungsfindung miteinbeziehen. Diesen Wortlaut hatte die Norm bereits zu einer Zeit, als es den Begründungszwang des § 519 Abs. 3 Nr. 2 ZPO noch nicht gab.[85] Bei Einführung des Begründungszwangs durch die Novelle von 1933[86] bestanden keine Zweifel an der generellen Prüfungsbefugnis des Rechtsmittelgerichts. Hätte der Gesetzgeber mit § 519 Abs. 3 ZPO § 537 ZPO beschränken wollen, hätte er eine § 559 Abs. 2 S. 2 ZPO entsprechende Regel geschaffen. Da dies nicht geschehen ist, sollte § 519 Abs. 3 Nr. 2 ZPO die ältere Vorschrift des § 537 ZPO daher auch nicht einschränken und zu einer auf die gesetzmäßig gerügten Streitpunkte beschränkten Anfallwirkung führen.[87] Trotz Begründungszwangs besteht demnach die unbeschränkte Prüfungsbefugnis des Berufungsgerichts hinsichtlich aller Streitpunkte zum zu- oder aberkannten Anspruch.

Dies entspricht auch dem Zweck des § 519 Abs. 3 Nr. 2 ZPO, das Verfahren zu konzentrieren und frühzeitig die wesentliche Zielrichtung des Rechtsmittels anzugeben. Ist der Berufungskläger nur verpflichtet, einen einzigen Streitpunkt in der Begründungsschrift anzusprechen, läuft er nicht Gefahr, durch Auslassung eines Streitgegenstandsteils das Berufungsgericht an der Heranziehung gerade dieses Gesichtspunkts zu hindern. Er wird daher nicht unreflektiert alles rügen, was dem Sinn und Zweck des § 519 Abs. 3 Nr. 2 ZPO widerspräche. Das immer wieder gesehene Spannungsverhältnis zwischen den §§ 519 Abs. 3 und 537 ZPO[88] besteht bei richtiger Interpretation beider Vorschriften demnach nicht.

Zwischenergebnis: § 519 Abs. 3 Nr. 2 ZPO fordert keine Berufungsbegründung, die auf alle einzelnen Entscheidungsinhalte des angefochtenen Urteils zu jedem Streitgegenstand eingeht.[89] Ungenannte Berufungsgründe

---

[84] Siehe hierzu bereits oben, S. 76 ff.

[85] RGBl. 1877 I, 169 ff., §§ 480, 499 a.F.

[86] RGBl. 1933 I, 780.

[87] *Müller-Rabe*, NJW 1990, 283, 288.

[88] Vgl. *Gilles*, AcP 177 (1977), 189, 209; *Sell*, Rechtsmittelbegründung, S. 5 ff.; *Grunsky*, ZZP 84, 129, 136.

[89] Vgl. hierzu auch BGH NJW 1985, 2828 (IVa. Senat); BGH NJW-RR 1986, 991 (IX. Senat); BGHZ 35, 103, 106 ff. = NJW 1961, 1458; BGH NJW 1987, 501 f. (VIII. Senat); MünchKomm-ZPO/*Rimmelspacher*, § 527 Rdn. 19; *Stein/Jonas/Grunsky*,[21] ZPO, § 527 Rdn. 10; *Müller-Rabe*, NJW 1990, 283, 288 ff. *Ders.*, ebenda, S. 287 f. verkennt die einheitliche Linie der

können dem Berufungsgericht dennoch zur Entscheidung anfallen, soweit die Parteien das zugrundeliegende Tatsachenmaterial rechtzeitig beibringen und sie damit nicht präkludiert sind (§§ 525-529 ZPO).

Wieviele Streitpunkte der Berufungskläger im Einzelfall in die Begründungsschrift aufzunehmen hat, bestimmt sich erneut nach dem Erfordernissen einer erfolgsrelevanten Berufungsbegründung. Der Berufungskläger vermag sein Rechtsmittel nur dann im Sinne des § 519 Abs. 3 Nr. 2 ZPO informierend und konzentrierend zu "rechtfertigen", wenn er das angefochtene Urteil ausreichend in Frage stellt. Einzelnen Streitpunkte, deren gegenteilige Beurteilung keine Entscheidungsänderung herbeiführen könnten, interessieren nicht. Zur Abänderung von Entscheidungsgründen steht das Rechtsmittelverfahren nicht zur Verfügung.

Baut die Streitgegenstandsentscheidung auf mehreren, das Entscheidungsergebnis selbständig tragenden Erwägungen auf (Anspruchsgrundlagen oder Einwände), stellt der Berufungskläger mit Berufungsgründen nur zu einem Punkt lediglich einen Teil der Entscheidungsgründe und nicht die Entscheidung selbst in Frage.[90] Der Entscheidung, die sich aus teilurteilsfähigen Anspruchsteilen zusammensetzt, kann umgekehrt die Tragfähigkeit schon mit einem einzigen Einwand genommen sein: Gibt die erste Instanz dem prozessualen Anspruch, der sich aus mehreren selbständigen Einzelposten zusammensetzt, statt, reicht es zur Rechtfertigung des Rechtsmittels, wenn der Beklagte den Anspruchsgrund in Frage stellt. Er muß nicht auf jeden selbständigen Schadensposten gesondert eingehen. Ebenso reicht aus, wenn er nur die Zulässigkeit der Klage qualifiziert in Zweifel zieht.

Die Ansicht, die Berufungsgründe nur zu einem Entscheidungselement fordert, sofern nicht mehrere teilurteilsfähige angefochten sind, ist demnach nicht zutreffend.

Ob die angefochtene Entscheidung im Ergebnis in Frage gestellt ist, hängt vielmehr vom unterinstanzlichen Urteil und von den dagegen vorgebrachten Berufungsgründen ab. Alle selbständig tragenden Urteilsgründe einer Streitgegenstandsentscheidung müssen angegangen oder durch tatsächliche

verschiedenen Senate des BGH zu den §§ 519, 519b und 527 ZPO jedoch. Insbesondere dem VIII. Senat unterstellt er zu Unrecht, er verlange in den beiden genannten Entscheidungen für die Zulässigkeit des Rechtsmittels zwingend einen Beweisantritt in der Begründungsschrift. Tatsächlich stellen beide Urteile nur klar, daß ein erstinstanzlich unerledigtes Beweisangebot nicht bereits durch die pauschale Bezugnahme der Berufungsbegründung auf das erstinstanzlich Vorgebrachte zum zweitinstanzlichen *Prozeßstoff* wird. Ein erst im Laufe des Verfahrens vorgenommener aber bestimmter Beweisantritt, hätte für eine Berücksichtigung des Beweisangebots ausgereicht. Mit der Zulässigkeit des Rechtsmittels hat dies nichts zu tun.

[90] BGH NJW-RR 1990, 1184; MünchKomm-ZPO/*Rimmelspacher*, § 519 Rdn. 41.

Neuerungen in Zweifel gezogen werden. Einzelausführungen können dabei durchaus mehrere tragende Entscheidungsteile erfassen. Dem Begründungszwang kann so, je nach Entscheidungsgründen und vorgebrachter Berufungsbegründung, einmal mit einem einzigen Berufungsgrund, ein andermal erst mit Ausführungen zu allen Erwägungen genügt sein.

Ein *abweisendes* Prozeßurteil muß der Kläger und Berufungskläger mit Ausführungen zur Zulässigkeit der Klage angreifen.[91] Hat die erste Instanz eine Klageabweisung nur auf eine einzelne materiellrechtliche Einwendung oder die Verneinung einer Anspruchsvoraussetzung gestützt, genügt es, wenn er diese mit konkreten Überlegungen als unrichtig darstellt. Baut die Klageabweisung kumulativ auf mehreren, das Ergebnis zusammen stützenden Gründen auf (z. B. Ablehnung mehrerer in Frage kommender konkurrierender Anspruchsgrundlagen), reichen Berufungsgründe, die die Verneinung einer Anspruchsgrundlage in Frage stellen. Tragen mehrere rechtliche Erwägung die Klageabweisung dagegen alternativ und selbständig (z. B. Verneinung des Anspruchsgrunds, der Anspruchshöhe und Bejahung der Verjährung), muß sich die Berufungsbegründung gegen jedes Entscheidungselement richten. Ist nur eine gerichtliche Würdigung nicht in Zweifel gezogen, hat das Urteil zum prozessualen Anspruch weiterhin Bestand. Die Berufung gegen die Streitgegenstandsentscheidung ist dann unzulässig.[92]

Beispiel:
Der Kläger macht Amtshaftungsansprüche gegen das beklagte Land geltend, weil er von einem Notarvertreter falsch beraten worden sei. Das LG hat die Klage abgewiesen mit der Begründung, der Notarvertreter habe die ihm obliegende Belehrungspflicht nicht verletzt, im übrigen greife auch die von der Beklagten erhobene Verjährungseinrede durch. Der Kläger, der gegen dieses Urteil Berufung einlegt, hat sich in der Berufungsbegründung mit beiden, die Klageabweisung jeweils selbständig tragenden Gründen der Entscheidung qualifiziert auseinanderzusetzen. Greift die Berufungsbegründung nur die Belehrungspflicht des Notars auf und verweist zur Verjährung unbestimmt auf das erstinstanzliche Vorbringen, ist das Rechtsmittel insgesamt unzulässig.[93]

Die Berufung gegen ein *klagestattgebendes* Urteil kann der Beklagte mit Ausführungen zur Begründetheit oder zur Zulässigkeit begründen. Beruht das zusprechende Urteil auf der Bejahung mehrerer kumulativ erforderlicher Anspruchsvoraussetzungen und Verneinung von Einwendungen, darf er sich auf Kritik und Neuerungen zu einem Entscheidungselement beschränken. Stützt die erste Instanz die Bejahung alternativ auf mehrere An-

---

[91] BGH NJW 1975, 1032.
[92] BGH NJW 1990, 1184.
[93] BGH NJW 1990, 1184.

spruchsgrundlagen, muß die Berufungsbegründung jede einzelne Anspruchswürdigung in Frage stellen, widrigenfalls das Rechtsmittel insgesamt unzulässig ist.

Soweit sich der Berufungskläger gegen die *Höhe* eines stattgegebenen oder abgewiesenen prozessualen Anspruchs wendet, müssen seine Berufungsgründe dieser Höhe quantitativ entsprechen. Soweit sie dies nicht tun, ist das Rechtsmittel unzulässig.[94] Ob die Entscheidung dabei auf der Verneinung oder der Bejahung mehrerer teilurteilsfähiger Anspruchsposten, mehrerer unselbständiger Rechnungsposten oder einer einzigen nur zahlenmäßig teilbaren Leistung beruht, kann dahinstehen.[95] Geht der Berufungskläger gezielt nur gegen einen quantitativen Teil der Entscheidung vor, muß das Berufungsgericht von einer zulässigen Teilanfechtung und nicht von einer teilweise unzulässigen Vollberufung ausgehen.[96]

Macht der Beklagte erstinstanzlich ein *Gegenrecht* geltend (Aufrechnung oder Zurückbehaltungsrecht) und gibt die erste Instanz der Klage gleichwohl statt, reicht es für die Anfechtung beider Entscheidungsteile (Bejahung der Haupt- und Verneinung der Gegenforderung), wenn er den einen oder anderen Punkt auf- und angreift.[97] In beiden Fällen stellt er das gesamte erstinstanzliche Entscheidungsergebnis in Frage. Nur wenn der Beklagten das Rechtsmittel ausdrücklich auf einen Entscheidungsteil beschränkt,[98] ist das Berufungsgericht an der Verhandlung und Entscheidung zur unangefochtenen Forderung gehindert.

Für die Zulässigkeit des Rechtsmittels *"notwendige" Berufungsgründe* muß der Berufungskläger form- und fristgerecht vorbringen. Er darf sie nicht nach Ablauf der Begründungsfrist nachschieben.[99] Alle anderen Ausfüh-

---

[94] Da das angefochtene Urteil in diesem Fall quantitativ teilbar ist, ist das Rechtsmittel nur soweit unzulässig, als Berufungsgründe nicht genannt wurden und nicht gegen die gesamte Streitgegenstandsentscheidung unzulässig.

[95] A. A. *Müller-Rabe*, NJW 1990, 283, 285.

[96] Siehe oben, S. 74 ff.

[97] Ebenso MünchKomm-ZPO/*Rimmelspacher*, § 519 Rdn. 41; a. A. *Müller-Rabe*, NJW 1990, 283, 286; *Sell*, Rechtsmittelbegründung, S. 88 f.

[98] Zur Möglichkeit einer qualitativen Teilanfechtung oben, S. 76 ff., 81 ff.

[99] BGH NJW 1968, 396; OLG Stuttgart NJW 1969, 938; *Schellhammer*, ZP, Rdn. 997; *Gilles*, AcP 177 (1977), 189, 222; *Rosenberg/Schwab/Gottwald*, ZPR, § 137 II 2 c, S. 826. Ein Nachschieben im Wege der Wiedereinsetzung in den vorigen Stand ist dagegen zulässig, BGH FamRZ 1989, 1064, 1065 f. Da derjenige der eine Berufungsbegründung nicht fristgerecht abgibt, nicht besser stehen kann, als derjenige, der nur einzelne Berufungsgründe nicht nannte, gilt dies für das Nachholen der gesamten Berufungsbegründung und das Nachschieben einzelner Berufungsgründe gleichermaßen. Vgl. zur Wiedereinsetzung in den vorigen Stand bei

rungen zur Klage kann er durch einfache Bezugnahmen auf das erstinstanzliche Vorbringen vortragen oder im Rechtsmittelverfahren nach Fristablauf nachtragen; Angriffs- und Verteidigungsmittel jedoch nur unter Beachtung der Präklusionsnormen, insbesondere der §§ 527, 296 Abs. 1 und 4 ZPO.

III. Ergebnis

§ 519 Abs. 3 Nr. 2 ZPO verlangt eine form- und fristgerechte *Rechtfertigung des Berufungsgegenstands*. Die im einzelnen anzuführenden Gründe sowie neue Tatsachen und Beweismittel, auf die sich das Abänderungsbegehren stützt, muß der Berufungskläger bestimmt ausführen. Zweck der gesetzlichen Regelung ist es, förmliche und inhaltsleere Berufungsbegründungen auszuschließen und dadurch auf eine informative Zusammenfassung und Beschleunigung des Rechtsstreits hinzuwirken. Der Berufungskläger muß eine auf den konkreten Fall zugeschnittene Berufungsbegründung liefern, die erkennen läßt, warum die angefochtene Entscheidung seiner Ansicht nach abzuändern ist. Die Rechtsmittelbegründung muß zugleich geeignet sein, das Urteilsergebnis, soweit angefochten, in Frage zu stellen. Die Berufung gegen eine Entscheidung zu verschiedenen prozessualen Ansprüchen erfordert Ausführungen zu jeder einzelnen Streitgegenstandsentscheidung, falls das Vorgebrachte nicht mehrere, voneinander unmittelbar abhängige Entscheidungsteile gleichzeitig erfaßt. Innerhalb einer einheitlichen Streitgegenstandsentscheidung muß der Berufungskläger auf so viele Streitpunkte eingehen, bis er dem Entscheidungsergebnis die Grundlage entzieht und ein abweichendes Ergebnis möglich erscheint. Baut die Entscheidung auf mehreren selbständig tragenden Gründen auf, muß der Berufungskläger jeden von ihnen in Frage stellen.

IV. Exkurs: Prozeßstoff der zweiten Instanz

Ist die Zulässigkeitshürde zum Rechtsmittel einmal genommen, entscheidet das Berufungsgericht anhand des beigebrachten Streitstoffs über alle angefochtene Streitgegenstandsentscheidungen.

§ 525 ZPO schreibt eine "neue" Verhandlung des Rechtsstreits vor. Da das zweitinstanzliche Verfahren zu einem eigenständigen Verfahrensgegenstand stattfindet, setzt sie die erstinstanzliche Verhandlung nicht lediglich fort[100]

Versäumung der Begründungsfrist *Ganter*, NJW 1994, 164. Zum Nachschieben von notwendigen Berufungsgründen nach Berufungserweiterung vgl. unten S. 165 ff.

[100] A. A. *Rosenberg/Schwab/Gottwald*, ZPR, § 139 IV 1, S. 841.

oder bildet mit dieser eine Einheit.[101] Der Prozeßstoff der ersten Instanz wird daher nicht schon mit der Einlegung der Berufung zum Prozeßstoff der zweiten Instanz.[102] Die §§ 526, 543 Abs. 2 S. 1, 531 und 532 ZPO wären andernfalls sinnentleert. Beibringungs- und Mündlichkeitsgrundsatz fordern eine erneute Geltendmachung auch des erstinstanzlichen Streitmaterials.[103] Das Berufungsgericht kann demzufolge nicht von sich aus Tatsachen, Beweisangebote oder Beweiseinreden verwerten, nur weil es diese aus den erstinstanzlichen Akten kennt.

Die Gegenmeinung, die eine automatische Erstreckung des erstinstanzlichen Streitstoffs in die zweite Instanz aus der Vorschrift des § 537 ZPO ableitet,[104] übersieht, daß § 537 ZPO nur die zweitinstanzliche Entscheidungskompetenz und nicht den hierbei heranzuziehenden Prozeßstoff regelt.[105]

Zur Einbringung von Prozeßstoff stehen den Berufungsparteien die verfahrenseinleitenden Schriftsätze (Begründungsschrift, Berufungserwiderung, Replik, Duplik) und die mündliche Berufungsverhandlung zur Verfügung. Ist die Berufung ausreichend gerechtfertigt (§ 519 Abs. 3 Nr. 2 ZPO), reicht es für die Einführung des alten Streitstoffs aus erster Instanz aus, wenn die Berufungsgründe detailliert auf erstinstanzliche Schriftsätze und protokolliertes Vorbringen Bezug nehmen.[106]

Erstinstanzliche Beweisaufnahmen wirken in zweiter Instanz nur fort, wenn die Parteien wenigstens ihren Inhalt und ihr Ergebnis vortragen (§ 526 ZPO). Die Wiederholung einer solchen Beweisaufnahme steht im (gebundenen) Ermessen des Berufungsgerichts (§§ 523, 398 Abs. 1, 541, 404, 412 Abs. 1 ZPO).[107] Unerledigte Beweisanträge aus erster Instanz kann das Berufungsgericht nur erledigen, wenn die Parteien den Beweisantrag in der Berufungsbegründung oder später in der mündlichen Berufgungsverhandlung ausdrücklich wiederholen. Die allgemeine Bezugnahme auf das erstinstanzliche Vorbringen ersetzt nur einfaches tatsächliches Vorbringen

---

[101] So *Zöller/Gummer*, ZPO, § 525 Rdn. 4; MünchKomm-ZPO/*Rimmelspacher*, § 525 Rdn. 1.

[102] MünchKomm-ZPO/*Rimmelspacher*, § 525 Rdn. 3.

[103] *Rimmelspacher*, ZZP 107 (1994), 421, 424; *Gilles*, AcP 177 (1977), 189, 202 f.

[104] BGH NJW 1990, 326; 1993, 2380; *Zöller/Gummer*, ZPO, § 537 Rdn. 1; *Rosenberg/Schwab/Gottwald*, ZPR, § 139 IV 1, S. 841.

[105] Ebenso MünchKomm-ZPO/*Rimmelspacher*, § 525 Rdn. 3.

[106] MünchKomm-ZPO/*Rimmelspacher*, § 525 Rdn. 7.

[107] Vgl. BGH NJW 1982, 108, 109; 1994, 2960; 1995, 1292; WM 1995, 1563 (zum Zeugenbeweis); BGH MDR 1982, 297 (zur Parteivernehmung); BGH NJW 1986, 1928, 1930 (zum Sachverständigengutachten); *Rosenberg/Schwab/Gottwald*, ZPR, § 139 IV 1b, S. 841 f.

und keinen bestimmten Beweisantrag an das Berufungsgericht.[108] Erstinstanzlich erklärte, aber nicht berücksichtigte Gegenrechte (Zurückbehaltungsrecht, Verjährungseinrede) müssen die Parteien in zweiter Instanz dagegen nicht mehr gegenüber dem Gericht wiederholen, wenn sie durch eine allgemeine Bezugnahme auf das erstinstanzliche Vorbringen zum Prozeßstoff zweiter Instanz wurden.[109]

---

108 BGHZ 35, 103, 106 ff. = NJW 1961, 1458; BGH NJW 1987, 501 f.; *Wiezcorek/Rössler*, ZPO, § 526 Anm. A, mit der Begründung: Es ist nicht Aufgabe des Berufungsgerichts, den Rechtsstreit erster Instanz auf unerledigte Beweisangebote zu durchsuchen und nachzufragen, inwieweit diesen noch nachgegangen werden soll.

109 BGH NJW-RR 1986, 991, 992; NJW 1990, 326; *Zöller/Gummer*, ZPO, § 537 Rdn. 1.

§ 7 Zulässiger Berufungsgegenstand bei Klagedispositionen

I. Berufung zur Verfolgung anderer Zwecke als Urteilsabänderung und Neuentscheidung der ursprünglichen Sache

Der Streitgegenstand, zu dem ein Urteil bereits vorliegt, kann weiterhin Gegenstand einer Klagedisposition sein, solange die Entscheidung noch nicht formell rechtskräftig ist.[1] Ist Berufung gegen das Urteil statthaft, tritt formelle Rechtskraft erst mit Ablauf der Rechtsmittelfrist ein (§ 705 S. 1 ZPO). Legt eine Partei fristgerecht Berufung ein, erwächst die Entscheidung zur Sache erst mit Wirksamkeit der Berufungsentscheidung in Rechtskraft (§ 705 S. 2 ZPO). Erstinstanzliche Streitgegenstandsdispositionen sind daher grundsätzlich auch in der Zeit zwischen den Instanzen und nach Berufungseinlegung möglich. Dem Rechtsmittel kann somit auch die Funktion einer Streiterledigung oder Streitveränderung zukommen.

Das erstinstanzliche Gericht ist an seine Entscheidung im Endurteil gebunden (§ 318 ZPO). Ihm gegenüber können die Parteien im Stadium zwischen den Rechtszügen daher nur solche Dispositionen zur Klage vornehmen oder erklären, die zu ihrer Wirksamkeit keiner erneuten Sachentscheidung bedürfen. Als solche kommen die *Klagerücknahme* (§ 269 ZPO), die beiderseitige *Erledigungserklärung* (§ 91a ZPO) und der *Vergleich* (§ 794 Abs. 1 Nr. 1 ZPO) in Betracht. Bei ihnen tritt die prozeßbeendigende Wirkung ipso iure mit Wirksamkeit des Verfügungsakts ein (§ 269 Abs. 3 S. 1 ZPO oder § 269 Abs. 3 S. 1 ZPO analog). Das Gericht ist lediglich zur Entgegennahme oder Protokollierung der Prozeßhandlungen und unter Umständen zur Kostenfestsetzung berufen. Die Klage verliert ohne weiteres ihre Rechtshängigkeit. Das Urteil wird gegenstands- und wirkungslos. Da die mündliche Verhandlung bereits abgeschlossen ist, reichen die Parteien die notwendigen Erklärungen gegenüber dem Untergericht schriftsätzlich ein. Unter Umständen kann das Erstgericht zur Vermeidung eines Rechtsmittels auch eine mündliche Verhandlung vor dem Instanzgericht anberaumen. Legt eine Partei rechtzeitig Berufung ein, können Kläger und Beklagter jene Dispositionsakte zur Klage auch durch Schriftsatzeinreichung oder

[1] Nach Rechtskrafteintritt scheidet jede Klagedisposition aus, weil sich die Klage vollständig erledigt hat, vgl. OLG Düsseldorf FamRZ 1979, 446; *Zöller/Greger*, ZPO, § 269 Rdn. 8, *Baumbach/Lauterbach/Hartmann*, ZPO, § 269 Rdn. 11.

durch Erklärung in der mündlichen Verhandlung beim Berufungsgericht vornehmen (§ 523 ZPO).

Klageverzicht (§ 306 ZPO), *Klageanerkenntnis* (§ 307 ZPO), *Klageänderung, Klageerweiterung* (§§ 263, 264, 261 Abs. 2, 260 ZPO) und *Widerklage* (§ 33 ZPO) bedürfen zu ihrer Umsetzung einer gerichtlichen Entscheidung. Das erstinstanzliche Gericht scheidet nach Urteilserlaß hierfür aus (§ 318 ZPO). Diese Dispositionen nur vor dem Berufungsgericht denkbar (§ 523 ZPO).

Nachfolgend werden diejenigen Dispositionsakte betrachtet, die bereits im frühen Stadium der Berufungseinleitung, vor oder anstelle einer herkömmlichen Festlegung des Berufungsgegenstands erfolgen (*"frühe zweitinstanzliche Klagedisposition"*).[2] Der Kläger und Berufungskläger verfügt dabei in aller Regel zusammen mit der Berufungseinlegung oder dem Begründungsschriftsatz zur Klage.

Folgende Fragen sind zu überdenken:
- Können die Parteien das Rechtsmittel der Berufung anstelle zur Anfechtung einer Beschwer und Fortsetzung des Rechtsstreits auch zur Vornahme von Dispositionen über den Streitgegenstand benutzen und welche Voraussetzungen muß das Rechtsmittel dafür erfüllen?
- Welche Auswirkungen hat eine frühe Streitgegenstandsdisposition auf das Rechtsmittel, insbesondere den zu wählenden Berufungsgegenstand?
- Kann auch der Berufungsbeklagte derartige Verfügungen bei Gelegenheit der Berufung erklären?

Eine erste Antwort auf diese Fragen gibt § 523 ZPO. Die Vorschrift erklärt die im ersten Rechtszug für das Verfahren vor den Landgerichten geltenden Regeln im Berufungsverfahren für entsprechend anwendbar und spricht sich damit grundsätzlich für die Zulässigkeit zweitinstanzlicher Streitgegenstandsdispositionen aus. Nur spezielle Vorschriften des Berufungsrechts dürfen nicht entgegenstehen. Zu diesen zählen auch diejenigen rechtsmittelspezifischen Restriktionen, die sich aus der Zusammenschau und dem Sinn der §§ 511 ff. ZPO ergeben.[3]

---

[2] Zu den späten Klagedispositionen nach Festlegung eines herkömmlichen Berufungsgegenstands unten, S. 178 ff.

[3] *Gilles*, ZZP 91 (1978) 128, 171.

II. Streiterledigende Verfügungsakte zum prozessualen Anspruch

1. Klagerücknahme

Bis zum Ablauf der Rechtsmittelfrist oder nach fristgerechter Rechtsmitteleinlegung bis zur Rechtskraft des Berufungsurteils, ist die Streitsache rechtshängig. Der Kläger kann sie daher auch weiterhin zurücknehmen.[4] Da der Beklagte bereits erstinstanzlich zur Hauptsache verhandelt hat, bedarf die Klagerücknahme nach Urteilserlaß zu ihrer Wirksamkeit immer der Einwilligung des Beklagten (§ 269 Abs. 1 ZPO).

a) Vor Einleitung des Berufungsverfahrens

Zwischen den Instanzen nimmt der Kläger die Klage nur selten gegenüber dem Gericht erster Instanz zurück.

Der *unterlegene Kläger*, dessen Rechtsmittel wegen fehlender verfahrensrechtlicher Erfolgsaussichten (z. B. § 511a ZPO) ausscheidet, erhält vom Beklagten regelmäßig keine Zustimmung zur Klagerücknahme. Jener würde sich nur einer erneuten Klage aussetzen und das klageabweisende Urteil verlieren. Kann der Kläger zulässigerweise Berufung einlegen, stimmt der Beklagte der Klagerücknahme nur zu, wenn das Rechtsmittel unausweichlich und begründet erscheint. Um das Risiko einer zweitinstanzlichen Verurteilung zur Sache und in die Kosten abschätzen zu können, wird der Beklagte in diesen Fällen die klägerische Berufung und Berufungsbegründung in aller Regel erst abwarten. Der beschwerte Kläger neigt seinerseits zur Berufungseinlegung, um den Eintritt der Rechtskraft des Urteils zu verhindern, falls die Einwilligung des Beklagten über die Berufungsfrist hinaus auf sich warten läßt. Sollte der Beklagte endgültig nicht einwilligen, kann er das Rechtsmittel dann auch zur Anfechtung der Klageabweisung nutzen.

Der *obsiegende Kläger* nimmt seine Klage zwischen den Instanzen wohl nur zurück, wenn er ein erfolgreiches Rechtsmittel des Beklagten befürchtet. Auch er wartet daher in aller Regel erst die Berufungseinlegung und Begründung des Beklagten ab, bevor er zur Klage disponiert.

---

[4] RG JW 1905, 536; 1911, 51; LAG Hamm NJW 1972, 2063, 2064; KG ZZP 55 (1930), 284; KG NJW 1971, 2270, 2271; OLG Hamm NJW-RR 1991, 61; *Stein/Jonas/Schumann*,[20] ZPO, § 269 Rdn. 31 ff., 35 ff.; MünchKomm-ZPO/*Lüke*, § 269, Rdn. 16 f. Von einer Klagerücknahme ist regelmäßig auszugehen, falls die Auslegung nicht zur Annahme eines Klageverzichts oder einer Erledigung der Hauptsache führt, vgl. *Stein/Jonas/Schumann*,[20] ZPO, § 264 Rdn. 67; MünchKomm-ZPO/*Lüke*, § 264 Rdn. 23; *Thomas/Putzo*, ZPO, § 264 Rdn. 6.

Legt eine Partei Berufung ein, kann der Kläger die Klagerücknahme gleich beim Berufungsgericht erklären.

Einzig der *obsiegende Antragsteller eines Ehescheidungsverfahrens* nimmt seinen Scheidungsantrag zwischen den Instanzen vor dem Familiengericht ungeachtet eines zu erwartenden Rechtsmittels zurück, wenn er nunmehr an den Fortbestand der Ehe glaubt.

Willigt der Beklagte in die schriftsätzliche[5] Klagerücknahme gegenüber dem Untergericht ein, entfällt die Klage ipso iure, ohne daß es hierfür einer konstitutiven Aufhebung oder Abänderung bedarf. Das Urteil wird gegenstandslos (§§ 523, 269 Abs. 3 S. 1 ZPO). Über die Kosten befindet die erste Instanz auf Antrag des Beklagten durch Beschluß (§ 269 Abs. 3 S. 2 und 3 ZPO).[6] Für die Wirksamkeit der zwischeninstanzlichen Klagerücknahme müssen die Parteien die allgemeinen Wirksamkeitsvoraussetzungen für Prozeßhandlungen erfüllen. Ein im ersten Rechtszug bestehender Anwaltszwang ist auch jetzt zu berücksichtigen.[7] Klagerücknahme und Einwilligung müssen zu einer Zeit erfolgen, zu der die Berufung statthaft und fristgerecht erfolgen könnte,[8] denn später ist die Streitsache nicht mehr rechtshängig und das Urteil erster Instanz rechtskräftig.

b) Mit Einleitung des Berufungsverfahrens

aa) Durch den Kläger und Berufungskläger

Der Kläger kann die Klagerücknahme zusammen mit der Berufungsschrift oder der Begründungsschrift vor dem Berufungsgericht erklären (§§ 523, 524 Abs. 3 Nr. 2, 269 ZPO).[9] Sie ist keine dem Berufungsverfahren eigene Prozeßhandlung und darf in jedem Stadium des Rechtsstreits erfolgen. Ist ein Prozeßbevollmächtigter der Rechtsmittelinstanz noch nicht bestellt, kann sie auch der erstinstanzliche Anwalt vornehmen. Die Prozeßwirt-

---

5 § 269 Abs. 2 S. 2 ZPO.

6 KG NJW 1971, 2270, 2271; *Schwab*, FS Schnorr v. Carolsfeld, 1973, S. 445, 451; *Gilles*, ZZP 91 (1978), 128, 164.

7 *Stein/Jonas/Schumann*,[20] ZPO, § 269 Rdn. 31.

8 OLG Frankfurt MDR 1957, 46; OLG Stuttgart VersR 1961, 1097; *Blomeyer*, ZPR, § 63 II 2, S. 330 Fn. 16; *Stein/Jonas/Schumann*,[20] ZPO, § 269 Rdn. 32; MünchKomm-ZPO/*Lüke*, § 269 Rdn. 17.

9 Vgl. RG JW 1905, 536; 1911, 51; LAG Hamm NJW 1972, 2063, 2064; KG ZZP 55 (1930), 284; KG NJW 1971, 2270, 2271; OLG Hamm NJW-RR 1991, 61; *Stein/Jonas/Schumann*,[20] ZPO, § 269 Rdn. 35 ff.; MünchKomm-ZPO/*Lüke*, § 269, Rdn. 16 f.

schaftlichkeit gestattet eine Durchbrechung des § 78 ZPO.[10] Willigt der Beklagte ein (§§ 523, 269 Abs. 1 ZPO), ist die Klagerücknahme wirksam. Die Klage verliert ipso iure ihre Rechtshängigkeit; das bereits erlassene Urteil wird gegenstands- und kraftlos.[11] Eine formelle Aufhebung des Urteils durch das Berufungsgericht braucht nicht zu erfolgen (§ 269 Abs. 3 S. 1 ZPO).[12] Zur Rücknahme des Rechtsmittels, das die Rechtshängigkeit der Klage aufrechterhält, führt die Klagerücknahme dagegen nicht.[13] Da Berufungsanträge im Sinne des § 519 Abs. 3 Nr. 1 ZPO noch nicht gestellt sind, ist eine Entscheidung zum Rechtsmittel mit Wirksamkeit der Klagerücknahme nicht mehr erforderlich (§ 269 Abs. 3 S. 1 ZPO).[14] Auf einen Antrag nach § 523, 269 Abs. 3 S. 3 ZPO entscheidet das Gericht über die Kosten des gesamten Rechtsstreits, mithin auch der Berufung. Eine eventuell entgegenstehende Kostenentscheidung im erstinstanzlichen Urteil muß das Berufungsgericht dabei nicht abändern oder aufheben.

(1) Durch den unterlegenen Kläger

Die Klagerücknahme des *unterlegenen Klägers* und die Einwilligung des Beklagten erledigen den erstinstanzlichen Rechtsstreit und das Rechtsmittel gleichsam einvernehmlich (§ 269 Abs. 3 S. 1 ZPO). Zugunsten einer prozeßökonomischen Streitbeilegung sind an die Berufung daher keine weiteren Zulässigkeitsanforderungen als ein statthaftes und fristgerechtes[15] Rechtsmittel zur Aufrechterhaltung der Rechtshängigkeit zu stellen.[16] Mit wirksamer Berufungseinlegung tritt der Suspensiveffekt ein. Hierzu bedarf es keiner Vertretung durch einen beim Berufungsgericht zugelassenen Rechtsanwalt, keiner erreichten Erwachsenheitssumme und keiner form-

---

[10] BGHZ 14, 210, 211; BGH NJW 1970, 1320; OLG Koblenz Rpfleger 1974, 117 (zust. *Vollkommer*, S. 89); LG Bonn NJW-RR 1986, 223, 224.

[11] OLG Stuttgart VersR 1961, 1079; *Baumbach/Lauterbach/Hartmann*, ZPO, § 269 Rdn. 11; *Rosenberg/Schwab/Gottwald*, ZPR, § 130 I 3, S. 757.

[12] In einem drohenden Vollstreckungsverfahren kann der Beklagte für einen Nachweis gemäß § 775 Nr. 1 ZPO dennoch einen klarstellenden Beschluß erwirken, vgl. *Stein/Jonas/Schumann*,[20] ZPO, § 269 Rdn. 57.

[13] Vgl. OLG Stuttgart VersR 1961, 1097; *Stein/Jonas/Schumann*,[20] ZPO, § 269 Rdn. 14; *Baumbach/Lauterbach/Hartmann*, ZPO, § 269 Rdn. 11.

[14] *Gilles*, ZZP 91 (1978), 128, 163; *ders.*, Rechtsmittel, S. 46 f.; *Gottwald*, Revisionsinstanz, S. 395 f.

[15] OLG Stuttgart VersR 1961, 1079; *Rosenberg/Schwab/Gottwald*, ZPR, § 130 I 3, S. 757; *Gilles*, ZZP 91 (1978), 128, 163.

[16] BGH LM WZG § 5 Nr. 36; *Rosenberg/Schwab/Gottwald*, ZPR, § 130 I 3 b, S. 757; MünchKomm-ZPO/*Lüke*, § 269 Rdn. 17; *Gilles*, ZZP 91 (1978), 128, 163.

und fristgerechten Berufungsbegründung.[17] Verwirft das Rechtsmittelgericht das unzulässige Rechtsmittel (§ 519b ZPO), kann die Klagerücknahme oder die Einwilligung des Beklagten ab dem Eintritt der Rechtskraft der Verwerfungsentscheidung nicht mehr erfolgen.[18]

Verweigert der Beklagte seine Einwilligung zur Klagerücknahme vor dem Berufungsgericht, kann der unterlegene Kläger das Rechtsmittel zur Verfolgung der Urteilsabänderung und Verurteilung des Beklagten nur fortführen, wenn es voll zulässig ist. Hat der Berufungskläger wegen der unnütz verfolgten Klagerücknahme die Berufungsbegründungsfrist des § 519 Abs. 2 ZPO verstreichen lassen, kann er eine Verwerfung des Rechtsmittels vermeiden, indem er rechtzeitig einen Antrag gemäß §§ 233 ff. ZPO stellt und notwendige Berufungsgründe nachreicht. Über die Bewilligung der Wiedereinsetzung in den vorigen Stand kann er eine Berücksichtigung auch der verspäteten Berufungsbegründung erreichen.[19]

Der beschwerte Kläger kann die Klage mit Zustimmung des Beklagten zu jedem Zeitpunkt vor Eintritt der endgültigen Rechtskraft zurücknehmen. Die Einlegung der Berufung ist daher auch zum Zweck der Klagerücknahme zulässig, obgleich der Kläger die Klage bereits vor dem Gericht erster Instanz zurücknehmen konnte. Dies beruht auf dem Dispositionsgrundsatz.

Geht der erstinstanzlich unterlegene Kläger nur gegen einen Teil der Beschwer in Berufung und nimmt den übrigen Klageteil wirksam zurück,[20] muß die Berufung voll zulässig sein. Der Berufungskläger muß die Abwendung der Beschwer verfolgen. Der vom (Teil-)Rechtsmittel erfaßte Anteil am Wert der Beschwer muß die Erwachsenheitssumme des § 511a ZPO erreichen. Nur für den Wert der Beschwer selbst bleibt die Klagerücknahme nach Berufungseinlegung unberücksichtigt (§ 4 Abs. 1 ZPO). Willigt der Beklagte in die Klagerücknahme ein und ist die teilweise Klagerücknahme

---

[17] *Baumbach/Lauterbach/Hartmann*, ZPO, § 269 Rdn. 11; *Rosenberg/Schwab/Gottwald*, ZPR, § 130 I 3, S. 757; *Gilles*, ZZP 91 (1978), 128, 163, 164 Fn. 109.

[18] OLG Stuttgart FamRZ 1969, 104; *Gilles*, ZZP 91 (1978), 128, 163; *Stein/Jonas/Schumann*,[20] ZPO, § 269 Rdn. 35.

[19] *Stein/Jonas/Schumann*,[20] ZPO, § 269 Rdn. 36.

[20] Die bloße Teilanfechtung führt noch nicht zur Klagerücknahme im übrigen. Erforderlich ist dazu eine ausdrückliche Disposition. Vgl. BGH NJW-RR 1989, 1276, 1277; *Karmasin* NJW 1974, 982; *Wieczorek/Rössler*, § 519 Anm. D Ib; MünchKomm-ZPO/*Rimmelspacher*, § 519 Anm. 32; *Zöller/Gummer*, ZPO, § 519 Rdn. 29; a. A. dagegen *Batsch*, NJW 1974, 299; AK-ZPO/*Ankermann*, § 519 Rdn. 15; *Stein/Jonas/Grunsky*,[21] ZPO, § 519 Rdn. 25. Zum Verhältnis Klagerücknahme und Teilanfechtung vgl. bereits oben, S. 30 f., 33 f., 47.

wirksam, spricht das Berufungsgericht die Kostenfolge des § 269 Abs. 3 ZPO zusammen mit dem Rechtsmittelurteil aus.

(2) Durch den obsiegenden Kläger

Legt der geschiedene Antragsteller eines Ehescheidungsverfahrens Berufung ein, um vor dem Rechtsmittelgericht seinen Scheidungsantrag zurückzunehmen, weil er die Ehe nun fortsetzen möchte, lehnt eine Ansicht die Berufung mangels Beschwer des Berufungsklägers als unzulässig ab. Da der Antragsteller den Scheidungsantrag vor Ablauf der Berufungsfrist auch vor dem Gericht des unteren Rechtszugs zurücknehmen konnte, bräuchte er das Oberlandesgericht nicht zu bemühen.[21]

Diese Auffassung übersieht folgendes: Einmal wahrt die rechtzeitige Berufung die Rechtsmittelfrist für den Fall, daß die Einwilligung des Ehepartners zur Antragsrücknahme auf sich warten läßt. Das Scheidungsurteil wird nach Ablauf der Berufungsfrist nicht rechtskräftig, so daß eine Antragsrücknahme auch bei verspäteter Einwilligung wirksam werden kann. Zum anderen kann der Geschiedene das Rechtsmittel auch zur Anfechtung der Ehescheidung oder zum Verzicht auf den Scheidungsantrag nutzen, wenn der Antragsgegner die Einwilligung nach Ablauf der Begründungsfrist endgültig verweigert. Zur Aufrechterhaltung der grundgesetzlich geschützten Ehe ist daher vom Erfordernis der Beschwer des Berufungsklägers abzusehen (Art 6 Abs. 1 GG).[22]

Gemäß §§ 523, 608 ZPO findet § 269 ZPO auch im familiengerichtlichen Rechtsmittelverfahren Anwendung.[23] An die Wirksamkeit der Antragsrücknahme vor dem Berufungsgericht sind daher die allgemeinen Voraussetzungen zu stellen.

Da eine einvernehmlichen Scheidung bei Antragsrücknahme eines Ehegatten (§§ 1565, 1566 Abs. 1 BGB, § 630 ZPO) auch ohne Einwilligung des

---

[21] So *Jauernig*, ZPR, § 91 II 17; *Diederichsen*, FamRZ 1966, 610; *Lüderitz*, NJW 1964, 1075.

[22] Vgl. BGHZ 89, 328 = NJW 1984, 1302; BGH FamRZ 1983, 685, 686; BGH NJW-RR 1987, 387; BGH NJW 1970, 46; 1973, 2287; *Rolland/Roth*, Familienrecht, § 629a ZPO, Rdn. 9 f.; *Gilles*, ZZP 91 (1978), 128, 163; *Stein/Jonas/Schumann*,[20] ZPO, § 269 Rdn. 35, 37; *Stein/Jonas/Grunsky*,[21] ZPO, Allg. Einl. vor § 511 Rdn. 101 f. Wer in der Ehescheidung eine materielle Beschwer des Antragstellers sieht (so z. B. *Ohndorf*, Beschwer, S. 97 ff., 174 ff.; *Bettermann*, ZZP 82 (1969), 39 ff.; a. A. dagegen die h.M., vgl. stellvertretend *Stein/Jonas/Grunsky*[21], Allg. Einl. vor § 511 Rdn. 78 f.), kann diese Fälle bereits unter die Klagerücknahme des beschwerten Berufungsklägers subsumieren und kommt so zur Zulässigkeit der Antragsrücknahme vor dem Berufungsgericht.

[23] § 626 ZPO sieht lediglich Besonderheiten für die Folgesachen des Verbunds vor.

anderen Ehegatten entfällt, ist der unbeschwerte Antragsteller hier ausschließlich auf die fristgerechte Antragsrücknahme vor dem Familiengericht zu verweisen und eine Berufung zum Zweck der Antragsrücknahme unzulässig.[24]

Unzulässig ist die Berufung des unbeschwerten Antragstellers ferner, wenn er die Rücknahme seines Scheidungsantrags nur unverbindlich in Aussicht stellt.[25]

bb) Durch den Kläger und Berufungsbeklagten

Der Kläger kann auch die fristgerechte Berufung des Beklagten zur Klagerücknahme nutzen. Da die Klage nach Einwilligung des Beklagten und Berufungsklägers nicht mehr rechtshängig ist, benötigt der Kläger keinen Ausspruch durch das Berufungsgericht. Die Klagerücknahme vor dem Berufungsgericht bedarf daher keiner Anschlußberufung. Das fremde Rechtsmittel muß nur statthaft und fristgerecht eingelegt sein. Weitere Zulässigkeitsvoraussetzungen muß es nicht erfüllen. Das Berufungsgericht entscheidet auf Antrag über die Kosten der ersten und zweiten Instanz (§§ 523, 269 Abs. 3 S. 2 und 3 ZPO).

2. Vergleich

a) Vor Einleitung des Berufungsverfahrens

Die Partei, zu deren Gunsten der Rechtsstreit erstinstanzlich entschieden wurde, hat an der gütlichen Beilegung des Rechtsstreits nur dann Interesse, wenn sich auf diesem Weg ein gegnerisches Rechtsmittel vermeiden läßt. Voraussetzung für einen wirksamen Vergleich ist wieder die Rechtshängigkeit der Klage. Ohne Rechtsmitteleinlegung ist dies nur während der laufenden Berufungsfrist der Fall. Nach Abschluß der mündlichen Verhandlung muß das erstinstanzliche Gericht eine mündliche Verhandlung ansetzen oder die geschlossene mündliche Verhandlung wieder eröffnen, um den Prozeßvergleich zu protokollieren (§ 794 Abs. 1 Nr. 1 ZPO).[26] Zwischen den Instanzen ist daher ein Prozeßvergleich denkbar. Auch ein außergerichtli-

---

[24] AG Berlin-Charlottenburg FamRZ 1986, 704; *Zöller/Greger*, ZPO, § 269 Rdn. 9.

[25] BGH FamRZ 1987, 264 f.

[26] *Rosenberg/Schwab/Gottwald*, ZPR, § 131 I 3, S. 764; *Zöller/Stöber*, ZPO, § 794 Rdn. 4; *Zimmermann*, ZPO, § 794 Rdn. 3.

cher Vergleich kommt in Betracht. Dieser hat jedoch keine prozeßbeendende Wirkung.[27]

b) Mit Einleitung des Berufungsverfahrens

Geht eine Partei in Berufung und vergleichen sich Kläger und Beklagter in der mündlichen Verhandlung zu Protokoll des Berufungsgerichts, ist der Prozeßvertrag ein Vollstreckungstitel (§ 794 Abs. 1 Nr. 1 ZPO). Das Rechtsmittel muß auch hier statthaft und fristgerecht eingelegt sein. Der Vergleich unterliegt der Anwaltspflicht (§ 78 Abs. 1 ZPO). Mit Wirksamkeit des Vergleichs legen die Parteien den Rechtsstreit insgesamt - auch die Berufung - gütlich bei.[28]

Scheitert eine gütliche Vereinbarung, können die Parteien das Rechtsmittelverfahren nur dann zur Urteilsanfechtung fortsetzen, wenn es voll zulässig ist. Nur wegen verspäteter Begründungsgründe (§ 519 Abs. 2, Abs. 3 Nr. 2 ZPO), die der Berufungskläger aufgrund von Vergleichsverhandlungen nicht rechtzeitig vorbrachte, ist der Rechtsmittelführer entschuldigt. Bringt er die Gründe gemäß §§ 233 ff. ZPO nach, unterbleibt eine Verwerfung des Rechtsmittels. Damit stehen die Bemühungen der Parteien zur gütlichen Beilegung des Rechtsstreits nicht unter Zeitdruck.

Vergleichen sich die Parteien nur zum Teil, kann der Berufungskläger im übrigen Berufung eingelegen. Jene hat alle Zulässigkeitsvoraussetzungen zu erfüllen. Der Anteil der verbleibenden Berufung am Wert der Beschwer muß die Beschwerdesumme erreichen. Der Wert der Beschwer selbst bleibt durch den Teilvergleich nach Berufungseinlegung unberührt (§ 4 Abs. 1 ZPO).

---

[27] Vgl. BGH JZ 1974, 257; BGH MDR 64, 313; BAG NJW 1963, 1469; *Jauernig*, JZ 1958, 657; *Lüke*, JuS 1965, 482; *Rosenberg/Schwab/Gottwald*, ZPR, § 131 VI 2, S. 775; *Zöller/Stöber*, ZPO, § 794 Rdn. 17; *Stein/Jonas/Münzberg*,[20] ZPO, § 794 Rdn. 27. Der außergerichtliche Vergleich kann durch Wiederholung oder Verlesung zu Protokoll eines Gerichts zum Prozeßvergleich im Sinne des § 794 Abs. 1 Nr. 1 ZPO werden. Eine prozeßbeendigende Wirkung bejahen dagegen OLG München ZZP 53 (1928), 285; OLG Oldenburg JZ 1958, 279; MünchKomm-ZPO/*Wolfsteiner*, § 794 Rdn. 40. Diese Ansicht entspricht nicht der Rechtslage nach der ZPO.

[28] *Zöller/Stöber*, ZPO, § 794 Rdn. 13. Zur Frage ob diese Wirkung nur bei einem voll wirksamen oder auch einem unwirksamen Vergleich eintritt, vgl. BGH 41, 310; 79, 71 einerseits und BGH NJW 1959, 532 andererseits.

3. *Beiderseitige Erledigungserklärung*

a) Vor Einleitung des Berufungsverfahrens

Bei Erledigung der Hauptsache vor Rechtskraft des erlassenen Urteils haben die Parteien ein berechtigtes Interesse an einer neuen Kostenentscheidung. Erfüllt der Beklagte den Anspruch des erstinstanzlich *unterlegenen Klägers* ungeachtet des klageabweisenden Urteils doch,[29] geht die vom Kläger erfolglos geforderte Sache unter oder tritt ein anderes erledigendes Ereignis ein, erübrigt sich für den Kläger eine Berufungseinlegung. Um von der Kostenentscheidung loszukommen, kann er dem Erstgericht bis zur Rechtskraft der Entscheidung die Erledigung der Hauptsache schriftsätzlich oder zu Protokoll der Geschäftsstelle[30] anzeigen.[31] Bei Zustimmung des Beklagten zur Erledigung entscheidet das erstinstanzliche Gericht über die Kosten des Rechtsstreits nach § 91a ZPO neu.[32]

§ 318 ZPO steht dem nicht entgegen, weil die Instanzentscheidung mit der übereinstimmenden Erledigungserklärung analog § 269 Abs. 3 S. 1 ZPO ex tunc wirkungslos und die Rechtshängigkeit unmittelbar beendet ist.[33] Auf das objektive Vorliegen eines erledigenden Ereignisses kommt es nicht an.[34] Das Gericht erster Instanz entscheidet nach billigem Ermessen unter Berücksichtigung des bisherigen Sach- und Streitstands nur noch über die Kosten des Rechtsstreits. Bei der Abwägung der Prozeßaussichten und Heranziehung des Veranlassungsprinzips berücksichtigt das Gericht den erstinstanzlichen Ausgang des Rechtsstreits zusammen mit der klägerischen Urteilsschelte und allen neuen Tatsachen. Eine mündliche Verhandlung ist

---

[29] Der Kläger kann nicht vollstrecken. Der Beklagte leistet daher auch nicht zur Abwendung der Vollstreckung.

[30] Auch jedes Amtsgerichts, §§ 91a Abs. 1, 129 ZPO. Gemäß § 78 Abs. 3 ZPO unterliegen die Erklärungen in keinem Fall der Anwaltspflicht, vgl. *Baumbach/Lauterbach/Hartmann*, ZPO, § 91a Rdn. 146; *Rosenberg/Schwab/Gottwald*, ZPR, § 132 II 2c, S. 779; a. A. *Thomas/Putzo*, ZPO, § 91a Rdn. 16.

[31] OLG München FamRZ 1993, 454; *Stein/Jonas/Bork*, ZPO,[21] § 91a Rdn. 14.

[32] Vgl. zur Erledigungserklärung zwischen den Instanzen, LAG Hamm NJW 1972, 2063; zust. *Walchshöfer*, NJW 1973, 294; *Schneider*, MDR 1979, 499; *Rosenberg/Schwab/Gottwald*, ZPR, § 132 II 2 c, S. 779; *Gottwald*, NJW 1976, 2250, 2251; *Bergerfurth*, NJW 1992, 1655; *Zöller/Vollkommer*, ZPO, § 91a Rdn. 21; *Thomas/Putzo*, ZPO, § 91a Rdn. 14, 23, 27; *Stein/Jonas/Bork*,[21] ZPO, § 91a Rdn. 14. Eine einseitige Erledigungserklärung scheidet zwischen den Instanzen wegen der Bindung des erstinstanzlichen Gerichts an seine gefällte Entscheidung aus (§ 318 ZPO), vgl. *Schwab*, FS Schnorr v. Carolsfeld, 1973, S. 454.

[33] OLG Hamm MDR 1985, 591; MünchKomm-ZPO/*Lindacher*, § 91a Rdn. 39; *Baumbach/Lauterbach/Hartmann*, ZPO, § 91a Rdn. 72; *Thomas/Putzo*, ZPO, § 91a Rdn. 21; *Rosenberg/Schwab/Gottwald*, ZPR, § 132 II 1,2, S. 778.

[34] *Rosenberg/Schwab/Gottwald*, ZPR, § 132 II 2a, S. 778.

hierfür seit der Änderung des § 91a Abs. 1 S. 1 und 2 ZPO zum 1.4.1991 nicht mehr erforderlich.[35]

b) Mit Einleitung des Berufungsverfahrens

§ 91a ZPO beschränkt sich nicht nur auf die erste Instanz. Auch in der Rechtsmittelinstanz besteht das Bedürfnis nach einer raschen Erledigung des gesamten Rechtsstreits (nicht nur des Rechtsmittels[36]) bei gerechter Verteilung der Kosten beider Rechtszüge. Hat der erstinstanzlich *unterlegene Kläger* Berufung eingelegt und tritt noch vor Festlegung des sonst üblichen Berufungsgegenstands ein erledigendes Ereignis zur Klage ein (Erfüllung oder Unmöglichkeit), kann er die Erledigung des Rechtsstreits vor dem Berufungsgericht erklären. Selbst innerhalb der Berufung des Beklagten darf er die Hauptsacheerledigung anzeigen (§§ 523, 269 Abs. 2 S. 2 ZPO analog).[37]

Tritt das erledigende Ereignis zur Hauptsache bereits vor Berufungseinlegung im Zeitraum zwischen den Instanzen ein, scheidet die Berufung zum Zweck der Streiterledigung nicht aus.[38] Sie hat gegenüber der erstinstanzlichen Erledigungserklärung den Vorteil, daß die Rechtsmittelfrist nicht unnütz verstreicht. Der Kläger kann das Rechtsmittel auch zur einseitigen Feststellung der Hauptsacheerledigung betreiben, wenn der Beklagte in die Erledigung nicht einwilligt. Ein solches Vorgehen wäre vor dem Gericht erster Instanz ausgeschlossen (§ 318 ZPO).[39]

---

[35] Art. 1 Z. 4 RpflVereinfG v. 17.12.1990, BGBl. I., 2847, vgl. *Thomas/Putzo*, ZPO, § 91a Rdn. 14, 23.

[36] Nicht der gesamte Rechtsstreit, sondern nur das Rechtsmittel erledigt sich, wenn das Gericht des ersten Rechtszugs der Klage zu Unrecht stattgab und sie nach Rechtsmitteleinlegung tatsächlich zulässig und begründet wurde (die zu Unrecht als fällig anerkannte Forderung wird später tatsächlich fällig). Die Rechtsmittelerledigung läßt die angefochtenen Entscheidung unberührt. Das Rechtsmittelgericht hat nur über die zweitinstanzlichen Kosten zu entscheiden. Zur Rechtsmittelerledigung allgemein *Heintzmann*, ZZP 87 (1974), 199, 200.

[37] Vgl. zur Hauptsacheerledigung nach Berufungseinlegung RGZ 118, 149, 150; BGH LM § 91a ZPO Nr. 2, 11; BGH NJW 1975, 539; OLG Köln MDR 1979, 498; OLG Hamburg NJW-RR 1989, 570; OLG Frankfurt NJW-RR 1992, 493; *Gottwald*, NJW 1976, 2251; MünchKomm-ZPO/*Lindacher*, § 91a, Rdn. 38; *Schneider*, MDR 1982, 626, 627; *Furtner*, MDR 1961, 189; *Heintzmann*, ZZP 87 (1974), 199, 200; *Stein/Jonas/Bork*,[21] ZPO, § 91a Rdn. 51; *Bergerfurth*, NJW 1992, 1655; *Thomas/Putzo*, ZPO, § 91a Rdn. 23, 27 f. Auch hier unterliegen die Erklärungen keinem Anwaltszwang.

[38] OVG Hamburg MDR 1995, 956; *Furtner*, MDR 1961, 188, 189; MünchKomm-ZPO/*Lindacher*, § 91a Rdn. 38 f.; *Furtner*, MDR 1961, 188, 189; *Schneider*, MDR 1979, 499.

[39] Zum "Widerspruchsverbot" *Schwab*, FS Schnorr v. Carolsfeld, 1973, S. 445, 449.

Schließt sich der Beklagte der Erledigungserklärung des Klägers uneingeschränkt an, entfällt mit der übereinstimmenden Erledigungserklärung zur Hauptsache die Rechtshängigkeit der Klage. Das Urteil wird gegenstandslos und der gesamte Rechtsstreit beendet. Einer formellen Urteilsaufhebung durch das Rechtsmittelgericht bedarf es ebensowenig wie der Feststellung der Hauptsacheerledigung (§ 269 Abs. 3 Nr. 1 ZPO analog). Gleichsam mit der Hauptsache endet auch das Rechtsmittel.[40] Das Berufungsgericht entscheidet (auch ohne Antrag), unter Berücksichtigung des bisherigen Sach- und Streitstands über die Kosten beider Instanzen (§§ 523, 91a ZPO).[41] Es wäre daher verfehlt und einer einvernehmlichen Streiterledigung hinderlich, das Vorliegen sämtlicher prozessualer Rechtsmittelerfolgsvoraussetzungen für die Zulässigkeit der Erledigungserklärung zu fordern. Das statthafte und fristgerechte Rechtsmittel reicht aus, um den Eintritt der Rechtskraft der erstinstanzlichen Entscheidung zu vermeiden.[42] Demnach kann auch der unterlegene Kläger, dessen Beschwer die Beschwerdesumme nicht erreicht oder der obsiegende Kläger[43] Berufung einlegen und die Hauptsache zweitinstanzlich für erledigt erklären. Die mitunter aufgeworfene Frage, ob die Erledigung des Rechtsstreits die formelle Beschwer entfallen läßt, erübrigt sich damit.[44] Die Ansicht, die für die beiderseitige Erledigungserklärung in zweiter Instanz die volle Zulässigkeit des Rechtsmittels fordert,[45] vermag nicht zu erklären, warum dies anders als bei der Klagerücknahme oder dem Vergleich bei der Erledigung ausnahmsweise notwendig sein soll.[46] Das Prozeßrecht hat jede einvernehmliche Streiterledigung zu fördern und nicht zu behindern.

---

[40] *Gilles*, ZZP 91 (1978) 128, 163; *Heintzmann*, ZZP 87 (1974), 199, 200; *Schönke*, JZ 1952, 566.

[41] BGH NJW 1965, 1597; BGHZ 106, 359, 366; *Furtner*, MDR 1961, 188, 189.

[42] *Gilles*, ZZP 91 (1978) 128, 163; *Rosenberg/Schwab/Gottwald*, ZPR, § 132 II 2e, S. 779; *Stein/Jonas/Bork*, ZPO,[21] § 91a Rdn. 51.

[43] Dies kommt in der Praxis freilich nur selten vor.

[44] Vgl. hierzu *Rosenberg/Schwab/Gottwald*, ZPR, § 132 II 2e, S. 779; *Gottwald*, NJW 1976, 2250, 2251; *Stein/Jonas/Bork*, ZPO,[21] § 91a Rdn. 51 (jeweils gegen einen Beschwerfortfall) und OLG Hamm NJW 1975, 1843; LAG Köln MDR 1993, 578 (jeweils für einen Beschwerfortfall).

[45] BGH LM § 91a ZPO Nr. 2; BGHZ 50, 197 = NJW 1968, 1725; BGH VersR 1981, 956, 957; *Furtner*, MDR 1961, 188, 189; *Thomas/Putzo*, ZPO, § 91a Rdn. 28; *Göppinger*, Erledigung, S. 287; MünchKomm-ZPO/*Lindacher*, § 91a Rdn. 38 f; *Baumbach/Lauterbach/Hartmann*, ZPO, § 91a Rdn. 101; *Stein/Jonas/Bork*, ZPO, [21] § 91a Rdn. 101.

[46] Regelmäßig beruht die Forderung nach einem voll zulässigen Rechtsmittel auf einer unzureichenden Unterscheidung zwischen der beiderseitigen und der einseitigen zweitinstanzlichen Erledigungserklärung. Während die beiderseitige Erledigungserklärung den Rechtsstreit wie die Klagerücknahme erledigt, stellt die einseitige nur eine nach § 264 Nr. 2 ZPO zulässige Klageänderung dar. Nur die zweitinstanzliche Klageänderung erfordert zu ihrer Wirksamkeit ein voll zulässiges Rechtsmittel. Dazu nachfolgend, S 126 ff.

Bei einer zweitinstanzlich nur teilweise übereinstimmenden Erledigungserklärung kann der Berufungskläger sein Berufungsziel auf die Stattgabe des noch unerledigten Anspruchsrests ausrichten, wenn er insoweit alle Zulässigkeitsvoraussetzungen des Rechtsmittels erfüllt. Die Erwachsenheitssumme bemißt nach dem Anteil der Anfechtung an der gesamten ursprünglichen Beschwer. Jene verringert sich nach Einlegung der Berufung durch die Hauptsacheerledigung nicht (§ 4 Abs. 1 ZPO).

4. Klageverzicht und Klageanerkenntnis

Verzichtet der Kläger nach Abschluß der ersten Instanz auf den prozessualen Anspruch oder erkennt der Beklagte an, wird das Verfahren nicht unmittelbar beendet. Es ist ein entsprechendes Sachurteil erforderlich. Das Instanzgericht ist an seine einmal gefällte Entscheidung zum Streitgegenstand gemäß § 318 ZPO gebunden und kann weder nochmals noch anders urteilen (§ 318 ZPO).[47] Eine Erklärung von Klageverzicht oder Klageanerkenntnis vor dem Gericht der unteren Instanz ("zwischen den Instanzen") ist daher sinnlos. Dagegen kann das Rechtsmittelgericht einen Klageverzicht oder ein Klageanerkenntnis verbescheiden, wenn ein voll zulässiges Rechtsmittel eingelegt wird (§§ 523, 306, 307 ZPO).[48] Ficht der Beklagte seine Verurteilung an, kann der Kläger als Berufungsbeklagter ohne Anschlußrechtsmittel auf die Klage somit verzichten.[49] Verfolgt der Beklagte und Berufungskläger wie gewöhnlich die Abänderung des stattgebenden Urteils und die Abweisung der Klage, gibt das Berufungsgericht der Berufung wegen der Verzichtserklärung statt. Hat der Kläger die Klageabweisung angefochten, kann der Beklagte als Berufungsbeklagter die Klage ohne Anschlußrechtsmittel anerkennen. Stellt der Kläger wie gewöhnlich den Antrag, den Beklagten zu verurteilen, gibt das Berufungsgericht der Klage aufgrund des Anerkenntnisses statt. Da sich zweitinstanzlicher Klageverzicht und zweitinstanzliche Klageanerkenntnis nicht auf den Berufungsgegenstand auswirken, bedürfen sie keiner Entsprechung in den Berufungsanträgen. Auch die Beschwerdesumme verringert sich nicht.

Mit der Berufung muß der Berufungskläger eine Beschwer geltend machen. Die Berufung des unterlegenen Klägers mit dem Antrag, das Urteil

---

[47] Zum "Widerspruchsverbot" *Schwab*, FS Schnorr v. Carolsfeld, 1973, S. 445, 449.

[48] BGH NJW 1994, 944; *Thomas/Putzo*, ZPO, § 307 Rdn. 10; *Blomeyer*, ZPR 1963, 299 Fn. 6; a. A. RGZ 165, 86; *Gilles*, ZZP 91 (1978), 128, 164.

[49] Eine Verzichtserklärung liegt auch vor, wenn der Kläger den Berufungsantrag des Beklagten auf Urteilsabänderung und Klageabweisung "anerkennt", vgl. *Thomas/Putzo*, ZPO, § 306 Rdn. 1.

abzuändern und die Klage wegen eines Verzichts abzuweisen, scheidet daher aus. Ebenso die Berufung des unterlegenen Beklagten mit dem Antrag, das stattgebende Urteil abzuändern und der Klage wegen seines Anerkenntnisses stattzugeben.

III. Streitverändernde und streiterweiternde Verfügungsakte zum prozessualen Anspruch

Streitverändernde und streiterweiternde Dispositionen kommen vor Einlegung der Berufung ("zwischen den Instanzen") nicht in Betracht, da die erste Instanz zur Sache nicht erweiternd oder abändernd urteilen kann (§ 318 ZPO). Im Berufungsverfahren lassen Rechtsprechung und Literatur diese Dispositionen nach Maßgabe der gesetzlichen Vorschriften dagegen grundsätzlich zu (arg. § 523 ZPO).[50]

Da es dem Berufungskläger, der zweitinstanzlich eine veränderte Klage verfolgt, nicht mehr (ausschließlich) um die Überprüfung des Urteils auf seine Richtigkeit bzw. die Durchsetzung seines ursprünglichen Anspruchs geht und der Berufungsbeklagte eine Instanz verliert, war lange Zeit umstritten, ob zweitinstanzliche Streitgegenstandsdipositionen überhaupt zulässig sind.[51] Angesichts des klaren Wortlauts der §§ 523 und 530 ZPO läßt sich die Möglichkeit jener Dispositionen heute nicht mehr bezweifeln.[52] Auch die Vereinfachungsnovelle von 1976 konnte mit den §§ 519 Abs. 3 Nr. 2, 528 und 529 ZPO hieran nichts verändern, da sie lediglich die Geltendmachung neuer Tatsachen sowie neuer Angriffs- und Verteidigungsmittel beschränkt, nicht jedoch neue, erweiterte oder veränderte Angriffe selbst.[53]

Der als Abänderungsbegehren verstandene Berufungsgegenstand unterscheidet sich vom Streitgegenstand der Klage. Die im Berufungsverfahren erfolgende Klagedisposition ist daher grundsätzlich auch von einer Berufungsgegenstandsdisposition zu unterscheiden und bei Rechtshängigkeit der Sache auch in zweiter Instanz möglich.

---

[50] Vgl. hierzu den Überblick bei *Altmeppen*, ZIP 1992, 449 ff. und ausführlich nachfolgend.

[51] Zur Rechtshistorie der Klageänderung und nachträglichen Klagenhäufung in zweiter Instanz, *Gilles*, ZZP 91 (1978) 128, 168 f; *Altmeppen*, ZIP 1992, 449, 450 ff.; *Fenn*, FamRZ 1976, 259, 262; *Nikisch*, ZPR, S. 481 f.

[52] *Gilles*, ZZP 91 (1978), 128, 170.

[53] *Gilles*, ZZP 91 (1978), 128, 170.

1. Der Grundsatz: Zulässigkeit der Klagedisposition nur bei Zulässigkeit des Rechtsmittels

Der Kläger kann die Klage nach Erlaß des Urteils erster Instanz nur verändern oder erweitern, falls ein *statthaftes und fristgerechtes Rechtsmittel* vorliegt, das die Sache devolviert und suspensiert und die Rechtshängigkeit fortdauern läßt.[54] Alle weiteren Zulässigkeitsvoraussetzungen des Rechtsmittels brauchen zur Abwendung der formellen Rechtskraft gemäß § 705 ZPO nicht vorzuliegen. Insbesondere muß der Berufungskläger nicht beschwert sein, das angefochtene Urteil keinen Beschwerdewert von DM 1500.- erreichen und keine form- und fristgerechte Berufungsbegründung vorliegen. Erst die Rechtskraft der Entscheidung, mit der das Berufungsgericht das Rechtsmittel verwirft (§ 519b ZPO), führt auch zur formellen Rechtskraft der erstinstanzlichen Entscheidung. Die Rechtshängigkeit der Klage entfällt somit. Zugleich wird jede Klagedisposition unmöglich.

Die herrschende Meinung geht dennoch weiter und verlangt für die wirksame Vornahme einer zweitinstanzlichen Klageänderung oder Klageerweiterung die uneingeschränkte Zulässigkeit des Rechtsmittels.[55]

Wie bei einem zweitinstanzlichen Klageanerkenntnis oder Klageverzicht tritt die erstrebte Wirkung streitverändernder Verfügungen nur durch eine entsprechende gerichtliche Entscheidung ein. In zweiter Instanz beurteilt das Gericht die Zulässigkeit und Begründetheit einer veränderten Klage aber nur dann, wenn sämtliche verfahrensrechtlichen Sachentscheidungsvoraussetzungen hierfür erfüllt sind. Ohne zulässige Berufung oder Anschlußberufung stehen die §§ 525, 536 ZPO der Verhandlung und Entscheidung streitändernder oder streiterweiternder Klagedispositionen entgegen. Der herrschenden Meinung ist demnach zu folgen. Streiterweiternde und streitverändernde Verfügungen zur Klage sind nur innerhalb eines voll zulässigen Rechtsmittels wirksam.

Gilles geht (entsprechend seiner Sicht der Rechtsmittel als Anfechtungsklagen) weiter und fordert für die wirksame Klagedisposition auch die Begründetheit des Rechtsmittels.[56] Dies soll sowohl für die Klageänderung oder -erweiterung zusammen mit der Berufungseinleitung als auch für

[54] *Gilles*, ZZP 91 (1978), 128, 171.

[55] RGZ 130, 100, 101; BGH NJW 1993, 597, 598; 1994, 2098, 2099; 1994, 3358 f. (zum Parteiwechsel); OLG Karlsruhe MDR 1981, 235; OLG Zweibrücken OLGZ 1970, 174; *Schneider*, MDR 1982, 626, 627; *ders.*, MDR 1987, 811, 812; MünchKomm-ZPO/*Rimmelspacher*, § 523 Rdn. 4.

[56] *Gilles*, ZZP 91 (1978), 128, 174 ff.

Streitgegenstandsänderungen im späteren Verlauf des Berufungsverfahrens gelten. Das, so argumentiert er, entspreche dem Zweck der Rechtsmittel, Entscheidungen auf ihre Richtigkeit zu kontrollieren. Wer eine Beschwer und ihre Anfechtung verlange, müsse auch fordern, daß sie sich bestätige. Komme es für Klagedispositionen nicht auf die Begründetheit der Berufung an, sei kein Grund ersichtlich, warum eine Zulässigkeit des Rechtsmittels erforderlich sein sollte. Wer die Klageveränderung zusammen mit einem zulässigen Rechtsmittel zulasse, komme zudem bei Zurückweisung der Berufung des Beklagten in erhebliche Schwierigkeiten. In diesem Fall bliebe ungewiß, ob nur das Urteil zur alten Klage oder auch die Abweisung der neue Klage in Rechtskraft erwachse.[57]

Diese Ansicht verkennt, daß die formelle Beschwer einer Entscheidung für die Zulässigkeit der Berufung ausreicht. Die Beschwer muß sich nicht in Form einer tatsächlich gegebenen Falschentscheidung bestätigen.[58] Gründe, um bei der zweitinstanzlichen Klagedisposition hiervon abzuweichen, sind nicht ersichtlich. Die Zulässigkeit der Klageänderung oder Klageerweiterung und die Begründetheit des Rechtsmittels (Zulässigkeit und Begündetheit des neuen Anspruchs) sind zwei voneinander zu trennende Schritte. Erst wenn die zweitinstanzliche Klageveränderung wirksam ist, kann das Berufungsgericht anhand des neuen Anspruchs über die Begründetheit des Abänderungsbegehrens entscheiden.

Die von *Gilles* befürchtete Ungewißheit über den in Rechtskraft erwachsenden Urteilsinhalt bei der Zurückweisung der Berufung tritt nicht ein. Ein wirksam geänderter Anspruch bedarf in zweiter Instanz in jedem Fall einer Sachentscheidung. Da das Untergericht hierfür ausscheidet und der neue Anspruch auch nicht an die Stelle des alten in das Urteil erster Instanz eintritt,[59] muß das Berufungsgericht die Neuentscheidung zur Sache übernehmen. Bei Zurückweisung der klägerischen Berufung weist es demnach (entgegen dem sonst üblichen Tenor) auch die geänderte Klage ab. Dies verletzt den Berufungskläger nicht in seinem Besitzstand zum Ende des erstinstanzlichen Verfahrens. Wer vor dem Berufungsgericht etwas anderes oder mehr als in der Unterinstanz fordert, muß damit rechnen, daß ihm das angerufene Gericht auch dies rechtskraftfähig abspricht.

Für die Widerklage gilt Entsprechendes: Unterliegt der Beklagte in erster Instanz gegen den Kläger und erhebt er zweitinstanzlich erfolglos eine Wi-

---

57 *Gilles*, ZZP 91 (1979), 128, 174, 175.

58 So auch *Schneider*, MDR 1982, 626, 627.

59 *Schneider*, MDR 1977, 709, 710.

derklage (§ 530 ZPO), weist das Obergericht nicht nur die Berufung zurück, sondern auch die Widerklage ab.

Zwischenergebnis: Eine zweitinstanzliche Klageänderung oder Klageerweiterung erfordert ein zulässiges, aber kein begründetes Rechtsmittel. Der Berufungskläger muß durch das Urteil insbesondere *beschwert* sein, sich mit seinem Rechtsmittel *gegen diese Beschwer wenden* und die Erwachsenheitssumme erreichen.[60]

Verfügt der Kläger über die Klage zusammen mit den ersten Berufungsanträgen, greifen Berufungsgegenstandsfestlegung und Streitgegenstandsdisposition ineinander. Die Berufung könnte infolge der Klageveränderung unzulässig sein, obgleich sie bei konventioneller Verfolgung an sich zulässig wäre; und umgekehrt, eine an sich unzulässige Berufung könnte wegen der Klagedisposition zulässig sein.

2. Die Ansicht der Rechtsprechung und Literatur: Keine Berufung nur zum Zweck der Klagedisposition

Nach Ansicht der Rechtsprechung und weiter Teile der Literatur ist jede Berufung, die ausschließlich einem anderen Zweck als der Beschweranfechtung dient, unzulässig und mit ihr die Klagedisposition. Wird mit der Berufung hauptsächlich die Beschwer bekämpft und nur nebenbei zur Klage disponiert, soll das Rechtsmittel dagegen zulässig sein.[61] Nur so werde verhindert, daß die Parteien mit dem Rechtsbehelf einen anderen Anspruch oder ein Weiteres zur Sache verfolgen und die Berufung nur "pro forma" betreiben. Das Rechtsmittelgericht brauche nicht über Ansprüche entscheiden, die der Sache nach nicht in die zweite Instanz, sondern in die erste Instanz gehören.[62] Diese Ansicht geht auf die Entscheidung des Reichsgerichts vom 13. Oktober 1930 zurück. Das Gericht stellte klar: Die Berufungsinstanz diene dem Kläger zunächst nur zur Beschweranfechtung und nicht zur Klagedisposition. Fechte er eine Beschwer aber an, könne er "auch den zuerkannten Antrag ... erweitern."[63]

---

[60] BGH NJW 1988, 2540, 2541; BGHZ 85, 140, 142 = NJW 1983, 172; BGH NJW-RR 1987, 124, 125; 1989, 254; BGH WM 1991, 609; 1988, 883.

[61] Sofern auch alle anderen Zulässigkeitsvoraussetzungen erfüllt sind.

[62] BGH NJW 1990, 2683; 1993, 597, 598; 1994, 2098 f., 2896 f., 3358 f.; BGH NJW-RR 1991, 1279; 1994, 1404; BGH WM 1990, 1748, 1749; OLG Karlsruhe MDR 1981, 235; OLG Zweibrücken OLGZ 1970, 174, 176; *Schneider*, MDR 1982, 626, 627; *ders.*, MDR 1987, 811, 812. Vgl. im übrigen die nachfolgenden Fundstellen.

[63] RGZ 130, 100, 101.

a) Zweitinstanzliche Klageänderung

aa) Durch den obsiegenden Kläger

Unzulässig soll die Berufung des *obsiegenden Klägers* sein, der zweitinstanzlich die Verurteilung des Beklagten zu einem anderen als dem erstinstanzlich abgewiesenen Anspruch beantragt.

> Beispiel:
> Der mit einer Eheanfechtungsklage obsiegende Kläger legt Berufung ein und beantragt: das Urteil ist aufzuheben und die Ehe zu scheiden. Der Kläger ist nicht beschwert und kann die Berufung deshalb nur zur Klageänderung eingelegt haben. Sie wird als unzulässig verworfen.[64]

bb) Durch den unterlegenen Kläger

Auch dem erstinstanzlich *unterlegenen Kläger* wird verwehrt, das Rechtsmittel von Anfang des Berufungsverfahrens an zur Auswechslung des Klagebegehrens zu benutzen. Mit dem neuen Anspruch werde keine Beschwer angefochten.[65]

> Beispiel:
> Der mit einem Schadensersatzanspruch gegen einen Versicherer wegen dessen Einstandspflicht für den Unfallbeteiligten A. abgewiesene Kläger legt Berufung ein und beantragt nun die Verurteilung des Versicherers wegen der Einstandspflicht für den Unfallbeteiligten B. Der Berufungskläger verfolgt hier ausschließlich einen neuen, erstinstanzlich noch nicht entschiedenen Anspruch und wendet sich nicht gegen die Beschwer der erstinstanzlichen Entscheidung. Das Rechtsmittel wird als unzulässig verworfen.[66]

Dieselbe Berufung des *unterlegenen Klägers* sei dagegen zulässig, wenn der Berufungskläger mit ihr zunächst - jedenfalls noch in der Berufungsbegründung - am ursprünglichen Klagebegehren festhält und die Klage erst anschließend in der Berufungsverhandlung ändert. Dies könne dem Beru-

---

[64] RGZ 100, 208.

[65] BGH NJW 1993, 597; BGH NJW-RR 1991, 1279; 1994, 1404; BGH ZIP 1993, 65; *Baumbach/Lauterbach/Albers*, ZPO, Grdz. vor § 511 Rdn. 13; *Zimmermann*, ZPO, Vor § 511 Rdn. 6.

[66] BGH NJW 1988, 2540; ähnlich OLG Karlsruhe MDR 1981, 235 für die zweitinstanzliche Verfolgung eines Erstattungsanspruchs wegen einer öffentlichrechtlichen Beitragspflicht des Klägers, anstelle des erstinstanzlich abgewiesenen Erstattungsanspruchs wegen privater Herstellungsaufwendungen. BGH NJW-RR 1989, 254 und BGH WM 1988, 883 bestätigen den Grundsatz, kommen in den entschiedenen Fällen aber zur Erkenntnis, daß eine Klageänderung nicht vorliegt.

fungskläger ausweislich §§ 523, 263 ZPO nicht verwehrt sein. Der zweitinstanzlichen Klageänderung komme hier zugute, daß das Rechtsmittel anfänglich der Beschweranfechtung diente und somit bei Berufungseinleitung zulässig war. Dies reiche für die Zulässigkeit des Rechtsmittels aus.[67]

Nur wenn der *abgewiesene Kläger* zweitinstanzlich ein anderes Interesse bei gleichem Klagegrund (§ 264 Nr. 3 ZPO) verfolgt, wird die Berufung zusammen mit der Streitgegenstandsveränderung zugelassen.[68]

> Beispiel:
> Die erste Instanz weist eine Vollstreckungsgegenklage ab. Der Kläger zahlt daraufhin zur Abwendung der Vollstreckung an den Beklagten und geht mit dem Antrag in Berufung, das Urteil abzuändern und den Beklagten zur Rückzahlung des ohne Rechtsgrund Geleisteten zu verurteilen. Die Berufung ist zulässig.[69]

b) Zweitinstanzliche Klageerweiterung

aa) Durch den obsiegenden Kläger

Bei der Klageerweiterung gemäß § 264 Nr. 2 ZPO verfährt die Rechtsprechung ähnlich. Unzulässig soll die Berufung des *obsiegende Klägers* hier sein, wenn er vom Beklagten mehr fordert, als erstinstanzlich zugesprochen. Mangels Beschwer des Berufungsklägers könne diese Berufung nur der Klageerweiterung dienen.

> Beispiel:
> Der mit einer Leistungsklage obsiegende Kläger geht mit dem Antrag in Berufung, den Beklagten auch zur Zahlung von Zinsen aus diesem Betrag zu verurteilen. Die Berufung wird verworfen.[70]

---

[67] BGH NJW-RR 1991, 1279; 1989, 254; 1987, 124; BGH NJW 1990, 2683; 1988, 2540; 1983, 172; OLG Köln NJW-RR 1990 1085; OLG Karlsruhe MDR 1981, 235; ebenso *Zöller/Gummer*, ZPO, Vor § 511 Rdn. 8a.

[68] BGH NJW 1992, 1033; BGH MDR 1991, 42; OLG Schleswig NJW-RR 1992, 192; OLG Hamm WM 1992, 641; ebenso *Zöller/Gummer*, ZPO, Vor § 511 Rdn. 8b; *Thomas/Putzo*, ZPO, Vor § 511 Rdn. 21; *Baumbach/Lauterbach/Albers*, ZPO, Grdz. vor § 511 Rdn. 13; *Schneider*, MDR 1987, 811.

[69] So OLG Schleswig MDR 1993, 669.

[70] RGZ 13, 390; ähnlich BGH NJW 1988, 827, 828 für die zweitinstanzliche Klageerweiterung einer stattgegebenen Feststellungsklage über den Ersatz künftiger Schäden zum zweitinstanzlichen Leistungsanspruch auf Ersatz des nun eingetretenen Schadens; a. A. zur zweitinstanzlichen Klageerweiterung des obsiegenden Klägers von der Feststellungsklage zur Leistungsklage, BGH NJW 1985, 1784. Zulässig soll nach BGH FamRZ 1986 661 ausnahmsweise die Berufung des obsiegenden Klägers mit einem erweiterten Klageantrag sein, wenn bereits das erstinstanzlichen Gericht, unter Verstoß gegen § 308 ZPO mehr als beantragt zusprach. Zur Anschlußberufung RGZ 29, 375, 377; zur Revision RGZ 62, 15, 17.

Verfolgt der Kläger als Berufungskläger die Erweiterung eines zugesprochenen Anspruchs dagegen zusammen mit der Anfechtung der Abweisung eines anderen Anspruchs, soll dies zulässig sein.

Beispiel:
Der mit einem Unterhaltsanspruch *obsiegende*, beim Versorgungsausgleich aber beschwerte Kläger, kann zulässig Berufung einlegen und höheren Unterhalt als in erster Instanz fordern, wenn er auch die Versorgungsausgleichsentscheidung anficht und hier unverändert den erstinstanzlichen Antrag weiterverfolgt.[71]

Insgesamt als zulässig sieht der BGH auch die Berufung an, die einen zugesprochenen Schadensposten erweitert verfolgt und zugleich einen abgewiesenen Schadensposten unverändert geltend macht.[72]

In beiden Fällen verbiete sich eine isolierte Betrachtung des stattgegebenen Anspruchs oder Anspruchsteils. Der Berufungskläger reiche die Berufung nicht allein wegen der Klageerweiterung, sondern maßgeblich wegen der Beschweranfechtung ein. Die Klageerweiterung sei nur "der Erfolg" der zulässigen Berufung.[73]

bb) Durch den unterlegenen Kläger

Die Berufung des *abgewiesenen Klägers*, der auf den abgewiesenen Anspruchsteil keinen Wert mehr legt und nur einen neuen, zusätzlichen Anspruchsteil verfolgt, verwirft das Berufungsgericht.

Beispiel:
Der erstinstanzlich mit dem Hauptanspruch abgewiesene Kläger erhält das beanspruchte Geld vom Beklagten nach Erlaß des Urteils doch. Er legt Berufung ein und verfolgt nun die Verurteilung des Beklagten zur Zahlung von Zinsen aus dem Hauptanspruch. Das Gericht verwirft die Berufung.[74]

Erweitert der *abgewiesene Kläger* mit der Berufung den ursprünglichen Anspruch und verfolgt auch den abgewiesenen Anspruch weiter, soll die Verfolgung des erweiterten Klageteils wieder mit der Anfechtung der Beschwer der Klageabweisung kombiniert und daher zulässig sein. Der Kläger

---

[71] BGHZ 85, 140, 143 = BGH NJW 1983, 172, 173; allgemein zur Zulässigkeit der Berufung mit einem erweiterten Antrag zu einem zugesprochenen Antrag, wenn der Kläger auch wegen eines erstinstanzlich abgewiesenen zweiten Anspruchs in Berufung geht, RGZ 130, 100.

[72] BGH NJW-RR 1987, 249, 250.

[73] RGZ 130, 100, 101; BGH NJW 1983, 172, 173.

[74] RGZ 45, 412 ff.

soll das Rechtsmittel deshalb auch zur Erweiterung des Klageantrags benutzen können.[75]

Beispiel:
Der erstinstanzlich mit seiner Feststellungsklage abgewiesene Kläger beantragt zweitinstanzlich, den Beklagten zur Leistung zu verurteilen. Trotz Klageerweiterung verfolge der Kläger hier nicht nur einen neuen Anspruchsteil, sondern auch den versagten Streitgegenstand weiter und betreibe das Rechtsmittel somit nicht ausschließlich zur Klageerweiterung.[76] Entsprechend wird für die zweitinstanzliche Klageerweiterung von der abgewiesenen Auskunfts- auf eine Zahlungsklage argumentiert.[77]

Ebenso soll der mit einer Schadensersatzklage abgewiesene Kläger mit dem Antrag, den Beklagten zu einer noch höheren Summe zu verurteilen, in Berufung gehen können, wenn bereits die Berufung ohne Klageerweiterung zulässig gewesen wäre.[78]

3. Klageerweiterung, Klageänderung und Widerklage durch den Berufungskläger nach Maßgabe der §§ 523, 263, 264, 260, 261 Abs. 2 und 530 ZPO

Soweit die Rechtsprechung in Berufungen ausschließlich zum Zweck einer Klagedisposition und solchen nur mitunter zum Zweck der Klagedisposition unterscheidet, vermag sie den zutreffenden Grundsatz, Klageveränderungen nur im Rahmen zulässiger Berufungen zuzulassen, im Einzelfall nicht befriedigend umzusetzen.

a) Durch die obsiegende Partei

Der in erster Instanz voll obsiegende Kläger oder Beklagte ist nicht beschwert. Legt er Berufung ein, ist diese in jedem Fall unzulässig, ungeachtet der Anträge die er verfolgt. Mithilfe einer Klageänderung oder einer Klageerweiterung erzeugt der Kläger keine Beschwer, da diese sich nach dem erlassenen Urteil richtet. Jenes erging zur alten und nicht zur neuen Klage. Entsprechendes gilt für den obsiegenden Beklagten, der in zweiter Instanz

---

[75] BGH NJW 1982, 1189; 1994, 2098, 2099; 1994, 2896, 2897; *Baumbach/Lauterbach/Albers*, ZPO, Grdz. vor § 511 Rdn. 13.

[76] BGH NJW 1988, 827; 1994, 2896, 2897. Für den Fall, daß die erste Instanz die Feststellungsklage als unzulässig und nicht als unbegründet abweist, BGH NJW 1994, 2098, 2099; *Thomas/Putzo*, ZPO, § 511 Rdn. 21; a. A. BGH NJW-RR 1990, 1085 f.

[77] BGHZ 52, 169, 170 f. = NJW 1969, 1486 = JZ 1969, 745 (zust. *Bruns*). *Altmeppen*, ZIP 1992, 449, 453 geht unzutreffend davon aus, diese Entscheidung vertrete eine Gegenansicht und folge der von der Rspr. eingeschlagenen Richtung nicht.

[78] BGH NJW 1990, 2683 f.; ebenso BGH WM 1991, 609 f.

eine Widerklage erhebt. Für diese Erkenntnis bedarf es keines Rückgriffs auf eine Regel, wonach Berufungen, allein zum Zwecke der Klagedisposition eingereicht, mangels Beschwerbekämpfung unzulässig sind.[79] Der Zweck der Berufung interessiert nicht, da sich ohne Beschwer die Frage nach einer Geltendmachung der Beschwer gar nicht stellt.[80]

Nichts anderes gilt für die Berufung eines nur teilweise siegreichen Klägers: Soweit der Beklagte nur in einem von mehreren geltend gemachten Ansprüchen verurteilt wurde, ist der Kläger nicht beschwert. Das klägerische Rechtsmittel ist insoweit auch dann unzulässig, wenn es gegen die gesamte Entscheidung eingelegt wird. Auch eine zweitinstanzliche Erweiterung oder Änderung des Anspruchs hinsichtlich dessen der Beklagte verurteilt wurde, kann keine Beschwer erzeugen.[81] Der Kläger kann zulässige Berufung daher ausschließlich gegen den abweisenden Entscheidungsteil einlegen. Wenn die Rechtsprechung eine Berufung auch zuläßt, soweit der Beklagte verurteilt wurde, wenn dies nur zusammen mit dem Rechtsmittel gegen die Klageabweisung und aus Gründen der Erweiterung oder Änderung des zugesprochenen prozessualen Anspruch erfolge,[82] kann dies, anders als von ihr angenommen, folglich keine verfahrensrechtliche, sondern nur eine prozeßökonomische Rechtfertigung haben.

Tatsächlich ist die Berufung, die sich gegen die Abweisung eines Anspruchs richtet, auch zur Klageerweiterung des zweiten, nicht abgewiesenen Anspruchs sinnvoll, obgleich insoweit keine Beschwer vorliegt. Das Berufungsgericht ist mit dem Rechtsstreit ohnehin befaßt. Da die erweiterte Klage lediglich auf dem bereits verhandelten und zugesprochenen Anspruch aufbaut, erfolgt mit der Klageerweiterung keine derart umfassende Erneuerung des Streitstoffs, daß sich der Beklagte in mehreren Instanzen rechtliches Gehör verschaffen müßte.[83] Zudem läßt sich durch die Zulassung der Klageerweiterung vor dem Berufungsgericht ein erneutes erstinstanzliches Verfahren vermeiden, denn der Kläger könnte den neuen Anspruchsteil

---

[79] So bereits RGZ 130, 100 = JW 1931, 197 (zust. *Rosenberg*).

[80] *Stein/Jonas/Grunsky*,[21] ZPO, Allg. Einl. vor § 511 Rdn. 74; *Altmeppen*, ZIP 1992, 449, 453.

[81] RGZ 165, 393; BGH LM § 91a Nr. 11; BAG RdA 1965, 357; *Stein/Jonas/Grunsky*,[21] ZPO, Allg. Einl. vor § 511 Rdn. 34.

[82] BGHZ 85, 140, 143 = BGH NJW 1983, 172, 173; BGH NJW-RR 1987, 249, 250; allgemein zur Zulässigkeit der Berufung mit einem erweiterten Antrag zu einem zugesprochenen Antrag, wenn der Kläger auch wegen eines erstinstanzlich abgewiesenen zweiten Anspruchs in Berufung geht, RGZ 130, 100.

[83] Im Falle der Klageänderung wäre dies anders. Wohl aus diesem Grund beschränkt die Rspr. ihre Ausnahmeregel auch auf die Fälle, in denen der Kläger seine Klage zweitinstanzlich erweitert. Zur Zulässigkeit der Berufung zusammen mit einer Klageänderung ist, soweit ersichtlich, noch keine vergleichbare Entscheidung ergangen.

auch neben oder nach dem Berufungsverfahren gegen die Anspruchsabweisung erstinstanzlich einklagen. Da das Ersturteil nur im Rahmen des früheren Klageantrags und nicht darüber hinaus entscheidet, können die Wirkungen der Entscheidung auch nur insoweit eintreten. Einer erstinstanzlichen Geltendmachung des erweiterten Anspruchsteils stünde demnach auch keine Rechtskraft entgegen.[84]

Zwischenergebnis: Der Rechtsprechung ist für die Berufung des voll oder teilweise obsiegenden Klägers nur im Ergebnis zu folgen. Das Rechtsmittel gegen einen zugesprochenen Anspruch ist unzulässig. Hieran vermögen weder Klageerweiterung noch Klageänderung etwas zu ändern. Zusammen mit der Anfechtung einer Anspruchsabweisung ist die Berufung aus Gründen der Prozeßwirtschaftlichkeit jedoch ausnahmsweise auch zur Erweiterung eines stattgegebenen Anspruchs zulässig.

b) Durch die unterlegene Partei

Soweit der Kläger oder der Beklagte mit seinem erstinstanzlichen Begehren abgewiesen wurde, ist er beschwert. Für seine Berufung ist erforderlich, daß er sich gegen diese Beschwer wendet und (abgesehen von den Fällen der §§ 511a Abs. 2, 513 Abs. 2 ZPO) die Erwachsenheitssumme des § 511a Abs. 2 ZPO erreicht. Erfüllt der Kläger diese Voraussetzungen auch dann, wenn er bereits mit der Berufungseinleitung eine streiterweiternde oder streitverändernde Verfügung vornimmt, kann er die Berufung zum Zweck der Klageveränderung betreiben.

Reicht die Beschwer des Rechtsmittelklägers für die Beschwerdesumme des § 511a ZPO nicht aus, kann sie der Kläger nicht mit Hilfe einer zweitinstanzlichen Klageerweiterung, Klageänderung oder Klageerweiterung, der Beklagte nicht durch eine Widerklage erreichen. Die Beschwerdesumme errechnet sich ausschließlich aus dem Anteil der Anfechtung an der Beschwer des erstinstanzlichen Urteils zum Zeitpunkt der Berufungseinlegung (§ 4 Abs. 1 ZPO). Eine zweitinstanzliche Klageveränderung begründet keine neue Beschwer.[85] Der nach §§ 511a, 519b ZPO unzulässigen Berufung kann der Kläger daher nicht im Wege der Klage- oder Widerklagedisposition zur Zulässigkeit verhelfen.

---

[84] BGH NJW 1994, 3165; *Thomas/Putzo*, ZPO, § 322 Rdn. 21 f.; MünchKomm-ZPO/*Gottwald*, § 322 Rdn. 16.

[85] RGZ 165, 393; BGH LM § 91a Nr. 11; BAG RdA 1965, 357; *Stein/Jonas/Grunsky*,[21] ZPO, Allg. Einl. vor § 511 Rdn. 34.

aa) Klageerweiterung im Sinne der §§ 523, 264 Nr. 2 ZPO[86]

Der Kläger geht gegen die Beschwer der erstinstanzlichen Entscheidung vor, wenn er zweitinstanzlich nicht nur die Stattgabe der erstinstanzlich abgewiesenen Klage, sondern auch einen weiteren Klageteil im Sinne des § 264 Nr. 2 ZPO verfolgt. Die Klage kann er daher bereits mit den ersten Berufungsanträgen erweitern. Er beantragt den neuen Anspruchsteil zusammen mit den Berufungsanträgen gemäß §§ 519 Abs. 3 Nr. 1, Teilsatz 2, 523, 261 Abs. 2, 253 Abs. 2 Nr. 2 ZPO. Sie lauten: "das Urteil wird abgeändert und der Beklagte zu ... (mehr als in erster Instanz gefordert) verurteilt". Die Klageerweiterung bedarf auch in zweiter Instanz keiner Einwilligung des Beklagten (§§ 523, 264 Nr. 2 ZPO). Daß der Beklagte zum erweiterten Anspruchsteil eine Instanz verliert, ist zugunsten der Prozeßwirtschaftlichkeit erneut hinzunehmen. Durch die Antragserweiterung gemäß § 264 Nr. 2 ZPO erneuert der Kläger das Streitprogramm nicht derart, daß sich der Beklagte hierzu in einem mehrgliedrigen Instanzenzug Gehör verschaffen müßte. Die Klageerweiterung unterliegt als Angriff nicht den Präklusionsvorschriften für Angriffsmittel (§ 527 ff. ZPO). Da die Berufungsinstanz eine Tatsacheninstanz ist, ist die Klageerweiterung in zweiter Instanz selbst dann zuzulassen, wenn das angefochtene Urteil ein Teilurteil ist und der Kläger die Erweiterung auch noch in der ersten Instanz vornehmen könnte.

Erweitert der Kläger einen ursprünglich zu Recht vor dem Amtsgericht erhobenen Anspruch im zweiten Rechtszug derart, daß nunmehr gemäß §§ 23 Nr. 1, 71 Abs. 1 GVG in erster Instanz das Landgericht zuständig gewesen wäre, bleibt das angerufene Berufungsgericht zuständig. Eine analoge Anwendung des § 506 ZPO scheidet aus, da sich der Anwendungsbereich der Vorschrift auf das erstinstanzliche Verfahren beschränkt. Im übrigen regelt die Norm nur die sachliche und nicht die funktionelle Zuständigkeit.[87]

Die Berufungsgründe müssen das Rechtsmittel im gesamten Umfang rechtfertigen. Hierfür reicht es nicht aus, wenn der Berufungskläger nur neue Tatsachen zum erweiterten Anspruchsteil vorträgt, die die Entscheidung zur ursprünglichen Klage nicht in Frage stellen. Soweit die Entschei-

[86] Die Fälle der Berichtigung oder Ergänzung der tatsächlichen Ausführungen des § 264 Nr. 1 ZPO sind aus dem Bereich der Klageänderung im Sinne einer Angriffsänderung auszunehmen. Sie sind auch dem Kläger als Berufungskläger oder Berufungsbeklagten im Rahmen der §§ 527, 528, 529 ZPO möglich, vgl. BGH ZIP 1992, 477, 479; BGH NJW-RR 1994, 61; *Zöller/Gummer*, ZPO, Vor § 511a Rdn. 8a. Zu § 264 Nr. 3 ZPO nachfolgend, zusammen mit der Klägeänderung, S. 137 ff.

[87] RGZ 119, 397, 381; 148, 131, 132; LG Zweibrücken NJW-RR 1994, 1087; *Baumbach/Lauterbach/Hartmann*, ZPO, § 506 Rdn. 4; *Thomas/Putzo*, ZPO, § 506 Rdn. 5; *Butzer*, NJW 1993, 2649, 2650 ff.; a. A. OLG Oldenburg NJW 1973, 810; LGe Aachen u. Stuttgart NJW-RR 1990, 704; MünchKomm-ZPO/*Deubner*, § 506 Rdn. 16.

dung zur alten Klage angefochten ist, muß er diese Urteilsgründe kritisieren oder neues Tatsachenmaterial vorbringen. Ist dies geschehen, muß der Rechtsmittelführer keine neuen Tatsachen zum erweiterten Anspruchsteil mehr nennen. Auch eine Auseinandersetzung mit dem Urteil ist insoweit sinnvollerweise nicht möglich.[88] Neue Tatsachen zum erweiterten Klageteil unterliegen demnach nicht § 527 ZPO, sondern nur der Präklusion nach §§ 523, 296 Abs. 2, 282 ZPO. Auch die Anwendung des § 528 ZPO scheidet aus, weil die Klageerweiterung erst in zweiter Instanz erfolgte und das tatsächliche Vorbringen zur neuen Klage in erster Instanz unmöglich entscheidungserheblich sein konnte.[89]

Ist die neue Klage zulässig und begründet, ändert das Berufungsgericht das vorinstanzliche Urteil ab und gibt der erweiterten Klage statt. Erweist sich nur der neue Klageteil und nicht der alte Anspruch als zulässig und begründet, gibt das Berufungsgericht der Klage nur insoweit statt und weist das Rechtsmittel im übrigen zurück. Verneint das Berufungsgericht die erweiterte Klage insgesamt, weist es die Berufung zurück und aufgrund der wirksamen Klageerweiterung auch das zusätzliche Klagebegehren ab.[90] Bejaht es den ursprünglichen Anspruch, nicht aber den erweiterten Anspruchsteil, gibt es der ursprünglichen Klage statt, weist die Berufung im übrigen zurück und zugleich den weitergehenden Anspruch ab.

Verfolgt der Kläger mit dem Rechtsmittel ausschließlich den neuen Anspruchsteil,[91] fehlt es an einer Anfechtung der Beschwer. Dem Kläger ist nicht an der Abwendung der erstinstanzlichen Beschwer, sondern nur an der Verfolgung des neuen Anspruchsteils gelegen. Hierfür ist die Berufung nicht vorgesehen. Das Rechtsmittel ist unzulässig.

bb) Nachträgliche Klagenhäufung im Sinne der §§ 523, 260 ZPO

Weist die erste Instanz den Kläger mit einem Anspruch ab und legt der Kläger hiergegen zulässig Berufung ein, kann er die Klage zweitinstanzlich auch häufen (§§ 523, 263 analog, 260, 261 Abs. 2, 253 Abs. 2 Nr. 2 ZPO). Die Berufung bleibt zulässig. Anders als die Klageerweiterung konfrontiert die nachträgliche Klagenhäufung den Beklagten und Berufungskläger mit

---

[88] BGH FamRZ 1988, 603; BGH NJW-RR 1991, 1279; *Thomas/Putzo*, ZPO, § 519 Rdn. 33; *Stein/Jonas/Grunsky*,[21] ZPO, § 519 Rdn. 30.

[89] BGHZ 12, 49, 52; BGH NJW-RR 1988, 1465; MünchKomm-ZPO/*Rimmelspacher*, § 527 Rdn. 15.

[90] Über den neuen Anspruchsteil würde andernfalls ein rechtskraftfähiger Ausspruch fehlen.

[91] In der Praxis tritt dieser Fall nur auf, wenn der Beklagte den Kläger trotz abweisenden Urteils befriedigt und der Kläger mit der Berufung eine zusätzliche Leistung fordert.

einem vollkommen neuen Anspruch und Streitprogramm. Der Verlust einer Tatsacheninstanz ist ihm daher nur zuzumuten, wenn er in die Klagenhäufung einwilligt oder diese dem Gericht als sachdienlich erscheint (§ 263 ZPO analog).[92] Eine unbeschränkte Zulässigkeit der Klagenhäufung auch gegen den Willen des Beklagten oder bei fehlender Sachdienlichkeit, wie sie erstinstanzlich mitunter zugelassen wird,[93] ist in zweiter Instanz abzulehnen.[94]

Ausschließlich der neue Anspruch ist mit dem Rechtsmittel nicht verfolgbar. Hier würde es an der erforderlichen Beschweranfechtung fehlen.

Der Kläger und Berufungskläger muß das Tatsachenmaterial zur neuen Klage nicht in den form- und fristgerechten Berufungsgründen zum Rechtsmittel einbringen.[95]

cc) Klageänderung im Sinne der §§ 523, 263 ZPO

Nimmt der Kläger mit der Rechtsmittelbegründung eine Klageänderung vor, tritt anstelle des alten Anspruchs ein neuer. Die zweitinstanzliche Weiterverfolgung des abgewiesenen Anspruchs erfolgt hier strenggenommen nicht. Gleichwohl fehlt dem Rechtsmittel nicht die Anfechtung der Beschwer.

Soweit die Rechtsprechung eine nachträgliche Klageänderung zuläßt, wenn der Kläger mit der Berufung zunächst noch die alte und erst später eine neue Klage verfolgt, stellt sie ihre Ansicht von der Unzulässigkeit der Berufung mit anfänglicher Klageänderung selbst in Frage.

Der Kläger und Berufungskläger muß die Berufungsanträge, mit denen er zunächst noch die ursprüngliche Klage verfolgt, auf die Abänderung des Urteils in das neue Klagebegehren umstellen.[96] Wäre der Berufugskläger

---

[92] Zur Sachdienlichkeit nachfolgend, bei der Klageänderung. Für die direkte oder analoge Anwendung des § 263 ZPO bei der nachträglichen Klagenhäufung vgl. RGZ 47, 390; BGH NJW 1985, 1841; *Baumbach/Lauterbach/Hartmann*, ZPO, § 263 Rdn. 3. Da der Kläger das Streitprogramm nicht austauscht, sondern erweitert, ist eine analoge Anwendung des § 263 ZPO vorzuziehen.

[93] *Rosenberg/Schwab/Gottwald*, ZPR, § 99 I 2b, S. 560; *Stein/Jonas/Schumann*,[20] ZPO, § 264 Rdn. 11.

[94] Dies gilt ausnahmsweise nicht bei einem zweitinstanzlich gestellten Hilfsantrag, vgl. BGH FamRZ 1979, 573.

[95] Die Ausführungen zur Klageerweiterung gelten hier entsprechend, vgl. oben, S. 135.

[96] BGH FamRZ 1988, 603, 604.

mit einer Berufung, die zugleich die Klage ändert, tatsächlich nicht in der Lage, die Urteilsbeschwer anzufechten, müßte dies auch für das Rechtsmittel gelten, in dessen späteren Verlauf die Klage geändert wird. Da der Berufungskläger die Beschwer bis zum Ende der Berufungsverhandlung anfechten muß,[97] wäre die Berufung spätestens mit Umstellung der alten Berufungsanträge entsprechend der Klageänderung unzulässig.

Es läßt sich zudem nicht verhindern, daß der Kläger, der eine Klageänderung erreichen möchte, eine konventionelle Berufung nur pro forma einleitet und die Klage anschließend sofort umstellt. Das vermeintliche Erfordernis der Anfechtung einer Beschwer wäre so durch einen einfachen prozessualen Trick leicht umgangen. Die Zulässigkeit der Berufung im Falle der zweitinstanzlichen Klageänderung kann daher nicht davon abhängen, ob der Kläger in der Berufungsbegründung formal noch den ursprünglichen Klageantrag weiterverfolgt oder von Anfang des Berufungsverfahrens an sein erstinstanzliches Begehren umstellt.

Anfängliche und spätere zweitinstanzliche Klageänderungen dürfen nicht unterschiedlich behandelt werden. Sie könne beide nur zulässig oder unzulässig sein.

Für die Zulässigkeit der frühen zweitinstanzlichen Klageänderung zusammen mit der ersten Berufungsgegenstandsfestlegung spricht bereits § 523 ZPO. Die Vorschrift unterscheidet nicht danach, ob Berufungsanträge bereits gestellt wurden oder nicht. Mit der zweitinstanzlichen Verfolgung eines geänderten Anspruchs will der Berufungskläger das abweisende Urteil zum alten Anspruch durch ein stattgebendes Urteil zu einem neuen Anspruch ersetzen. Obsiegt der Kläger und Berufungskläger ändert das Berufungsgericht die Altentscheidung in die Klagestattgabe zum neuen Anspruch hin ab. Die Beschwer der ablehnenden erstinstanzlichen Klageabweisung ist damit beseitigt. Das Ersturteil kann nicht mehr in Rechtskraft erwachsen. Die kassierende Wirkung der Reformationsentscheidung erstrebt der Berufungskläger daher in jedem Fall. Dies reicht zur Beschwerbekämpfung und zur Zulässigkeit des Rechtsmittelbegehrens aus.

Da der Rechtsmittelführer mit dem Berufungsverfahren nach richtiger Ansicht das erstinstanzliche Verfahren zum Streitgegenstand nicht nur fortsetzt, sondern ein neues Verfahren zu einem Abänderungsbegehren führt, ändert sich am verfolgbaren Berufungsziel - Urteilsabänderung - auch nach Auswechselung des Streitprogramms nichts. Das Rechtsmittel ist zur Urteilsabänderung vorgesehen. In welche sachliche Richtung der Berufungs-

---

[97] Hierzu oben, S. 53 ff.

kläger diese begehrt, ist für die Zulässigkeit der Berufung ohne Bedeutung. Der Vorwurf, er könne das Rechtsmittelverfahren ausschließlich zum Zweck der Klagedisposition mißbrauchen, ist daher unberechtigt.

Die herrschende Meinung ist demnach wie folgt zu korrigieren: Eine zweitinstanzliche Klageänderung ist nach Maßgabe der §§ 523, 263, 264 Nr. 3, 261 Abs. 2 Nr. 2 ZPO auch zusammen mit der ersten Festlegung des Berufungsgegenstands zuzulassen. Die Anträge können auf Abänderung des Urteils und Verurteilung des Beklagten zu einer geänderten Klage lauten (§ 519 Abs. 3 Nr. 1, Halbsatz 2).[98]

Die Wirksamkeit der Klageänderung hängt maßgeblich von den §§ 263, 264 und 267 ZPO ab. Eine bloße Veränderung des erstinstanzlich verfolgten Interesses bei gleichbleibendem Klagegrund ist gemäß § 264 Nr. 3 ZPO auch zweitinstanzlich ohne weiteres zulässig. In den Fällen des § 263 ZPO ist die Einwilligung des Beklagten (auch durch rügeloses Einlassen möglich, § 267 ZPO) oder Sachdienlichkeit erforderlich. Für die Sachdienlichkeit muß das Berufungsgericht nicht nur prüfen, ob die Klageänderung der abschließenden Erledigung des Rechtsstreits dienlich ist und einen neuen Rechtsstreit erspart, sondern auch, ob dem Beklagten der Instanzverlust zum neuen Anspruch sonst zumutbar ist.[99] Um an diesem Erfordernis nicht zu scheitern, darf der Kläger den Streitstoff nicht vollkommen erneuern. Er kann den geänderten Antrag nur in geringem Umfang auf einen bisher unerörterten neuen Streitstoff stützen.[100] Auf diese Weise wird das Rechtsmittelgericht und der Berufungsbeklagte ausreichend und wirkungsvoll vor einem Mißbrauch der zweiten Instanz zur totalen Auswechselung des erstinstanzlichen Begehrens geschützt.

Der bloße Umstand, daß der Beklagte eine Instanz verliert, kann die Ablehnung der Sachdienlichkeit nicht rechtfertigen.[101] Der Zulassung als sachdienlich steht auch die versäumte Möglichkeit zur erstinstanzlichen Klageänderung nicht entgegen.[102] Sachdienlich ist die Klageänderung in zweiter Instanz freilich dann nicht, wenn das

---

[98] So auch *Baumgärtel*, SAE 1961, 164; *Altmeppen*, ZIP 1992, 449, 452 ff.; *Stein/Jonas/Schumann*,[20] ZPO, § 263 Rdn. 24. und neuerdings auch *Stein/Jonas/Grunsky*,[21] ZPO, Allg. Einl. vor § 511 Rdn. 73.

[99] BGH NJW 1984, 1552, 1555; OGHZ 1, 60; OLG Köln NJW 1951, 159; *de Boor* JZ 1951, 451; *Stein/Jonas/Grunsky*,[21] ZPO, § 530 Rdn. 9; gegen die Berücksichtigung des Instanzverlustes BGHZ 1, 65, 72; BGH VersR 1959, 132; *Rosenberg*, JZ 1949, 124.

[100] In diesem Fall ist die Klageänderung dem Beklagten nicht zuzumuten, vgl. *Stein/Jonas/Schumann*,[20] ZPO, § 263, Rdn. 24.

[101] BGH MDR 1983, 1017; NJW 1985, 1784; *Stein/Jonas/Schumann*,[20] ZPO, § 263, Rdn. 24.

[102] BGH NJW 1977, 49; BGH MDR 1983, 1017; *Stein/Jonas/Schumann*,[20] ZPO, § 263, Rdn. 24.

Berufungsgericht nicht in der Lage ist, die geänderte Sache selbst zu entscheiden (§§ 538, 539 ZPO) und eine Ausnahme nach § 540 ZPO nicht vorliegt.[103]

Verfolgt der Kläger mit dem Rechtsmittel ausschließlich die Abänderung zu einem geänderten prozessualen Anspruch, ist das Rechtsmittel nicht mit Kritik an der tatsächlichen und rechtlichen Würdigung des Untergerichts oder mit neuem Tatsachenmaterial zum alten Anspruch zu rechtfertigen. Die neue Klage kann die Entscheidung zum ursprünglichen Anspruch nicht in Frage stellen. § 519 Abs. 3 Nr. 2 ZPO erfaßt nur das Urteil zum alten Anspruch.[104] Da der Kläger, der die Klage vollkommen auswechselt, nicht besser stehen kann als der Kläger, der in zweiter Instanz die ursprüngliche oder eine erweiterte Klage verfolgt, ist bei der Klageänderung zu fordern, daß der Berufungskläger zusammen mit den Berufungsanträgen zumindest die tatsächlichen Gründe seiner neuen Klage form- und fristgerecht vorbringt (§§ 519 Abs. 3 Nr. 2, 253 Abs. 2 Nr. 2 ZPO analog). Auf diese Weise ist auch dem Informationszweck des § 519 Abs. 3 Nr. 2 ZPO Genüge getan. Fehlende Angriffs- und Verteidigungsmittel zur neue Klage fallen unter §§ 527, 296 Abs. 1, Abs. 4 und §§ 523, 296 Abs. 2, 282 ZPO. Rechtfertigt der Berufungskläger auch die neue Klage nicht und stellt er nur Rechtsmittelanträge, ist die Berufung unzulässig. § 528 ZPO findet auf die Gründe zum neuen Anspruch keine Anwendung, da das Vorbringen zur neuen Klage nicht Prozeßstoff der ersten Instanz sein konnte.

Bejaht das Berufungsgericht die wirksam geänderte Klage, ändert es das Urteil erster Instanz ab und gibt der neuen Klage statt. Hält es den neuen prozessualen Anspruch für unzulässig oder unbegründet, weist es die Berufung zurück und zugleich den neuen Anspruch ab, falls der Kläger den alten Streitgegenstand nicht für diesen Fall hilfsweise aufrechterhalten hat. Da die Klageänderung die neue Klage nicht zum Gegenstand des bereits ergangenen Urteils erster Instanz werden läßt, würde andernfalls ein rechtskraftfähiger Ausspruch zur neuen Klage fehlen.[105] Das Verfahren bleibt trotz Klageänderung ein solches des zweiten Rechtszuges, so daß die Entscheidung nicht mehr mit er Berufung anfechtbar ist.[106]

Ist die Klageänderung mangels Einwilligung des Beklagten oder Sachdienlichkeit unwirksam, kann das Berufungsgericht die Berufungsanträge

---

[103] Eine Urteilsaufhebung und Zurückverweisung an die erste Instanz scheidet nach Zulassung der Klageänderung aus, vgl. BGH NJW 1984, 1552, 1554.

[104] BGH FamRZ 1988, 603; BGH NJW-RR 1991, 1279; *Thomas/Putzo*, ZPO, § 519 Rdn 33; *Stein/Jonas/Grunsky*,[21] ZPO, § 519 Rdn. 30.

[105] *Schneider*, MDR 1977, 709, 710.

[106] BGH NJW-RR 1994, 61.

zur neuen Klage nur als unbegründet (nicht unzulässig) zurückweisen.[107] Sollte der Kläger mit seinen Berufungsanträgen hilfsweise den alten Anspruch weiterverfolgen, ist über diesen zu entscheiden. Fehlen fristgerechte Berufungsgründe, kann der Kläger nach Ablauf der Begründungsfrist seine Berufungsanträge nicht ändern und wieder die ursprüngliche Klage als Berufungsziel verfolgen (§§ 519 Abs. 2 S. 2, Abs. 3 Nr. 2 ZPO).

dd) Umstellung der Klage in eine Feststellungsklage zur Hauptsacheerledigung

Hat der unterlegene Kläger Berufung eingelegt und tritt anschließend ein erledigendes Ereignis (z. B. Erfüllung oder Unmöglichkeit) ein, dem der Beklagte nicht zustimmt (er besteht weiter auf Abweisung der Klage), kann der Kläger als Berufungskläger die Erledigung der Hauptsache einseitig gegenüber dem Berufungsgericht erklären (§§ 523, 264 Nr. 2 ZPO).[108] Der Rechtsstreit und das Rechtsmittel enden nun, anders als bei der beiderseitigen Erledigungserklärung, nicht. Anstelle des sonst üblichen Berufungsgegenstands verhandeln die Parteien und entscheidet das Gericht nicht mehr über das Abänderungsbegehren zur alten Klage, sondern über die Abänderung des Urteils und eine Feststellung der Hauptsacheerledigung. Auf diese Weise kann der Kläger eine günstigere Kostenentscheidung als im erstinstanzlichen Urteil erhalten.[109] War die Klage tatsächlich zulässig und begründet und hat sie sich im Rechtssinne erledigt, legt das Berufungsgericht die Kosten beider Instanzen dem Beklagten auf (§ 91 ZPO), sofern der Kläger die Hauptsache bei nächster Gelegenheit für erledigt erklärt.[110] War die Klage vor Eintritt des erledigenden Ereignisses unzulässig oder unbegründet, liegt eine Erledigung nicht vor. Das Gericht weist die Berufung des Klägers zurück. Das ursprüngliche klageabweisende Urteil erwächst in Rechtskraft. Ebenso entscheidet das Berufungsgericht, wenn ein erledigendes Ereignis nicht vorliegt, es sei denn, der Kläger verfolgt neben Urteilsabänderung und Feststellung der Erledigung hilfsweise die Stattgabe der ur-

---

[107] *Stein/Jonas/Schumann*,[20] ZPO, § 264, Rdn. 45.

[108] Obsiegt der Kläger erstinstanzlich und tritt ein erledigendes Ereignis ein, kann der Beklagte gegen das Urteil nicht Berufung einlegen und die Feststellung der Erledigung beantragen. Diese Klageänderung steht nur dem Kläger zu, vgl. BGH GRUR 1968, 595; *Stein/Jonas/Bork*, ZPO,[21] § 91a Rdn. 51 Fn. 181; a. A. *Gottwald*, NJW 1976, 2250 (2. Beispiel). Der Kläger wird als Berufungsbeklagter die Erledigung der Hauptsache nur dann erklären, wenn der Beklagte wegen der Hauptsacheerledigung mit dem Rechtsmittel obsiegen könnte und die Prozeßkosten dem Kläger auferlegt würden. Als Berufungsbeklagter kann der Kläger den Feststellungsantrag nur mit Hilfe einer Anschlußberufung stellen.

[109] BGH NJW 1965, 1597; BGHZ 106, 359, 366; MünchKomm-ZPO/*Lindacher*, § 91a Rdn. 38.

[110] *Furtner*, MDR 1961, 188, 191; *Gilles*, ZZP 91 (1978), 128, 166.

sprünglichen Klage oder stellt seinen Berufungsantrag auf richterlichen Hinweis (§ 139 ZPO) in die alte Klage um.[111] Da das Untergericht die geforderte Hauptsacheerledigung wegen § 318 ZPO nicht feststellen kann,[112] scheidet eine einseitige Erledigungserklärung vor dem Gericht erster Instanz aus. Aus diesem Grund ist dem Kläger die Rechtsmitteleinlegung zum Zweck der einseitigen Hauptsacheerledigung auch bei einem erledigenden Ereignis zwischen den Instanzen zu gestatten.

Fordert der Kläger anstelle der ursprünglichen Klage die Feststellung der Erledigung dieses Anspruchs, verändert er sein erstinstanzliches Begehren zulässig im Sinne des § 264 Nr. 2 ZPO.[113] Der Beklagte muß in diese Klageänderung nicht einwilligen. Die Behauptung einer Streiterledigung reicht für die Zulässigkeit der Klageänderung aus. Erst für die Begründetheit des Rechtsmittels muß der Kläger die Erledigung unter Beweis stellen. Da das Berufungsgericht nicht nur über die Kosten beider Instanzen entscheiden, sondern auch die Erledigung der Hauptsache feststellen soll, ist die einseitige zweitinstanzliche Erledigungserklärung, anders als die beiderseitige,[114] nur im Rahmen eines voll zulässigen Rechtsmittels wirksam. Andernfalls könnte keine Sachentscheidung ergehen (§§ 525, 536 ZPO). Durch die Verfolgung der Hauptsacheerledigung entfällt die Beschwer des unterlegenen Klägers nicht, da sie sich ausschließlich formal anhand des klageabweisenden Urteilstenors bestimmt. Dieser verändert sich durch die einseitige Erklärung der Hauptsacherledigung nicht.[115] Der Kläger wendet sich mit dem veränderten Begehren ausreichend gegen die Beschwer des Urteils. Für die Beschwerdesumme ist der vom Anfechtungsumfang erfaßte Wert des vom Erstgericht abgewiesenen Anspruchs maßgeblich. Da das gesamte erstinstanzliche Urteil abgeändert werden soll, liegt zudem keine nach § 99 ZPO unzulässige isolierte Anfechtung der Kostenentscheidung vor.[116]

---

[111] *Thomas/Putzo*, ZPO, § 91a Rdn. 34; a. A. *Gilles*, ZZP 91 (1978), 128, 166.

[112] *Schwab*, FS Schnorr v. Carolsfeld, 1973, S. 445, 453.

[113] OLG Nürnberg NJW-RR 1987, 1278; 1989, 444; *Schellhammer*, ZP, Rdn. 1720; *Thomas/Putzo*, ZPO, § 91a Rdn. 32. Unzulässig ist nur die hilfsweise Erledigungserklärung bei primärer Weiterverfolgung der alten Klage, vgl. BGHZ 106, 359, 367 = NJW 1989, 2885, 2886 f.; *Teubner/Prange*, MDR 1989, 587; *Rosenberg/Schwab/Gottwald*, ZPR, § 132 III 1, S. 780.

[114] Siehe oben, S. 122 ff.

[115] A. A. für den Fall, daß das erledigende Ereignis noch vor Berufungseinlegung eintritt, LAG Köln MDR 1993, 578. Danach soll die Beschwer wegen der Hauptsacheerledigung entfallen.

[116] *Gottwald*, NJW 1976, 2250, 2251; *Furtner*, MDR 1961, 188, 189 f. Dies gilt unabhängig davon, ob sich die Hauptsache vor oder nach Rechtsmitteleinlegung erledigt hat.

Im Falle der Teilerledigung muß der Kläger seinen Rechtsmittelantrag in einen Abänderungsantrag, der die Feststellung der Erledigung verfolgt und in einen solchen, der die Verurteilung des Beklagten fordert, trennen. Neben der Hauptsacheerledigung muß der Berufungskläger einen über den erledigten Anspruchsteil hinausgehenden Anspruch gegen den Beklagten nachweisen.

ee) Parteiwechsel und Parteierweiterung

Beim zweitinstanzlichen Parteiwechsel werden die Parteien ausgetauscht. Der Kläger richtet seine Klage vor dem Berufungsgericht gegen einen neuen Beklagten (Beklagtenwechsel) oder es klagt ein anderer Kläger gegen den Beklagten (Klägerwechsel). Bei der Parteierweiterung treten auf Seiten des Klägers oder des Beklagten weitere Parteien in den Prozeß ein. Die rechtliche Konstruktion des Parteiwechsels und der Parteierweiterung in erster Instanz ist umstritten. Für den Parteiwechsel nehmen Rechtsprechung und Wissenschaft eine Klageänderung (§ 263 ZPO), eine Klagerücknahme (§ 269 ZPO) kombiniert mit einer Neuerhebung der Klage oder ein Rechtsinstitut sui generis an. Für die Parteierweiterung sollen die §§ 59 und 60 ZPO oder erneut § 263 ZPO einschlägig sein.[117] Da bei Parteierweiterung und Parteiwechsel in zweiter Instanz die neue Partei immer eine Instanz, die ausscheidende Partei immer ein Urteil verliert und zudem eine Disposition über die funktionelle Zuständigkeit vorliegt, kann im höheren Rechtszug die Frage nach einer vergleichbaren rechtlichen Einordnung auf sich beruhen. Es sind regelmäßig besondere Anforderungen an die Wirksamkeit von Parteierweiterung und Parteiwechsel zu stellen. Die betroffenen Parteien müssen einwilligen und zusätzlich ist die Sachdienlichkeit der Parteiänderung erforderlich.[118]

> Dem Klägerwechsel muß der Beklagte zustimmen, dem Beklagtenwechsel der alte und der neue Beklagte;[119] der Beklagtenerweiterung der Kläger und der neue Beklagte,[120] dem Klägerbeitritt der alte Kläger und der Beklagte.[121] Die erforderlichen Einwilligungen kann das Gericht nicht durch Zulassung der Parteiänderung als sachdienlich ersetzen.[122] Nur bei rechtsmißbräuchlicher Verweigerung ist eine sonst er-

---

[117] Vgl. hierzu im einzelnen *Roth*, NJW 1988, 2977 m.w.N.

[118] Zum Parteiwechsel: BGHZ 71, 216; 65, 264; BGH NJW 1981, 989; 1994, 3358; *Zöller/Gummer*, ZPO, § 528 Rdn. 11; *Stein/Jonas/Schumann*,[20] ZPO, § 264, Rdn. 117. Zum Parteibeitritt: *Stein/Jonas/Schumann*,[20] ZPO, § 264, Rdn. 139 ff.; a. A. *Baumbach/Lauterbach/Hartmann*, § 263 Rdn. 14; *Schellhammer*, ZP, Rdn. 1686; *Zöller/Gummer*, ZPO, § 528 Rdn. 11.

[119] BGHZ 21, 285; 62, 131; 71, 216, 219; BGH NJW 1981, 989.

[120] BGH NJW 1962, 635.

[121] *Stein/Jonas/Schumann*,[20] ZPO, § 264, Rdn. 139 ff.

forderliche Einwilligung verzichtbar.[123] Dies ist dann der Fall, wenn die neue Partei alle beachtlichen Angriffs- und Verteidigungsmittel geltend machen kann und auch sonst kein schützenswertes Interesse an der Instanzvollständigkeit zu erkennen ist.[124]

Der Kläger und Berufungskläger kann den Parteiwechsel und die Parteierweiterung bereits in der Berufungseinlegung oder der Berufungsbegründung mit den Berufungsanträgen vornehmen.

Bei unwirksamen Parteiwechsel ist die Berufung der neuen Partei oder gegen die neue Partei unbegründet. Bei unwirksamen Parteibeitritt betreiben nur die ursprünglichen Parteien das zweitinstanzliche Verfahren.

ff) Widerklage

Ohne zulässiges Rechtsmittel stehen einer zweitinstanzlichen Verhandlung und Entscheidung zur Widerklage die §§ 525, 536 ff. ZPO entgegen. Es kann daher nur der beschwerte Beklagte als Berufungskläger Widerklage vor dem Rechtsmittelgericht erheben (§ 530 ZPO). Er muß die Beschwer des erstinstanzlichen Urteils bekämpfen und neben der neuen Widerklage die Abweisung der erstinstanzlich zugesprochenen Klage fordern.[125] Die Berufung des unbeschwerten Beklagten ist unzulässig; ebenso die Berufung des beschwerten Beklagten, der ausschließlich die Widerklage verfolgt. Der neue Angriff bedarf der klägerischen Einwilligung, es sei denn, seine zweitinstanzliche Geltendmachung ist sachdienlich (§ 530 ZPO). Unter § 530 ZPO fällt auch die Änderung oder Erweiterung einer erstinstanzlich abgewiesenen Widerklage.[126] Der Beklagte kann demnach Berufung einlegen und eine erstinstanzlich abgewiesene Widerklage erweitern oder den Widerklageanspruch mit einem neuen Anspruch häufen. Zusammen mit der Berufung gegen die Klagestattgabe kann der Beklagte diese Erweiterungen auch zur zugesprochenen Widerklage geltend machen. Erweitert oder verändert der Beklagte die erstinstanzliche Widerklage nur im Interesse ist dies regelmäßig sachdienlich, so daß eine Einwilligung des Klägers nicht erforderlich ist (§ 264 Nr. 2 und 3 ZPO analog).

---

[122] BGHZ 21, 285; 71, 217; 90, 134; BGH NJW 1981, 989; 1986, 2258; 1987, 1946; BGH FamRZ 1978, 496; *Becht*, JuS 1991, 134, 135; *Schellhammer*, Rdn. 1679, 1686 A. A. für den Beitritt eines weiteren Klägers BGHZ 65, 264; BGH NJW 1989, 3225.

[123] BGH NJW 1987, 1947; *Stein/Jonas/Schumann*,[20] ZPO, § 264 Rdn. 118, 141.

[124] Vgl. BGH NJW 1987, 1946, 1947.

[125] *Baumbach/Lauterbach/Albers*, ZPO, Grdz. vor § 511 Rdn. 24; *Rosenberg/Schwab/Gottwald*, ZPR, § 136 II 3a, S. 810; *Stein/Jonas/Grunsky*,[21] ZPO, Allg. Einl. vor § 511 Rdn. 75.

[126] MünchKomm-ZPO/*Rimmelspacher*, § 530 Rdn. 13. Der BGH wendet hier §§ 523, 263 ZPO an, vgl. BGH WM 1956, 1478. Ein praktischer Unterschied entsteht hierdurch nicht.

Der Zulässigkeit einer zweitinstanzlichen Widerklage steht nicht entgegen, daß der Kläger eine Tatsacheninstanz verliert, da § 530 ZPO dies zur abschließenden Streiterledigung ausdrücklich in Kauf nimmt.[127]

Für die Sachdienlichkeit der Widerklage gelten die Ausführungen zur Klageänderung gemäß § 263 ZPO entsprechend.[128]

4. Klagedispositionen durch den Berufungsbeklagten

a) Notwendigkeit einer angreifenden Parteirolle

Streiterledigende und streitbegrenzende Verfügungen zur Klage (Klagerücknahme, Vergleich, beiderseitige Erledigungserklärung, Klageverzicht und Klageanerkenntnis) sind den Parteien ungeachtet ihrer *zweitinstanzlichen Parteirolle* möglich. Streitverändernde oder streiterweiternde Dispositionsakte zur Klage (§§ 523, 260, 261 Abs. 2, 263 und 264 Nr. 2 und 3[129] ZPO) gestehen Rechtsprechung und Literatur demgegenüber nur dem Verfügungsberechtigten zur Klage zu, der zugleich eine angreifende Rolle im Berufungsverfahren inne hat. Der Disponierende muß entweder Berufungskläger sein oder im Rahmen des fremden Rechtsmittels Anschlußberufung einlegen.[130]

Klageänderung, Klageerweiterung und Widerklage gingen von Anfang an ins Leere, könnte das Berufungsgericht die begehrte (veränderte oder erweiterte) Rechtsfolge nicht rechtskraftfähig und vollstreckbar aussprechen. Sollte der Kläger nur Berufungsbeklagter sein und keine Anschlußberufung einlegen, kann das Berufungsgericht lediglich über die Berufung des Beklagten und dessen Begehren entscheiden. Über die veränderte Klage des Klägers könnte es nicht befinden. Hierzu fehlt ein wirksam gestellter Sachantrag. Der reine Prozeßantrag des Klägers und Berufungsbeklagten, die Berufung zurückzuweisen, stellt keinen Sachantrag dahin dar, das Urteil ab-

---

[127] BGH NJW 1977, 49.

[128] Siehe oben, S. 139 f.

[129] Die Fälle der Berichtigung oder Ergänzung der tatsächlichen Ausführungen des § 264 Nr. 1 ZPO sind aus dem Bereich der Klageänderung im weiten Sinn auszunehmen. Sie sind auch dem Kläger als Berufungsbeklagten im Rahmen der §§ 527, 528 ZPO möglich, vgl. BGH ZIP 1992, 477, 479.

[130] Vgl. RGZ 61, 254, 257; BGH FamRZ 1982, 1198; *Stein/Jonas/Grunsky*,[21] ZPO, § 530 Rdn. 7; *Baumbach/Lauterbach/Albers*, ZPO, Grdz. vor § 511 Rdn. 13; *Gilles*, ZZP 91 (1978), 128, 171 Fn. 131 u. S. 173; MünchKomm-ZPO/*Rimmelspacher*, § 523 Rdn. 4; *Altmeppen*, ZIP 1992, 449, 453, 457. Nähere Begründungen für diese Besonderheit geben die angegebenen Fundstellen nicht.

zuändern und den Beklagten zu verurteilen. Ebenso steht es mit der zweitinstanzlichen Widerklage des Beklagten und Berufungsbeklagten. Ohne Anschlußrechtsmittel hat er zweitinstanzlich keinen wirksamen Sachantrag zur Widerklage gestellt.

Der Kläger und Berufungsbeklagte muß daher Anschlußberufung einlegen, um die Abänderung des Urteils und die rechtskraftfähige Verurteilung des Beklagten zu einer erweiterten zusätzlichen oder geänderten Klage zu erreichen (§§ 521, 522a Abs. 3, 519 Abs. 3, 263 f., 260, 261 Abs. 2 ZPO). Auch der Beklagte und Berufungsbeklagte kann die Verurteilung des Klägers entsprechend der Widerklage nur mit einer Anschlußberufung durchsetzen (§ 530 ZPO).

b) Notwendigkeit einer Beschwer des Berufungsbeklagten

Nach überwiegend vertretener Meinung bedarf die Anschlußberufung keiner Beschwer.[131] Selbst der siegreiche (Wider-)Kläger kann sie daher zur Klageerweiterung,[132] Klageänderung[133] oder Widerklage bzw. Widerklageänderung[134] einlegen. Argumentiert wird hierzu wie folgt: Der Grundsatz der Waffengleichheit der Parteien fordert für den unbeschwerten Berufungsbeklagten die Möglichkeit zum Gegenangriff. Der Berufungskläger, der die Fortsetzung des Rechtsstreits wünscht, muß hiermit rechnen. Wenn dem so ist, muß er auch einen streiterweiternden oder streitverändernden Gegenangriff in Kauf nehmen.[135]

Die Gegenmeinung läßt die Erweiterung oder Änderung der Klage nur insoweit zu, als der (Wider-)Kläger dieses Ziel durch eine Hauptberufung erreichen könnte. Sie verlangt für die Zulässigkeit der Anschlußberufung

---

[131] RGZ 156, 242; BGHZ 4, 229, 234; BGH NJW 1980, 702; *Baumbach/Lauterbach/Albers*, ZPO, § 521 Rdn. 10; MünchKomm-ZPO/*Rimmelspacher*, § 521 Rdn. 20; *Rosenberg/Schwab/Gottwald*, ZPR, § 138 IV 2, S. 833; *Zöller/Gummer*, ZPO, § 521 Rdn. 20; *Fenn*, FamRZ 1976, 261. Auch das Erfordernis einer bestimmten Beschwerdesumme soll nicht bestehen, RGZ 137, 232, BGHZ 4, 229, 234; *Rosenberg/Schwab/Gottwald*, ZPR, § 138 IV 4, S. 833; *Klamaris*, Anschlußberufung, S. 235 ff.

[132] KG VersR 1969, 190; MünchKomm-ZPO/*Rimmelspacher*, § 521 Rdn. 20; *Zöller/Gummer*, ZPO, § 521 Rdn 22.

[133] RGZ 156, 240, 242; BGHZ 4, 229, 234; OLG Saarbrücken OLGZ 1988, 235; *Baumbach/Lauterbach/Albers*, ZPO, § 521 Rdn. 10; MünchKomm-ZPO/*Rimmelspacher*, § 521 Rdn. 20.

[134] RGZ 156, 240, 242; BGHZ 4, 229, 234; MünchKomm-ZPO/*Rimmelspacher*, § 521 Rdn. 20.

[135] RGZ 29, 375, 378; *Altmeppen*, ZIP 1992, 449, 457; *Zöller/Gummer*, ZPO, § 521 Rdn. 20 ff.; *Rosenberg/Schwab/Gottwald*, ZPR, § 138 IV 2, S. 833.

daher eine Beschwer des Berufungsbeklagten.[136] Ein Verzicht auf die Beschwer des Anschlußberufungsklägers gehe zu weit und stelle den Berufungsbeklagten zu Unrecht besser als den Berufungskläger. Der Grundsatz der Waffengleichheit der Parteien werde so nicht hergestellt, sondern zu Lasten des Berufungsklägers verletzt. Dem voll siegreichen (Wider-)Kläger sollen jene zweitinstanzliche Klagedispositionen in der Anschlußberufung damit verwehrt sein.

Für die erste Meinung sprechen gute Argumente. Der voll siegreiche Kläger hat als Rechtsmittelbeklagter keinen anderen Grund zur Anschlußberufung, als den einer Klageänderung oder Klageerweiterung. Der siegreiche Beklagte braucht das Anschlußrechtsmittel nur zur Widerklage und deren Erweiterung. Die Parteien könnten den neuen Anspruch oder Anspruchsteil zudem auch erstinstanzlich einklagen. Da das Berufungsgericht wegen der Hauptberufung ohnehin mit der Streitsache befaßt ist, wäre dies nicht sonderlich zweckmäßig. Die Berücksichtigung desselben Streitstoffs für Berufung und Anschlußberufung ist prozeßwirtschaftlich. Dies entspricht dem Bestreben der ZPO, unnötige Vervielfältigungen von Prozessen zu vermeiden.[137] Der jeweilige Prozeßgegner kann wegen den Voraussetzungen der §§ 530, 523, 263, 264 ZPO ohnehin nicht mit vollständig neuem Tatsachenmaterial konfrontiert werden. Das formelle Recht darf die Parteien zudem nicht zwingen, über einen Rechtsstreit zu verhandeln, den der Kläger in dieser Form gar nicht mehr aufrechterhält.[138] Der unbeschwerte Berufungsbeklagte kann die Anschlußberufung demnach auch zum Zweck der zweitinstanzlichen Klageänderung, Klageerweiterung oder Widerklage eingelegen.

Nimmt der Berufungskläger die Hauptberufung jedoch zurück oder verwirft das Rechtsmittelgericht sie als unzulässig und bleibt die Anschlußberufung als selbständige Berufung bestehen, ist diese zu verwerfen, soweit eine Beschwer des Rechtsmittelführers fehlt.

IV. Ergebnis

Solange die erstinstanzliche Entscheidung noch nicht rechtskräftig ist, kann der Streitgegenstand weiterhin Gegenstand einer *Klagedisposition* sein. Im Stadium zwischen den Rechtszügen kommen nur Klagerücknahme (§ 269 ZPO), beiderseitige Erledigungserklärung (§ 91a ZPO) und ein Ver-

---

[136] *Klamaris*, Anschlußberufung, S. 235 ff.; *Gilles*, ZZP 92 (1979), 159, 182; *Stein/Jonas/Grunsky*[21], ZPO, § 521 Rdn. 6 f.

[137] Vgl. hierzu bereits RGZ 29, 375, 378.

[138] So auch *Altmeppen*, ZIP 1992, 449, 458.

gleich (§ 794 Abs. 1 Nr. 1 ZPO) in Betracht. Während die Parteien Klagerücknahme und Erledigungserklärung schriftsätzlich gegenüber dem Gericht der ersten Instanz erklären können, ist für den Prozeßvergleich eine Wiedereröffnung der mündlichen Verhandlung und eine Erklärung zu Protokoll des Gerichts erforderlich. Ist Berufung eingelegt, können die Parteien auch vor dem Berufungsgericht streiterledigend verfügen. Statthaftigkeit und fristgerechte Berufungseinlegung reichen aus, um den Eintritt der formellen Rechtskraft zu verhindern. Zugunsten einer einvernehmlichen Streiterledigung muß das Rechtsmittel im übrigen nicht voll zulässig sein. Die Berufung erledigt sich zusammen mit der Klage (§§ 523, 269 Abs. 3 S. 1 ZPO analog). Der Berufungskläger braucht Berufungsanträge nicht mehr zu stellen. Er kann das Rechtsmittel anstatt zur Urteilsabänderung allein zum Zweck der Streiterledigung verfolgen.

Klageverzicht (§§ 523, 306 ZPO), Klageanerkenntnis (§§ 523, 307 ZPO), Klageänderung, Klageerweiterung (§§ 523, 263, 264, 261 Abs. 2, 260 ZPO) und Widerklage (§§ 523, 33 ZPO) kommen nach Urteilserlaß (wegen § 318 ZPO) ausschließlich vor dem Berufungsgericht in Betracht. Das Berufungsgericht kann zur veränderten Sache gemäß §§ 525, 536 ZPO nur entscheiden, wenn die Berufung voll zulässig ist. Der zum Streitgegenstand disponierende Kläger und der zur Widerklage disponierende Beklagte müssen als Berufungskläger oder Anschlußberufungsführer über den Gegenstand des Berufungsverfahrens verfügen können und einen Sachantrag vor dem Rechtsmittelgericht stellen. Der Berufungskläger muß beschwert sein. Zusammen mit dem Rechtsmittel gegen eine abgewiesenen Anspruch darf er ausnahmsweise auch einen zugesprochenen Klageantrag oder einen Widerklageantrag erweitern, wenn sich dadurch ein neuer erstinstanzlicher Prozeß vermeiden läßt. Aus demselben Grund kann auch der unbeschwerte Kläger und Anschlußberufungsführer zweitinstanzlich über die Klage sowie der unbeschwerte Beklagte und Anschlußberufungsführer über die Widerklage disponieren. Der Berufungskläger muß sich mit dem Rechtsmittel gegen die Beschwer der erstinstanzlichen Entscheidung wenden. Nimmt der Kläger die Klagedisposition zusammen mit der ersten Festlegung des Berufungsgegenstands vor, indem er die Abänderung des Urteils und die Verurteilung des Beklagten zu einem weiteren oder geänderten Begehren beansprucht, geht er gegen die Beschwer der erstinstanzlichen Entscheidung ausreichend vor, da er sich mit der ihn beschwerenden Entscheidung des Erstgerichts nicht abfindet und deren Abänderung verlangt. Daß er das Rechtsmittel zu einem anderen Zweck als zur Verfolgung der alten Klage benutzt, ändert daran nichts. Ist die Berufung zurückzuweisen, muß das Rechtsmittelgericht auch die neue, veränderte Klage abweisen.

Drittes Kapitel

Zulässige Änderung des Berufungsgegenstands

§ 8 Veränderung des Berufungsgegenstands

Für das prozessuale Verhalten der Parteien ist es wichtig zu wissen, ob, bis wann und welche nachträglichen Änderungen sie am gewählten Berufungsgegenstand vornehmen können.

Im Klageverfahren haben die schriftsätzlichen Anträge nur ankündigende und keine endgültige oder verbindliche Wirkung (§§ 130 Nr. 2, 137 Abs. 1, 297 ZPO). Die definitive Antragstellung erfolgt erst in der mündlichen Verhandlung. Die Rechtshängigkeit der Streitsache wird dennoch bereits durch Zustellung der schriftsätzlichen Klage begründet (§§ 253, 261 ZPO). Jede Beschränkung, Erweiterung oder Veränderung des Klageantrags unterliegt von diesem Zeitpunkt an den §§ 269, 263 und 264 ZPO. Mit der schriftsätzlichen Ankündigung der Anträge werden diese demnach existent und wirksam, aber nicht unabänderlich. Auch die Berufungsanträge muß der Berufungskläger gemäß §§ 523, 297 ZPO in der mündlichen Verhandlung verlesen. Da die §§ 519 Abs. 3, 519b ZPO eine form- und fristgebundene Antragstellung für die Zulässigkeit des Verfahrens vorschreiben, könnten die Berufungsanträge der Begründungsschrift möglicherweise definitiven Charakter haben, verbindlich und unveränderbar sein.

Beantragt der Berufungskläger in der Begründungsschrift die Abänderung der gesamten Entscheidung und die Verurteilung des Beklagten bzw. die Abweisung der Klage, ist eine nachträgliche Reduzierung zur Teilberufung denkbar. Wurde anfänglich nur Teilberufung eingelegt, kommt eine Erweiterung des Berufungsgegenstands auf Abänderung des gesamten Urteils in Betracht.

I. Nachträgliche Reduzierung

Die Einreichung der Berufungsschrift legt das Rechtsmittel lediglich dem Grunde nach ein und bestimmt die Parteien sowie das betroffene Urteil als solches. Der Berufungskläger stellt keine Berufungsanträge (abgesehen von den Fällen des § 519 Abs. 2 S. 1 ZPO). Es ist daher nicht von einer unbeschränkten Vollberufung auszugehen. Beantragt der Berufungskläger später in der Begründungsschrift ein Teilrechtsmittel, legt er den Berufungsgegenstand erstmals dahin fest und reduziert ihn nicht.[1] Eine nachträgliche Reduzierung des Berufungsgegenstands liegt erst bei Verringerung des zunächst beantragten Berufungsgegenstands vor.[2] Die nachträgliche Reduzierung des Berufungsumfangs erachten Rechtsprechung und Literatur bis zur Beendigung der Berufungsinstanz für zulässig.[3]

Um eine Voll- oder Teilanfechtung nachträglich zu beschränken, kommen verschiedene Rechtsinstitute in Betracht:

- Der Berufungskläger kann auf das Rechtsmittel teilweise verzichten.[4] Da das Recht zur Berufung unwiderruflich verloren geht, ist eine eindeutige Erklärung zu fordern.

- Wird der bereits angebrachte[5] Berufungsantrag ohne zusätzlich Angaben lediglich "beschränkt", "reduziert", "fallengelassen" oder "zurückgezogen," kann das Gericht von keinem Berufungsverzicht, sondern nur von einer teilweisen Berufungsrücknahme ausgehen (§ 515 ZPO).[6] Nach Beginn der mündlichen Verhandlung des Berufungsbeklagten zur Hauptsache muß der Rechtsmittelbeklagte einwilligen (§ 515 Abs. 1 ZPO). Der Berufungskläger trägt die durch das Rechtsmittel entstandenen Kosten (§ 515 Abs. 3 S. 1 ZPO). Damit der Berufungskläger die Einwilligungsvoraussetzung und die Kostenfolge des § 515 ZPO nicht umgehen kann, liegt eine Teilrücknahme auch dann vor, wenn er erklärt, das Rechtsmittel solle zu einem Teil nur "ruhen" oder "nicht betrieben werden".[7] Im verbleibenden Teil muß die Be-

---

1 Zum Meinungsstreit hierzu vgl. bereits oben, S. 37 f. und 56 f.

2 *Thomas/Putzo*, ZPO, § 515 Rdn. 3.

3 RGZ 134, 132; 142, 65; *Thomas/Putzo*, ZPO, § 515 Rdn. 4; *Zöller/Gummer*, ZPO, § 515 Rdn. 6; *Baumbach/Lauterbach/Albers*, ZPO, § 515 Rdn. 4; *Schumann*, Berufung, Rdn. 194.

4 *Gilles*, AcP 177 (1977), 189, 234. Zum Erfordernis einer Einwilligung des Berufungsbeklagten nach Beginn der mündlichen Berufungsverhandlung vgl. BGH ZZP 1994, 237 (mit Anm. *Kohler*).

5 Die Beschränkungen einer antragslos eingelegten Berufung ist dagegen keine teilweise Berufungsrücknahme, vgl. *Thomas/Putzo*, ZPO, § 515 Rdn. 5.

6 RG JW 1937, 2226; RGZ 142, 63, 65; BGH FamRZ 1984, 406; 1989, 1064, 1065; OLG Frankfurt FamRZ 1984, 406; *Schumann*, Berufung, Rdn. 194; *Thomas/Putzo*, ZPO, § 515 Rdn. 5; *Gilles*, AcP 177 (1977), 189, 233 f; *Zöller/Gummer*, ZPO, § 515 Rdn. 6.

7 RGZ 161, 356. A. A. RG JW 1939, 248 f; 1935, 2281 f.: ebenso wie die erste Teilanfechtung soll eine solche Teilreduzierung nur ein Ruhenlassen der Berufung im übrigen sein. Die Annahme einer Berufungsrücknahme verbiete sich deshalb, weil dem Berufungskläger mit ihr der Weg für eine erneute Erweiterung im reduzierten Teil versperrt wäre. A. A. auch *Rosen-*

rufung alle Zulässigkeitsvoraussetzungen eines Teilrechtsmittels erfüllen. Der Berufungskläger muß sich gegen einen teilberufungsfähigen und beschwerenden Entscheidungsteil wenden. Er hat die in der Sache verfolgten Berufungsanträge anzupassen.[8] Die Berufungsrücknahme reduziert den einmal erreichten Beschwerdewert nicht, wenn sie nicht willkürlich erfolgt, sondern einer Veränderung der Sach- und Rechtslage entspricht.[9] Ob die Berufung im zurückgewiesenen Teil zulässig war oder nicht ist belanglos.[10] Über die erstinstanzliche Klage verfügt die Berufungsreduzierung nicht. Insbesondere nimmt der Berufungskläger sie nicht teilweise zurück.[11] Wurde die Berufungsrücknahme nicht ordnungsgemäß durch einen zugelassenen Anwalt (§ 78 Abs. 1 ZPO) mündlich oder schriftsätzlich erklärt, oder fehlt es an der notwendigen Einwilligung des Rechtsmittelbeklagten,[12] ist sie unwirksam und vom Gericht nicht zu berücksichtigen. Es bleibt beim ursprünglich gewählten Berufungsgegenstand. Das Berufungsgericht vermerkt dies in den Urteilsgründen.

- Erklären die Berufungsparteien das Rechtsmittel ausdrücklich in einem Teil für erledigt, liegt eine teilweise Erledigung der Berufung vor.[13]

II. Nachträgliche Erweiterung

Solange und soweit die Parteien ein Rechtsmittel gegen das Urteil statthaft eingelegen können, wird das Urteil nicht formell rechtskräftig (§ 705

berg/Schwab/Gottwald, ZPR, § 137 III 3a, S. 828, der sich auf BGH FamRZ 1989, 1064 beruft, obgleich diese Entscheidung unter II 2 ausdrücklich erklärt, daß eine Teilrücknahme mit der Kostenfolge des § 515 Abs. 3 S. 1 ZPO bereits dann vorliegt, wenn der Berufungskläger den einmal gestellten Berufungsantrag nachträglich einschränkt; eine teilweise Berufungsrücknahme soll nur dann nicht vorliegen, wenn er den Berufungsantrag bereits eingeschränkt geltend macht; mißverständlich insoweit der unter 2. abgefaßte Leitsatz der Redaktion. Offen *Baumbach/Lauterbach/Albers*, ZPO, § 515 Rdn. 16: für die Annahme einer Berufungsrücknahme spreche keine Vermutung.

[8] RGZ 134, 132; 142, 65.

[9] War das Rechtsmittel im zurückgenommen Teil dagegen von Anfang an aussichtslos und nur zur Erreichung der Beschwerdesumme in diesem Umfang eingelegt, reduziert die Berufungsrücknahme die Beschwerdesumme. Vgl oben, S. 55.

[10] BGH FamRZ 1988, 496; *Thomas/Putzo*, ZPO, § 515 Rdn. 5.

[11] Für die nachträgliche Reduzierung des Anfechtungsumfangs gilt insoweit nichts anderes als für die erste Einlegung eines Teilrechtsmittels. Ohne ausdrückliche Klagerücknahme reduziert die Berufungsrücknahme die erstinstanzliche Klage nicht. Vgl. S. 30 f., 33, 47 und 117 Fn. 20.

[12] Sie kann auch durch einen nicht beim Berufungsgericht zugelassenen Prozeßbevollmächtigten oder konkludent mit der Antragstellung gemäß § 515 Abs. 3 S. 2 ZPO erfolgen (arg. § 515 Abs. 3 S. 2 ZPO).

[13] Zur Zulässigkeit der Rechtsmittelerledigung *Heintzmann*, ZZP 87, 199 ff. und oben, S. 122 Fn. 36.

ZPO). Für die Rechtsmittelerweiterung gilt daher umgekehrt: Der Berufungskläger kann die Berufung nachträglich nicht mehr auf Urteilsteile erweitern, die inzwischen in formelle Rechtskraft erwachsen sind.

Bei der subjektiven Teilanfechtung erwächst das Rechtsmittel mit Ablauf der Berufungsfrist hinsichtlich aller Streitgenossen, die nicht Berufungsparteien wurden, in Rechtskraft.[14] Eine Anfechtungserweiterung auf bisher unbeteiligte Streitgenossen scheidet von diesem Zeitpunkt an aus.

Ein Urteil zu mehreren objektiven Streitgegenständen ist mit der fristgerechten und statthaften Berufung zunächst im gesamten objektiven Entscheidungsinhalt suspensiert, unabhängig davon, ob das Rechtsmittel auch sonst zulässig ist (Beschwer, Beschwerdewert, Begründung etc., §§ 511, 516, 518, 705 ZPO). Legt der Berufungskläger den Berufungsgegenstand in der Begründungsschrift auf einen Teil des Urteils fest, kann in diesem Entscheidungsteil die formelle Rechtskraft erst eintreten, wenn eine verwerfende oder zurückweisende Entscheidung zum Teilrechtsmittel ergeht und wirksam wird. Der vom Rechtsmittel nicht erfaßte Entscheidungsteil könnte dagegen rechtskräftig werden und einer Anfechtungserweiterung entgegenstehen.

1. Unzulässigkeit nach teilweisem Rechtsmittelverzicht

Verzichtet der Rechtsmittelführer, dessen Berufung sich lediglich gegen einen Teil des Urteils richtet, auf die Berufung im übrigen, tritt im unangefochtenen Entscheidungsteil Teilrechtskraft ein.[15] Der Beschwerte verliert sein Recht zur Berufung insoweit unwiderruflich (§ 514 ZPO). Auf Antrag erstellt der Urkundsbeamte der Geschäftsstelle ein Teilrechtskraftzeugnis nach § 706 Abs. 1 ZPO.[16] Der teilweise Rechtsmittelverzicht ist zu jedem teilberufungsfähigen Entscheidungsteil möglich.[17] Der Berufungskläger kann sein Rechtsmittel insoweit nicht mehr erweitern.[18]

---

[14] BGH NJW 1961, 2347; BGHZ 21, 168; BGH VersR 83, 778; MünchKomm-ZPO/*Rimmelspacher*, § 518 Rdn. 16.

[15] Wenn beide Parteien verzichten, mit der Perfektion der letzten Verzichtserklärung, RGZ 110, 230; BGH FamRZ 1954, 108. Verzichtet nur eine Partei, reicht für den Eintritt der Rechtskraft, wenn nur die erklärende Partei insoweit beschwert ist. Vgl. RG JW 1927, 845; *Rosenberg/Schwab/Gottwald*, ZPR, § 150 II 1, S. 912.

[16] OLG Frankfurt FamRZ 1988, 520.

[17] BGH NJW-RR 1989, 1344; BGH NJW 1990, 1118.

[18] RG JW 1927, 845; BGHZ 7, 143, 145; BGH NJW 1968, 2106; 1984, 438; 1994, 2896, 2897; BGH WM 1985, 144; *Schumann*, Berufung, Rdn. 197; *Sell*, Rechtsmittelbegründung, S. 13 f.; *Zöller/Gummer*, ZPO, § 519 Rdn. 31.

An die Deutlichkeit der Verzichtserklärung sind strenge Anforderungen zu stellen. Ficht eine Partei nur einen Teil der Beschwer an, verzichtet sie auf ihr Rechtsmittel im übrigen nur, wenn sie dies klar und eindeutig zum Ausdruck bringt. Die Partei muß das anfechtbare Urteil endgültig hinnehmen.[19] Folgende Äußerungen rechtfertigen die Annahme eines Berufungsverzichts: die Berufung hat sich im übrigen erledigt,[20] der Berufungskläger gibt sich mit der Entscheidung teilweise zufrieden,[21] er will eine weitere Berufung nicht einlegen,[22] er beschränkt sich ausdrücklich und abschließend auf einen Teilbetrag,[23] gegen die Widerklage[24] oder auf eine von mehreren Streitgegenstandsentscheidungen.[25] Die Beschränkung des Rechtsmittels unter Vorbehalt der Antragserweiterung[26] reicht dagegen nicht für einen Berufungsverzicht.

2. *Zulässigkeit nach anfänglicher Teilanfechtung*

a) Vor Ablauf der Begründungsfrist

Ohne Teilverzicht kann der Rechtsmittelkläger den beantragten Anfechtungsumfang *bis zum Ablauf der Begründungsfrist* jederzeit erweitern (§ 519 Abs. 2 ZPO).[27] Die Dispositionsfreiheit des Berufungsklägers ist während der laufenden Begründungsfrist uneingeschränkt gegeben. Er ist an die einmal getroffene Festlegung des Prozeßgegenstands nicht gebunden, zumal er die Ausschlußfrist des § 519 Abs. 2 ZPO schon bei der ersten Antragstellung mit der Begründungsschrift voll ausschöpfen konnte.[28] Der Berufungsbeklagte kann sich vor Fristablauf auf die getroffene Gegenstandsdisposition

---

[19] RGZ 161, 350; BGH NJW 1958, 343; 1963, 444; 1981, 2816; 1983, 1561, 1562; 1985, 2335; 1990, 1118; 1994, 2896, 2897; BGH NJW-RR 1989, 1344; OLG Hamm NJW 1975, 935; *Schellhammer*, ZP, Rdn. 975; *Sell*, Rechtsmittelbegründung, S. 13; *Baumbach/Lauterbach/Albers*, ZPO, § 514 Rdn. 9; *Zimmermann*, ZPO, § 519 Rdn. 15; in der Rspr. des RG war diese Frage lange Zeit umstritten, vgl. hierzu *Wieczorek*, ZPO, 1. Aufl. 1957 ff., § 514 A II b 1, 2.

[20] RGZ 161, 350.

[21] RG JW 1935, 120.

[22] BGH NJW 1991, 1213.

[23] RGZ 161, 354.

[24] BGH NJW-RR 1989, 1344.

[25] BGH NJW 1990, 1118 m.w.N.

[26] BGHZ 7, 143, 145 = NJW 1952, 1295; BGH NJW 1971, 33, 34; 1990, 1118.

[27] *Sell*, Rechtsmittelbegründung, S. 14; *Schnauder*, JuS 1993, 365; *Gilles*, AcP 177 (1977), 209 ff.; *Stein/Jonas/Grunsky*,[21] ZPO, § 519 Rdn. 48. In NJW 1966, 1393, 1396 und ZZP 88 (1975), 49, 51 ff. scheint *Grunsky* jede, auch die vor Ende der Begründungsfrist erfolgte Erweiterung abzulehnen und von einer unwiderruflichen Bindung an die einmal festgelegten Berufungsanträge auszugehen.

[28] *Becht*, JuS 1991, 59.

nicht verlassen. Hat der Berufungskläger Rechtsmittelanträge gestellt und diese teilweise wieder zurückgenommen, sind sie während der noch laufenden Berufungsbegründungsfrist für Erweiterungen offen.[29]

> Beispiel:
> Die Berufungsanträge werden bereits in der Berufungsschrift erklärt (§ 519 Abs. 2 S. 1 ZPO), später in der Begründungsschrift reduziert und vor Begründungsfristablauf wieder erweitert.[30]

Der Berufungskläger hat die Antragserweiterung in einem anwaltlichen Schriftsatz zu erklären und mit Berufungsgründen zu versehen (§ 519 Abs. 3 Nr. 1 und 2 ZPO).[31] Eine bisher unterschrittene Rechtsmittelsumme kann er auf diese Weise erreichen. Ist die Berufung im erweiterten Teil unzulässig (so z. B. wenn das Urteil im bisher unangefochtenen Teil nicht beschwert), spricht das Berufungsgericht dies durch Beschluß oder im Urteil aus (§ 519b ZPO). Die Rechtskraft des erstinstanzlichen Urteils tritt insoweit mit Wirksamkeit der verwerfenden Entscheidung ein.

In der Praxis spielt die Umfangerweiterung innerhalb der noch laufenden Begründungsfrist keine große Rolle. Berufungsbegründungen gehen regelmäßig erst gegen Ende der Berufungsbegründungsfrist ein, so daß für eine fristgerechte Veränderung nur selten Zeit ist. Vielmehr erklärt der Berufungskläger Berufungserweiterungen in seiner Replik auf die Rechtsmittelerwiderung des Berufungsbeklagten oder als Reaktion auf eine veränderte Prozeßsituation bzw. aufgrund einer veränderten Einschätzung der Prozeßchancen und Prozeßrisiken in der mündlichen Verhandlung. Zu diesem Zeitpunkt ist die Begründungsfrist des § 519 Abs. 2 ZPO aber regelmäßig abgelaufen.

---

[29] BGHZ 15, 398; 24, 180; 45, 380; 46, 112; *Vollkommer*, NJW 1968, 1092; *Baumbach/Lauterbach/Albers*, ZPO, § 515 Rdn. 17; *Rosenberg/Schwab/Gottwald*, ZPR, § 137 III 1, S. 827 vertreten die Ansicht, die Berufungsrücknahme wirke so, als hätte der Berufungskläger die Berufung von Anfang an nicht eingelegt. Er könne das Rechtsmittel daher nur innerhalb der Notfrist des § 516 ZPO erneut einlegen. Dies trifft jedoch nur für die Rücknahme der gesamten Berufung zu. Bei einer teilweisen Berufungsrücknahme bleibt das Rechtsmittel eingelegt. Es ändert sich nur dessen Umfang. Die Berufungserweiterung ist daher nicht nur innerhalb der Notfrist des § 516 ZPO, sondern bis zum Ablauf der Begründungsfrist nach § 519 Abs. 2 ZPO möglich, vgl. OLG Düsseldorf MDR 1993, 802; *Thomas/Putzo*, ZPO, § 515 Rdn. 3.

[30] BGH MDR 1989, 987; BGH FamRZ 1989, 1064.

[31] Vor Ablauf der Begründungsfrist kommt es regelmäßig zu keiner mündlichen Verhandlung, so daß eine Antragserweiterung zu Protokoll des Gerichts ausscheidet.

b) Nach Ablauf der Begründungsfrist

Ob der unangefochtene Teil der Entscheidung nach Ablauf der Begründungsfrist rechtskräftig wird und eine Rechtsmittelerweiterung auf den zunächst unangefochtenen Entscheidungsteil von nun an ausscheidet, ist umstritten. Die Ansichten reichen von einer generellen Ablehnung bis zur unbeschränkten Zulassung der Rechtsmittelerweiterung.

aa) Die Meinung Grunskys: Unzulässigkeit der nachträglichen Rechtsmittelerweiterung

Grunsky[32] tritt für eine Rechtskraft des unangefochtenen Entscheidungsteils nach Ablauf der Berufungsbegründungsfrist ein und untersagt eine Antragserweiterung von diesem Zeitpunkt an. Die Berufungsanträge der form- und fristgerecht vorgebrachten Berufungsbegründung sollen bindend sein.

Seine Argumentation setzt in folgenden Punkten an: Die §§ 519 Abs. 3 Nr. 1, Abs. 2, 519b ZPO verpflichten unter Androhung der Unzulässigkeit des Rechtsmittels zur frist- und formgerechten Antragstellung und Begründung. Hätte die Berufungsbegründung keinen definitiven Charakter, wäre dieser Begründungszwang nur eine "leere Formalität" bzw. "unsinniger Formalismus". Gegner und Gericht müßten nicht nur frühzeitig, sondern auch verbindlich und abschließend über den Gegenstand des Berufungsverfahrens informiert werden.[33] Der Berufungskläger habe hierzu zwei Monate und damit ausreichend Zeit.[34] Die Teilanfechtung dürfe den Rechtskrafteintritt im unangefochtenen Entscheidungsteil nicht bis zum Schluß der Berufungsverhandlung hemmen und den Berufungsbeklagten auf die risikoreiche vorläufige Vollstreckung (§ 717 Abs. 2 ZPO) verweisen.[35] Da der Berufungsbeklagte jederzeit Anschlußberufung einlegen kann, räumt Grunsky dem Berufungskläger das Recht zur Gegenanschließung ein.[36]

Der vom Gesetz normierte Rechtsmittelbegründungszwang ist tatsächlich nur sinnvoll, wenn seine Verletzung für den Berufungskläger negative Aus-

---

[32] *Grunsky*, NJW 1966, 1393, 1396; ZZP 88 (1975), 49, 51; *Stein/Jonas/Grunsky*,[21] ZPO, § 519 Rdn. 49; ebenso AK-ZPO/*Ankermann*, § 519 Rdn. 16.

[33] *Grunsky*, ZZP 88 (1975), 49, 52.

[34] *Grunsky*, ZZP 88 (1975), 49, 52, 54.

[35] *Grunsky*, ZZP 88 (1975), 49, 51.

[36] *Grunsky*, ZZP 88 (1975), 49, 56

wirkungen hat.[37] Das Verbot einer nachträglichen Antragserweiterung braucht diese Folge aber nicht zu sein. § 519b ZPO sanktioniert eine fehlende oder fehlerhafte Berufungsbegründung bereits ausreichend. Für die Zulässigkeit des Rechtsmittels reicht nicht irgend eine Berufungsbegründung. Der Berufungskläger muß für Berufungsanträge und Berufungsgründe sorgfältig auf die erstinstanzliche Entscheidung Bezug nehmen, sich mit der Streitsache auseinandersetzen und die Zielrichtung des Rechtsmittels bestimmt festlegen. Dies wird er angesichts der Gefahr einer Rechtsmittelverwerfung mit größtmöglicher Sorgfalt erledigen. Berufungsbegründungen nur "pro forma" sind daher auch bei zulässigen Antragsänderungen nicht zu befürchten.

Daß der Eintritt der Teilrechtskraft im unangefochtenen Entscheidungsteil für den vollstreckenden Berufungsbeklagten wünschenswert ist, mag zutreffen, hat im Gesetz aber keine Regelung gefunden. Wer mit *Grunsky* eine Gegenanschließung durch den Rechtsmittelführer zuläßt, muß den Eintritt der formellen Rechtskraft ohnehin wieder aufheben. Die vermeintlich nicht hinnehmbaren Folgen einer nachträglichen Antragserweiterung für die Vollstreckung des Berufungsbeklagten sind dann dieselben.

Die strenge Bindung des Berufungsklägers an seine einmal gewählten Berufungsanträge würde auch mit der anerkannten Formerleichterung für Berufungsanträge kollidieren. Je strenger die Bindung an die vorgebrachten Berufungsanträge, umso mehr muß das Berufungsgericht von ihnen Klarheit und Deutlichkeit verlangen. Eine Auslegung aus den Berufungsgründen würde dann aber nahezu ausscheiden. Der unklar Formulierende könnte andernfalls unauffälliger seine einmal eingeschlagene Richtung wechseln, als der klare schriftsätzliche Anträge ausfertigende Berufungskläger. Dies würde dem Sinn und Zweck des § 519 ZPO nicht entsprechen.

Auch § 534 ZPO spricht für eine nachträgliche Erweiterungsmöglichkeit der Berufungsanträge. Die Vorschrift existierte bereits vor Einführung des Begründungszwangs und ist bis heute unverändert geblieben. Bei einer Teilanfechtung ermöglicht sie dem erstinstanzlich Obsiegenden einen vorläufigen Vollzug der unangefochtenen Entscheidung noch vor Ende des zweitinstanzlichen Verfahrens. Im unangefochtenen Urteilsteil tritt demnach keine Teilrechtskraft ein, denn sonst wäre er ohnehin uneingeschränkt vollstreckbar.[38] Hätten die schriftsätzlichen Anträge der Begründungsschrift bindende Wirkung, bliebe für § 534 ZPO nur noch ein schmaler Anwendungsbereich.

---

[37] A. A. *Gilles*, AcP 177 (1977), 189, 213 ff. der *Grunsky* entgegenhält, § 519 ZPO weise ein "Funktionsdefizit" auf und bezwecke lediglich eine "erste richtungsweisende Information".

[38] *Schnauder*, JuS 1993, 365, 367.

Der unangefochtenen Entscheidungsteil könnte mit Ablauf der Begründungsfrist in Rechtskraft erwachsen. Lediglich im Falle einer Anschlußberufung des Berufungsbeklagten gegen diesen Entscheidungsteil wäre die Erklärung der vorläufigen Vollstreckbarkeit nach § 534 ZPO nötig.[39] Im Gesetzgebungsverfahren zu § 519 Abs. 3 ZPO wurde auf § 534 ZPO nicht eingegangen. Es ist daher nicht davon auszugehen, daß der Anwendungsbereich der Vorschrift derart verkürzt wurde, daß die teilweise unangefochtene Entscheidung mit Ablauf der Begründungsfrist rechtskräftig werden könnte.

Schließlich spricht die jahrzehntelang geübte Praxis der Gerichte,[40] Berufungserweiterungen nach Ablauf der Begründungsfrist unter bestimmten Voraussetzungen zuzulassen, gegen *Grunsky*.

Zwischenergebnis: Der Berufungskläger ist gemäß §§ 519 Abs. 2, Abs. 3 Nr. 1, 519b ZPO verpflichtet, form- und fristgerechte Berufungsanträge zu stellen. Diese Anträge kann er grundsätzlich auch nach Ablauf der Begründungsfrist erweitern. Fraglich ist allein, unter welchen Voraussetzungen.

bb) Die Meinung Gilles': Uneingeschränkte Möglichkeit der nachträglichen Rechtsmittelerweiterung

Gilles[41] erlaubt die nachträgliche Rechtsmittelerweiterung uneingeschränkt bis zum Schluß der mündlichen Berufungsverhandlung. Sobald der Berufungskläger das Rechtsmittel einmal - in welchem Umfang auch immer - zulässig begründet hat, soll § 519 Abs. 3 ZPO erfüllt sein. In der mündlichen Verhandlung reiche dann ein neuer Berufungsantrag zu Protokoll des Gerichts aus, um das Rechtsmittel zu erweitern. Für die neuen Anträge seien zwar Gründe erforderlich, diese könnte der Berufungskläger jedoch jederzeit nachschieben.[42]

Diese Ansicht hebt die Dispositionsfreiheit des Rechtsmittelführers in den Vordergrund. Der Rechtsmittelbegründungszwang des § 519 Abs. 3 ZPO soll diese weder aufheben noch einschränken. Die Pflicht zur frist- und formgerechten Berufungsbegründung habe nur richtungsweisenden Charakter. Die Beschränkung der Rechtsmittelerweiterung auf die fristgerecht

---

[39] So tatsächlich *Grunsky*, ZZP 88 (1975), 49, 54 f.

[40] *Gilles*, AcP 177 (1977), 189, 216, sieht dies als Gewohnheitsrecht an.

[41] *Gilles*, AcP 177 (1977), 198, 210 ff.; ebenso *Rüffer*, S. 36 f.; *Fuhrmann*, Zurückweisung, S. 66 f.

[42] *Gilles*, AcP 177 (1977), 198, 229.

vorgebrachten Berufungsgründe führe zu einer nicht gerechtfertigten Überbewertung der Gründe und einer Unterbewertung der Anträge. Allein die Befürchtung, § 519 Abs. 3 ZPO sei andernfalls funktionslos, könne eine Ausdehnung der Begründungspflicht nicht rechtfertigen.[43] Der mangelnden Bindung des Rechtsmittelgerichts an die Berufungsbegründung (§ 537 ZPO) entspreche die mangelnde Bindung der Berufungsparteien an ihre Begründungsschrift.

Ferner sollen der Mündlichkeitsgrundsatz und die Kooperationsmaxime für eine unbeschränkte Erweiterungsmöglichkeit sprechen. Das mündliche Berufungsverfahren diene der Kooperation, dem Dialog und dem Diskurs, weshalb sich die Parteien jederzeit auf eine veränderte Prozeßlage einstellen müßten. Auch aus Gründen der Waffengleichheit dürfe dem Berufungskläger eine Antragserweiterung nicht verwehrt sein. Schließlich könne auch der Rechtsmittelbeklagte im Wege der Anschlußberufung das Rechtsmittel jederzeit erweitern.

Indem Gilles neben der nachträglichen Erweiterung der Berufungsanträge ohne weiteres auch ein Nachschieben von Berufungsgründen zuläßt, übergeht er den vom Gesetzgeber mit § 519 Abs. 3 Nr. 2 ZPO verfolgten Zweck, Gericht und Rechtsmittelgegner frühzeitig und abschließend über die maßgebliche Zielrichtung des Rechtsmittels zu informieren. Da die Berufungserweiterung anders als die Begründungspflicht keine gesetzliche Regelung gefunden hat, überzeugt diese Ansicht nicht.

Bereits Gilles' Schluß von der Dispositionsfreiheit auf die uneingeschränkte Rechtsmittelerweiterungsmöglichkeit ist nicht zwingend. Eine eingeschränkte Dispositionsfreiheit ist dem Berufungsrecht zur beschleunigten Erledigung des Rechtsstreits nicht fremd. Auch die Verfügung über das Rechtsmittel selbst ist frist- und formgebunden (§§ 516, 518 ZPO).

Ferner ist das Argument der Waffengleichheit gegenüber dem Berufungsbeklagten, der jederzeit Anschlußberufung einlegen und auch erweitern könne, nicht stichhaltig. Der Berufungskläger, der nur einen Teil der Beschwer anficht, muß von Anfang an mit diesem Gegenangriff und der Möglichkeit seiner Erweiterung rechnen. Er kann diese Möglichkeit in seine Überlegungen zur ersten Berufungsgegenstandsfestlegung miteinfließen lassen. Eine Hauptrechtsmittelerweiterung als Replik zum Anschlußrechtsmittel sieht der Gesetzgeber ebensowenig wie eine Gegenanschließung vor.

---

[43] *Gilles* sieht hier ein "Funktionsdefizit" des § 519 ZPO, AcP 177 (1977), 198, 211.

Fazit: Die uneingeschränkte Zulassung der Berufungserweiterung ist dem Gesetz weder zwingend noch sachlogisch zu entnehmen.

cc) Die Meinung Sells: Eingeschränkte Möglichkeit der nachträglichen Rechtsmittelerweiterung

Sell[44] läßt eine Antragserweiterung zu, soweit sie sich im Rahmen einer Streitgegenstandsentscheidung bewegt und nicht eine weitere, bisher unangefochtene Streitgegenstandsentscheidung erfaßt. Liegen form- und fristgerechte Berufungsgründe zu einem Entscheidungsteil vor, bedürfe die Antragserweiterung innerhalb desselben Streitgegenstands keiner neuen Berufungsgründe und sei daher von § 519 Abs. 3 Nr. 2 ZPO gedeckt.[45] Einer Erweiterung auf andere Streitgegenstandsentscheidungen fehlte dagegen die erforderliche Berufungsbegründung, weshalb sie ausscheide.[46]

Diese Ansicht beschränkt die Rechtsmittelerweiterung auf die Fälle der betragsmäßigen Teilanfechtung und der qualitativen Teilanfechtung. Warum dem Berufungskläger in diesen Fällen mehr erlaubt sein soll als bei der Teilanfechtung objektiv gehäufter Klagen, ist nicht nachvollziehbar. Ficht der Berufungskläger die Entscheidung zulässig nur bezüglich einem Streitgegenstandsteil an, ist nicht gewiß, daß die vorgebrachten Berufungsgründe auch den Streitgegenstandsrest bis hin zum gesamten Streitgegenstand erfassen. Umgekehrt vermag ein Anfechtungsgrund unter Umständen durchaus mehrere Streitgegenstandsentscheidungen in Frage zu stellen.[47] Ist die Berufungserweiterung mit Sell tatsächlich zulässig, soweit gesetzmäßige Berufungsgründe vorhanden sind, darf sie demnach an der Grenze eines Streitgegenstands nicht ihr Bewenden haben. Die Unterscheidung in Streitgegenstandsteile und Streitgegenstände ist in diesem Zusammenhang daher formal und abzulehnen.[48]

---

44 Rechtsmittelbegründung, S. 54 ff.

45 *Sell*, Rechtsmittelbegründung, S. 56 ff., 73.

46 *Sell*, Rechtsmittelbegründung, S. 60.

47 Vgl. BGH ZIP 1994, 789, 792 und ausführlich oben, S. 94 ff., 102 ff.

48 Krit. auch *Gilles*, AcP 177 (1977), 189, 219 ff; *Grunsky*, ZZP 88 (1975), 49, 58; *Rüffer*, Formelle Rechtskraft, S. 54, 95; *Schweizer*, Rechtskraft, S. 86.

dd) *Die zutreffende herrschende Meinung: Eingeschränkte Möglichkeit der nachträglichen Rechtsmittelerweiterung wegen §§ 519 Abs. 2 S. 2, Abs. 3 Nr. 2 ZPO*

Rechtsprechung[49] und der herrschende Lehre[50] lassen Anfechtungserweiterungen nach Ablauf der Begründungsfrist auf alle beschwerenden Urteilsteile zu, wenn sie durch frist- und formgerechte Berufungsgründe der ursprünglichen Berufungsbegründung gedeckt sind. Nur solche Antragserweiterungen, die ein verspätetes Nachschieben von Gründen erfordern, sollen unzulässig sein. Da die Möglichkeit, Berufungsanträge zu erweitern, damit grundsätzlich gegeben ist, könne das unangefochtene Urteil erst mit Ablauf der mündlichen Berufungsverhandlung[51] rechtskräftig werden. Die Teilanfechtung suspensiert damit das gesamte Urteil bis zum Schluß der mündlichen Verhandlung, auf die das Berufungsurteil ergeht[52].

Zur Begründung führen Rechtsprechung und Literatur mitunter an: Die Berufungsanträge in der Begründungsschrift hätten nur vorläufigen Charakter. Wirksam würden sie erst mit Verlesung in der mündlichen Verhandlung werden (§§ 519 Abs. 5, 130 Nr. 2, 523, 137 Abs. 1, 297 ZPO).[53] Fristgerechte und abschließende Berufungsgründe fordere § 519 Abs. 3 ZPO dagegen ausnahmslos. Die strenge Bindung an die Rechtfertigungspflicht des § 519 Abs. 3 Nr. 2 ZPO entspreche der gesetzgeberischen Inten-

---

49 BGHZ 12, 52, 67 f; 22, 272, 278; 88, 360, 364 = NJW 1984, 312; BGHZ 91, 154, 159; BGH NJW 1961, 1115; 1963, 1063; 1971, 33, 34; 1983, 1561, 1562; 1985, 3079; 1987, 1024, 1025; 1987, 3264, 3265 = FamRZ 1987, 802, 803; BGH NJW 1990, 1172, 1173; 1994, 2896, 2897; BGH FamRZ 1982, 1186, 1197; 1985, 267, 269; 1986, 254, 255 f. u. 455, 456; 1988, 603, 604; BGH NJW-RR 1988, 66; 1987, 249; 1992, 1033; BAGE 6, 95; OLG Frankfurt FamRZ 1985, 821; 1987, 959; 1988, 520, 521; OLG Hamburg FamRZ 1987, 725; OLG Hamm FamRZ 1984, 498, 499; OLG Koblenz FamRZ 1988, 302, 304; OLG München NJW 1966, 1082; FamRZ 1984, 491, 492; OLG Saarbrücken FamRZ 1988, 413, 414; OLG Zweibrücken FamRZ 1982, 621; OLG Düsseldorf FamRZ 1987, 295, 296.

50 *Vollkommer*, Anm. zu BAG AP § 519 ZPO Nr. 25; *Schellhammer*, ZP, Rdn. 997; *Schnauder*, JuS 1993, 365, 367; *Avenarius*, Neue Justiz 1993, 450, 451; *Walsmann*, Anschlußberufung, S. 183; *Thomas/Putzo*, ZPO, § 519 Rdn. 19; *Rosenberg/Schwab/Gottwald*, § 137 II 2 b, S. 826; *Baumbach/Lauterbach/Albers*, ZPO, § 519 Rdn. 19; *Stein/Jonas/Münzberg*,[20] ZPO, § 705 Rdn. 4; *Zöller/Gummer*, ZPO, § 519 Rdn. 31; MünchKomm-ZPO/*Rimmelspacher*, § 519 Rdn. 34; MünchKomm-ZPO/*Krüger*, § 705 Rdn. 8; *Schweizer*, Rechtskraft, S. 88 f.; *Zimmermann*, ZPO, § 519 Rdn. 15; *Blomeyer*, ZPR, § 101 II 1, S. 561; *Heintzmann*, FamRZ 1980, 112, 119, 122; *Johannsen/Henrich/Sedemund-Treiber*, Eherecht, § 629 e ZPO Rdn. 32; *Rahm/Künkel/Liermann*, VII Rdn. 133.1; MünchKomm-ZPO/*Rimmelspacher*, § 519 Rdn. 34.

51 Hierzu gehört auch die erneute Berufungsverhandlung nach Zurückverweisung der Streitsache durch das Revisionsgericht, vgl. BGH NJW 1994, 2896, 2897.

52 RGZ 56, 31, 33 f.; BGHZ 7, 143, 144; BGHZ 12, 42, 67 f.; BGH NJW-RR 1988, 66; BGH NJW 1992, 2296; 1994, 657, 659; 2896, 2897.

53 BGHZ 12, 52, 67; BGH NJW 1968, 2106; OLG Nürnberg NJW-RR 1994, 1343; *Schellhammer*, ZP, Rdn. 997.

tion, das Berufungsverfahren frühzeitig zu konzentrieren und zu beschleunigen.

Eine solche Bedeutungslosigkeit der in der Begründungsschrift enthaltenen Rechtsmittelanträge ist aber zu bezweifeln. Die von § 519 Abs. 5 ZPO in Bezug genommenen Vorschriften der §§ 130 Nr. 2, 137 Abs. 1, 297 ZPO sehen eine Unverbindlichkeit der schriftsätzlich angekündigten Anträge selbst für das landgerichtliche Klageverfahren nicht vor, obgleich dessen schriftsätzliche Antragstellung nicht fristgebunden ist. Im erstinstanzlichen Verfahren werden die angekündigten Anträge der Klageschrift mit Einreichung bei Gericht und Zustellung an den Beklagten existent und entscheidungsrelevant, wie §§ 253, 263, 264 ZPO zeigen. Die schriftsätzlichen Klageanträge bedürfen lediglich einer klarstellenden Wiederholung in der mündlichen Verhandlung, und selbst diese ist angesichts der §§ 330, 331, 333 ZPO entbehrlich. Da die Berufungsanträge der Begründungsschrift sogar einer besonderen Form und Frist unterliegen, können sie folglich erst recht nicht unbedeutend sein. Sie sind ebenso verbindlich. Ihre Stellung in der mündlichen Verhandlung hat erneut nur klarstellende Funktion. Zwingend erforderlich ist sie nicht (arg. § 542 ZPO).

Der herrschenden Meinung ist im Ergebnis gleichwohl aus anderen Gründen zu folgen. Die ursprüngliche Civilprozeßordnung aus dem Jahre 1877[54] enthielt in § 480 für die Berufung folgenden Hinweis: "Die allgemeinen Bestimmungen über vorbereitende Schriftsätze finden auch auf die Berufungsschrift Anwendung. Als vorbereitender Schriftsatz soll die Berufungsschrift insbesondere enthalten: Die Erklärung, inwieweit angefochten werde und welche Abänderung beantragt werde (Berufungsanträge), sowie die Angabe derjenigen Tatsachen und Beweismittel, welche die Partei geltend zu machen beabsichtigt." Die Einlegung des Rechtsmittels mußte durch einen zuzustellenden Schriftsatz erfolgen, der auch die Erklärung zu enthalten hatte, daß und welches Urteil der Berufungskläger anficht. Die Ladung wurde hiermit verbunden (§ 479 CPO). Eine gesonderte Berufungsbegründung gab es nicht. Die schriftsätzlich angekündigten und unverbindlichen Anträge waren nur dann wie gestellt maßgeblich, wenn sie in der mündlichen Verhandlung verlesen und dort nicht mehr abgeändert wurden. Für den Fall, daß der Berufungskläger Anträge überhaupt nicht schriftsätzlich angekündigt hatte, gab es (anders als bei der landgerichtlichen Klage) keine Sanktionen. Entscheidend war nur, daß in der mündlichen Verhandlung Anträge gestellt wurden.[55] Mit der Novelle vom 5.6.1905[56] wurde für die

---

[54] RGBl. I, S. 83 ff.

[55] RGZ 16, 344.

[56] RGBl. I, S. 536 ff.

Revision eine zwingende form- und fristgebundene Rechtsmittelbegründung als Zulässigkeitsvoraussetzung eingeführt. Die Novelle vom 13.2.1924[57] (eine Notverordnung ohne parlamentarische Beratung) übertrug diese Regelung auf die Berufung. Das auf die Unverbindlichkeit der Rechtsmittelbegründung hinweisende Wort "beabsichtigt" wurde gestrichen; die Worte "die Berufungsbegründung soll enthalten" wurden durch die Wendung "die Berufungsbegründung muß enthalten" ersetzt. Anlaß für die Reform des Revisionsrechts war die Arbeitsüberlastung des Reichsgerichts. Es sollte mit dem "Mißbrauch gründlich aufgeräumt" werden, daß der Rechtsmittelkläger sein Rechtsmittel entweder gar nicht oder erst "im letzten Augenblick" schriftlich rechtfertigte. Auch die Rechtsmittelrücknahme zu einer Zeit, in der das Gericht bereits einen großen Teil an Arbeit in den Rechtsstreit investiert hatte, mußte verhindert werden. Der Rechtsmittelkläger sollte sich frühzeitig und genau mit der Frage auseinandersetzen, inwieweit sie das Urteil anfechten und welche Überlegungen hierfür eine Rolle spielen. Zum Schutz der Dispositionsfreiheit des Berufungsklägers wurde mit dem als Zulässigkeitsvoraussetzung ausgestalteten Begründungszwang dennoch zu keiner Zeit eine absolut und endgültig bindende Antragstellung eingeführt.[58] Zwischen den beiden Novellen vom 5. Juni 1905 und 13. Februar 1924 erklärte das Reichsgericht zur Revisionsbegründung demzufolge auch, daß die Revisionsbegründung ihre vorbereitende Natur zwar verloren habe, eine Erweiterung der schriftsätzlich gestellten Anträge in der mündlichen Verhandlung aber weiterhin möglich wäre.[59] Diese Rechtsprechung dürfte dem Gesetzgeber bei der Einführung des § 519 Abs. 3 ZPO bekannt gewesen sein. Zu einer Stellungnahme oder andersgearteten Regelung der Berufungsbegründungspflicht sah er sich dennoch nicht veranlaßt. Demzufolge sollten auch die Rechtsmittelanträge der Berufungsbegründung trotz Frist- und Formbindung nicht unverrückbar, sondern abänderbar sein.[60]

Mit der Novelle vom 27.10.1933[61] erfuhr § 519 ZPO eine letzte Änderung, die zu seiner heutigen Fassung führte. Unter der Überschrift "Maßnahmen zur strafferen Zusammenfassung des Streitstoffs" wurde § 519 Abs. 3 Nr. 2 ZPO um die Pflicht erweitert, die im einzelnen anzuführenden Gründe der Anfechtung (Berufungsgründe), neuen Tatsachen, Beweismittel und Beweiseinreden zur Rechtfertigung der Berufung zu bezeichnen. Die Rechtsmittelparteien sollten die gestellten Anträge von nun an zwingend mit frist- und formgerechten Gründen oder tatsächlichen Neuerungen versehen. Auf

---

[57] RGBl. I, S. 135 ff.

[58] Reichstagsdrucksachen, 11. Legislaturperiode (1903/1905), Nr. 415, S. 4520, 4537.

[59] RGZ 71, 18, 19.

[60] *Breit*, JW 1924, 371; *Sell*, Rechtsmittelbegründung, S. 32.

[61] RGBl. I, S. 780.

diesem Weg wurden Formalbegründungen und pauschale Urteilsrügen, die das Reichsgericht entgegen der Novelle von 1924 zuließ, endgültig unterbunden. Gericht und Gegner sollten frühzeitig und unumgehbar über die Gründe der Anfechtung informiert, der Streitstoff konzentriert, das Verfahren beschleunigt und die Berufungsgerichte tatsächlich entlastet werden. Zur förmlich bestimmten und zugleich unverbindlichen Antragsstellung der Novelle von 1924 wurde im Gesetzgebungsverfahren keine Aussage getroffen. Nachdem sie sich - anders als die Pflicht zur Nennung von Berufungsgründen - in der Praxis bewährt hatte, bestand hierzu auch keine Notwendigkeit.[62]

Rigorose Begründungspflicht (§ 519 Abs. 3 Nr. 2 ZPO) und unverbindliche Antragspflicht zusammen rechtfertigen die Zulässigkeit einer durch fristgerechte Anfechtungsgründe gedeckten nachträglichen Berufungserweiterung. In diesem Fall muß der Berufungskläger keine weiteren Berufungsgründe nachschieben. Der Dispositions- und Konzentrationsmaxime ist gleichermaßen gedient. Der vorausschauende Berufungskläger kann eine spätere Antragserweiterung vorbereiten. Berufungsgründe, die die Entscheidung naturgemäß weiter als angefochten in Frage stellen (z. B. die Zulässigkeit der Klage, der Klagegrund oder anspruchsübergreifende Streitpunkte), eröffnen sogar eine Antragserweiterung ohne präventive Maßnahmen.[63] In allen diesen Fällen trifft die Rechtsmittelerweiterung den Berufungsbeklagten nicht unerwartet. Berufungsbeklagter und Rechtsmittelgericht konnten sich von Anfang des Verfahrens an auf die sich abzeichnende Zielrichtung des Rechtsmittelangriffs einstellen.

Daß der Berufungskläger unter diesen Voraussetzungen dazu neigen könnte, übermäßig viele Berufungsgründe vorzubringen, um eine spätere Berufungserweiterung vorsichtshalber offenzuhalten, vermag der Verfahrenskonzentration und Verfahrensbeschleunigung vereinzelt hinderlich sein. Vor sachfremden Berufungsgründen[64] schützt jedoch auch die Ablehnung einer Antragserweiterung nicht. Um mit dem Rechtsmittel an der Zulässigkeitshürde des § 519 Abs. 3 ZPO nicht zu scheitern, neigt der vorsichtige Anwalt erfahrungsgemäß selbst dann zu umfangreichen Berufungsgründen, wenn er eine Antragserweiterung nicht beabsichtigt.

Der Berufungskläger kann die Antragserweiterung bis zum Ende der mündlichen Verhandlung auf die das Berufungsurteil ergeht, schriftsätzlich oder zu Protokoll des Gerichts erklären.[65] Die nachträgliche Änderung der

---

[62] *Sell*, Berufungsbegründung, S. 33.

[63] Ebenso *Schnauder*, NJW 1993, 365, 368.

[64] Vgl. hierzu *Schumann*, Berufung, Rdn. 212 ff.

[65] Legt eine Partei gegen das Urteil des Berufungsgerichts zur Teilanfechtung Revision ein, und hebt das Revisionsgericht das zweitinstanzliche Urteil unter Zurückverweisung an das

Anträge verstößt nicht gegen § 519 Abs. 2 S. 2, Abs. 3 Nr. 2 ZPO, wenn sie mit fristgerechten Berufungsgründen gedeckt ist. Die Antragserweiterung stellt einen Angriff gegen den Berufungsbeklagten dar, kein Angriffsmittel. Sie unterliegt daher nicht den Präklusionsvorschriften der §§ 527, 269 Abs. 1, Abs. 4 oder §§ 523, 296 Abs. 2, 282 ZPO. Das Gericht kann die Berufungserweiterung daher auch nicht als verspätet vorgebrachtes Angriffsmittel zurückweisen. Die zur Stützung der weiteren Berufung zusätzlich vorgebrachten Angriffs- und Verteidigungsmittel (die nach §§ 519 Abs. 3 Nr. 2, 519b ZPO nicht erforderlich sind), unterliegen dagegen den Präklusionsvorschriften der §§ 523, 296 Abs. 2, 282 und 528 ZPO. Der Berufungskläger darf sie deshalb nicht zögerlich beibringen. Auch §§ 527, 269 Abs. 1, Abs. 4 ZPO gelten für das neue Tatsachenmaterial, wenn es zugleich zum alten Berufungsgegenstand gehört und der Berufungskläger es rechtzeitig hätte vorbringen können. Er kann die Präklusion nach §§ 527, 296 ZPO nicht durch eine Angriffserweiterung umgehen.

Soweit die Rechtsmittelerweiterung durch frist- und formgerechte Berufungsgründe gedeckt ist oder im erweiterten Teil der Berufung die Beschwer des Berufungsklägers fehlt, ist das Rechtsmittel unzulässig und zu verwerfen (§§ 519 Abs. 3 Nr. 2, 519b ZPO).[66] Das teilweise angefochtene Urteil wird somit insgesamt erst mit Ablauf der Berufungsverhandlung; frühestens mit Wirksamkeit eines die Erweiterung verwerfenden Beschlusses (§ 519b Abs. 2 ZPO) formell rechtskräftig.

Bei der Anfechtungserweiterung verändert der Berufungskläger den Berufungsgegenstand und nicht den Streitgegenstand der Klage. §§ 523, 263 ZPO finden daher keine Anwendung.[67] Der Berufungsbeklagte muß der nachträglichen Antragserweiterung nach Beginn der mündlichen Verhandlung folglich auch nicht zustimmen. Ebensowenig muß die Berufungserweiterung sachdienlich sein. Dies ist interessengerecht. Kein Berufungsbeklagter würde einer nachträglichen Antragserweiterung zustimmen, da der unangefochtene Entscheidungsteil, auf den der Berufungskläger das Rechtsmittel ausdehnen will, für ihn regelmäßig ein nicht belastender Entscheidungsteil ist. Dem Berufungsbeklagten wäre es nur recht, wenn der unangefochtene Streitpunkt der erstinstanzlichen Entscheidung endgültig zu seinen Gunsten entschieden wäre.

Berufungsgericht auf, wird das Berufungsverfahren erneut in die Lage zurückversetzt, in der es sich zur Zeit der letzten Berufungsverhandlung befand (§ 565 Abs. 1 ZPO, RGZ 129, 224, 225). Der Berufungskläger kann bei Rechtfertigung durch die ursprünglichen Berufungsgründe das Rechtsmittel auch jetzt noch erweitern (BGH NJW 1963, 444; 1994, 2296, 2297; *Schnauder*, JuS 1993, 368).

[66] Durch die Antragserweiterung kann eine bislang mangels Erreichung der Beschwerdesumme unzulässige Berufung geheilt werden, vgl. BGH NJW 1961, 1115; BAGE 6, 95, 99; MünchKomm-ZPO/*Rimmelspacher*, § 519 Rdn. 36; a. A. *Frank*, Anspruchsmehrheiten, S. 139. Siehe oben, S. 55 f.

[67] *Gilles*, AcP 177 (1977), 198, 214; a. A. *Grunsky*, ZZP 88 (1975), 49, 55; *ders.*, NJW 1966, 1393 ff.

ee) Anfechtungserweiterung mit nachgeschobenen Berufungsgründen

(1) Mit Abänderungsgründen

Urteilt die erste Instanz nicht über einen abgeschlossenen Sachverhalt, sondern über Umstände, die sich nach Abschluß der ersten Instanz künftig fortentwickeln (z. B. veränderbare Tatbestandsvoraussetzungen einer fortlaufenden Leistungspflicht oder Feststellungs- und Unterlassungsansprüche, die auf einer Prognose beruhen), können die Parteien nach Verfahrensschluß eintretende, bisher unberücksichtigte Veränderungen des realen Geschehens mit der Abänderungsklage vorbringen (§ 323 ZPO bzw. § 323 ZPO analog).[68] Der Grundsatz, Rechtsmittelantragserweiterungen nur im Rahmen der fristgerecht vorgebrachten Anfechtungsgründe zuzulassen, ist für diese "Prognoseentscheidungen", deren Rechtskraft durchbrochen werden kann, daher zu modifizieren. Ihre Entscheidungsgrundlage unterliegt einem auch im Berufungsverfahren jederzeit zu berücksichtigenden Fortgang. Hat der Berufungskläger ohnehin bereits gegen einen anderen Entscheidungsteil Berufung eingelegt, wird auf diese Weise eine Abänderungsklage vermieden und ein zusammengehöriger Rechtsstreit vor nicht zueinander passenden Teilentscheidungen der ersten und der Rechtsmittelinstanz bewahrt.[69] Der Begründungszwang des § 519 Abs. 3 Nr. 2 ZPO würde sich für die Prozeßökonomie andernfalls eher hinderlich als förderlich erweisen. § 519 Abs. 3 Nr. 2 ZPO kann die Dispositionsfreiheit des Berufungsklägers zum Berufungsgegenstand aber nicht weiter beschränken, als es zur Erreichung des verfahrensrechtlichen Sinns und Zwecks der Vorschrift notwendig ist. Die Berufungserweiterung ist daher zusammen mit nachgeschobenen Berufungsgründen zuzulassen.

Da die Abänderungsklage sowohl dem beschwerten Beklagten als auch dem obsiegenden Kläger offen steht, kann der Berufungskläger das zulässige Rechtsmittel auch auf ihn nicht beschwerende Prognoseentscheidungen erweitern. Diese von der Rechtsprechung zunächst nur für Verbundsachen des familiengerichtlichen Verfahrens entwickelte Ausnahme,[70] ist auf alle Prognoseentscheidungen im Sinne des § 323 ZPO zu erweitern.[71]

---

[68] MünchKomm-ZPO/*Gottwald*, § 323 Rdn. 8, 11.

[69] Vgl. OLG Koblenz FamRZ 1988, 302, 305.

[70] BGH FamRZ 1985, 2029, 2030; 1986, 895 = BGH NJW 1987, 1024; OLG München FamRZ 1984, 491; OLG Hamburg FamRZ 1984, 406; OLG Koblenz FamRZ 1988, 1072. Zum Meinungsstreit in diesem Zusammenhang daher auch unten, bei der Anfechtungserweiterung im Verbundverfahren, S. 174 ff.

[71] OLG Koblenz FamRZ 1988, 302; MünchKomm-ZPO/*Rimmelspacher*, § 519 Rdn. 34.

Die erste Instanz weist die Klägerin mit ihrem Anspruch auf Herausgabe eines Firmen-KFZ ab, den Anspruch auf Zahlung von Getrenntlebensunterhalt spricht es zu. Die Klägerin legt nur gegen die Abweisung des Herausgabeanspruchs Berufung ein und begründet diese rechtzeitig. Nach Ablauf der Begründungsfrist erkrankt sie schwer und erweitert deshalb die Berufung auf die Unterhaltsentscheidung und erhöht ihren Anspruch. Die Berufung wäre im erweiterten Teil doppelt unzulässig. Es fehlt eine Beschwer und eine fristgerechte Berufungsbegründung. Die Klägerin könnte aber zur Erhöhung ihres Unterhaltstitels gemäß § 323 ZPO Abänderungsklage erheben oder mit Hilfe eines Eilverfahrens ihre Unterhaltsansprüche durchsetzen. Die Klägerin kann daher auch die Berufung erweitern und mit nachgeschobenen Anfechtungsgründen rechtfertigen.[72]

Um zu verhindern, daß der Berufungskläger diese Ausnahme durch die bloße Behauptung veränderter Umstände zur sonst unzulässigen Rechtsmittelerweiterung mißbraucht, hat das Rechtsmittelgericht § 537 ZPO einschränkend auszulegen. Die Prüfungsbefugnis des Obergerichts erstreckt sich nur auf die Streitpunkte der Berufungsgründe, die auch Abänderungsgründe im Sinne des § 323 ZPO sein könnten.

Die Antragserweiterung stellt einen Angriff gegen den Berufungsbeklagten dar. Sie ist daher nicht an den Präklusionsvorschriften der §§ 527, 269 Abs. 1, Abs. 4 oder §§ 523, 296 Abs. 2, 282 ZPO zu messen. Die zur Stützung der weiteren Berufung vorgebrachten Angriffs- und Verteidigungsmittel unterliegen dagegen §§ 523, 296 Abs. 2, 282 und 528 ZPO. Neue Angriffs- und Verteidigungsmittel darf der Berufungskläger folglich nicht zögerlich beibringen. §§ 527, 269 Abs. 1, Abs. 4 gelten dagegen nicht, da § 519 Abs. 3 Nr. 2 ZPO auf die neuen Umstände sinnvollerweise keine Anwendung findet.

Erweitert der Berufungskläger sein Rechtsmittel auf Prognoseentscheidungen und reicht Berufungsgründe nach, die er bereits vor Ablauf der Begründungsfrist zusammen mit einer Rechtsmittelerweiterung vorbringen konnte, muß das Rechtsmittelgericht die Berufung im erweiterten Teil gemäß § 519 Abs. 3 Nr. 2, Abs. 2 S. 2, 519b ZPO verwerfen. Auf solche Neuerungen kann der Berufungskläger auch keine zulässige Abänderungsklage stützen (arg. § 323 Abs. 2 ZPO).[73]

---

[72] Vgl. zu einem ähnlichen Fall OLG Koblenz FamRZ 1989, 992 f.

[73] § 323 Abs. 2 ZPO zwingt nicht dazu, das Rechtsmittel einer Abänderungsklage vorzuziehen. Für die Abänderungsgründe, die nach Ablauf der Begründungsfrist entstehen, kann der Berufungskläger daher zwischen einer Rechtsmittelerweiterung und einer Abänderungsklage wählen, KG FamRZ 1991, 211. Ist die Berufung jedoch bereits eingelegt und kann die Partei die neuen Umstände vor Ablauf der Begründungsfrist vorbringen, scheidet die Abänderungsklage zur Geltendmachung dieser Änderungsgründe aus (§ 323 Abs. 2 ZPO); vgl. BGHZ 96, 205; *Rosenberg/Schwab/Gottwald*, ZPR, § 158 V 3, S. 958; MünchKomm-ZPO/*Gottwald*, § 323 Rdn. 58; *Thomas/Putzo*, ZPO, § 323 Rdn. 14; a. A. KG FamRZ 1990, 1122.

(2) Mit Vollstreckungsabwehrgründen

Entstehen nach Ablauf der Begründungsfrist zum beschwerenden, aber unangefochtenen Entscheidungsteil Vollstreckungsabwehrgründe, könnte der Berufungskläger gegen die Vollstreckung des beschwerenden, aber unangefochtenen Urteils mit einer Vollstreckungsgegensklage nach § 767 ZPO vorgehen. Um dieses zusätzliche Verfahren zu verhindern, ist eine Anfechtungserweiterung auch mit solchen nachgeschobenen Berufungsgründen zulässig, die eine Vollstreckungsabwehrklage rechtfertigen könnten.[74] Vollstreckungsabwehrgründe, die vor Ablauf der Berufungsbegründungsfrist entstanden sind und fristgerecht mit dem ursprünglichen Rechtsmittel geltend gemacht werden konnten, kann der Berufungskläger dagegen nicht nachschieben (§ 767 Abs. 2 ZPO analog). Im übrigen gelten die Ausführungen zu § 323 ZPO entsprechend. Für nicht beschwerende Entscheidungsteile kommt weder eine Vollstreckungsgegenklage noch eine Berufungserweiterung in Frage.

Beispiel:
Der Beklagte wird erstinstanzlich zur Zahlung von DM 2000.- und zur Herausgabe eines Bildes verurteilt. Er legt gegen die Verurteilung zur Zahlung Berufung ein, die er ausschließlich in diesem Punkt begründet. Im Rechtsmittelverfahren erstreckt er die Berufung auch auf die Entscheidung zum Herausgabeanspruch und wendet ein, das Bild sei nun durch Zufall (schuldbefreiend) untergegangen. Der Kläger kann in der Berufungsverhandlung die Hauptsache für erledigt erklären.

(3) Mit Wiederaufnahmegründen

Rechtfertigt der Berufungskläger eine Rechtsmittelerweiterung nach Ablauf der Begründungsfrist mit Gründen, die die Voraussetzungen für eine Wiederaufnahme des Verfahrens gemäß § 578 ff. ZPO erfüllen, wäre es der Verfahrensökonomie auch hier nicht förderlich, die Berufungserweiterung wegen verspäteter Berufungsgründe zu untersagen. Das unangefochtene Urteil kann weiterhin Gegenstand eines Wiederaufnahmeverfahrens sein und dort vom Gericht abgeändert werden. Die Anfechtungserweiterung ist daher auch mit verspätet vorgebrachten Berufungsgründen, die eine Wiederaufnahme des Verfahrens rechtfertigen könnte, zulässig. Da eine den §§ 323 Abs. 2, 767 Abs. 2 ZPO entsprechende Regelung fehlt, hängt die Berufungserweiterung nicht davon ab, ob die Wiederaufnahmegründe vor oder nach Ablauf der Begründungsfrist entstanden und ob der Berufungskläger sie fristgerecht geltend machen konnte. Soweit der Rechtsmittelkläger nicht

---

[74] MünchKomm-ZPO/*Rimmelspacher*, § 519 Rdn. 35.

beschwert ist, kommt weder eine Wiederaufnahme des Verfahrens noch die Rechtsmittelerweiterung in Frage.

(4) Bei Vorliegen von Wiedereinsetzungsvoraussetzungen

Hat eine Partei ohne ihr Verschulden die Frist zur Berufungsbegründung nicht einhalten können, ist ihr auf Antrag Wiedereinsetzung in den vorigen Stand zu gewähren. Der Berufungskläger kann die Berufungsbegründung nach Ablauf der Begründungsfrist erstmals bei Gericht einreichen oder die bereits abgegebene Begründung ergänzen. § 233 ZPO beschränkt sich dabei nicht auf die erste Antragstellung und Begründung.[75] Für die Rechtsmittelerweiterung ist § 233 ZPO ebenso anwendbar. War der Berufungskläger ohne sein Verschulden an einer rechtzeitigen Rechtsmittelerweiterung und einer dazugehörigen Begründung gehindert und liegen auch sonst die Voraussetzungen für eine Wiedereinsetzung in den vorigen Stand vor (§ 233 ff. ZPO), ist eine nachträgliche Anfechtungserweiterung auf beschwerende Entscheidungsteile zusammen mit nachgeschobenen Rechtsmittelgründen zulässig.[76] Hierbei handelt es sich streng genommen um keine Ausnahme zu § 519 Abs. 2 S. 2, Abs. 3 ZPO. Wegen § 234 ZPO bleibt für die Rechtsmittelerweiterung nach Ablauf der Begründungsfrist freilich nur wenig Zeit.

3. Nachträgliche Umfangerweiterung durch den Berufungsbeklagten (Erweiterung der Anschlußberufung)

Der Berufungsbeklagte kann mit Hilfe der Anschlußberufung selbst zum Angriff gegen den Berufungskläger übergehen (§ 521 Abs. 1 ZPO). Hierzu reicht er gemäß § 522 Abs. 1 ZPO eine Anschlußschrift ein. Geschieht dies innerhalb der Berufungsfrist, liegt eine selbständige Anschlußberufung vor (§ 522 Abs. 2 ZPO). Diese ist gemäß §§ 519 Abs. 2, Abs. 3, 520a Abs. 2, Abs. 3 ZPO zu begründen.[77] Sind die zur Begründung der Anschlußberufung erforderlichen Angaben bereits in früheren, rechtzeitig vorgebrachten Berufungsschriftsätzen des Rechtsmittelbeklagten vorhanden, bedarf es kei-

---

75 Zu Einzelheiten der Wiedereinsetzung in den vorigen Stand wegen Versäumung der Begründungsfrist vgl. aus der neueren Rechtsprechung BVerfG NJW 1995, 249 f.; BGH NJW 1995, 60, 263 f.; aus dem neueren Schriftum *Ganter*, NJW 1994, 164 ff. (jeweils mit weiteren Hinweisen).

76 BGH NJW-RR 1989, 962, 963; MünchKomm-ZPO/*Rimmelspacher*, § 519 Rdn. 34.

77 Alle anderen Zulässigkeitsvoraussetzungen einer Berufung brauchen nur dann vorzuliegen, wenn der Berufungskläger die Hauptberufung zurücknimmt oder das Berufungsgericht sie als unzulässig verwirft *Rosenberg/Schwab/Gottwald*, ZPR, § 138 II 2, S. 832.

ner gesonderten Anschlußbegründungsschrift.[78] Der Berufungsbeklagte kann die selbständige Anschlußberufung bis zum Schluß der mündlichen Verhandlung über das Anschlußrechtsmittel erweitern; innerhalb der Berufungsbegründungsfrist problemlos, nach Ablauf dieser Frist (schriftlich oder mündlich, zu Protokoll des Gerichts) nur, soweit die vorgebrachten Anschlußberufungsgründe die Erweiterung decken.[79]

Nach Ablauf der Berufungsfrist kann der Berufungsbeklagte nur noch (schriftlich) eine unselbständige Anschlußberufung einlegen. Diese ist bereits in der Anschlußschrift zu begründen, sofern sie sich nicht auf einen den Parteien nach Umfang und Bedeutung bereits bekannten und erörterten Punkt bezieht.[80] § 519 Abs. 2 ZPO gilt für sie nicht (§ 522a Abs. 2 Halbsatz 2 ZPO). Der Berufungsbeklagte kann die unselbständige Anschlußberufung bis zum Ende der mündlichen Verhandlung über die Hauptberufung jederzeit (schriftlich oder mündlich, zu Protokoll des Gerichts) erweitern, soweit die vorgebrachten Berufungsgründe dies inhaltlich decken.[81] Nach der abgeschlossenen Verhandlung über die Berufung ist die Erweiterung der unselbständigen Anschlußberufung unzulässig.[82]

III. Anfechtungserweiterung im Verbundverfahren

Trotz des einheitlichen Entscheidungsverbunds über mehrere Familiensachen braucht das Rechtsmittel nicht einheitlich zu sein. Die Ehegatten können den Scheidungsausspruch und jede einzelne Folgesache gesondert anfechten.[83] Die Rechtsmittelerweiterung könnte angesichts § 629a Abs. 3 ZPO besonderen Voraussetzungen unterliegen. Ob diese Vorschrift den

---

[78] RGZ 142, 311; BGH NJW 1954, 600; *Rosenberg/Schwab/Gottwald*, ZPR, § 139 VI, S. 835; a. A. BAG NJW 1958, 357; *Gilles*, ZZP 92, (1979), 152, 156.

[79] MünchKomm-ZPO/*Rimmelspacher*, § 522a Rdn. 16.

[80] OLG Bamberg FamRZ 1995, 946; *Baumbach/Lauterbach/Albers*, ZPO, § 522a Rdn. 6; *Schellhammer*, ZP, Rdn. 967; *Rosenberg/Schwab/Gottwald*, ZPR, § 138 VI; *Stein/Jonas/Grunsky*,[21] ZPO, § 522a Rdn. 10; *Thomas/Putzo*, ZPO, § 522 Rdn. 9; a.A. AK-ZPO/*Ankermann*, § 522 Rdn. 5; MünchKomm-ZPO/*Rimmelspacher*, § 522 Rdn. 10.

[81] BGH NJW 1993, 269; 1984, 2951; a.A. *Gilles*, ZZP 92 (1979), 152, 181; offen *Schnauder*, JuS 1993, 365, 369.

[82] BGH NJW 1984, 2951; =LG Düsseldorf FamRZ 1982, 921; A. A. MünchKomm-ZPO/*Rimmelspacher*, § 522a Rdn. 16.

[83] Allgemeine Ansicht, vgl. BGHZ 85, 144; BGH NJW-RR 1994, 835; BGH FamRZ 1994, 827, 828; *Schwab/Maurer*, Scheidungsrecht, Rdn. 786; *Johannsen/Henrich/Sedemund-Treiber*, § 629a ZPO Rdn. 2; *Baumbach/Lauterbach/Albers*, ZPO, § 629a Rdn. 1; *Schellhammer*, ZP, Rdn. 2158; *Rüffer*, S. 31; *Rosenberg/Schwab/Gottwald*, ZPR, § 167 I 10 b, S. 1033; *Rolland/Roth*, Familienrecht, § 629a Rdn. 1. Beim Verbundurteil ist das Teilrechtsmittel die Regel. Zu den verschiedenen Anfechtungsvarianten vgl. *v. Heintschel-Heinegg*, § 5 II 4a.

Grundsatz beeinflußt, eine Rechtsmittelerweiterung nur bei einer Rechtfertigung mit fristgerechten Berufungsgründen zuzulassen, ist aus dem Wortlaut der Norm nicht zu beantworten.

Das 1977 in Kraft getretene 1. EheRG enthielt keine Ausführungen zur nachträglichen Anfechtungserweiterung. Es galten demnach die allgemeinen Grundsätze der Antragserweiterung, die die h.M. bis dahin entwickelt hatte. Der Rechtsmittelführer konnte die Berufung innerhalb der Begründungsfrist problemlos, nach deren Ablauf nur bei Rechtfertigung durch fristgerechte Berufungsgründe erweitern.[84] Das am 1.4.1986 in Kraft getretene Gesetz vom 20.2.1986[85] hat dem § 629a ZPO einen Abs. 3 angefügt. Danach sind nachträgliche Erweiterungen eines Rechtsmittels auf unangefochtene andere Gegenstände der Verbundentscheidung nur bis zum Ablauf eines Monats nach Zustellung der Rechtsmittelbegründungsschrift möglich. Die Frist verlängert sich mit jeder fristgerechten und zulässigen Rechtsmittelerweiterung und jedem Anschlußrechtsmittel um einen weiteren Monat, § 629a Abs. 3 S. 2 ZPO.

1. Befristung der allgemein anerkannten Anfechtungserweiterung

Die ganz überwiegende Ansicht[86] paßt § 629 Abs. 3 ZPO folgendermaßen in das allgemeine Rechtsmittelsystem ein: Der neue Absatz 3 setzt die prozessualen Institute der Rechtsmittelerweiterung und Anschließung voraus. Deren Systematik richtet sich weiterhin nach den dazu entwickelten Grundsätzen und ist durch Absatz 3 nur in ein gestaffeltes Fristensystem eingebettet. Ist eine einheitliche Verbundentscheidung mit einem Hauptrechtsmittel teilweise angefochten, bestehen die im allgemeinen Rechtsmittelrecht anerkannten Erweiterungsmöglichkeiten. Bis zum Ablauf der Begründungsfrist kann der Berufungskläger das Rechtsmittel mit neuen Berufungsgründen auf Verbundentscheidungen erweitern; nach Ablauf der Begrün-

---

[84] BGH FamRZ 1981, 946; 1982, 1198; 1984, 350, 351; 1985, 267, 269; 1986, 895 = NJW 1987, 1024; FamRZ 1987, 1059 f.; *Philippi*, FamRZ 1989, 1257.

[85] BGBl. I, S. 301.

[86] BGHZ 88, 360, 363 = NJW 1983, 437, 438; BGH NJW 1993, 260; BGH NJW-RR 1986, 428, 429 = BGH FamRZ 1986, 254, 255 f.; 895 ff.; BGHZ 91, 154, 159; OLG Frankfurt FamRZ 1987, 959; 1988, 520, 521; OLG Koblenz FamRZ 1990, 769; OLG Düsseldorf FamRZ 1987, 295, 296; *Rosenberg/Schwab/Gottwald*, ZPR, § 167 I 10 b, S. 1035; *Baumbach/Lauterbach/Albers*, ZPO, § 629a Rdn. 3 f.; *Philippi*, FamRZ 1989, 1257, 1258; *Zöller/Philippi*, ZPO, § 629a in Rdn. 19 f., 33; *Schweizer*, Rechtskraft, S. 91 f; MünchKomm-ZPO/*Klauser*, § 629a, Rdn. 12, 33; *Rahm/Künkel*, VII Rdn. 180; *Schwab/Maurer*, Scheidungsrecht, S. 260 Rdn. 796; *Sedemund-Treiber*, FamRZ 1986, 212; *Johannsen/Henrich/Sedemund-Treiber*, § 629a ZPO Rdn. 6; *Stein/Jonas/Schlosser*,[21] ZPO, § 629a Rdn. 14; *Bergerfurth*, FamRZ 1986, 940; *Rolland/Roth*, Familienrecht, § 629a Rdn. 30.

dungsfrist dagegen nur, wenn die ursprünglichen, fristgerechten Berufungsgründe den erweiterten Berufungsgegenstand decken. Der Rechtsmittelgegner kann eine Anschlußberufung einlegen und erweitern. Anders als im allgemeinen Rechtsmittelsystem ist die Rechtsmittelerweiterung und die Anschließung auf bisher unangefochtene Verbundsachen jedoch nur noch innerhalb der Zeitstufen des § 629a Abs. 3 ZPO möglich. Anfechtungserweiterungen und Anschließungen innerhalb ein und derselben Familiensache sind dagegen wie bisher bis zum Ende des Rechtsmittelverfahrens zulässig.

Diese Ansicht entspricht dem Gesetzgebungsverfahren zur Vorschrift. Der Gesetzesentwurf der Bundesregierung[87] wollte die (Anschluß-)Rechtsmittelerweiterung auf ursprünglich unangefochtene Familiensachen nicht abschaffen, sondern nur befristen. Auf diese Weise sollten die unangefochtenen Entscheidungsteile, insbesondere die Ehescheidung, eher als nach dem allgemeinen Rechtsmittelsystem rechtskräftig werden.[88] Auf die von der herrschenden Meinung bei der Anfechtungserweiterung allgemein geforderte Rechtfertigung mit frist- und formgerechten Berufungsgründen, ging der Regierungsentwurf nicht ein. Der Formulierung, "die nach allgemeinen Rechtsmittelrecht anerkannte nachträgliche Rechtsmittelerweiterung" solle befristet werden,[89] läßt aber erkennen, daß hiermit auch die Vorschrift des § 519 Abs. 3 Nr. 2 ZPO und dessen strenge Anwendung durch die Gerichte gemeint war. Bundesrat[90] und Rechtsausschuß des Bundestags[91] erhoben in ihrer Stellungnahme zum Regierungsentwurf hiergegen zudem keine Einwände.

Würde § 629a Abs. 3 ZPO die Rechtsmittelerweiterung auf andere Familiensachen (z. B. auf Versorgungsausgleich oder Zugewinn) während eines Monats nach Zustellung der Rechtsmittelbegründung ohne fristgerechte Begründung erlauben, wäre nur die Rechtsmittelerweiterung innerhalb ein und derselben Familiensache (z. B. Erweiterung der Unterhaltsforderung) an § 519 Abs. 3 Nr. 2 ZPO gebunden. Eine solche Ungereimtheit kann der Gesetzgeber aber nicht gewollt haben. § 629a Abs. 3 ZPO sollte die Anfechtungserweiterung nicht ausdehnen, sondern zeitlich eingeschränken. Der Sinn und Zweck der Begründungspflicht wird überdies auch bei der Anfechtung des Verbundurteils nur erreicht, wenn die rechtzeitig vorgebrachten Rechtsmittelgründe verbindlich und abschließend sind.

---

[87] BT-Drucks. 10/2888, S. 1 ff.

[88] Die Verbundsachenentscheidungen jedoch nicht vor der Rechtskraft der Ehescheidung, § 629 d ZPO.

[89] BT-Drucks. 10/2888, S. 29, 30 f.

[90] BT-Drucks. 10/2888, S. 44 f.

[91] BT-Drucks. 10/4514, S. 12.

Die Berufungsbegründungsfrist des § 519 Abs. 2 S. 2 ZPO wurde durch § 629a ZPO folglich nicht verlängert.[92] Vielmehr ist die Antragserweiterung zeitlich begrenzt.

Will der Rechtsmittelkläger nach Ablauf der Begründungsfrist die Berufung innerhalb einer Verbundsache oder auf eine weitere Verbundsache erweitern, müssen insoweit fristgerechte Berufungsgründe vorliegen. Die Rechtsmittelerweiterung auf FG-Sachen wie auf ZPO-Sachen unterliegt dabei denselben Voraussetzungen (§§ 629a Abs. 2, 621e Abs. 2 ZPO).[93] Bei Erweiterung der Beschwerde gegen eine FG-Sache um die Berufung gegen eine ZPO-Sache führt das Rechtsmittelgericht das Verfahren einheitlich als Berufung fort (§ 629a Abs. 2 S. 2). Da auch die Beschwerde gegen die FG-Verbundsache fristgerecht zu begründen ist (§ 621e Abs. 3 S. 2, 519 Abs. 2 S. 2 ZPO),[94] unterliegt die Rechtsmittelerweiterung auch hier dem Erfordernis fristgerechter Gründe.[95] Erweitert der Berufungskläger das Rechtsmittel nur innerhalb der mit der Berufung angefochtenen Familiensache, ist dies bei Rechtfertigung mit fristgerecht vorgetragenen Anfechtungsgründen bis zum Ende der Berufungsverhandlung möglich; die mit Berufungsgründen gerechtfertigte Rechtsmittelerweiterung auf andere Verbundsachen ist dagegen nur der Monatsfrist des § 629a Abs 3 ZPO zulässig.[96]

Jede auf ein zulässiges Hauptrechtsmittel folgende fristgerechte (§ 629a Abs. 3 ZPO) und ausreichend begründete (§ 519 Abs. 3 Nr. 2, Abs. 2 S. 2 ZPO) Rechtsmittelerweiterung oder Anschließung eröffnet eine neue einmonatige Erweiterungs- oder Anschließungsfrist für alle Verfahrensbeteiligten (§ 629a Abs. 3 S. 2 und 3 ZPO).

Laut Regierungsentwurf der Bundesregierung sollte diese Neuregelung verhindern, daß eine gezielt oder versehentlich erst bei Fristende vorgenommene Erweiterung oder Anschließung den Gegner davon abhält, sich zur Wehr zu setzen. Während die erste Frist des § 629a Abs. 3 S. 2 ZPO nach dem Gesetzentwurf der Bundesregierung für den Hauptrechtsmittelführer, den Rechtsmittelgegner und am Verfahren beteiligte Dritte galt, sollten die darauffolgenden Fristen zunächst nur mehr dem von einer Rechtsmittelerweiterung oder Anschlußberufung Betroffenen eröffnet sein.[97] Der Bundesrat hat diesen Vorschlag verworfen, weil er befürchtete, ein gewissenhafter Rechtsanwalt, der seinen Mandanten vor Nachteilen und sich selbst vor Regreßan-

---

92 MünchKomm-ZPO/*Klauser*, § 629a, Rdn. 12; *Rahm/Künkel*, VII Rdn. 180; a. A. *Rosenberg/Schwab/Gottwald*, ZPR, § 137 II 2b , S. 826.

93 *Johannsen/Henrich/Sedemund-Treiber*, § 621e ZPO Rdn. 32.

94 Vgl. hierzu oben, S. 101.

95 BGH FamRZ 1981, 964 f.; 1982, 11989; 1984, 350, 351; OLG Hamm FamRZ 1984, 498, 499; *Rüffer*, S. 102 ff.; *Johannsen/Henrich/Sedemund-Treiber*, § 629a ZPO Rdn. 6.

96 BGH NJW-RR 1993, 260; MünchKomm-ZPO/*Klauser*, § 629a Rdn. 33; *Zöller/Philippi*, ZPO, § 629a Rdn. 19.

97 BT-Drucks. 10/2888, S. 30.

sprüchen schützen will, sehe sich infolgedessen bei der ersten Rechtsmittelerweiterung gezwungen, ein umfangreicheres Rechtsmittel als gewollt einzulegen. Dies würde zu einer erheblichen Mehrbelastung der Rechtsmittelgerichte und einer unnützen Kostenbelastung der Parteien führen.[98] Dem Vorschlag des Bundesrats, die weiteren Fristen jeweils allen Beteiligten - auch den in der vorigen Frist bereits Erweiternden oder Anschließenden - zu geben, stimmte die Bundesregierung in ihrer Gegenäußerung zur Stellungnahme des Bundesrats zu. Auch der Rechtsausschuß des Bundestags übernahm dieses System.[99]

2. *Anfechtungserweiterung mit nachgeschobenen Berufungsgründen*

a) Anfechtungserweiterung auf Prognoseverbundsachen

Die Begründungsschrift zur Teilanfechtung einer Verbundsache erstreckt sich nur selten auf unangefochtene andere Verbundsachen.[100] Rechtsprechung[101] und ein großer Teil der Literatur[102] lassen daher die nachträgliche Rechtsmittelerweiterung ausnahmsweise auch mit nachgeschobenen Rechtsmittelgründen zu, wenn die Sachlage, die der erweiterten Anfechtung zugrundeliegt, sich nach Ablauf der Begründungsfrist ändert und prozeßökonomische Erwägungen eine Rechtsmittelerweiterung erfordern.

Der Grundsatz, Rechtsmittelantragserweiterungen nur im Rahmen der fristgerecht vorgebrachten Anfechtungsgründe zuzulassen, ist auch für Verbundsachen, deren Entscheidung der Rechtskraftdurchbrechung fähig ist, zu

---

[98] BT-Drucks. 10/2888, S. 41.

[99] BT-Drucks. 10/4514, S. 51. Dennoch vertreten einige Autoren die Ansicht, die weiteren Fristen wären nur dem jeweiligen Betroffenen eröffnet, vgl. MünchKomm-ZPO/*Klauser*, § 629a, Rdn. 35, *Zöller/Philippi*, ZPO, § 629a Rdn. 22; *Rahm/Künkel*, VII Rdn. 180; wie hier OLG Koblenz FamRZ 1990, 769; OLG Frankfurt FamRZ 1987, 959; *Rosenberg/Schwab/Gottwald*, ZPR, § 167 I 10, S. 1034; *Stein/Jonas/Schlosser*,[21] ZPO, § 629a Rdn. 15; *Sedemund-Treiber*, FamRZ 1986, 209, 211.

[100] Ausgeschlossen ist dies allerdings nicht. Die Berufungsbegründung zum Kindesunterhalt, die Vermögenssituation des Schuldners sei schlechter als angenommen oder habe sich verändert, enthält z. B. auch eine Begründung zum Ehegattenunterhalt und umgekehrt (vgl. *Zöller/Philippi*, ZPO, § 629a Rdn. 22; *Philippi*, FamRZ 1989, 1257). Die Kritik an der erstinstanzlichen Ehescheidung rechtfertigt immer auch die nachträgliche Anfechtung aller Folgesachen (arg. § 629 Abs. 3 S. 1 ZPO, vgl. OLG Koblenz FamRZ 1990, 769). Wegen der unterschiedlichen Zielrichtung innerhalb des Rechtsmittels und dem Wesensunterschied der angefochtenen Ansprüche, enthält die Berufungsbegründung zum Trennungsunterhalt dagegen keine Berufungsgründe zum nachehelichen Unterhalt, OLG Düsseldorf, FamRZ 1987, 295 f.

[101] BGH FamRZ 1985, 691, 692; 1986, 895 ff. = NJW 1987, 1024; OLG Hamburg FamRZ 1984, 706 ff. (vor Inkrafttreten des § 629a Abs. 3 ZPO); OLG Düsseldorf FamRZ 1987, 295, 296.

[102] *Baumbach/Lauterbach/Albers*, ZPO, § 519 Rdn. 19; § 629a Rdn. 3 f.; *Philippi*, FamRZ 1989, 1257, 1258 MünchKomm-ZPO/*Klauser*, § 629a, Rdn. 13 f., 33; *Rahm/Künkel*, VII Rdn. 180; *Schwab/Maurer*, Scheidungsrecht, S. 260 Rdn. 796; offen *Zöller/Gummer*, § 519 Rdn. 31.

modifizieren. Bei Sorgerechts-, Ehegatten- und Kindesunterhaltsentscheidungen handelt es sich typischerweise um Urteile, deren Entscheidungsgrundlagen einem jederzeit zu berücksichtigen Fortgang unterliegen.[103] Mit der Rechtsmittelerweiterung wird bei Unterhaltsentscheidungen eine Abänderungsklage nach § 323 ZPO und bei Sorgerechtsentscheidungen ein Abänderungsverfahren nach § 1696 BGB vermieden und ein zusammengehöriger Rechtsstreit vor nicht zueinander passenden Entscheidungen bewahrt.[104] Der Rechtsmittelkläger kann die Berufungsanträge daher auf bisher unangefochtene Sorgerechts-, Ehegatten- und Kindesunterhaltsentscheidungen erweitern und Berufungsgründe nachschieben, die ein gesondertes Abänderungsverfahren rechtfertigen würden.

Die Fristen des § 629a Abs. 3 ZPO gelten bei dieser Rechtsmittelerweiterung mit nachgeschobenen Abänderungsgründen nicht.[105] Entscheidungen zu den betroffenen Verbundsachen können auch nach Ablauf der Frist des § 629a Abs. 3 ZPO jederzeit Gegenstand eines besonderen Abänderungsverfahrens werden. Die mit § 629a Abs. 3 ZPO gewonnene formelle Rechtskraft brächte dem Berufungsbeklagten daher keinen Vorteil. Er kann sich auf den Bestand jener Verbundentscheidungen ohnehin nicht verlassen. Läuft das Berufungsverfahren wegen einer anderen Familiensache, ist eine späte Rechtsmittelerweiterung auf bisher unangefochtene Prognoseverbundsachen prozeßökonomisch ebenso sinnvoll wie eine rechtzeitige. Anfechtungserweiterungen innerhalb bereits angefochtener Ehegatten- oder Kindesunterhaltsentscheidungen sind mit nachgeschobenen Berufungsgründen ohnehin über die Frist des § 629a Abs. 3 ZPO hinaus zulässig.

Um ein gesondertes Abänderungsverfahren zu vermeiden, kann der Berufungskläger sein Rechtsmittel ferner auf nicht beschwerende Prognoseverbundentscheidungen erweitern.[106]

Eine Gegenansicht will die unbeschränkt zulässige Rechtsmittelerweiterung auf Prognoseverbundentscheidungen[107] gerade für das Rechtsmittelverfahren im Verbund nicht zulassen. Wegen § 629a Abs. 3 ZPO könne sich der Rechtsmittelführer selbst unzählige aufeinanderfolgende Fristverlängerungen schaffen.[108] Die Ausschluß-

---

[103] BGH FamRZ 1986, 895, 896.

[104] OLG Koblenz FamRZ 1988, 302, 304 f.

[105] BGH NJW 1987, 1024; *Rosenberg/Schwab/Gottwald*, ZPR, § 137 II 2b , S. 826; a. A. OLG Frankfurt FamRZ 1986, 924; MünchKomm-ZPO/*Klauser*, § 629a Rdn. 14; *Stein/Jonas/ Schlosser*,[21] ZPO, § 629a Rdn. 14.

[106] *Baumbach/Lauterbach/Albers*, ZPO, § 629a Rdn. 4.

[107] OLG Hamm FamRZ 1988, 414, 415; *Zöller/Philippi*, ZPO, § 629a Rdn. 19; *Schweizer*, S. 93 f.

[108] A. A. hierzu *Zöller/Philippi*, ZPO, § 629a Rdn. 22.

frist des § 629a Abs. 3 ZPO allein könne die nachträglichen Rechtsmittelerweiterungen daher nicht zuverlässig eindämmen. § 629a ZPO verlange vielmehr die uneingeschränkte Geltung des § 519 Abs. 3 Nr. 2 ZPO. Daß im Verbundverfahren wegen der Unterschiedlichkeit der verschiedenen Verbundsachen typischerweise fristgerechte Rechtsmittelgründe fehlen und Antragserweiterungen deshalb ausscheiden, soll den Berufungskläger gegenüber dem Berufungsbeklagten, der Anschlußberufung einlegen könne, nicht benachteiligen. Der Berufungskläger dürfe sich dem Anschlußrechtsmittel des Gegners nämlich jederzeit gegenanschließen.[109]

Kann sich der Rechtsmittelkläger mit jeder Rechtsmittelerweiterung auch selbst eine neue einmonatige Einlegungs- oder Erweiterungsfrist eröffnen, ist damit keine ins Gewicht fallende Verfahrensverzögerung verbunden, weil die Zahl der Verfahrensgegenstände, die auf diese Weise nachträglich der Entscheidung des Rechtsmittelgerichts unterstellt werden können, naturgemäß schnell erschöpft ist.[110] Das Argument, die Zulassung einer Rechtsmittelerweiterung mit nachgeschobenen Berufungsgründen sei auch bei Prognoseentscheidungen nicht notwendig, da der Berufungskläger auf das Anschlußrechtsmittel des Berufungsbeklagten mit einer Gegenanschließung reagieren könne, überzeugt nicht. Legt der Berufungsbeklagte kein Anschlußrechtsmittel ein, kann der Berufungskläger sich auch nicht gegenanschließen. Dem Berufungskläger bleibt dann nur der prozeßunökonomische Weg des Abänderungsverfahrens nach § 323 ZPO oder § 1696 BGB. Die Möglichkeit einer Gegenanschließung führt daher nicht unbedingt zur prozeßökonomischen Vermeidung eines erneuten erstinstanzlichen Verfahrens. § 629a Abs. 3 ZPO schafft zudem keinen neuen Rechtsbehelf wo es nicht nötig ist, sondern modifiziert nur die vorhandenen.[111] Da auch die Anschließung (und damit auch eine Gegenanschließung) Anfechtungsgründe erfordert (§ 522a ZPO), ist nicht einzusehen, warum die Rechtsmittelerweiterung mit nachgeschobenen Gründen unzulässig, die Gegenanschließung mit denselben Gründen dagegen zulässig sein soll.[112] Die freie Rechtsmittelerweiterung auf Prognoseverbundsachen ist der Gegenanschließung daher vorzuziehen.

b) Anfechtungserweiterung bei Vorliegen anderer besonderer Umstände

Die zum allgemeinen Rechtsmittelrecht dargestellten weiteren Ausnahmen zur strengen Begründungspflicht bei der Rechtsmittelerweiterung[113] gelten in gleicher Weise bei der Anfechtung im Verbundverfahren. Die Berufungserweiterung ist daher auch mit folgenden nachgeschobenen Gründen möglich: Vollstreckungsabwehrgründe (§ 767 ZPO), Wiederaufnahmegrün-

---

[109] *Zöller/Philippi*, ZPO, § 629a Rdn. 23.

[110] Diese Argumentation des Bundesrats (BT-Drucks. 10/2888, S. 45) erschien der Bundesregierung (BT-Drucks. 10/2888, S. 51) überzeugend, weshalb sie ihre ursprüngliche Intention (BT-Drucks. 10/2888, S. 30 f.) insoweit änderte und die Fristenstaffel allen Verfahrensbeteiligten zugestand. Siehe bereits oben, S. 172 f.

[111] *Stein/Jonas/Schlosser*,[21] ZPO, § 629a Rdn. 11.

[112] Zur Zulässigkeit der Gegenanschließung nachfolgend 3.

[113] Siehe oben, S. 167 f.

de (§ 578 ZPO) und Wiedereinsetzungsgründe (§ 233 ZPO). Rechtsmittelerweiterungen auf Verbundsachen unterliegen auch hier nicht den Fristen des § 629a Abs. 3 ZPO.

3. Gegenanschließung

Erst wenn eine nachträglichen Rechtsmittelerweiterung ausscheidet, weil fristgerechte Berufungsgründe weder vorhanden sind noch der Berufungskläger sie nachschieben kann,[114] stellt sich die Frage, ob § 629a Abs. 3 ZPO dem Rechtsmittelkläger auf die Anschlußberufung des Berufungsbeklagten ausnahmsweise die Möglichkeit zur Gegenanschließung einräumt. Literatur und Rechtsprechung lehnen eine Gegenanschließung im allgemeinen Rechtsmittelverfahren ab.[115] Bei Verbundsachen soll sie dagegen zulässig sein.[116]

Ohne die Zulassung einer Gegenanschließung müßte der Rechtsmittelkläger die im Anschluß an ein Anschlußrechtsmittel eröffnete neue Rechtsmittelfrist ungenützt verstreichen lassen. Die verlängerte Rechtsmittelfrist des § 629 Abs. 3 S. 2 ZPO würde ins Leere laufen. Eine sinnvolle Auslegung des § 629a Abs. 3 S. 2 und 3 ZPO erfordert daher die Zulassung einer Gegenanschließung. Die gegenteilige Rechtsprechung des BGH für das allgemeine Berufungsverfahren[117] kann auf das Verbundverfahren nicht übertragen werden.

IV. Ergebnis

Nach Ablauf der Begründungsfrist kann der Berufungskläger den einmal festgelegten *Anfechtungsumfang des Abänderungsbegehrens jederzeit durch*

---

[114] Z. B. weil die Antragserweiterung sich auf abänderbare Entscheidungen erstreckt, die Änderungsgründe aber bereits vor Ablauf der Begründungsfrist entstanden sind oder die Antragserweiterung sich auf rechtskraftfähige Verbundsachen (Zugewinn, Hausrat, Ehescheidung, Versorgungsausgleich) erstrecken soll.

[115] Dort ist eine Anschließung nur an die selbständige Anschlußberufung möglich (arg. § 522 Abs. 2 ZPO), BGHZ 88, 360, 361 f.

[116] Vgl. OLG Frankfurt FamRZ 1987, 959; OLG Karlsruhe FamRZ 1988, 412; *Rahm/Künkel*, VII. Rdn. 180; *Bergerfurth*, FamRZ 1986, 940, 941; *Johannsen/Henrich/Sedemund-Treiber*, Eherecht; 1987, ZPO, § 629a Rdn. 12; *Schwab/Maurer*, Scheidungsrecht, S. 260 Rdn. 800; *Stein/Jonas/Schlosser*,[21] ZPO, § 629a Rdn. 11, 15; *Bergerfurth*, Ehescheidungsprozeß, Rdn. 269.

[117] BGHZ 88, 360 = NJW 1984, 437; BGH FamRZ 1986, 455 = NJW 1986, 1494; MünchKomm-ZPO/*Klauser*, § 629a, Rdn. 16.

Teilverzicht oder Teilrücknahme reduzieren. Die Klage bleibt hiervon unberührt.

Eine *Erweiterung des Berufungsgegenstands* auf bisher unangefochtenen Urteilsteile ist möglich, wenn die ursprünglichen fristgerechten Berufungsgründe den neuen Rechtsmittelumfang bereits erfassen (§ 519 Abs. 3 Nr. 2, Abs. 2 S. 2 ZPO). Ein Nachschieben notwendiger Berufungsgründe ist nur ausnahmsweise zulässig, wenn der neu angefochtene Entscheidungsteil einem besonderen Aufhebungsverfahren (insbesondere den §§ 323, 767, 578 ZPO) unterliegt. Aus Gründen der Prozeßökonomie darf der Berufungskläger das Rechtsmittel anstelle einer gesonderten Abänderungsklage auch auf antragsgemäß entschiedene Sachen erweitern.

Im Verbundverfahren kann der Rechtsmittelkläger den Berufungsgegenstand auf unangefochtene Familiensachen auch bei vorhandenen Berufungsgründen nur innerhalb der Fristen des § 629a Abs. 3 ZPO erweitern. Dürfen Berufungsgründe nachgeschoben werden, entfällt die Fristenbindung. Im übrigen kann er sich ausnahmsweise auch dem gegnerische Rechtsmittel gegenanschließen.

Die Antragserweiterung stellt einen Angriff gegen den Berufungsbeklagten dar und unterliegt nicht den Präklusionsvorschriften der §§ 527, 269 Abs. 1, Abs. 4 oder §§ 523, 296 Abs. 2, 282 ZPO. Die zur Stützung der weiteren Berufung zusätzlich vorgebrachten Angriffs- und Verteidigungsmittel unterliegen dagegen den Präklusionsvorschriften der §§ 527, 269 Abs. 1, Abs. 4, 523, 296 Abs. 2, 282 und 528 ZPO.

§ 9 Veränderung des Berufungsgegenstands bei nachträglichen Klagedispositionen

Hat der Berufungskläger gegen das erstinstanzliche Urteil statthaft und fristgerecht Berufung eingelegt und als Berufungsgegenstand die Urteilsabänderung und Weiterverfolgung des erstinstanzlichen Begehrens beantragt, bleibt die erstinstanzliche Klage bis zur Entscheidung über die Berufung rechtshängig (§ 705 ZPO). Sie unterliegt auch im laufenden Berufungsverfahren noch der Verfügungsfreiheit der Parteien. Streitgegenstandsdispositionen zur Klage können die Parteien daher bis zum Abschluß des Rechtsmittelverfahrens wirksam erklären (§§ 523, 794 Abs. 1, 91a, 269, 263, 264, 260, 261 Abs. 2 ZPO). Da der Berufungsgegenstand mit der Begründungsschrift bereits feststeht, stellt sich für alle zweitinstanzlichen Dispositionen zur Klage die Frage, wie sie auf den Berufungsgegenstand einwirken und ob der Berufungskläger die Berufungsanträge der neuen Verfügung zur Klage entsprechend angepassen muß.

I. Streiterledigende Dispositionen zur Klage

Die streiterledigenden Dispositionen zur Klage - *Klagerücknahme, Vergleich und beiderseitige Erledigungserklärung* - beenden den gesamten Rechtsstreit ipso iure, ohne daß es einer weiteren gerichtlichen Verfügung oder Feststellung hierzu bedarf (§ 269 Abs. 3 S. 1 ZPO, § 269 Abs. 3 S. 1 ZPO analog).[1] Das erstinstanzliche Urteil und das Berufungsverfahren erledigen sich.[2] Eine Anpassung des Berufungsgegenstands an die veränderte Prozeßsituation ist nicht erforderlich. Das Rechtsmittelgericht entscheidet auf Antrag des Beklagten über die Kosten beider Instanzen (§ 269 Abs. 3 S. 2 und 3 ZPO). Nimmt der Kläger die Klage als Berufungsbeklagter zurück, kann der Beklagte den Kostenantrag jederzeit anstelle seines Beru-

---

[1] OLG Stuttgart VersR 1961, 1079; *Baumbach/Lauterbach/Hartmann*, ZPO,[20] § 269 Rdn. 11; *Rosenberg/Schwab/Gottwald*, ZPR, § 130 I 3, S. 757; *Stein/Jonas/Schumann*,[20] ZPO, § 269 Rdn. 57; *Gilles*, ZZP 91 (1978) 128, 163; *ders.*, Rechtsmittel, S. 46 f.; *Gottwald*, Revisionsinstanz, S. 395 f.

[2] Zur Rücknahme nur des zweitinstanzlichen Rechtsschutzbegehrens, das die Rechtshängigkeit der Klage aufrechterhält, führt die Klagerücknahme nicht, vgl. OLG Stuttgart VersR 1961, 1097; *Stein/Jonas/Schumann*,[20] ZPO, § 269 Rdn. 14; *Baumbach/Lauterbach/Hartmann*, ZPO, § 269 Rdn. 11.

fungsantrags stellen. Ist der Kläger Berufungskläger, muß der Beklagte für den Kostenantrag kein Anschlußrechtsmittel einlegen. Bei der beiderseitigen Erledigungserklärung bleibt der Rechtsstreit ohne weitere Anträge nur noch im Kostenpunkt anhängig. Das Gericht entscheidet von Amts wegen nach billigem Ermessen unter Berücksichtigung des bisherigen Streitstands über die Kosten beider Instanzen (§§ 523, 91a ZPO). Haben sich die Parteien bei einem Vergleich vor dem Berufungsgericht auch über die Kosten geeinigt, braucht das Berufungsgericht nach Protokollierung, Verlesung und Genehmigung der Vereinbarung nichts mehr zu unternehmen.

Beendet die streiterledigende Verfügung der Parteien den Prozeß nur teilweise, und betreibt der Berufungskläger das Rechtsmittelverfahren im übrigen weiter, entscheidet das Gericht am Ende des Verfahrens über die gestellten Berufungsanträge. Obgleich sich das Rechtsmittelverfahren teilweise erledigt hat, muß der Berufungskläger seine Berufungsanträge nun aus Gründen der Rechtsmittelklarheit (§§ 525, 536 ZPO) der geänderten Streitsituation anpassen und sie auf den verbleibenden Streitteil reduzieren. Da keine Berufungsrücknahme erforderlich ist, bedarf dies keiner Einwilligung des Berufungsbeklagten nach § 515 Abs. 1 ZPO. Dem Rechtsmittelkläger sind auch keine Kosten nach § 515 Abs. 3 ZPO aufzulegen. Entweder einigen sich die Parteien über die entstandenen Kosten zusammen mit der streiterledigenden Verfügung oder das Rechtsmittelgericht entscheidet über sie gemäß § 269 Abs. 3 ZPO durch Beschluß. Die teilweise Streitreduzierung beseitigt die formell anhand des Urteils zu bestimmende Beschwer nicht mehr. Der Wert der Beschwer ändert sich folglich auch nicht. Für ihn ist weiterhin der Zeitpunkt der Berufungseinlegung maßgeblich (§ 4 Abs. 1 ZPO). Die aus Anlaß der Klagereduzierung erfolgende Verkürzung der Berufungsanträge stellt keine willkürliche Anfechtungsverringerung dar. Unterschreitet das Rechtsmittel die Beschwerdesumme, bleibt es entgegen § 511a ZPO weiterhin zulässig. Diese Vorschrift darf die Streiterledigung nicht hemmen.[3]

Verringert der Berufungskläger seine Rechtsmittelanträge trotz Klagerücknahme nicht (der Beklagte und Berufungskläger z. B. weil er davon ausgeht, die Klagerücknahme sei nicht wirksam), hat das Berufungsgericht über die gestellten Berufungsanträge zu entscheiden. Da sie sich auf die ursprüngliche Klage beziehen, verwirft das Berufungsgericht bei wirksamer Klagereduzierung das Rechtsmittel teilweise.

---

3 RGZ 165, 393; 168, 355; BGHZ 1, 29; BGH NJW 1951, 195, 274; 1966, 598; 1983, 1063; BGH LM § 91a Nr. 11; BAG RdA 1965, 357; BGH FamRZ 1988, 156; OLG Frankfurt FamRZ 1988, 520; *Stein/Jonas/Grunsky*,[21] Allg. Einl. vor § 511, Rdn. 29, 31 f.; *Rosenberg/Schwab/Gottwald*, ZPR, § 136 II 4c, S. 815; *Zöller/Gummer*, ZPO, § 511a Rdn. 5 ff. Siehe auch oben, S. 55.

Beim *Klageanerkenntnis* und *Klageverzicht* beendet erst das Berufungsurteil den Streit. Verzichtet der erstinstanzlich obsiegende Kläger im Rechtsmittelverfahren des Beklagten auf die Klage,[4] muß jener seine ursprünglichen Berufungsanträge nicht ändern. Das Berufungsgericht entspricht dem Verzicht und weist die Klage wie beantragt ab. Der Klageverzicht taucht nur in den Gründen des Berufungsurteils auf. Erkennt der Beklagte die Klage nach erstinstanzlicher Abweisung und Berufung des Klägers an, braucht der Kläger seinen Berufungsantrag ebenfalls nicht zu verändern. Das Berufungsgericht gibt der Klage wegen des Anerkenntnisses statt. Auch während des eigenen Rechtsmittelverfahrens kann die obsiegende Partei vor Wirksamkeit einer das Rechtsmittel verwerfenden Entscheidung einen Klageverzicht oder ein Klageanerkenntnis erklären.

Der Berufungskläger entspricht Klageverzicht und Klageanerkenntnis mit den ursprünglich gestellten Berufungsanträgen und muß den gewählten Berufungsgegenstand nicht verändern. Er kann seine Berufungsgründe auch nach Ablauf der Begründungsfrist auf die neue materiellrechtliche Situation umstellen. Beschwer, Beschweranfechtung und Beschwerdewert bleiben unverändert bestehen.

II. Streiterweiternde und streitverändernde Dispositionen zur Klage

Während die ganz herrschende Meinung streitändernde Klagedispositionen zusammen mit der ersten Festlegung der Berufungsanträge untersagt, weil der Berufungskläger sich nicht ausreichend gegen die Beschwer wende, erachtet sie Klageerweiterungen und Klageänderungen im zulässig eingeleiteten Berufungsverfahren ausnahmslos für zulässig.[5]

Angesichts des § 523 ZPO ist dem nur zuzustimmen. Der Kläger behält seine Verfügungsbefugnis über die Klage auch nach Festlegung des Berufungsgegenstands bei. Da nach richtiger Ansicht bereits anfängliche Klagedispositionen zusammen mit der ersten Festlegung des Berufungsgegenstands die Beschwer des Urteils ausreichend bekämpfen,[6] sind insoweit auch im laufenden Berufungsverfahren keine Bedenken zu erheben. Der Prozeßbevollmächtigte der Partei kann die neuen Ansprüche oder Anspruchsteile

---

[4] Hiervon ist auch auszugehen, wenn er das Rechtsmittelbegehren "anerkennt", *Thomas/ Putzo*, ZPO, § 306 Rdn. 1.

[5] BGH NJW-RR 1991, 1279; 1989, 254; 1987, 124; BGH NJW 1990, 2683; 1988, 2540; 1983, 172; OLG Köln NJW-RR 1990 1085; OLG Karlsruhe MDR 1981, 235; *Zöller/Gummer*, ZPO, Vor § 511 Rdn. 8 ff. Siehe bereits oben, S. 126 ff.

[6] Siehe oben, S. 132 ff.

gemäß §§ 523, 263, 264, 260, 261 Abs. 2, 78 Abs. 1 ZPO schriftsätzlich geltend machen. Da Berufungsanträge und Berufungsgründe einer strengen Form und Frist unterliegen, stellt sich bei späten Klagedispositionen nur die Frage, ob der Berufungskläger den gesetzmäßig festgelegten ursprünglichen Berufungsgegenstand der Veränderung der Klage anpassen kann und muß.

1. Durch den Kläger und Berufungskläger

Ohne Veränderung der Berufungsanträge wäre das Berufungsgericht an die ursprünglich gestellten Rechtsmittelanträge des Klägers gebunden (§§ 525, 536 ZPO). Demnach muß der Rechtsmittelführer die Berufungsanträge dem neuen Streitgegenstand anpassen. Nur so kann das Berufungsgericht der veränderten Klage stattgeben. Die Berufungsantragsänderung erfolgt regelmäßig zusammen mit der Klageänderung in einem Akt. Ändert der Kläger und Berufungskläger nur die Klage, kann das Gericht die neuen Berufungsanträge durch Auslegung hieraus ermitteln. Umgekehrt kann sich eine Streitgegenstandsänderung ebenso aus der Änderung der Berufungsanträge ergeben.

a) Klageerweiterung und Klagenhäufung

Erweitert oder häuft der Kläger und Berufungskläger die Klage nachträglich (§§ 523, 263, 264 Nr. 2, 261 Abs. 2, 260 ZPO) muß er anstelle der Urteilsabänderung und Verurteilung des Beklagten entsprechend der ursprünglichen Klage, die Abänderung des Urteils und die Verurteilung entsprechend dem erweiterten Begehrens beantragen. Den Anfechtungsumfang am Ersturteil (§ 519 Abs. 3 Nr. 1, Teilsatz 1 ZPO), muß er hierzu nicht verändern.

Nachdem die §§ 519 Abs. 2 S. 2, Abs. 3 Nr. 2, 519b ZPO nur für den ursprünglichen und nicht für einen neuen zweitinstanzlichen Anspruch gelten, scheitert die nachträgliche Klageerweiterung auch nicht an fehlenden fristgerechten Berufungsgründen. Hat der Kläger das Rechtsmittel zum alten Klagebegehren frist- und formgerecht begründet, genügt er § 519 Abs. 3, Abs. 2 S. 2 ZPO für den gesamten Rechtsmittelumfang. Eine fristgerechte Auseinandersetzung mit dem noch nicht verbeschiedenen Anspruch kann er sinnvollerweise nicht vorgenommen haben. Auf die neue Klage findet § 519 Abs. 3 Nr. 2 ZPO daher keine Anwendung.[7] Da der Berufungskläger die

---

[7] BGH FamRZ 1988, 603; BGH NJW-RR 1991, 1279; MünchKomm-

Berufungsanträge zudem nicht auf bisher unangefochtene Urteilsteile erstreckt, ist auch der Grundsatz wonach eine Berufungserweiterung nur zulässig ist, wenn sie sich im Rahmen der ursprünglichen Berufungsgründe bewegt,[8] unanwendbar.

Die Rechtsmittelerweiterung ist als Angriff nicht nach §§ 527, 296 Abs. 1, Abs. 4 oder §§ 523, 296 Abs. 2 ZPO als verspätet ausgeschlossen.[9] Für die rechtlichen Ausführungen zur erweiterten Klage scheidet die Anwendung von Verspätungsrecht schon mangels möglicher Verzögerung aus (iura novit curia). Die tatsächlichen Angriffs- und Verteidigungsmittel zum erweiterten Anspruch unterliegen nicht der Frist des § 519 Abs. 2 S. 2 ZPO und somit auch nicht der Präklusionsprüfung der §§ 527, 296 Abs. 1, 4 ZPO. Von dem Zeitpunkt an, in dem die Anspruchserweiterung erfolgt,[10] muß der Berufungskläger sie dennoch baldmöglichst und umfassend vorbringen, damit das Gericht sie nicht nach §§ 523, 296 Abs. 2, 282 ZPO zurückweist.[11] Auch die Anwendung des § 528 ZPO scheidet aus, weil die Klageerweiterung erst in zweiter Instanz erfolgte und das tatsächliche Vorbringen zur neuen Klage in erster Instanz unmöglich entscheidungserheblich sein konnte.[12]

Zusammen mit der Klageerweiterung vorgebrachte Angriffs- und Verteidigungsmittel, die auch zur ursprünglichen Klage gehören, mißt das Gericht jedoch ausnahmsweise an §§ 527 und 528 ZPO, da ein und dasselbe Vorbringen kein widersprüchliches rechtliches Schicksal haben kann.[13] Der Rechtsmittelführer könnte sich andernfalls mit Hilfe der nachträglichen Klageerweiterung vor dem Novenrecht der §§ 527 und 528 ZPO schützen und sanktionslos neuen Tatsachenstoff gewissermaßen mithilfe eines prozessualen Tricks in den Prozeß einführen.[14]

ZPO/*Rimmelspacher*, § 519 Rdn. 39; *Stein/Jonas/Grunsky*,[21] ZPO, § 519 Rdn. 30. *Thomas/Putzo*, ZPO, § 519 Rdn. 33; a. A. *Schneider*, MDR 1982, 626, 628.

[8] So BGHZ 88, 360, 364; BGH FamRZ 1986, 254, 256; BGH NJW-RR 1992, 1033; vgl. ausführlich hierzu oben, S. 160 ff.

[9] BGH NJW 1986, 2257, 2258; MünchKomm-ZPO/*Rimmelspacher*, § 527 Rdn. 2.

[10] BGHZ 83, 371, 377 = NJW 1982, 1708, 1709.

[11] *Schneider*, MDR 1982, 626, 627; MünchKomm-ZPO/*Rimmelspacher*, § 527 Rdn. 15.

[12] BGHZ 12, 49, 52; BGH NJW-RR 1988, 1465; MünchKomm-ZPO/*Rimmelspacher*, § 527 Rdn. 15.

[13] Mit ähnlichem Ergebnis zur Widerklage auch BGH NJW 1981, 1217; a. A. *Stein/Jonas/Grunsky*,[21] ZPO, § 527 Rdn. 12 (danach sollen die Angriff- und Verteidigungsmittel einheitlich nicht den §§ 527, 528 ZPO unterliegen).

[14] BGH VersR 1982, 345, 346; *Schneider*, MDR 1982, 626, 627 und 628.

Ist die neue Klage zulässig und begründet, ändert das Berufungsgericht das vorinstanzliche Urteil ab und gibt der erweiterten Klage statt. Hält es die ursprünglichen Klage für gegeben, nicht aber den erweiterten Anspruchsteil oder den neuen Anspruch, gibt es der ursprünglichen Klage statt, weist die Berufung im übrigen zurück und zugleich den weitergehenden Anspruch ab. Über den neuen Anspruchsteil würde andernfalls ein rechtskraftfähiger Ausspruch fehlen. Erweist sich nur der ursprüngliche, aber nicht der erweiterte Anspruch als unzulässig oder unbegründet, gibt das Berufungsgericht der Klage nur insoweit statt. Ist der erweiterten Klage insgesamt nicht stattzugeben, weist das Berufungsgericht die Berufung zurück und den neuen, zusätzlichen Anspruch ab.

b) Klageänderung

Ändert der Kläger und Berufungskläger die Klage nachträglich wirksam (§§ 523, 263, 267, 264 Nr. 3, einseitige Erledigungserklärung), muß er anstelle des ursprünglichen Klagebegehrens die Abänderung des Urteils und die Verurteilung des Beklagten entsprechend dem neuen Sachbegehren als Berufungsgegenstand verfolgen. Da der Rechtsmittelkläger die Begründungspflicht des § 519 Abs. 3, Abs. 2 S. 2 ZPO zum neuen Antrag sinnvollerweise nicht erfüllen konnte, ist auch hier § 519b ZPO nicht auf den geänderten Berufungsantrag anwendbar. Das Rechtsmittel ist trotz der geänderten Klage nicht unzulässig, wenn der Berufungskläger bereits das ursprüngliche Rechtsmittelbegehren zulässig geltend machte und begründete.[15] Eine Zurückweisung des neuen Abänderungsbegehrens als verspätet (§§ 527, 296 Abs. 1, 4 oder §§ 523, 296 Abs. 2 ZPO) scheidet erneut aus, da die Klageänderung kein Angriffsmittel, sondern der Angriff selbst ist.[16] Die tatsächlichen Angriffs- und Verteidigungsmittel zur geänderten Klage hat der Berufungskläger nach §§ 523, 296 Abs. 2, 282 ZPO alsbald mit der Klageänderung vorzubringen.[17] Eine Zurückweisung der Angriffs- und Verteidigungsmitteln zur geänderten Klage nach den Vorschriften der §§ 527 ZPO ist hingegen nicht möglich, da § 519 Abs. 2 S. 2 ZPO für die geänderte Klage nicht gilt. Das neue Vorbringen konnte nicht Prozeßstoff der ersten Instanz sein. § 528 ZPO findet demnach ebenfalls keine Anwendung. Gibt das Berufungsgericht der wirksam geänderten Klage statt, ändert es das Urteil erster Instanz ab und verurteilt den Beklagten entsprechend. Hält es

---

[15] BGH NJW-RR 1988, 1465, 1466; MünchKomm-ZPO/*Rimmelspacher*, § 519 Rdn. 39; *Stein/Jonas/Grunsky*,[21] ZPO, § 519 Rdn. 30.

[16] BGH NJW 1982, 1533, 1534; MünchKomm-ZPO/*Rimmelspacher*, § 527 Rdn. 2.

[17] BGHZ 83, 371, 377 = NJW 1982, 1708, 1709; *Schneider*, MDR 1982, 626, 627; MünchKomm-ZPO/*Rimmelspacher*, § 527 Rdn. 15.

den neuen prozessualen Anspruch für unzulässig oder unbegründet, weist es die Berufung zurück und zugleich den neuen Anspruch ab, falls der Kläger den alten Streitgegenstand und den ursprünglichen Berufungsgegenstand nicht für diesen Fall hilfsweise aufrechterhalten hat. Die abweisende Entscheidung zum geänderten Anspruch ist erforderlich, da bei bloßer Zurückweisung der Berufung ein rechtskraftfähiger Ausspruch zur neuen Klage fehlen würde.

2. Durch den Kläger als Anschlußberufungsführer

Hat der Beklagte gegen ein stattgebendes Urteil Berufung eingelegt und vor dem Rechtsmittelgericht Urteilsabänderung und Klageabweisung beantragt, kann der Kläger die Klage nur mit Hilfe eines Anschlußrechtsmittels erweitern oder ändern (§§ 521, 522a Abs. 3, 519 Abs. 3 Nr. 1, 523, 263, 264, 260, 261 Abs. 2 ZPO). In diesem Fall braucht der Beklagte an seinem Berufungsantrag nichts zu verändern. Stattdessen muß er die Zurückweisung der Anschlußberufung beantragen. Bejaht das Berufungsgericht den neuen Anspruch, weist es die Berufung des Beklagten insoweit zurück und gibt der veränderten oder neuen Klage im Rahmen der Anschlußberufung statt.[18]

3. Durch den Beklagten

Erhebt der Beklagte, nachdem er die erstinstanzliche Entscheidung angefochten und in den Berufungsanträgen die Abweisung der Klage beantragt hat, gegen den Kläger Widerklage, kann er diese in seinen Berufungsgegenstand aufnehmen (§ 530 ZPO). Er muß die Berufungsanträge entsprechend ändern und den Widerklageantrag zur Urteilsabänderung und Klageabweisung hinzufügen. Der Beklagte kann mit der Widerklage Ansprüche gegen den Kläger geltend machen. Um einer erneuten Klage des Klägers über einen von diesem bisher nicht erhobenen Anspruch oder Anspruchsteil vorzubeugen, kann er auch eine negative Feststellungswiderklage erheben.

Die zweitinstanzliche Widerklage ist nur zulässig, soweit der Kläger einwilligt oder das Gericht sie als sachdienlich ansieht. Als Angriff unterliegt sie nicht der Präklusion der §§ 527, 296 Abs. 2, Abs. 4 ZPO.[19] Auf den vorgebrachten Tatsachenstoff zur Widerklage finden §§ 519 Abs. 2, 527 ZPO keine Anwendung.[20] Da der Prozeßstoff für die zweitinstanzlich erhobene

---

[18] Vgl. im übrigen oben, S. 145 ff.

[19] MünchKomm-ZPO/*Rimmelspacher*, § 527 Rdn. 2.

[20] *Stein/Jonas/Grunsky*,[21] ZPO, § 519 Rdn. 30.

Widerklage unmöglich bereits in erster Instanz entscheidungserheblich sein konnte, gilt auch § 528 ZPO nicht.[21] Lediglich die §§ 523, 296 Abs. 2, 282 ZPO können zu einer Zurückweisung von Angriffsmitteln bezüglich der Widerklage führen, wenn der Beklagte diese nur zögerlich beibringt.[22] Zusammen mit der Widerklage vorgebrachte Verteidigungsmittel, die auch zur ursprünglichen Klage gehören, mißt das Gericht dann an §§ 527 und 528 ZPO. Ein und dasselbe Vorbringen kann kein widersprüchliches rechtliches Schicksal haben.[23] Bei Unbegründetheit der Berufung weist das Berufungsgericht nicht nur die Berufung zurück, sondern auch die Widerklage ab. Verneint das Berufungsgericht nur die Widerklage, verändert es das erstinstanzliche Urteil in eine Klageabweisung und weist die Berufung im übrigen zurück sowie die Widerklage ab.

Als Berufungsbeklagter kann der Beklagte eine Widerklage nur mit Hilfe eines Anschlußrechtsmittels erheben (§§ 530, 521 ZPO). Der Kläger, der die erstinstanzliche Klageabweisung zunächst mit den Anträgen, das Urteil der unteren Instanz abzuändern und den Beklagten zu verurteilen, anficht, muß nun auch die Zurückweisung der Anschlußberufung beantragen.

III. Ergebnis

Hat der Berufungskläger gegen ein erstinstanzliches Urteil statthaft und fristgerecht Berufung eingelegt und den Berufungsgegenstand in der Berufungsbegründung auf Urteilsabänderung und Weiterverfolgung des erstinstanzlichen Begehrens festgelegt, bleibt die erstinstanzliche Klage weiterhin rechtshängig (§ 705 ZPO).

Die verfügungsberechtigten Parteien können den Rechtsstreit zum Streitgegenstand bis zum Ende der letzten mündlichen Berufungsverhandlung schriftsätzlich oder zu Protokoll des Berufungsgerichts beenden oder verändern (§§ 523, 269, 91a, 794 Abs. 1 Nr. 1, 263, 264, 260, 261 Abs. 2 ZPO). Durch streiterledigende *Verfügungen zur Klage* erledigt sich auch das zweitinstanzliche Abänderungsbegehren. Bleibt ein Rest des Berufungsgegenstands bestehen, muß der Berufungskläger den ursprünglichen Berufungsgegenstand aus Gründen der Rechtsmittelklarheit dahin reduzieren. § 515 ZPO findet hierauf keine Anwendung.

---

21 BGH NJW 1985, 3079.

22 MünchKomm-ZPO/*Rimmelspacher*, § 527 Rdn. 17.

23 Mit ähnlichem Ergebnis auch BGH NJW 1981, 1217.

An streiterweiternde und streitändernde Klagedispositionen muß der Berufungskläger seine Berufungsanträge anpassen und anstelle der Verurteilung des Beklagten eine Urteilsabänderung entsprechend dem neuen Anspruch fordern. § 519 Abs. 2 S. 2, Abs. 3 S. 2 ZPO ist auf den neuen Anspruch nicht anwendbar. Der Angriff unterliegt auch nicht der Präklusion nach §§ 527, 296 Abs. 2, Abs. 4 oder § 528 ZPO. Neu vorgebrachter Tatsachenstoff ist nur an §§ 523, 296 Abs. 2, 282 ZPO zu messen.

Viertes Kapitel

Erweiterung des Berufungsgegenstands durch das Berufungsgericht

§ 10 Abänderung unangefochtener Entscheidungsteile

I. Antragsbindung des Berufungsgerichts

Die Dispositionsmaxime gilt auch im Rechtsmittelverfahren.[1] Das angerufene Berufungsgericht ist bei seiner Verhandlung und Entscheidung über die Berufung daher an die zuletzt maßgeblich gestellten[2] Berufungsanträge gebunden (§§ 536 ZPO).[3] Es überprüft den gewählten Berufungsgegenstand auf seine *Zulässigkeit und Begründetheit* hin. Zugleich ist es zur umfassenden Entscheidung hierzu verpflichtet. Nur die vom Ergebnis zur Hauptsache abhängige Kostenentscheidung und die Entscheidung zur vorläufigen Vollstreckbarkeit ergeht von Amts wegen auch ohne Antrag (§§ 523, 308 Abs. 2, 708 f., 711 S. 1 ZPO). Das Berufungsgericht darf dem (Anschluß-)Berufungskläger nicht mehr und nichts anderes als beantragt zugesprechen und nicht weniger als die Verwerfung oder Zurückweisung der Berufung verbescheiden. Verstößt es hiergegen zugunsten des Berufungsklägers, ist das *Verbesserungsverbot*[4], bei einem Verstoß zuungunsten des Berufungsklägers das *Verschlechterungsverbot*[5] verletzt. Eine andere Begründung zum angefochtenen Urteilsergebnis oder weniger als in zweiter Instanz beantragt, kann das Berufungsgericht dagegen jederzeit aussprechen. Auf diese Weise respektiert das Gesetz den vom Berufungs- und Anschlußberufungskläger gewählten Berufungsgegenstand,[6] den Entschluß beider Parteien zum teil-

---

[1] *Gilles*, AcP 177 (1977), 189, 195.

[2] Dies ist regelmäßig der Zeitpunkt der letzten mündlichen Tatsachenverhandlung auf die das Berufungsurteil ergeht, gegebenenfalls auch die letzte zweitinstanzliche Verhandlung nach Zurückverweisung durch die Revisionsinstanz. BGH NJW 1994, 2896, 2897; *Wieczorek/Rössler*, ZPO, § 536 Anm. A; MünchKomm-ZPO/*Rimmelspacher*, § 536 Rdn. 7; *Baumbach/Lauterbach/Albers*, ZPO, § 536 Rdn. 2.

[3] BGH NJW 1963, 444; 1983, 1063.

[4] "Reformatio in melius".

[5] "Reformatio in peius".

[6] MünchKomm-ZPO/*Rimmelspacher*, § 536 Rdn. 3.

weisen gegenseitigen Nichtangriff[7] sowie ihr Vertrauen darauf, daß sich das eigene Rechtsmittel nicht gegen sie selbst kehrt[8] und den Besitzstand zum Ende der ersten Instanz in Frage stellt.[9] Ob dies logische Folge aus der den Parteien auch in zweiter Instanz zustehenden Dispositionsfreiheit ist[10] oder jene überhaupt erst ergibt,[11] kann in diesem Zusammenhang dahinstehen.[12] Die Entscheidungsbefugnis des Berufungsgerichts ist durch den gewählten Berufungsgegenstand gebunden.

Ist der Berufungsgegenstand zulässig auf einen Teil der erstinstanzlichen Entscheidung reduziert, verhindert die Antragsbindung des Berufungsgerichts eine weitergehende Abänderung des unangefochtenen Urteils auch wenn dieses offensichtlich unzutreffend ist.[13] Von diesem Grundsatz lassen Rechtsprechung und Literatur aber Ausnahmen zu.

II. Fehlende Zulässigkeitsvoraussetzungen und andere Verfahrensfehler in der ersten Instanz

Fehlen der Klage von Amts wegen zu berücksichtigende Zulässigkeitsvoraussetzungen, erlaubt die Rechtsprechung dem Berufungsgericht, über den Anfechtungsumfang hinauszugehen und das Urteil auch im unangefochtenen Teil aufzuheben.[14] Auf diese Weise kann das Berufungsgericht selbst einen dem Berufungskläger günstigen Entscheidungsteil kassieren. Entsprechendes vertritt die Rechtsprechung bei anderen unheilbaren Verfahrensfehlern, die der ersten Instanz unterliefen (§ 295 Abs. 2 ZPO). Diese Verfahrensfehler sollen dem Verbot der reformatio in peius oder in melius vorgehen. Bei verzichtbaren und behebbaren Verfahrensmängeln (§ 295 Abs. 1 ZPO) schließt die Rechtsprechung eine Überschreitung der Berufungsanträge dagegen aus.[15]

---

7 MünchKomm-ZPO/*Rimmelspacher*, § 536 Rdn. 3.

8 *Kapsa*, Das Verbot der r.i.p., S. 38.

9 *Bötticher*, ZZP 65 (1952), 464, 466 f.

10 So *Fenn*, Anschlußbeschwerde, S. 62 ff.

11 So MünchKomm-ZPO/*Rimmelspacher*, § 536 Rdn. 4.

12 So auch *Stein/Jonas/Grunsky*,[21] ZPO, § 536 Rdn. 2.

13 *Baumbach/Lauterbach/Albers*, ZPO, § 536 Rdn. 2.

14 RGZ 143, 130; BGHZ 18, 98, 106 = NJW 1955, 1513, 1514; OLG Köln NJW 1967, 114; *Bötticher*, ZZP 65, 464, 467 f.; *Zöller/Gummer*, ZPO § 536 Rdn. 13; offen BGH NJW 1970, 1683 = JR 1971, 159; *Baumbach/Lauterbach/Albers*, ZPO, § 536 Rdn. 10.

15 RGZ 58, 248, 256; 43, 130, 134; BGH NJW 1986, 1494, 1495 f.; BGH ZIP 1987, 1012, 1015, ebenso *Thomas/Putzo*, ZPO, § 536 Rdn. 5. Zur Wesentlichkeit von Verfahrensfehlern vgl. *Brehm*, ZZP 107 (1994), 463, 473.

Die Amtsprüfung erschöpft sich in der Tatsachenfetstellung zu einzelnen Verfahrensvoraussetzungen. Dem öffentlichen Interesse ist hiermit ausreichend gedient. Eine unzutreffende tatsächliche oder rechtliche Würdigung wird durch den Eintritt der formellen Rechtskraft im unangefochtenen Entscheidungsteil geheilt. Hätte sich der Berufungskläger mit dem Teilerfolg begnügt und kein Rechtsmittel eingelegt, wäre das von ihm erstrittene Urteil trotz des prozessualen Mangels wirksam. Das Gericht darf den Berufungsgegenstand daher auch zugunsten von Amts wegen zu prüfender Punkte nicht überschreiten.[16] Dies gilt für fehlende Zulässigkeitsvoraussetzungen und Verfahrensfehler gleichermaßen.[17] Die Ansicht, wonach bei unheilbaren Verfahrensfehlern Ausnahmen vom Dispositionsgrundsatz anzuerkennen sind, übersieht die Wertung des Gesetzes in §§ 578 ff. ZPO. Selbst schwere Verfahrensfehler, die eine Wiederaufnahme des Verfahrens rechtfertigen, überprüfen die Gerichte nur nach gesondertem Antrag (§ 587 ZPO).

Beispiel:
Stellt das Berufungsgericht fest, die erste Instanz habe die Zulässigkeit der Klage fälschlicherweise bejaht, kann es (außer in den Fällen der örtlichen Unzuständigkeit der ersten Instanz gemäß § 512a ZPO) nur den angefochtenen Urteilsteil abändern oder zurückverweisen, um den Parteien die Nachholung der noch ausstehenden Prozeßhandlung zu ermöglichen. Eine Abweisung der gesamten Klage scheidet aus. Bei Anfechtung eines nur teilweise beschwerenden Urteils würde eine derartige Entscheidung gegen das Verschlechterungsverbot verstoßen bei Teilanfechtung einer insgesamt beschwerenden Entscheidung gegen das Verbesserungsverbot. Nahm die erste Instanz die Partei- oder Prozeßfähigkeit einer Instanz fälschlicherweise an, gilt Entsprechendes. Auch hier ist die Berufungsinstanz in seiner Entscheidung an die Grenzen der Teilanfechtung gebunden.

Nur schwerste Verfahrensfehler, die zur Unwirksamkeit des gesamten Urteils führen, können trotz Teilanfechtung eine Urteilsaufhebung im übrigen rechtfertigen. Das Berufungsgericht verletzt hier das Verschlechterungs- und Verbesserungsverbot nicht, da auch im unangefochtenen Entscheidungsteil für keine der Parteien eine gesicherte Rechtsposition entstehen konnte.[18]

---

[16] In diesem Sinn auch OLG Oldenburg NdsRPfl 1994, 144; *Rosenberg/Schwab/Gottwald*, ZPR, § 140 II 2d, S. 848; *Blomeyer*, ZPR, § 99 II 2; MünchKomm-ZPO/*Rimmelspacher*, § 536 Rdn. 11; *Stein/Jonas/Grunsky*,[21] ZPO, § 536 Rdn. 7; *Schellhammer*, ZP, Rdn. 1034; *Klamaris*, ZZP 91 (1978), 227; *Zimmermann*, ZPO, § 536 Rdn. 10; *Gilles*, ZZP 91, (1978), 128, 149. *Gilles*, AcP 177 (1977), 189, 195 sieht hierin zu Recht einen "glatten Verstoß" gegen den Dispositionsgrundsatz.

[17] *Stein/Jonas/Grunsky*,[21] ZPO, § 536 Rdn. 7.

[18] OLG Hamm NJW 1972, 2047; *Kapsa*, Das Verbot der r.i.p., S. 125; AK-ZPO/*Ankermann*, § 536 Rdn. 5; MünchKomm-ZPO/*Rimmelspacher*, § 536 Rdn. 34; *Stein/Jonas/Grunsky*,[21] ZPO, § 536 Rdn. 7.

Beispiele: fehlende Gerichtsbarkeit bei Exterritorialen; Ausspruch einer dem Gesetz fremden Rechtsfolge; Urteil für eine nicht existierende Partei.

III. Fehler im Verbundurteil

Ficht ein Ehegatte aus einem Verbundurteil nur die Ehescheidung an und weist das Berufungsgericht den Scheidungsantrag daraufhin zweitinstanzlich ab, werden selbst formell rechtskräftig gewordene Folgesachen automatisch gegenstandslos (§ 629 Abs. 3 S. 1 ZPO).[19] Der Berufungskläger braucht keine gerichtliche Feststellung darüber, daß die Folgesachenentscheidungen unwirksam sind.[20] Richtet sich das Rechtsmittel gegen eine Folgesache, kann das Berufungsgericht dagegen seine Entscheidung ohne Rechtsmittelerweiterung oder Anschlußberufung (§ 629a Abs. 3 ZPO) nicht auf unangefochtene Verbundsachen oder gar die Ehescheidung erstrecken. Die dem Revisionsgericht insoweit nach § 629c ZPO zustehende Sonderbefugnis ist auf das zweitinstanzliche Verfahren vor dem Berufungsgericht nicht übertragbar.[21] Das öffentliche Interesse an der Herstellung einheitlicher und materiellrechtlich richtiger Ergebnisse überwiegt im Berufungsverfahren nicht gegenüber der Dispositionsfreiheit der Parteien.

IV. Ergebnis

Die *Entscheidungsbefugnis des Berufungsgerichts* ist durch den gewählten Berufungsgegenstand gebunden. Hat der Berufungskläger das Abänderungsbegehren zulässig auf einen Teil der erstinstanzlichen Entscheidung reduziert, verhindert die Antragsbindung des Berufungsgerichts eine Abänderung des unangefochtenen Urteils. Dies gilt auch für Entscheidungsteile, die aufgrund fehlender Zulässigkeitsvoraussetzungen nicht ergehen hätten dürfen oder bei Vorliegen anderer unheilbarer Verfahrensfehler. Die Amtsprüfung erschöpft sich in der Tatsachenfeststellung zu den Verfahrensvoraussetzungen. Auch im Verbundverfahren kann das Berufungsgericht nicht über den gewählten Verfahrensgegenstand hinausgehen. Eine entsprechende Befugnis steht nur dem Bundesgerichtshof zu (§ 629c ZPO). Einzig nach Aufhebung einer Ehescheidung entfallen auch die unangefochtenen Verbundentscheidungen (§ 629 Abs. 3 S. 1 ZPO).

---

[19] BGH FamRZ 1994, 827, 829; MünchKomm-ZPO/*Klauser*, § 629 Rdn. 10.

[20] BGH FamRZ 1994, 827, 829.

[21] Vgl. MünchKomm-ZPO/*Klauser*, § 629c Rdn. 1; *Stein/Jonas/Schlosser*,[21] ZPO, § 629c Rdn. 1.

§ 11 Entscheidungskompetenz zu unentschiedenen Streitteilen

Soweit die erste Instanz nicht entschieden hat, ist kein anfechtbares Urteil vorhanden und die Berufung unstatthaft (§ 511 ZPO). Ausnahmsweise kann der Berufungskläger gleichwohl einen bisher noch nicht anhängigen und verbeschiedenen Anspruch(steil) mithilfe einer zweitinstanzlichen Klageerweiterung, Klageänderung oder Klagenhäufung in die zweite Instanz bringen.[1] Bei Streitgegenständen oder Streitgegenstandsteilen, die erstinstanzlich anhängig sind, bewußt oder versehentlich aber noch nicht verbeschieden wurden, ist dagegen sehr fraglich, ob auch sie zweitinstanzlich mitverhandelt und verbeschieden werden können. In einigen Fällen neigen die Berufungsgerichte dazu, in der gesamten Angelegenheit "reinen Tisch" zu machen, obgleich § 537 ZPO das Berufungsgericht zur Entscheidung über erstinstanzlich zu- oder abgewiesene Ansprüche beschränkt.

I. Hochziehen erstinstanzlich übergangener Ansprüche

1. Unentschiedene Hilfsansprüche

Weist die erste Instanz bei einer eventual gehäuften Klage den Hauptanspruch ab und verurteilt den Beklagten aus dem Hilfsantrag, erfaßt die Entscheidung beide Ansprüche.[2] Auch die Abweisung beider Ansprüche ist ein Urteil zu Haupt- und Hilfsanspruch.[3] Gibt die erste Instanz dagegen nur dem Hauptanspruch statt, erwähnt es den Hilfsantrag im Tenor und in den Entscheidungsgründen nicht. Er taucht nur im Tatbestand auf und ist somit weder positiv noch negativ verbeschieden. Mit der Wirksamkeit des Urteils entfällt die Rechtshängigkeit des Hilfsanspruchs rückwirkend.[4]

Legt der Beklagte gegen das Urteil Berufung ein und beantragt, das Urteil abzuändern und die Klage abzuweisen, erstreckt sich das Rechtsmittel un-

---

1 Ausführlich hierzu oben, S. 125 ff., 151 ff.

2 Zu Fragen der Teilanfechtung in diesen Fällen vgl. oben S. 73 f.

3 Zu Fragen der Teilanfechtung vgl. auch hier oben S. 73 f.

4 *Rosenberg/Schwab/Gottwald*, ZPR, § 99 IV 3d, S. 564 f.; *Stein/Jonas/Schumann*,[20] ZPO, § 260 Rdn. 22; *Thomas/Putzo*, ZPO, § 260 Rdn 17; *Zimmermann*, ZPO, § 260 Rdn. 10.

streitig auf den Hauptantrag. Ob auch der Hilfsantrag Gegenstand des Berufungsverfahrens wird und die Entscheidungsbefugnis des Berufungsgerichts sich hierauf erstreckt, ist fraglich. Relevant wird dies, wenn sich der Hauptanspruch zweitinstanzlich als unzulässig oder unbegründet erweist.

In der Wissenschaft wird mitunter eine zweitinstanzliche Entscheidungsbefugnis zum Hilfsantrag verneint, solange der Kläger diesen nicht im Wege der (hilfsweisen) Anschlußberufung in die obere Instanz bringt.[5]

Rechtsprechung und die überwiegende Lehre gestatten dem Berufungsgericht dagegen, auch ohne klägerisches Anschlußrechtsmittel über den Hilfsanspruch zu befinden.[6] Das Reichsgericht führte dies darauf zurück, daß die Entscheidung zum Hauptanspruch zugleich eine erledigende zum Hilfsanspruch darstelle.[7] Andere sehen das Grundrecht des Klägers auf rechtliches Gehör verletzt (Art. 103 Abs. 1 ZPO), müßte er den Hilfsantrag erst im Wege der Anschlußberufung stellen.[8] Ein Anschlußrechtsmittel scheide zudem schon deswegen aus, weil die erste Instanz über den Hilfsanspruch noch nicht anfechtbar entschieden habe.[9] Weise die zweite Instanz den Hauptanspruch ab, sei der Weg frei für eine Fortsetzung des Verfahrens zum Hilfsantrag.[10]

Die Auffassung, über den Hilfsanspruch sei vom Berufungsgericht ohne weiteres zu entscheiden, beruht auf dem abzulehnenden Rechtsmittelverständnis der herrschenden Lehre. Das Verfahren zum Streitgegenstand setzt sich in die zweite Instanz nicht nahtlos fort. Begehrt der Beklagte vor dem Berufungsgericht, das angefochtene Urteil abzuändern und die Klage abzuweisen, bezieht sich dieser Antrag einzig auf die Verurteilung des Beklagten entsprechend dem Hauptantrag. Der Prozeßantrag des Klägers und Berufungsbeklagten die Berufung zurückzuweisen, ersetzt keinen Sachantrag an das Berufungsgericht. Ein Berufungsantrag des Beklagten zum Hilfsantrag

---

[5] MünchKomm-ZPO/*Rimmelspacher*, § 536 Rdn. 28; *Stein/Jonas/Grunsky*,[21] ZPO, § 537 Rdn. 10; *Brox*, FS Heymann, S. 135. *Merle*, ZZP 83 (1970),436, 456 lehnt auch die Möglichkeit einer Anschlußberufung ab.

[6] RGZ 77, 120, 124 ff.; BGHZ 25, 79, 85; 41, 38, 41; BGH NJW-RR 1990, 518, 519; BGH NJW 1992, 117; OLG Köln FamRZ 1981, 486; *Zimmermann*, ZPO, § 260, Rdn. 10; *Zöller/Gummer*, ZPO, § 537 Rdn. 11; *Zöller/Greger*, ZPO, § 260, Rdn 4a; *Wieczorek/Rössler*, ZPO, § 536 Anm. C I; einschränkend *Rosenberg/Schwab/Gottwald*, ZPR, § 139 III 3b, S. 838 (beide Ansprüche müssen auf einem einheitlichen Sachverhalt beruhen); ebenso *Thomas/Putzo*, ZPO, § 260, Rdn. 18; MünchKomm-ZPO/*Lüke*, § 260 Rdn. 52; *Baumbach/Lauterbach/Albers*, ZPO, § 537 Rdn. 6.

[7] RGZ 77, 120, 124 ff.; ähnlich *Baumbach/Lauterbach/Hartmann*, ZPO, § 260 Rdn. 22.

[8] *Müller-Rabe*, NJW 1990, 283, 284.

[9] MünchKomm-ZPO/*Lüke*, § 260 Rdn. 52.

[10] *Bähr*, JR 1971, 332, 333.

fehlt und kann demnach auch nicht Gegenstand des Berufungsverfahrens sein. Das Berufungsgericht ist an die Berufungsanträge des Berufungsklägers gebunden (§ 536 ZPO). Könnte es dem Hilfsanspruch ohne weiteres stattgeben, wäre eine reformatio in peius denkbar (so z. B. bei Hilfsanträgen, die ein anderes oder wertmäßig höheres Klageziel als der Hauptanspruch verfolgen).

Einem "Hochziehen" des unentschiedenen Hilfsanspruchs durch das Berufungsgericht "von Amts wegen" steht § 537 ZPO entgegen. Danach kann das Berufungsgericht im Rahmen der gestellten Rechtsmittelanträge nicht über erstinstanzlich unentschiedene Ansprüche befinden. Mit der Stattgabe des Hauptanspruchs hat die erste Instanz über den Hilfsanspruch aber nicht entschieden. Auch eine Erledigung des Hilfsantrags, wie das Reichsgericht sie vertrat, ist abzulehnen, da der Kläger in erster Instanz einen solche Entscheidung zum Hilfsantrag gerade nicht wollte. Die erstinstanzliche Erledigung würde daher gegen § 308 ZPO verstoßen.[11]

Dem klägerischen Interesse an einer erneuten Berücksichtigung seines Hilfsanspruchs trägt die Möglichkeit einer Anschlußberufung ausreichend Rechnung.[12] Eine untergerichtliche Entscheidung zum Hilfsanspruch fehlt.[13] Zum Anschlußrechtsmittel ist daher eine zweitinstanzliche (hilfsweise) Klagenhäufung erforderlich (§§ 521, 523, 263, 260, 261 Abs. 2 ZPO).[14] Jene ist regelmäßig sachdienlich und bedarf daher keiner Beklagteneinwilligung.[15]

Diese Lösung ist interessengerecht. Überkommen den Kläger im Laufe des Verfahrens zum Hilfsanspruch Bedenken, kann er über eine Erhebung des Hilfsanspruchs erneut und selbst entscheiden. Legt er Anschlußberufung zum Hilfsantrag ein, trägt er das Risiko höherer Prozeßkosten (§ 19 Abs. 4 GKG), das der Beklagte unter Umständen gar nicht eingegangen wäre.

Das Berufungsgericht kann daher nach §§ 536, 537 ZPO über den erstinstanzlich unentschiedenen Hilfsanspruch nur entscheiden, wenn der Kläger Anschlußberufung einlegt und den Hilfsanspruch zweitinstanzlich durch nachträgliche Klagenhäufung einbringt.

---

[11] In diesem Sinne gegen das RG bereits BGHZ 41, 38, 41.

[12] Ohne diese Möglichkeit stünde er schlechter als wenn die erste Instanz den Hauptanspruch abgelehnt hätte. *Merle*, ZZP 83 (1970),436, 456, lehnt auch eine Anschlußberufung ab.

[13] *Rosenberg/Schwab/Gottwald*, ZPR, § 99 IV 3d, S. 564 f.

[14] Einer hilfsweisen Anschlußberufung bedarf es dagegen nicht.

[15] Siehe oben, S. 137 Fn. 94.

Lehnt die erste Instanz den Hauptantrag ab und entscheidet bewußt[16] nicht über den Hilfsantrag, weil es davon ausgeht, die Klage sei hierzu nicht wirksam erhoben oder gehäuft,[17] steht die erstinstanzliche Entscheidung zum übergangenen Hilfsanspruch noch aus.[18]

2. *Übergangene Ansprüche*

Hat das Untergericht bewußt eine von mehreren geltend gemachten Ansprüchen nicht verbeschieden (z. B. weil es davon ausging, er sei wirksam zurückgenommen, erledigt,[19] nicht Bestandteil der Klage,[20] unwirksam gehäuft bzw. in den Prozeß eingeführt worden oder der Grundsatz der Einheitlichkeit der Entscheidung in Ehesachen nicht anwendbar[21]), ist er erstinstanzlich zwar nicht im Tenor, aber doch in den Gründen behandelt. Das Untergericht nahm den Anspruch ausdrücklich nicht zur Sachentscheidung an. Hinsichtlich des überganenen Hilfsanspruchs ist die Entscheidung demnach mit einem Prozeßurteil vergleichbar.

Ficht der Kläger die Entscheidung an, erstreckt sich das Rechtsmittel daher auch auf den übergangenen Anspruch. Das Berufungsgericht kann über den Anspruch erstmals entscheiden.[22] Nimmt der Kläger den Anspruch jedoch ausdrücklich vom Rechtsmittel aus, verliert er seine Rechtshängigkeit.

Übersah das Untergericht den Anspruch irrtümlich, erstreckt sich das Urteil nicht auf ihn.[23] Anstelle eines Rechtsmittels steht dem Kläger nun der spezielle Antrag nach § 321 ZPO zur Verfügung.[24] Ficht er das Urteil dennoch an und begehrt die Verurteilung des Beklagten entsprechend dem

---

[16] Bei versehentlichem Auslassen kann der Kläger ein Ergänzungsurteil nach § 321 ZPO beantragen.

[17] Bei der nachträglichen Klagenhäufung (§§ 261 Abs. 2, 260 ZPO) ist dies denkbar.

[18] Vgl. hierzu nachfolgend, 2.

[19] RG JW 1893, 14.

[20] BGH NJW 1980, 840.

[21] OLG München FamRZ 1984, 407; OLG Düsseldorf OLGZ 1965, 186, 187.

[22] MünchKomm-ZPO/*Rimmelspacher*, § 537 Rdn. 7; *Wieczorek/Rössler*, ZPO, § 537 Anm. C I; *Zöller/Gummer*, ZPO, § 537 Rdn. 3; *Stein/Jonas/Grunsky*,[21] ZPO, § 537 Rdn. 4; einschränkend zum übergangenen Hilfsanspruch *Rosenberg/Schwab/Gottwald*, ZPR, § 139 III 3b, S. 839 (Einwilligung des Gegners oder Sachdienlichkeit der zweitinstanzlichen Geltendmachung soll erforderlich sein).

[23] BGH NJW 1991, 1684.

[24] RGZ 59, 130; 75, 293; 171, 131; *Wieczorek/Rössler*, ZPO, § 537 Anm. C I; MünchKomm-ZPO/*Rimmelspacher*, § 537 Rdn. 7; *Zöller/Gummer*, ZPO, § 537 Rdn. 3; *Baumbach/Lauterbach/Albers*, ZPO, § 537 Rdn. 6.

übersehenen Anspruch, ist die Berufung insoweit unzulässig. Erst nach Ablauf der in § 321 Abs. 2 ZPO vorgesehenen Frist verliert der übersehene Anspruch seine Rechtshängigkeit,[25] so daß der Kläger ihn nach den Regeln einer zweitinstanzlichen Klageerweiterung oder Klagenhäufung in das Rechtsmittelverfahren einbringen kann (§§ 523, 263, 264 ZPO).[26]

II. Hochziehen unentschiedener Streitreste

1. Überblick

Entscheidet die erste Instanz durch selbständig anfechtbares Teil,- Zwischen oder Vorbehaltsurteil (§§ 301, 280 Abs. 2, 304, 302, 599 ZPO), bleibt bei der Berufung gegen die Teilentscheidung der Streitrest beim Untergericht anhängig (§§ 280 Abs. 2, Halbsatz 2, 304 Abs. 2, Halbsatz 2, 600 Abs. 1 ZPO). Der Rechtsstreit ist auf zwei Instanzen verteilt. Ob der Berufungskläger den erstinstanzlich noch anhängigen Streitrest zur Entscheidung des Berufungsgerichts stellen oder das Berufungsgericht diesen von Amts wegen an sich ziehen ("hochziehen") und über die gesamte Streitsache "vorgreifend" "durchentscheiden" kann, ist fraglich.

Eine Verweisung der Restsache von der ersten an die zweite Instanz auf Antrag des Klägers (§ 281 ZPO) scheidet aus, weil das erstinstanzliche Gericht nicht sachlich unzuständig ist. Es geht um die funktionelle Zuständigkeit des Berufungsgerichts. Eine nachträgliche Prorogation gemäß §§ 38 ff. ZPO scheidet aus demselben Grund aus. Ihrer Wirksamkeit steht zudem § 261 Abs. 3 Nr. 2 ZPO entgegen.

Für ein Hochziehen kommen bei Zwischen- und Vorbehaltsurteilen nur die Sonderfälle der §§ 538, 539, 540 ZPO und bei Teilurteilen die §§ 539, 540 ZPO in Betracht. Für Teilurteile könnten zudem die §§ 523, 269, 263, 264 ZPO einschlägig sein.

Inwieweit die Parteien einen Entscheidungsdurchgriff beantragen oder das Gericht von sich aus über die gesamte Klage urteilen kann, wird von Rechtsprechung und Wissenschaft uneinheitlich beantwortet. Neben rechtstechnischen Schwierigkeiten, stehen einem Hochziehen die Dispositionsfreiheit der Parteien zur Klage und zur Berufung (§§ 308, 536 ZPO) sowie die Instanzvollständigkeit (§ 537 ZPO) entgegen. Bestehen beide Par-

---

[25] RGZ 159, 130, 133; BGHZ 44, 237; BGH NJW 1991, 1684; *Wieczorek/Rössler*, ZPO, § 537 Anm. C I

[26] BGH NJW 1991, 1684; *Zöller/Gummer*, ZPO, § 537 Rdn. 3.

teien auf einen Entscheidungsvorgriff, sprechen die verschiedenen Ansichten regelmäßig von einem Hochziehen "auf Parteiantrag"; bei nur einem oder keinem dahingehenden Antrag "von einem Hochziehen von Amts wegen".[27]

2. *Hochziehen bei Vorbehalts- und Zwischenurteilen*

a) Bei sachlich unrichtigem Abschnittsurteil

Erweist sich ein anfechtbares Vorbehalts-, Zwischen-, oder Grundurteil als in der Sache unzutreffend entschieden (beim Zwischenurteil nach § 280 Abs. 2 ZPO: die Klage ist unzulässig; beim Grundurteil: der Klagegrund besteht nicht; beim Vorbehaltsurteil: die Hauptforderung besteht nicht; beim Vorbehaltsurteil im Urkundsprozeß: der Anspruch selbst oder die gewählte Prozeßart ist unstatthaft), gestatten Rechtsprechung und Literatur dem Berufungsgericht nach §§ 538 Abs. 1 Nr. 2-4, 540 ZPO eine Entscheidung zur gesamten Klage. Neben der Aufhebung des Abschnittsurteils könne es die Klage auch ohne dahingehenden Antrag insgesamt "von Amts wegen" abweisen.[28]

Die von § 538 Abs. 1 Nr. 2-4 ZPO erfaßten Zwischen- und Vorbehaltsurteile, ficht regelmäßig der Beklagte an. Für die Zulässigkeit des Rechtsmittels muß er folgenden Sachantrag stellen: das Grund-, Zwischen- oder Vorbehaltsurteil abzuändern (bzw. aufzuheben) und die Klage abzuweisen.[29] Der Berufungsantrag zur Klage erfaßt demnach nicht nur den Streitgegenstandsteil des Zwischen- oder Vorbehaltsurteils, sondern die gesamte Klage. Die vom Obergericht nach § 540 ZPO ausgesprochene abweisende Sachentscheidung entspricht damit bereits den gestellten Berufungsanträgen und verletzt den Grundsatz "ne ultra petita" nicht (§ 536 ZPO).

Das Berufungsgericht entscheidet abschließend zur Klage, obgleich die erste Instanz hierzu noch nicht in vollem Umfang entschieden hat. Dieser Eingriff in die Instanzenordnung (§ 537 ZPO) ist von §§ 538 Abs. 1 Nr. 2-4,

---

[27] Vgl. *Mattern*, JZ 1960, 385 ff.

[28] BGHZ 27, 25, 27; BAG NJW 1967, 648; MünchKomm-ZPO/*Rimmelspacher*, § 536 Rdn. 36; *Bettermann*, ZZP 88 (1975), 365, 389 ff.; *Mattern*, JZ 1960, 385 u. 389; *Stein/Jonas/Leipold*,[20] ZPO, § 280 Rdn. 20; *Stein/Jonas/Grunsky*,[21] ZPO, § 538 Rdn. 28 (für die Anfechtung eines Vorbehaltsurteils).

[29] Siehe oben, S. 86 ff. Stellt er einen solchen Antrag nicht ausdrücklich, kann das Berufungsgericht ihn regelmäßig durch Auslegung ermitteln, vgl. oben, S. 66 f.

540 ZPO gedeckt.[30] Beim unzutreffenden Abschnittsurteil ist eine weitere Verhandlung zur Klage nicht mehr erforderlich. Der Rechtsstreit ist entscheidungsreif. Das Ergebnis zum angefochtenen Streitgegenstandsteil führt zwingend zur Klageabweisung. Für eine andere Sachentscheidung ist kein Raum mehr. Eine Zurückverweisung des Rechtsstreits an die erste Instanz ist weder nötig noch zulässig.[31] § 537 ZPO wird von §§ 538 Abs. 1 Nr. 2-4, 540 ZPO überlagert.

Da das Berufungsgericht entsprechend den Anträgen des Berufungsklägers entscheidet, liegt streng genommen kein Hochziehen "von Amts wegen" vor. Die Bezeichnung hat ihre Berechtigung nur, soweit sich das Berufungsgericht nach eigenem Ermessen über § 537 ZPO hinwegsetzen darf und die Parteien keine Zurückverweisung erreichen können.

Ergeht im laufenden Rechtsmittelverfahren ein Schlußurteil der unteren Instanz, das der Klage uneingeschränkt stattgibt, steht dieses unter der auflösenden Bedingung der Richtigkeit des Zwischen- oder Vorbehaltsurteils.[32] Hebt das Rechtsmittelgericht das Vorbehalts- oder Zwischenurteil auf,[33] entfällt die erstinstanzliche Schlußentscheidung wieder.

b) Bei unzulässigem Abschnittsurteil

Durfte eine Abschnittsentscheidung verfahrensrechtlich nicht ergehen,[34] ist das Ergebnis zur Klage nicht zwingend vorbestimmt. Weder die Klagestattgabe noch die Klageabweisung ist präjudiziert. Beide Ergebnisse sind weiterhin denkbar. Ist der Rechtsstreit zur Entscheidung reif, gestehen Rechtsprechung und Literatur dem Berufungsgericht überwiegend auch hier eine Durchgriffsmöglichkeit "von Amts wegen" zum gesamten Rechtsstreit zu. Hierzu würden die §§ 539, 540 ZPO ermächtigen.[35]

---

[30] Auf das Vorbehaltsurteil nach § 302 ZPO ist § 538 Nr. 4 ZPO entsprechend anwendbar, vgl. *Bettermann*, ZZP 88 (1975), 365, 396 ff.; MünchKomm-ZPO/*Rimmelspacher*, § 538 Rdn. 24; *Stein/Jonas/Grunsky*,[21] ZPO, § 538 Rdn. 29.

[31] *Stein/Jonas/Leipold*,[20] ZPO, § 280 Rdn. 20 hält die Zurückverweisung für unschädlich.

[32] BGH NJW 1973, 467, 468; MünchKomm-ZPO/*Prütting*, § 280 Rdn. 10; *Thomas/Putzo*, ZPO, § 280 Rdn. 10; § 302 Rdn. 10.

[33] Es bejaht die prozeßhindernde Einrede, verneint den Anspruchsgrund oder hält die Klage ohne Rücksicht auf die Aufrechnung bzw. auf die im ordentlichen Verfahren vom Beklagten noch beizubringenden Beweise für unzulässig oder unbegründet.

[34] Z. B.: Ein Vorbehaltsurteil wurde bei Konnexität der Aufrechnungsforderung; ein Grundurteil ohne Streit über die Anspruchshöhe erlassen.

[35] RGZ 92, 318, 321; BGH ZZP 67 (1954), 302, 306; BGHZ 25, 361; OLG Frankfurt MDR 1986, 945 ; OLG Karlsruhe NJW-RR 1987, 254; *Thomas/Putzo*, ZPO, § 539 Rdn. 8, 540 Rdn. 1; AK-ZPO/*Ankermann*, § 537 Rdn. 12; MünchKomm-ZPO/*Rimmelspacher*, § 538

Die zweitinstanzliche Klageabweisung entspricht den Fällen des in der Sache unrichtigen Abschnittsurteils. Anders als dort ist das Klageergebnis durch das neue Ergebnis zum Vorbehalts- oder Zwischenurteil nur nicht zwingend präjudiziert. Hierüber kann das Berufungsgericht hinwegsehen, da die §§ 538, 540 ZPO die Sachdienlichkeit einer abschließenden Rechtsmittelentscheidung fordern. Dies ist der Fall, wenn das Entscheidungsergebnis zur Klage nahezu feststeht. In diesen Fällen wäre eine Zurückverweisung kostspielig, "mühselig", "lästig"[36] und zeitraubend. Hieran können die Parteien kein schutzwürdiges Interesse haben.[37] Aus Gründen der Prozeßökonomie kann das Berufungsgericht daher von einer Zurückverweisung absehen und erneut abschließend im Sinne der Berufungsanträge entscheiden. Ein Instanzvorgriff ist durch die §§ 538, 540 ZPO gedeckt. Auf das erfolgreiche Rechtsmittel des Beklagten, dessen Sachantrag ohnehin auf Klageabweisung lautet, darf das Berufungsgericht den prozessualen Anspruch daher insgesamt abweisen. Die Parteien können die vorgreifende Entscheidung nicht verhindern. Nur insofern trifft der Ausdruck "Hochziehen von Amts wegen" zu.

Eine Verurteilung des Beklagten deckt der Beklagtenantrag aber auch bei Entscheidungsreife nicht. Der erstinstanzliche Klageantrag des Klägers setzt sich nicht in die zweite Instanz fort. Auch sein zweitinstanzlicher Gegenantrag, das Rechtsmittel zurückzuweisen, ist nur Prozeßantrag und stellt den verfolgten Anspruch nicht zur Entscheidung des Berufungsgerichts.[38] Dem Berufungsgericht fehlt demnach zur Klagestattgabe der Sachantrag (§§ 308, 536 ZPO). § 540 ZPO hilft hierüber nicht hinweg. Die Vorschrift findet an der Dispositionsbefugnis der Parteien zur Sache ihre Grenze.

> Beispiel:
> Das Berufungsgericht kann der Klage auf die Berufung des Beklagten gegen ein unzulässiges Grundurteil auch dann nicht stattgeben, wenn die Anspruchshöhe nicht streitig ist.[39] Es muß das Urteil aufheben und die Streitsache an die erste Instanz zurückverweisen.

Rdn. 24 (jedoch aufgrund § 538 Abs. 1 Nr. 2-4 ZPO analog); *Rosenberg/Schwab/Gottwald*, ZPR, § 139 III 3d, S. 839 (Durchgriff nur bei unzulässigem Vorbehaltsurteil); a. A. *Stein/Jonas/Grunsky*,[21] ZPO, § 540 Rdn. 7.

[36] So wörtlich OLG Hamburg NJW 1987, 783, 784 und *Schumann*, Berufung, Rdn. 193.

[37] Vgl. BGH NJW 1987, 783, 784; OLG München OLGZ 1978, 486 f.; OLG Hamburg NJW 1987, 783, 784; OLG München OLGZ 1978, 486; *Schumann*, Berufung, Rdn. 193.

[38] Zutreffend BGH ZZP 67 (1954), 302, 306; BGHZ 25, 361, 369; ebenso OLG Karlsruhe NJW-RR 1987, 254; abzulehnen dagegen OLG Frankfurt MDR 1986, 945.

[39] So aber OLG Frankfurt MDR 1986, 945.

Der Kläger muß demnach erst Anschlußberufung einlegen, um den prozessualen Anspruch vor dem Berufungsgericht entscheidungsfähig zu stellen.[40] Da die erste Instanz mit dem Abschnittsurteil noch nicht abgeschlossen ist, ist derselbe prozessuale Anspruch nun zwar in zwei Instanzen anhängig, doch ist dies aus Gründen der Waffengleichheit hinzunehmen. Das Reststück der Klage ist einer gesonderten Klagerücknahme in der ersten Instanz nicht zugänglich. Auch eine Rücknahme des gesamten Anspruchs scheidet aus, weil sie das angefochtene Abschnittsurteil und mit ihm das gesamte Rechtsmittel entfallen ließe (§ 269 Abs. 3 S. 1 ZPO). Teilt das Berufungsgericht der Unterinstanz den beantragten Entscheidungsvorgriff mit, läßt sich ein verfrühtes erstinstanzliches Schlußurteil verhindern. Der Erstrichter kann das weitere Verfahren analog § 148 ZPO aussetzen oder ruhen lassen (§ 251 ZPO). Entscheidet das Berufungsgericht abschliessend zur gesamten Klage, erlischt die erstinstanzliche Anhängigkeit des Klagerests ex nunc.[41]

Beispiel:
Der Beklagte wendet sich mit der Berufung gegen ein unzulässiges Vorbehaltsurteil. Das Berufungsgericht kann das Urteil auf Anschlußberufung des Klägers für vorbehaltlos erklären.[42]

Die §§ 538 - 540 ZPO muten den Parteien den Verlust einer Tatsacheninstanz bis zu einem gewissen Grad auch gegen ihren Willen zu. Das Berufungsgericht darf demnach bei Berufungs und Anschlußberufungsanträgen, die sich diametral gegenüberstehen und den gesamten prozessualen Anspruch erfassen, auf eine Sachdienlichkeit im Sinne der §§ 539, 540 ZPO verzichten und selbst zur Sache verhandeln, bevor es abschließend entscheidet. Insofern trifft der Ausdruck "Hochziehen auf Parteiantrag" zu.[43]

c) Bei sachlich richtigem Abschnittsurteil

Erweist sich die Abschnittsentscheidung als in der Sache richtig (beim Zwischenurteil nach § 280 Abs. 2 ZPO: die streitige Zulässigkeitsvoraussetzung besteht; beim Grundurteil: der Klagegrund besteht; beim Vorbehaltsurteil: die Hauptforderung besteht), ist das Ergebnis zur Klage erneut offen (beim Zwischenurteil: Unzulässigkeit der Klage wegen fehlender anderer

---

[40] BGH ZZP 67 (1954), 302, 306.

[41] Ebenso in anderem Zusammenhang *Mattern*, JZ 1960, 385, 388.

[42] OLG Karlsruhe NJW-RR 1987, 254.

[43] Vgl. *Mattern*, JZ 1960, 385, 386 ff.; AK-ZPO/*Ankermann*, § 537 Rdn. 14; *Stein/Jonas/Grunsky*,[21] ZPO, § 540 Rdn. 7.

Prozeßvoraussetzungen, Unbegründetheit in der Sache oder Zulässigkeit und Begründetheit; beim Grundurteil: die Anspruchshöhe bleibt hinter der vom Kläger beanspruchten zurück oder volle Begründetheit; beim Vorbehaltsurteil: die Gegenforderung besteht nicht oder schon). Literatur und Rechtsprechung verneinen die hoheitliche Entscheidungskompetenz des Berufungsgerichts zur gesamten Klage hier meistens, da dem Rechtsmittelgericht die Hauptsache nicht angefallen wäre und die §§ 538, 540 ZPO solche Fälle nicht erfassen würden.[44] Nur beim Grundurteil lassen einige Autoren aufgrund des Wortlauts des § 538 Abs. 1 Nr. 3 a. E. ZPO eine Ausnahme zu.[45] Andere genehmigen einen Entscheidungsvorgriff bei Vorbehalts- und bei Zwischenurteilen, wenn dies sachdienlich ist und dem Parteiwillen entspricht.[46]

Das Rechtsmittelgericht ist auch bei der Anfechtung zutreffend entschiedener Vorbehalts- und Zwischenurteile auf die vom Beklagten zur Sache gestellten Berufungsanträge beschränkt. Weder Kläger- noch Beklagteninteressen werden verletzt, wenn dem Grundsatz "ne ultra petita" folgend, keine anderen Entscheidungen als in der Sache beantragt, zulässig sind. § 540 ZPO ist daher grundsätzlich auch auf richtige Abschnittsurteile anwendbar. Dies gilt für die Anfechtung von Zwischen- und Vorbehaltsurteilen gleichermaßen. Bereits der Gesetzeswortlaut unterscheidet in § 540 ZPO nicht zwischen Vorbehalts- und Zwischenurteilen. Das für § 540 ZPO entscheidende Kriterium der Sachdienlichkeit, hängt zudem nicht davon ab, ob erstinstanzlich ein selbständig anfechtbares Zwischenurteil oder ein Vorbehaltsurteil erging. Bei Sachdienlichkeit darf die Rechtsmittelinstanz "von Amts wegen" in allen Fällen des § 538 Abs. 1 Nr. 2-4 ZPO vorgreifend entscheiden.

Auf das Rechtsmittel des Beklagten gegen ein richtiges Abschnittsurteil kann das Berufungsgericht die Klage bei Sachdienlichkeit demnach abweisen. Die beantragte Abänderung oder Aufhebung des Abschnittsurteils findet nicht statt.[47] Dies widerspricht nicht dem Dispositionsgrundsatz, da die Entscheidung nur hinter den Berufungsanträgen des Beklagten zurückbleibt und nichts anderes als verlangt entscheidet. Eine Klagestattgabe kommt da-

---

[44] *Mattern*, JZ 1960, 385, 389 f., 391; *Bettermann*, ZZP 88 (1975), 365, 390 ff.; AK-ZPO/*Ankermann*, § 540 Rdn. 4 ZPO; *Zöller/Gummer*, ZPO, § 540, Rdn. 4 ZPO; *Stein/Jonas/Grunsky*,[21] ZPO, § 540 Rdn. 2.

[45] AK-ZPO/*Ankermann*, § 540 Rdn. 4 ZPO; *Stein/Jonas/Grunsky*,[21] ZPO, § 540 Rdn. 2.

[46] BGH NJW 1993, 1793, 1794; *Baumbach/Lauterbach/Albers*, § 537 Rdn. 4; Münch-Komm-ZPO/*Rimmelspacher*, § 540 Rdn. 3.

[47] Vgl. BGHZ 27, 15, 26.

gegen nur auf den Anschlußantrag des Klägers, der gesamten Klage stattzugeben, in Frage.[48]

Soweit § 538 Abs. 1 Nr. 3, letzter Teilsatz ZPO eine stattgebende Entscheidung zu Grund und Höhe eines Anspruchs zuläßt, erfaßt er demnach die Berufung des Klägers gegen ein Endurteil, das den Klagegrund verneint (§ 538 Abs. 1 Nr. 3, Teilsatz 2 ZPO).[49] Daneben gilt die Norm auch bei der Berufung des Beklagten gegen ein Grundurteil, das den Klagegrund bejaht (§ 538 Abs. 1 Nr. 3, Teilsatz 1 ZPO). Zur Höhe kann das Berufungsgericht im Sinne des § 538 Abs. 1 Nr. 3, letzter Teilsatz ZPO nur entscheiden, wenn der Kläger insoweit Anschlußberufung einlegt und die Stattgabe der Klage fordert. Dem Berufungsantrag des Beklagten, die Klage abzuweisen, kann das Gericht nur entsprechen, wenn die Anspruchshöhe gleich Null ist. § 538 Abs. 1 Nr. 3 ZPO ist somit keine systemwidrige Ausnahmevorschrift.[50]

Ist die Sache noch nicht zur Entscheidung reif, scheidet ein Vorgriff nach §§ 538, 540 ZPO aus. Das Berufungsgericht darf gleichwohl auch hier zur Sache verhandeln, wenn die Parteien auf das Erfordernis der Sachdienlichkeit verzichten, indem sie den Entscheidungsvorgriff durch ihre vorgreifenden Berufungsanträge übereinstimmend wünschen ("Hochziehen auf Parteiantrag").[51]

3. Hochziehen bei Anfechtung von Teilurteilen

a) Bei unrichtigem Teilurteil mit präjudiziellem Entscheidungsgegenstand

Rechtsprechung und ein Teil der Literatur lassen einen Entscheidungsvorgriff auch bei Anfechtung sachlich unrichtiger Teilurteile mit präjudiziellem Entscheidungsgegenstand zu.[52] Da diese Fälle der Anfechtung unzutreffender Zwischen- und Vorbehaltsurteile vergleichbar sind, führen sie dies meist auf eine analoge Anwendung der §§ 538 Nr. 2-4, 540 ZPO zurück.

Die Unterinstanz spricht die erste Stufe einer Stufenklage (Auskunft oder Rechnungslegung) zu. Der Beklagte geht hiergegen in Berufung und fordert die Abwei-

[48] Unzutreffend insoweit OLG Frankfurt MDR 1986, 945.

[49] Insoweit ebenso *Bettermann*, ZZP 88 (1975), 365, 394 f.

[50] A. A. *Stein/Jonas/Grunsky*,[21] ZPO, 540 Rdn. 2.

[51] Im einzelnen wird auf die Ausführungen zu den unzulässigen Zwischen- und Vorbehaltsurteilen verwiesen, siehe oben, S. 197 ff.

[52] Grundlegend BGH NJW 1959, 1827, 1828 m.w.N.; MünchKomm-ZPO/*Rimmelspacher*, § 537 Rdn. 9 f.; MünchKomm-ZPO/*Musielak*, § 301 Rdn. 17; *Zöller/Gummer*, ZPO § 537 Rdn. 7; *Stein/Jonas/Grunsky*,[21] ZPO, § 537 Rdn. 5; *Zimmermann*, ZPO, § 537 Rdn. 4; mit Bedenken auch *Rosenberg/Schwab/Gottwald*, ZPR, § 139 III 3c, S. 839; a. A. *Mattern*, JZ 1960, 385, 390 f.

sung der Klage. Das Berufungsgericht verneint die Leistungspflicht des Beklagten und weist die gesamte Klage ab.[53]

Die erste Instanz entscheidet durch Inzidentfeststellungsurteil (§ 256 Abs. 2 ZPO) über eine Erfolgsvoraussetzung der Leistungsklage. Der Beklagte geht hiergegen in Berufung und beantragt, die Leistungsklage abzuweisen. Das Berufungsgericht verneint das präjudizielle Rechtsverhältnis und weist die Klage insgesamt ab.[54]

Die erste Instanz spricht einen Unterlassungsanspruch durch Teilurteil zu. Der ebenfalls geltend gemachte Schadensersatzanspruch bleibt weiterhin anhängig. Auf die Berufung des Beklagten verneint das Obergericht ein pflichtwidriges Handeln des Beklagten und weist beide Ansprüche ab.[55]

Die Unterinstanz gibt einem Leistungsansantrag durch Teilurteil statt. Die Entscheidung zum akzessorischen Zinsanspruch steht noch aus. Das Obergericht weist auf das Rechtsmittel des Beklagten gegen den Hauptanspruch Haupt- und Zinsanspruch ab.[56]

Diese Prozeßsituationen sind der Anfechtung eines in der Sache unrichtig entschiedenen Vorbehalts- und Zwischenurteils tatsächlich vergleichbar. Der Beklagte ist durch das Teilurteil jeweils beschwert und ficht es mit dem Antrag an, die Entscheidung abzuändern und die Klage abzuweisen. Wegen der zwingenden Präjudizialität erstreckt sich der Abweisungsantrag auch auf die noch unentschiedenen Streitgegenstände. Nach Verneinung der Begründetheit der Teilsache bleibt wegen der Vorgreiflichkeit des entschiedenen Rechtsverhältnisses für den Streitrest rechtlich zwingend kein Raum mehr für eine andere Entscheidung. Das Berufungsgericht kann die Klage demnach analog §§ 538 Abs. 1 Nr. 2-4, 540 ZPO abschließend und umfassend abweisen, ohne gegen den Grundsatz der Antragsbindung zu verstoßen (§ 536 ZPO). Die Parteien dürfen zu einer nur formellen erstinstanzlichen Streitfortführung nicht gezwungen werden. Der Entscheidungsvorgriff verletzt daher auch § 537 ZPO nicht.

Das Berufungsgericht muß den Parteien freilich Gelegenheit zu rechtlichem Gehör geben (Art. 103 Abs. 1 GG). Ein Entscheidungsvorgriff im Urteil ist dem Gericht da-

---

[53] RG JW 1926, 2539; RGZ 171, 131; BGH NJW 1959, 1827, 1828; BGHZ 94, 268, 275; BGH FamRZ 1990, 863; OLG Celle NJW-RR 1995, 1021; *Stein/Jonas/Grunsky*,[21] ZPO, § 537 Rdn. 5; *Grunsky*, JZ 1970, 226; ablehnend *Schwab*, NJW 1959, 1824; *Baumgärtel*, JR 1970, 186; *Assmann*, Stufenklage, S. 100 ff.; *Stein/Jonas/Schumann*,[20] ZPO, § 254 Rdn. 41; *Bettermann*, ZZP 88 (1975), 365, 400.

[54] BGH NJW 1959, 1824; 1959, 1827, 1828; *Lent*, NJW 1954, 640; ablehnend *Schwab*, NJW 1959, 1824.

[55] BGH LM UWG § 16 Nr. 14; BAGE 21, 237, 247 = NJW 1969, 678, 679; ablehnend *Schwab*, NJW 1959, 1824.

[56] BGH JR 1991, 419.

her verwehrt, wenn es diesen nicht in Aussicht stellte (§ 139 ZPO). Die Parteien können die Klage dann auch einvernehmlich oder durch Klagerücknahme (in erster oder in zweiter Instanz) erledigen.[57]

Ändert oder erweitert der Kläger in der Unterinstanz den noch nicht entschiedenen Anspruch, ohne daß die Präjudizialität des bereits entschiedenen und angefochtenen Teils entfällt, entscheidet das Berufungsgericht zulässigerweise auch über den geänderten Streitrest. Ist mit der Klageänderung die Vorgreiflichkeit der angefochtenen Teilsache beseitigt, entfallen die Voraussetzungen für eine analoge Anwendung der §§ 538, 540 ZPO. Entscheidet das Obergericht dennoch abschliessend,[58] ist das Urteil insoweit fehlerhaft.

Liegt im Einzelfall keine rechtlich zwingende Präjudizialität der zweitinstanzlichen Streitsache vor, scheidet eine analoge Anwendung der §§ 538 Abs. 1 Nr. 2-4, 540 ZPO aus.[59]

Beispiele:
Weist die zweite Instanz den vorbereitenden Anspruch einer Stufenklage (z. B. den Anspruch auf Rechnungslegung) wegen fehlendem Rechtsschutzbedürfnis oder wegen Erfüllung ab, ist das Schicksal der Schadensersatzklage nicht vorbestimmt. Der Kläger kann sie dennoch erstinstanzlich erfolgreich weiterführen. Lehnt das Berufungsgericht den vorbereitenden Anspruch aber ab, weil kein Hauptanspruch besteht, wirkt die Rechtsmittelentscheidung auch für den Hauptanspruch.

Weist die Rechtsmittelinstanz die Inzidentfeststellungsklage ab, braucht dies keine Auswirkung auf die noch offene Leistungsklage zu haben, wenn letztere sich auch aus einem anderen Gesichtspunkt heraus begründen läßt. Bei Ablehnung eines Mietverhältnisses kann der Kläger erstinstanzlich z. B. keine Mietzinsen mehr verlangen. Er kann die Klage nun aber auf die Pflicht des Beklagten zur Nutzungsentschädigung stützen und obsiegen. Nur wenn mit der Verneinung des vorgreiflichen Rechtsverhältnisses zugleich jeglicher Bestand des davon abhängigen Leistungsanspruchs zu verneinen ist, kann das Berufungsgericht von einer Präjudizialität ausgehen, nach der auch der Leistungsanspruch zwingend entfällt.

Weist die zweite Instanz in den Fällen der Klagenhäufung den Anspruch auf Unterlassung zukünftiger Störungen nur mangels Wiederholungsgefahr und nicht wegen der Verneinung der behaupteten Rechtsverletzung ab, ist die erstinstanzliche Entscheidung zum Schadensersatzanspruch nicht vorbestimmt. Nur bei Verneinung der Rechtsverletzung kann das Berufungsgericht auch den Schadensersatzanspruch abweisen.

---

[57] Der Einwand von *Schwab*, NJW 1959, 1824, 1826; *Stein/Jonas/Schumann*,[20] ZPO, § 254 Rdn. 41 und *Mattern*, JZ 1960, 385, 389, das Hinaufholen von Amts wegen sei den Parteien unerwünscht, weil ihnen diese Möglichkeiten genommen würden, sticht daher nicht.

[58] Dies ist denkbar, wenn das Obergericht die Klageänderung fälschlicherweise für unwirksam hält.

[59] BGHZ 30, 213; BGH NJW 1960, 340.

Das Berufungsgericht hat daher nicht in allen Fällen der zweitinstanzlichen Verneinung eines Stufenklageanspruchs, einer Inzidentfeststellung oder eines Unterlassungsanspruchs Entscheidungsbefugnis zum Streitrest.[60] Das Berufungsgericht darf den unentschiedenen Anspruch nicht "von Amts wegen" hochziehen und mitentscheiden,[61] wenn der zweitinstanzliche und der erstinstanzliche Streitteil lediglich auf demselben Kausalverhältnis beruhen und die Ablehnung des einen Anspruchs nicht rechtlich zwingend die Ablehnung des anderen Anspruchs fordert.[62]

b) Bei unzulässigem Teilurteil

Erläßt die erste Instanz fälschlicherweise ein Teilurteil, obgleich ein solches nicht ergehen durfte,[63] ist der Rechtsstreit unzulässig aufgespalten. Den Parteien ist zum entschiedenen Teil gesetzwidrig weiteres Vorbringen abgeschnitten. Ist die Sache entscheidungsreif oder bedarf es keiner weiteren umfangreichen Verhandlung mehr, gestatten Rechtsprechung und Literatur dem Berufungsgericht unter Hinweis auf §§ 539, 540 ZPO eine vorgreifende und abschließende Entscheidung zur Klage. Auf diese Weise könne das Rechtsmittelgericht die nötige Einheit des Prozesses wiederherstellen. Ein entsprechender Parteiantrag soll nicht erforderlich sein.[64]

Ist der Streitgegenstand nicht teilbar, kann auch das Berufungsgericht keine Sachentscheidung ausschließlich zum betroffenen Streitgegenstandsteil erlassen. Beim unzulässigen Teilurteil würden die §§ 539, 540 ZPO demnach leerlaufen. Das Berufungsgericht müßte immer aufheben und zurückverweisen und könnte nie in der Sache selbst entscheiden. Ist der Rechtsstreit insgesamt entscheidungsreif, ist dieses Verfahren aber mühse-

---

[60] BGH VersR 1977, 430. Unzutreffend daher *Wieczorek/Rössler*, ZPO, § 537 Anm. D und AK-ZPO/*Ankermann*, § 537 Rdn. 7 (sie lassen eine "begriffliche Präjudizialität" ausreichen).

[61] BGH NJW 1959, 1824; 1960, 340; BGH VersR 1977, 430; BGH NJW 1983, 1311, 1313; BAGE 14, 212, 223; BGHZ 12, 273; 30, 218; *Stein/Jonas/Grunsky*,[21] ZPO, § 537 Rdn. 3; a. A. noch RG DR 41, 2334; BGH NJW 1954, 640.

[62] Eine "bloß endgültig erscheinende Unbegründetheit" des Folgeanspruchs reicht hierzu nicht aus, MünchKomm-ZPO/*Rimmelspacher*, § 537 Rdn. 9.

[63] Z. B. weil der Streitgegenstand nicht teilbar oder der abgespaltene Teil nicht entscheidungsreif war.

[64] Vgl. BGH NJW 1960, 339, 340; 1983, 1311; BGH VersR 1964, 164; OLG Köln VersR 1974, 74; OLG Frankfurt MDR, 1983, 498; MünchKomm-ZPO/*Rimmelspacher*, § 539 Rdn. 24, 29; *Blomeyer,* § 99 III; *Zöller/Gummer*, ZPO, § 537 Rdn. 9; *Zimmermann*, ZPO, § 537 Rdn. 4; mit Bedenken auch *Rosenberg/Schwab/Gottwald*, ZPR, § 139 III 3d, S. 839; AK-ZPO/*Ankermann*, § 537 Rdn. 11; *Baumbach/Lauterbach/Albers*, ZPO, § 537 Rdn. 4, § 540 Rdn. 2; a. A. *Mattern*, JZ 1960, 385, 391; *Stein/Jonas/Grunsky*,[21] ZPO, Allg. Einl. vor § 511 Rdn. 55, 540 Rdn. 7; einschränkend *Schneider*, MDR 1973, 449, 450 (bei verfahrenswidriger Nichtentscheidung einer Widerklage soll ein Hinaufholen nur auf Parteiantrag hin möglich sein).

lig, kostspielig und zeitraubend. Hieran können die Parteien kein schutzwürdiges Interesse haben.[65] Der Grundsatz der Prozeßwirtschaftlichkeit verdient daher hier Vorrang vor dem Grundsatz der Instanzvollständigkeit (§ 537 ZPO).

Im einzelnen hängt die Zulässigkeit eines Entscheidungsvorgriffs durch das Berufungsgericht freilich erneut von den gestellten und bindenden Sachanträgen ab (§§ 308, 536 ZPO).

Beantragt der *Beklagte als Berufungskläger* die Aufhebung des Teilurteils und die Klageabweisung, darf das Berufungsgericht bei Sachdienlichkeit dementsprechend durchentscheiden und die Klage abweisen ("Hochziehen von Amts wegen", § 539, 540 ZPO). Da die Klage nicht teilbar ist, verfügt der Beklagte mit seinem vorgreifenden Berufungsantrag nicht unzulässig über den Streitgegenstand des Klägers. Auch dieser könnte die Spaltung des prozessualen Anspruchs nicht weiter aufrechterhalten.

Der Prozeßantrag des Klägers und Berufungsbeklagten, das Rechtsmittel zurückzuweisen, deckt keine Verurteilung des Beklagten. Hierzu fehlt dem Berufungsgericht der Sachantrag (§§ 308, 536 ZPO). Das Berufungsgericht darf daher der Klage nur dann vorgreifend stattgeben, wenn der Kläger Anschlußberufung einlegt und vor dem Berufungsgericht die Verurteilung des Beklagten fordert.

Liegt ein Berufungsantrag des Beklagten nur zum Teilurteil vor, kann der Kläger als Anschlußberufungskläger die Initiative zum Entscheidungsvorgriff ergreifen und die volle Verurteilung des Beklagten fordern. Das Berufungsgericht darf bei Sachdienlichkeit durchentscheiden. Stellt keiner der beiden Parteien einen Antrag zur gesamten Klage, darf das Berufungsgericht auch bei Sachdienlichkeit nicht abschließend zur Klage entscheiden (§§ 536, 537 ZPO). Das Interesse an der Beseitigung des Verfahrensverstoßes überwiegt gegenüber dem Grundsatz "ne ultra petita" nicht. Das Berufungsgericht hebt das Teilurteil auf und verweist die Sache zur erneuten Verhandlung und Entscheidung an die untere Instanz zurück. Eine Verwerfung der Berufung im übrigen darf nicht erfolgen, da §§ 538, 539 ZPO eine solche Entscheidung nicht vorsehen.[66]

---

[65] BGH NJW 1987, 783, 784; OLG München OLGZ 1978, 486 f.; OLG Hamburg NJW 1987, 783, 784; OLG München OLGZ 1978, 486; OLG Hamburg NJW 1987, 783, 784; *Schumann*, Berufung, Rdn. 193.

[66] Eine solche Entscheidung wäre auch mit der Verpflichtung des Berufungsklägers, immer (auch in den Fällen der §§ 538, 539 ZPO) einen Sachantrag zu stellen, unvereinbar.

Beispiel:

Der Kläger klagt auf Zahlung von DM 4000.-. Die erste Instanz erläßt in Höhe von DM 3000.- trotz Abhängigkeit vom Ausgang des Streitrestes ein Teilurteil. Der Beklagte erkennt die Unzulässigkeit der Entscheidung nicht und wendet sich gegen die sachliche Richtigkeit des Teilurteils mit dem Antrag, dieses aufzuheben und die Klage in Höhe von DM 3000.- abzuweisen. Der Kläger und Berufungsbeklagte kann Anschlußberufung einlegen und die Verurteilung des Beklagten in Höhe von DM 4000.- fordern. Das Berufungsgericht kann nun durchentscheiden. Beantragt der Kläger nur, die Berufung zurückzuweisen, darf das Berufungsgericht das unzulässige Teilurteil lediglich aufheben und die Sache an die erste Instanz zurückverweisen.

Beantragt der *Kläger als Berufungskläger* die Verurteilung des Beklagten, kann das Berufungsgericht der entscheidungsreifen Klage insgesamt stattgeben ("Hochziehen von Amts wegen", §§ 539, 540 ZPO). Der Prozeßantrag des Beklagten und Berufungsbeklagten, die Berufung zurückzuweisen, deckt nun auch die Klageabweisung, denn hierzu reicht bereits erstinstanzlich ein Prozeßantrag aus. Das Berufungsgericht kann die Berufung folglich auch zurückweisen und die gesamte Klage abweisen. Die Rechtslage des Berufungsklägers verschlechtert sich dadurch nicht unerwartet. Der Kläger, der die Stattgabe der gesamten Klage fordert, muß damit rechnen, daß das Berufungsgericht diesen Sachantrag rechtskraftfähig abweist.

Liegen diametrale Berufungsanträge zur gesamten Klage vor, kann das Berufungsgericht auch zum prozessualen Anspruch verhandeln. Es ist auf eine Sachdienlichkeit im Sinne der §§ 539, 540 ZPO nicht mehr angewiesen ("Hochziehen auf Parteiantrag").

Beispiele:

Der Kläger klagt auf Zahlung von DM 9000.-. Die erste Instanz verurteilt den Beklagten durch Teilurteil zur Zahlung von DM 3000.-, obgleich die Entscheidung nicht unabhängig über den Ausgang des Restes ergehen konnte. Legt der Beklagte Berufung ein mit dem Antrag, das Urteil abzuändern und den Anspruch in Höhe von DM 9000.- abzuweisen, kann das Berufungsgericht dem bei Sachdienlichkeit entsprechen (§§ 536, 539, 540 ZPO). Verurteilen kann das Berufungsgericht den Beklagten in Höhe von DM 9000.- nur, wenn der Kläger dies mit einer Anschlußberufung beantragt.

Das Untergericht weist DM 3000.- durch ein unzulässiges Teilurteil ab. Der Kläger legt dagegen Berufung ein mit dem Antrag, den Beklagten zur Zahlung von DM 9000.- zu verurteilen. Der Beklagte beantragt Zurückweisung der Berufung. Das Obergericht kann nun entweder die Berufung zurückweisen und die Klage abweisen oder der Klage in voller Höhe stattgeben.

Das Berufungsgericht berechnet den zweitinstanzlichen Streitwert nicht mehr allein nach § 14 Abs. 1 S. 1 GKG, sondern in Anlehnung an § 14

Abs. 1 S. 2 GKG, unter Einbeziehung des hochgezogenen Prozeßrests.[67] Der erstinstanzliche Streitteil verliert mit dem Endurteil des Berufungsgerichts seine unterinstanzliche Anhängigkeit.[68]

c) Übrige Fälle

Ist der Entscheidungsgegenstand eines sachlich unrichtigen Teilurteils für den Streitrest nicht präjudiziell oder das Teilurteil zulässig und sachlich richtig, kommen auch die §§ 538, 539, 540 ZPO nicht zur Anwendung. Die zweitinstanzliche Verhandlungs- und Entscheidungsbefugnis beschränkt sich auf das angefochtene Teilurteil und den von diesem erfaßten Anspruch oder Anspruchsteil. Der erstinstanzlich noch nicht entschiedene Streitrest der Klage oder Widerklage bleibt in der unteren Instanz anhängig. Dem Obergericht steht insoweit keine Entscheidungsbefugnis zu.[69] Das richterliche Interesse, in der Sache "reinen Tisch zu machen", steht hinter der Verfügungsbefugnis der Parteien und dem Grundsatz der Instanzvollständigkeit zurück (§§ 536, 537 ZPO).

Beantragt der Berufungskläger die Aufhebung des Teilurteils zusammen mit der Stattgabe oder Abweisung der gesamten Klage, kann das Berufungsgericht demnach auch bei Sachdienlichkeit grundsätzlich nicht im Sinne der Berufungsanträge entscheiden. Der teilbare Streitgegenstand bleibt in der zweiten Instanz weiterhin gespalten. Das Obergericht kann nur zum Teilurteil und dessen Anspruch(steil) urteilen. Die weitergehende Berufung ist unzulässig. Ein "Hochziehen von Amts wegen" scheidet aus.

Im beiderseitigen Einvernehmen der Parteien lassen Rechtsprechung und ein Teil der Literatur einen Entscheidungsvorgriff dagegen zu.[70] Hierbei gehen sie regelmäßig folgendermaßen vor: Beantragt der (Anschluß-)Beru-

---

[67] A. A. BGH NJW 1959, 1827, 1828 (unter d).

[68] *Mattern*, JZ 1960, 385, 388.

[69] So auch die h.M., vgl. RG JW 1901, 140, 1903, 23; BGHZ 12, 273, 276; BGH NJW 1959, 1824 ff.; 1959, 1827 ff.; 1983, 1311, 1312 f.; 1984, 120, 121; 1986, 2108, 2112; 1994, 2835; BGH MDR 1983, 1014; BAGE 14, 212, 223 f.; BGH VersR 1977, 430; OLG Karlsruhe NJW-RR 1987, 254; *Stein/Jonas/Grunsky*,[21] ZPO, § 537 Rdn. 3; *Mattern*, JZ 1960, 385, 389 f.; MünchKomm-ZPO/*Musielak*, § 301 Rdn. 17; *Zöller/Gummer*, ZPO § 537 Rdn. 6; *Thomas/Putzo*, ZPO, § 537 Rdn. 2; *Rosenberg/Schwab/Gottwald*, ZPR, § 139 III 3, S. 838 f.

[70] BGHZ 8, 383, 385; BGH NJW 1986, 2108, 2112; OLG Düsseldorf VersR 1989, 705; AK-ZPO/*Ankermann*, § 537 Rdn. 14; *Stein/Jonas/Grunsky*,[21] ZPO, § 537 Rdn. 3; *Baumbach/Lauterbach/Albers*, ZPO, § 537 Rdn. 4; *Thomas/Putzo*, ZPO, § 537 Rdn. 2; *Schönke*, NJW 1953, 702; *Zöller/Gummer*, ZPO, § 537 Rdn. 8; *Mattern*, JZ 1960, 385, 386 ff.; MünchKomm-ZPO/*Rimmelspacher*, § 537 Rdn. 11 ff.; a. A. *Lent*, NJW 1954, 640; *Schwab*, NJW 1959, 1824; *Riechert*, ZZP 80 (1967), 108; *Merle*, ZZP 83 (1970), 436, 452.

fungskläger die Aufhebung (oder Abänderung) des Teilurteils und die Stattgabe oder Abweisung der gesamten Klage, und stimmt der Prozeßgegner dem zu, kann das Berufungsgericht durchentscheiden.[71] Die Einwilligung kann auch durch rügeloses Einlassen auf den vorgreifenden Entscheidungswunsch des Berufungsklägers erfolgen.[72] Bei Vergleichbarkeit der hochgezogenen Klage mit einer zweitinstanzlichen Klageänderung gemäß § 263 ZPO ist die Einwilligung sogar durch Sachdienlichkeit ersetzbar; im Falle einer Klageerweiterung im Sinne des § 264 ZPO gänzlich verzichtbar.[73]

§ 537 ZPO dient vornehmlich den Parteiinteressen. Der Berufungskläger und der Berufungsbeklagte gemeinsam können sich daher tatsächlich zugunsten eines Entscheidungsvorgriffs aus der ersten Instanz zurückziehen und ihre geschützten Interessen am Instanzenzug aufgeben. Ein solcher "Entscheidungsvorgriff auf Parteiantrag hin" ist prozeßökonomisch und über die Fälle des §§ 538-540 ZPO hinaus zuzulassen.

Beantragt der *Kläger als (Anschluß)-Berufungskläger* die Aufhebung des Urteils und die Stattgabe der gesamten Klage, stellt dies rechtstechnisch eine zweitinstanzliche Klagenhäufung bzw. Klageerweiterung (§§ 523, 263, 264 ZPO) dar.[74] Anders als gewöhnlich erstreckt sich das erweiterte Sachbegehren nun nicht auf einen vollkommen neuen Streitgegenstand(-steil), sondern auf den in erster Instanz noch anhängigen Klagerest. Dies ist ausnahmsweise möglich, denn obgleich die untere Instanz den Streitrest bewußt und zu Recht aus ihrer Entscheidung ausgespart hat (§ 301 ZPO), kann ihn der Kläger aus erster Instanz zurücknehmen. Indem er mit seinem Berufungsantrag einen Entscheidungsvorgriff wünscht, geschieht dies auch. Willigt der Beklagte ausdrücklich oder konkludent (§ 295 ZPO) ein,[75] liegt hierin die nach § 269 Abs. 1 ZPO erforderliche Zustimmung. Der Kläger zieht auf diese Weise den noch unentschiedenen Klagerest wirksam aus der ersten Instanz zurück und führt ihn in die zweite Instanz ein. Er vermeidet eine Doppelanhängigkeit desselben Klagestücks ("Hochziehen auf Parteiantrag"). Da das Berufungsgericht in seinem Urteil auch über die erstinstanzlichen Kosten neu entschiedet, ist § 269 Abs. 3 S. 2 ZPO mit Wirksam-

---

[71] MünchKomm-ZPO/*Rimmelspacher*, § 537 Rdn. 12.

[72] *Baumbach/Lauterbach/Albers*, ZPO, § 537 Rdn. 4; *Stein/Jonas/Grunsky*,[21] ZPO, § 537 Rdn. 3.

[73] MünchKomm-ZPO/*Rimmelspacher*, § 537 Rdn. 14.

[74] Da der Kläger das Streitprogramm nicht austauscht, nimmt er keine Klageänderung vor.

[75] *Baumbach/Lauterbach/Albers*, ZPO, § 537 Rdn. 4; *Stein/Jonas/Grunsky*,[21] ZPO, § 537 Rdn. 3.

keit der Klagerücknahme und der zweitinstanzlichen Anhängigkeit des Klagerests nicht mehr anwendbar.[76]

Das Berufungsgericht kann der im beiderseitigen Einvernehmen hochgezogenen Klage stattgeben. Ebenso kann es die Berufung des Klägers auch zurückweisen und die Klage insgesamt abweisen. Der Beklagte braucht hierzu kein Anschlußrechtsmittel einzulegen. Sein Prozeßantrag, die Berufung zurückzuweisen reicht dem Berufungsgericht, um die begehrte Verurteilung des Beklagten abzuweisen. Der Kläger, der in der Sache mehr als erstinstanzlich entschieden fordert, muß mit einer rechtskraftfähigen Klageabweisung in voller Höhe rechnen.

Das Berufungsgericht darf dem Beklagten die noch ausstehende erstinstanzliche Entscheidung gegen seinen Wille nicht entziehen (§ 537 ZPO). Daß der Kläger den Rechtsstreit in zweiter Instanz fortsetzen möchte, ändert daran nichts,[77] da die Instanzvollständigkeit nicht zur Disposition des Klägers steht (arg. § 269 ZPO). Erweitert der hochgezogene Klagerest den Gegenstand des angefochtenen Teilurteils nur im Sinne des § 264 Nr. 2 ZPO, bleibt das Erfordernis der Beklagteneinwilligung nach § 269 Abs. 1 ZPO ebenso bestehen. Ist der hochgezogene Klagerest ein zusätzlicher prozessualer Anspruch, wird die Einwilligung auch nicht durch Sachdienlichkeit im Sinne des § 263 ZPO ersetzt.[78]

Der *Beklagte kann als Berufungskläger* gemäß §§ 523, 269, 530 ZPO in gleicher Weise seine noch nicht verbeschiedene Widerklage in die Oberinstanz ziehen. Wegen § 269 Abs. 1 ZPO bedarf der Entscheidungsvorgriff auch hier ausnahmslos der Einwilligung des Klägers. Durch Sachdienlichkeit im Sinne des § 530 ZPO wird sie nicht ersetzt. Willigt der Kläger in das Vorgehen des Beklagten ein, kann das Berufungsgericht der Widerklage stattgeben oder die Berufung zurückweisen und die Widerklage abweisen.

Beantragt der Beklagte als Berufungskläger die Aufhebung des Teilurteils und die Abweisung der gesamten Klage und läßt sich der Kläger hierauf ein, fehlt ein Hochziehen durch zweitinstanzliche Klageerweiterung verbunden mit einer teilweisen Klagerücknahme. Der Beklagte kann dies nicht verfügen. Anders als bei unzulässigen Teilurteilen, ist der unentschiedene Kla-

---

[76] Der Kläger müßte andernfalls für die Streitkosten der ersten Instanz aufkommen, obgleich er den Prozeß zum Streitgegenstand zweitinstanzlich fortführt. Obsiegt der Kläger zweitinstanzlich, wäre dies keinesfalls interessengerecht. Im Ergebnis ebenso MünchKomm-ZPO/*Rimmelspacher*, § 537 Rdn. 15.

[77] A. A. MünchKomm-ZPO/*Rimmelspacher*, § 537 Rdn. 12, 14.

[78] A. A. MünchKomm-ZPO/*Rimmelspacher*, § 537 Rdn. 12, 14.

gerest auch kein unselbständiger Klageteil, dessen Trennung selbst der Kläger nicht aufrechterhalten kann. Eine zweitinstanzliche negative Feststellungswiderklage des Beklagten scheidet aus, da ihr die erstinstanzliche Anhängigkeit desselben Klagestücks entgegensteht (§ 261 Abs. 3 Nr. 1 ZPO).[79] Nur der Kläger selbst kann daher den Anspruch zurücknehmen und in zweiter Instanz stellen (§§ 521, 522a, 523, 269, 263, 264 ZPO). Als Berufungsbeklagter muß er dazu Anschlußberufung einlegen. Seine bloße Einwilligung in den vorgreifenden Berufungsantrag des Beklagten reicht nicht aus. Das Erfordernis eines bestimmten Sachantrags und die Bindung des Berufungsgerichts an die gestellten Anträge verbieten auch eine Auslegung der klägerischen Einwilligung in einen Antrag zur gesamten Streitsache.

Dies ist interessengerecht. Würde bereits die bloße Einwilligung des Klägers, das Berufungsgericht ermächtigen, vorgreifend zur Klage zu entscheiden, könnte das Gericht die Klage nur abweisen bzw. die Berufung des Beklagten zurückweisen. Eine Klagestattgabe wäre ihm verwehrt, da ein dahingehender, bestimmter Sachantrag vor dem Berufungsgericht nicht gestellt wurde (§§ 308, 536 ZPO).[80] In die Klageabweisung allein wollte der Kläger aber sicherlich nicht einwilligen.[81]

Auf den Berufungsantrag des Beklagten zur Klageabweisung und den Anschlußantrag des Klägers den Beklagten zu verurteilen, kann das Berufungsgericht dagegen in beide Richtungen entscheiden, ohne gegen §§ 308, 536 ZPO zu verstoßen.

III. Ergebnis

Ein erstinstanzlich unentschiedener Hilfsanspruch fällt der zweiten Instanz nicht von Amts wegen zur Entscheidung an (§§ 536, 537 ZPO). Der Kläger muß ihn zweitinstanzlich mit der Berufung oder Anschlußberufung verfolgen. In einem Endurteil bewußt übergangene Ansprüche gelten dagegen als verbeschieden. Sie werden vom Rechtsmittel erfaßt.

Auf die Berufung des Beklagten gegen isoliert anfechtbare Vorbehalts- oder Zwischenurteile kann das Rechtsmittelgericht im Sinne der zweitin-

---

[79] A. A. *Mattern*, JZ 1960, 385, 387.

[80] Vgl. BGH ZZP 67 (1954), 302, 306.

[81] BGHZ 8, 383, 386; BGH NJW 1986, 2108, 2112 und MünchKomm-ZPO/*Rimmelspacher*, § 537 Rdn. 16 sehen einen solchen Widerspruch bei der Auslegung der klägerischen Einwilligung nicht. Sie gehen fälschlicherweise davon aus, der Kläger könne mit seiner Einwilligung das Berufungsgericht auch zur Stattgabe der Klage ermächtigen.

stanzlich gestellten Sachanträge abschließend zur Klage entscheiden, wenn das Ergebnis zum prozessualen Anspruch zwingend vorbestimmt oder die Klage sonst entscheidungsreif ist (§§ 538 Abs. 1 Nr. 2-4, 539, 540 ZPO). Stehen sich Berufungs- und Anschlußberufungsantrag zur gesamten Klage diametral gegenüber, darf das Berufungsgericht auch zur Sache verhandeln, bevor es abschließend entscheidet.

Legen Kläger oder Beklagter gegen ein Teilurteil Berufung ein, gilt Entsprechendes, soweit die §§ 538, 539, 540 ZPO Anwendung finden. Dies ist bei sachlich unrichtigen Teilurteilen mit präjudiziellem Entscheidungsgegenstand (§§ 538 Abs. 1 Nr. 2-4, 540 ZPO analog) und bei unzulässigen Teilurteilen (§§ 539, 540 ZPO) der Fall.

Im übrigen kommt ein Entscheidungsvorgriff gemäß §§ 523, 269 Abs. 1, 263, 264 und 530 ZPO nur auf Antrag des Verfügungsberechtigten zur Klage oder zur Widerklage in Betracht. Der jeweilige Prozeßgegner muß in das Hochziehen des unentschiedenen Rests nach § 269 Abs. 1 ZPO einwilligen. Das Berufungsgericht ist an die gestellten (Anschluß)Berufungsanträge zur Sache gebunden. Ein Zurückbleiben hinter den gestellten Berufungsanträgen ist dagegen jederzeit möglich.

Zusammenfassung der Ergebnisse

1. Die zivilprozessualen Rechtsmittel stellen eigenständige Verfahren dar. Sie schließen an den im Instanzenzug vorausgegangenen Prozeß an. Das Rechtsmittelgericht überprüft das Ersturteil auf seine Bestandsberechtigung hin und setzt zugleich das Verfahren zum prozessualen Anspruch fort. Diese Kombination ist bei den verschiedenen Rechtsmitteln unterschiedlich gewichtet. Im Revisionsverfahren überwiegt die Urteilsüberprüfung, bei der Berufung und der Beschwerde die Verfahrensfortsetzung. *Der Berufungskläger verfolgt daher ein doppeltes Verfahrensziel: die Kontrolle der Ergebnisrichtigkeit des belastenden Urteils und die Fortsetzung des Rechtsstreits über den Streitgegenstand in seiner aktuellen Form.*[1]

Alle Rechtsmittel besitzen einen eigenständigen Verfahrensgegenstand, der sich weder im Streitgegenstand der ersten Instanz noch in einem reinen Kassationsbegehren erschöpft. Mit der Beschwerde und der Berufung verfolgt der Rechtsmittelkläger die Abänderung des Urteils hin zu einem günstigeren Ergebnis zum Streitgegenstand; mit der Revision die Aufhebung des Urteils und die Zurückverweisung des Rechtsstreits zur unterinstanzlichen Entscheidungsabänderung. Im Reformationsbegehren des Rechtsmittelklägers sind Kassation und Neuentscheidung miteinander vereint. *Der Berufungsgegenstand ist das Sachbegehren des Berufungsklägers, die erstinstanzliche Entscheidung zu seinen Gunsten zu ändern, kurz, ein Begehren auf Abänderung des Urteils zur Klage.*[2]

Die Berufungsanträge legen den Berufungsgegenstand fest. Mit dem Anfechtungsumfang bestimmt der Berufungskläger den abzuändernden Teil des Ersturteils; mit dem Anfechtungsziel das Sachbegehren. Da die Klage mit dem statthaft und fristgerecht eingelegten Rechtsmittel rechtshängig bleibt, kann der Verfügungsberechtigte über sie grundsätzlich auch in zweiter Instanz verfügen. Von der Disposition zum zweitinstanzlichen Abänderungsbegehren ist dies zu unterscheiden. Die Verfügungsbefugnis zum jeweiligen Verfahrensgegenstand knüpft an die unterschiedlichen erst und zweitinstanzlichen Parteistellungen an. Eine Überschneidung der Verfügun-

---

[1] § 2, S. 22 ff., 40 ff.

[2] § 2, S. 22 ff., 42 ff.

gen ist denkbar, wenn sich die Verfügungsbefugnis zum Streitgegenstand und zum Berufungsgegenstand in der Person des (Anschluß-)Berufungsklägers vereint.[3]

2. Das angerufene Gericht des höheren Rechtszugs befaßt sich mit dem Abänderungsbegehren in der Sache erst, wenn die Berufung zulässig ist. Viele verfahrensrechtliche *Entscheidungsvoraussetzungen knüpfen dabei an den gewählten Prozeßgegenstand* an. Der Berufungskläger kann sich nur gegen Entscheidungen richten, gegen die dieses Rechtsmittel überhaupt gegeben ist und soweit er beschwert ist (§§ 511, 519b ZPO). Das Berufungsbegehren muß sich gegen die Beschwer wenden und ihre Abwendung verfolgen. Die vom Gesetz gezogenen abstrakten Grenzen für die Gestaltung des Verfahrensgegenstands darf der Rechtsmittelkläger dabei nicht überschreiten. Abgesehen von den Fällen der §§ 511a Abs. 2, 513 Abs. 2 ZPO muß der Berufungsgegenstand in allen Streitigkeiten eine Urteilsbeschwer über DM 1500.- erfassen. Der Berufungskläger hat den Rechtsmittelgegenstand in der vorgeschriebenen Form und Frist im Wege verfahrenseinleitender Schriftsätze zu bestimmen und zu begründen (§§ 516, 518, 519, 519b ZPO). Das Berufungsgericht kann eine abschließende Antwort über die Zulässigkeit der Berufung erst zum Ende des Verfahrens treffen. Maßgeblicher Zeitpunkt für die Zulässigkeit des gewählten Berufungsgegenstands ist daher der Schluß der mündlichen Verhandlung, auf den die Entscheidung ergeht und nicht der Zeitpunkt der Einlegung oder der Begründung des Rechtsmittels.[4]

3. Während der Berufungskläger die Parteien des Verfahrens mit der Berufungseinlegung bestimmt (§ 518 ZPO), erfolgt *die erste Festlegung des objektiven Verfahrensgegenstands* mit den Rechtsmittelanträgen und regelmässig erst in der Begründungsschrift (§ 519 Abs. 3 Nr. 1 ZPO). Die begehrte Abänderung des erstinstanzlichen Urteilsergebnisses legt der Berufungskläger mit Anfechtungsumfang (§ 519 Abs. 3 Nr. 1, Teilsatz 1 ZPO) und Anfechtungsziel (§ 519 Abs. 3 Nr. 1, Teilsatz 2 ZPO) bestimmt fest. Als Dispositionsakte sind Einlegungs- und Begründungsschrift auslegungsfähig.[5]

4. Das Rechtsmittelrecht wird grundsätzlich vom "Quantitätsgrundsatz", d. h. dem Prinzip quantitativer Teilung oder Teilbarkeit prozessualer Entscheidungen beherrscht. Der Berufungskläger kann den *Anfechtungsumfang* bei einer Entscheidung über kumulativ, hilfsweise, sukzessiv oder durch Klage und Widerklage geltend gemachte Streitgegenstände gemäß § 519 Abs. 3

---

[3] § 2, S. 22 ff., 43 ff.

[4] § 3, S. 53 ff.

[5] § 4, S. 56 ff.

Nr. 1, Teilsatz 1 ZPO auf jede einzelne Streitgegenstandsentscheidung beschränken. Die auf eine bestimmte geld- oder mengenmäßige Summe lautende Entscheidung zu einem Streitgegenstand (stattgebend oder abweisend) kann der Rechtsmittelkläger in einzelne, ziffernmäßige oder sonstwie quantitativ bestimmbare Teilsummen aufteilen und teilweise anfechten. Die qualitative Teilanfechtung des Urteils im Sinne einer auf einzelne Urteilselemente beschränkten Anfallwirkung ist dagegen unzulässig. Eine Ausnahme gilt nur für vorbehaltsurteilsfähige Entscheidungselemente, da sie einer objektiven Klagenhäufung ähnlich sind.[6]

Der Berufungskläger hat gemäß § 519 Abs. 3 Nr. 1, Teilsatz 2 ZPO als *Anfechtungsziel* bestimmt festzulegen, welche Abänderung des angefochtenen Urteils zur erstinstanzlichen Sache er mit der Berufung verfolgt (Sachantrag). Die Berufung ist dabei nur zulässig, wenn der Berufungskläger gegen die nachteilige Entscheidung erster Instanz aufbegehrt und eine günstige Entscheidung zur Sache verfolgt. Die Urteilsaufhebung allein darf der Berufungskläger nur verlangen, wenn das Rechtsmittelgericht bei erfolgreicher Berufung von Anfang an nicht anders als zurückverweisend entscheiden kann.[7]

5. § 519 Abs. 3 Nr. 2 ZPO verlangt eine form- und fristgerechte *Rechtfertigung des Berufungsgegenstands*. Die im einzelnen anzuführenden Gründe sowie neue Tatsachen und Beweismittel, auf die sich das Abänderungsbegehren stützt, muß der Berufungskläger bestimmt ausführen. Zweck der gesetzlichen Regelung ist es, förmliche und inhaltsleere Berufungsbegründungen auszuschließen und dadurch auf eine informative Zusammenfassung und Beschleunigung des Rechtsstreits hinzuwirken. Der Berufungskläger muß eine auf den konkreten Fall zugeschnittene Berufungsbegründung liefern, die erkennen läßt, warum die angefochtene Entscheidung seiner Ansicht nach abzuändern ist. Die Rechtsmittelbegründung muß zugleich geeignet sein, das Urteilsergebnis, soweit angefochten, in Frage zu stellen. Die Berufung gegen eine Entscheidung zu verschiedenen prozessualen Ansprüchen erfordert Ausführungen zu jeder einzelnen Streitgegenstandsentscheidung, falls das Vorgebrachte nicht mehrere, voneinander unmittelbar abhängige Entscheidungsteile gleichzeitig erfaßt. Innerhalb einer einheitlichen Streitgegenstandsentscheidung muß der Berufungskläger auf so viele Streitpunkte eingehen, bis er dem Entscheidungsergebnis die Grundlage entzieht und ein abweichendes Ergebnis möglich erscheint. Baut die Entscheidung

---

6 § 5, S. 69 ff.

7 § 5, S. 85 ff.

auf mehreren selbständig tragenden Gründen auf, muß der Berufungskläger jeden von ihnen in Frage stellen.[8]

6. Solange die erstinstanzliche Entscheidung noch nicht rechtskräftig ist, kann der Streitgegenstand weiterhin Gegenstand einer *Klagedisposition* sein. Im Stadium zwischen den Rechtszügen kommen nur Klagerücknahme (§ 269 ZPO), beiderseitige Erledigungserklärung (§ 91a ZPO) und ein Vergleich (§ 794 Abs. 1 Nr. 1 ZPO) in Betracht. Während die Parteien Klagerücknahme und Erledigungserklärung schriftsätzlich gegenüber dem Gericht der ersten Instanz erklären können, ist für den Prozeßvergleich eine Wiedereröffnung der mündlichen Verhandlung und eine Erklärung zu Protokoll des Gerichts erforderlich. Ist Berufung eingelegt, können die Parteien auch vor dem Berufungsgericht streiterledigend verfügen. Statthaftigkeit und fristgerechte Berufungseinlegung reichen aus, um den Eintritt der formellen Rechtskraft zu verhindern. Zugunsten einer einvernehmlichen Streiterledigung muß das Rechtsmittel im übrigen nicht voll zulässig sein. Die Berufung erledigt sich zusammen mit der Klage (§§ 523, 269 Abs. 3 S. 1 ZPO analog). Der Berufungskläger braucht Berufungsanträge nicht mehr zu stellen. Er kann das Rechtsmittel anstatt zur Urteilsabänderung allein zum Zweck der Streiterledigung verfolgen.[9]

Klageverzicht (§§ 523, 306 ZPO), Klageanerkenntnis (§§ 523, 307 ZPO), Klageänderung, Klageerweiterung (§§ 523, 263, 264, 261 Abs. 2, 260 ZPO) und Widerklage (§§ 523, 33 ZPO) kommen nach Urteilserlaß (wegen § 318 ZPO) ausschließlich vor dem Berufungsgericht in Betracht. Das Berufungsgericht kann zur veränderten Sache gemäß §§ 525, 536 ZPO nur entscheiden, wenn die Berufung voll zulässig ist. Der zum Streitgegenstand disponierende Kläger und der zur Widerklage disponierende Beklagte müssen als Berufungskläger oder Anschlußberufungsführer über den Gegenstand des Berufungsverfahrens verfügen können und einen Sachantrag vor dem Rechtsmittelgericht stellen. Der Berufungskläger muß beschwert sein. Zusammen mit dem Rechtsmittel gegen eine abgewiesenen Anspruch darf er ausnahmsweise auch einen zugesprochenen Klageantrag oder einen Widerklageantrag erweitern, wenn sich dadurch ein neuer erstinstanzlicher Prozeß vermeiden läßt. Aus demselben Grund kann auch der unbeschwerte Kläger und Anschlußberufungsführer zweitinstanzlich über die Klage sowie der unbeschwerte Beklagte und Anschlußberufungsführer über die Widerklage disponieren. Der Berufungskläger muß sich mit dem Rechtsmittel gegen die Beschwer der erstinstanzlichen Entscheidung wenden. Nimmt der Kläger die Klagedisposition zusammen mit der ersten Festlegung des Berufungsge-

---

[8] § 6, S. 90 ff.

[9] § 7, S. 112, 114 ff.

genstands vor, indem er die Abänderung des Urteils und die Verurteilung des Beklagten zu einem weiteren oder geänderten Begehren beansprucht, geht er gegen die Beschwer der erstinstanzlichen Entscheidung ausreichend vor, da er sich mit der ihn beschwerenden Entscheidung des Erstgerichts nicht abfindet und deren Abänderung verlangt. Daß er das Rechtsmittel zu einem anderen Zweck als zur Verfolgung der alten Klage benutzt, ändert daran nichts. Ist die Berufung zurückzuweisen, muß das Rechtsmittelgericht auch die neue, veränderte Klage abweisen.[10]

7. Nach Ablauf der Begründungsfrist kann der Berufungskläger den einmal festgelegten *Anfechtungsumfang des Abänderungsbegehrens jederzeit durch Teilverzicht oder Teilrücknahme reduzieren*. Die Klage bleibt hiervon unberührt.[11]

Eine *Erweiterung des Berufungsgegenstands* auf bisher unangefochtenen Urteilsteile ist möglich, wenn die ursprünglichen fristgerechten Berufungsgründe den neuen Rechtsmittelumfang bereits erfassen (§ 519 Abs. 3 Nr. 2, Abs. 2 S. 2 ZPO). Ein Nachschieben notwendiger Berufungsgründe ist nur ausnahmsweise zulässig, wenn der neu angefochtene Entscheidungsteil einem besonderen Aufhebungsverfahren (insbesondere den §§ 323, 767, 578 ZPO) unterliegt. Aus Gründen der Prozeßökonomie darf der Berufungskläger das Rechtsmittel anstelle einer gesonderten Abänderungsklage auch auf antragsgemäß entschiedene Sachen erweitern.[12]

Im Verbundverfahren kann der Rechtsmittelkläger den Berufungsgegenstand auf unangefochtene Familiensachen auch bei vorhandenen Berufungsgründen nur innerhalb der Fristen des § 629a Abs. 3 ZPO erweitern. Dürfen Berufungsgründe nachgeschoben werden, entfällt die Fristenbindung. Im übrigen kann er sich ausnahmsweise auch dem gegnerische Rechtsmittel gegenanschließen.[13]

Die Antragserweiterung stellt einen Angriff gegen den Berufungsbeklagten dar und unterliegt nicht den Präklusionsvorschriften der §§ 527, 269 Abs. 1, Abs. 4 oder §§ 523, 296 Abs. 2, 282 ZPO. Die zur Stützung der weiteren Berufung zusätzlich vorgebrachten Angriffs- und Verteidigungsmittel unterliegen dagegen den Präklusionsvorschriften der §§ 527, 269 Abs. 1, Abs. 4, 523, 296 Abs. 2, 282 und 528 ZPO.[14]

---

[10] § 7, S. 112 ff., 125 ff.

[11] § 8, S. 149 ff.

[12] § 8, S. 151 ff.

[13] § 8, S. 169 ff.

[14] § 8, S. 160 ff.

8. Hat der Berufungskläger gegen ein erstinstanzliches Urteil statthaft und fristgerecht Berufung eingelegt und den Berufungsgegenstand in der Berufungsbegründung auf Urteilsabänderung und Weiterverfolgung des erstinstanzlichen Begehrens festgelegt, bleibt die erstinstanzliche Klage weiterhin rechtshängig (§ 705 ZPO).[15]

Die verfügungsberechtigten Parteien können den Rechtsstreit zum Streitgegenstand bis zum Ende der letzten mündlichen Berufungsverhandlung schriftsätzlich oder zu Protokoll des Berufungsgerichts beenden oder verändern (§§ 523, 269, 91a, 794 Abs. 1 Nr. 1, 263, 264, 260, 261 Abs. 2 ZPO). Durch streiterledigende *Verfügungen zur Klage* erledigt sich auch das zweitinstanzliche Abänderungsbegehren. Bleibt ein Rest des Berufungsgegenstands bestehen, muß der Berufungskläger den ursprünglichen Berufungsgegenstand aus Gründen der Rechtsmittelklarheit dahin reduzieren. § 515 ZPO findet hierauf keine Anwendung.[16]

An streiterweiternde und streitändernde Klagedispositionen muß der Berufungskläger seine Berufungsanträge anpassen und anstelle der Verurteilung des Beklagten eine Urteilsabänderung entsprechend dem neuen Anspruch fordern. § 519 Abs. 2 S. 2, Abs. 3 S. 2 ZPO ist auf den neuen Anspruch nicht anwendbar. Der Angriff unterliegt auch nicht der Präklusion nach §§ 527, 296 Abs. 2, Abs. 4 oder § 528 ZPO. Neu vorgebrachter Tatsachenstoff ist nur an §§ 523, 296 Abs. 2, 282 ZPO zu messen.[17]

9. Die *Entscheidungsbefugnis des Berufungsgerichts* ist durch den gewählten Berufungsgegenstand gebunden. Hat der Berufungskläger das Abänderungsbegehren zulässig auf einen Teil der erstinstanzlichen Entscheidung reduziert, verhindert die Antragsbindung des Berufungsgerichts eine Abänderung des unangefochtenen Urteils. Dies gilt auch für Entscheidungsteile, die aufgrund fehlender Zulässigkeitsvoraussetzungen nicht ergehen hätten dürfen oder bei Vorliegen anderer unheilbarer Verfahrensfehler. Die Amtsprüfung erschöpft sich in der Tatsachenfeststellung zu den Verfahrensvoraussetzungen. Auch im Verbundverfahren kann das Berufungsgericht nicht über den gewählten Verfahrensgegenstand hinausgehen. Eine entsprechende Befugnis steht nur dem Bundesgerichtshof zu (§ 629c ZPO). Einzig nach Aufhebung einer Ehescheidung entfallen auch die unangefochtenen Verbundentscheidungen (§ 629 Abs. 3 S. 1 ZPO).[18]

---

[15] § 9, S. 178.

[16] § 9, S. 178 ff.

[17] § 9, S. 180 ff.

[18] § 10, S. 187 ff.

10. Ein erstinstanzlich unentschiedener Hilfsanspruch fällt der zweiten Instanz nicht von Amts wegen zur Entscheidung an (§§ 536, 537 ZPO). Der Kläger muß ihn zweitinstanzlich mit der Berufung oder Anschlußberufung verfolgen.[19] In einem Endurteil bewußt übergangene Ansprüche gelten dagegen als verbeschieden. Sie werden vom Rechtsmittel erfaßt.[20]

Auf die Berufung des Beklagten gegen isoliert anfechtbare Vorbehalts- oder Zwischenurteile kann das Rechtsmittelgericht im Sinne der zweitinstanzlich gestellten Sachanträge abschließend zur Klage entscheiden, wenn das Ergebnis zum prozessualen Anspruch zwingend vorbestimmt oder die Klage sonst entscheidungsreif ist (§§ 538 Abs. 1 Nr. 2-4, 539, 540 ZPO). Stehen sich Berufungs- und Anschlußberufungsantrag zur gesamten Klage diametral gegenüber, darf das Berufungsgericht auch zur Sache verhandeln, bevor es abschließend entscheidet.[21]

Legen Kläger oder Beklagter gegen ein Teilurteil Berufung ein, gilt Entsprechendes, soweit die §§ 538, 539, 540 ZPO Anwendung finden. Dies ist bei sachlich unrichtigen Teilurteilen mit präjudiziellem Entscheidungsgegenstand (§§ 538 Abs. 1 Nr. 2-4, 540 ZPO analog) und bei unzulässigen Teilurteilen (§§ 539, 540 ZPO) der Fall.[22]

Im übrigen kommt ein Entscheidungsvorgriff gemäß §§ 523, 269 Abs. 1, 263, 264 und 530 ZPO nur auf Antrag des Verfügungsberechtigten zur Klage oder zur Widerklage in Betracht. Der jeweilige Prozeßgegner muß in das Hochziehen des unentschiedenen Rests nach § 269 Abs. 1 ZPO einwilligen. Das Berufungsgericht ist an die gestellten (Anschluß-)Berufungsanträge zur Sache gebunden. Ein Zurückbleiben hinter den gestellten Berufungsanträgen ist dagegen jederzeit möglich.[23]

---

[19] § 11, S. 191 ff.

[20] § 11, S. 194 f.

[21] § 11, S. 196 ff.

[22] § 11, S. 201 ff.

[23] § 11, S. 207 ff.

Literaturverzeichnis

Die häufig zitierten Beiträge sind in den Fußnoten entweder allein durch den Verfassernamen oder zusätzlich durch ein Stichwort bezeichnet; die hochgestellten Ziffern beziehen sich auf die entsprechende Auflage. Die verwendeten Abkürzungen entsprechen den Vorschlägen in Kirchner, Hildebert: Abkürzungsverzeichnis der Rechtssprache, 4. Auflage, München 1993.

Alternativkommentar zur Zivilprozeßordnung/*Bearbeiter*, herausgegeben von Rudolf Wassermann, Neuwied-Darmstadt 1987.

Altmeppen, Holger: Klageänderung in der Rechtsmittelinstanz, in ZIP 1992, 449 ff.

Arens, Peter: Die Befugnis des Revisionsgerichts im Zivilprozeß zur Entscheidung in der Sache selbst, AcP 161 (1962), 177 ff.

— Besprechung zu P. Gilles, Rechtsmittel im Zivilprozeß, in AcP 173 (1973), 473 ff.

Assmann, Dorothea: Das Verfahren der Stufenklage, Köln u.a. 1990.

Avenarius, Martin: Bestimmtheitsanforderungen an den Berufungsantrag im Zivilprozeß, in Neue Justiz 1993, 450 ff.

Bähr, P: Anmerkung zu BGH, Urteil vom 1.4.1971 - VII ZR 297/69, in JR 1971, 332 f.

Batsch, Karl: Zum Verhältnis von Rechtsmittelbeschränkung und Klagerücknahme, in NJW 1974, 299 ff.

Baumbach, Adolf/ *Lauterbach*, Wolfgang/ *Albers*, Jan/ *Hartmann*, Peter: Zivilprozeßordnung, 53. Auflage, München 1995.

Baumgärtel, Gottfried: Wesen und Begriff der Prozeßhandlung einer Partei im Zivilprozeß, Berlin-Frankfurt a.M. 1957.

— Anmerkung zu BAG, Urteil vom 29. 10. 1960 - 5 AZR 281/59, in SAE 1961, 164.

— Anmerkung zu BGH, Urteil vom 19.12.1969 - V ZR 114/66, in JR 1970, 186 f.

Baur, Fritz: Ist die Anschlußberufung (Anschlußrevision) ein Rechtsmittel? Zugleich ein Beitrag zu Begriff und System der Rechtsmittel, in Festschrift für Ch. Fragistas, Thessaloniki 1966, S. 359 ff.

— Studien zum einstweiligen Rechtsschutz, Tübingen 1967.

— Vereinbarungen über präjudizielle Rechtsverhältnisse in Zivilprozeß, in Festschrift für Eduard Bötticher, Berlin 1969.

Baur, Fritz/*Grunsky*, Wolfgang: Zivilprozeßrecht, 8. Auflage, Neuwied u.a. 1994.

Becht, Ernst: Grundfragen des Berufungsverfahrens, in JuS 1990, 829 ff., 1000 ff. und JuS 1991, 59 ff., 134 ff.

Behre, Otto-Peter: Der Streitgegenstand des Wiederaufnahmeverfahrens, Berlin 1968.

Bergerfurth, Bruno: Der Ehescheidungsprozeß, 9. Auflage, Essen 1994.

Bettermann, Karl-August: Anfechtung und Kassation, in ZZP 88 (1975), 365 ff.

— Wesen und Streitgegenstand der verwaltungsgerichtlichen Anfechtungsklage, in DVBl 1953, 163 ff., 202 ff.

— Die Beschwer als Rechtsmittelvoraussetzung im deutschen Zivilprozeß, in ZZP 82 (1969), 24 ff.

— Die Zurückverweisung durch das Berufungsgericht im Verwaltungs- und Zivilprozeß, in DVBl 1961, 65 ff.

— Difformitätsprinzip und neuer Beschwerdegrund, in ZZP 77 (1964), 3 ff.

Beys, Kostas E.: Zum Problem des Streitgegenstandes im Zivilprozeß und den zu ziehenden Folgerungen, insbesondere für die Rechtskraft, in ZZP 105 (1992), 145 ff.

Blomeyer, Arwed: Zivilprozeßrecht, Erkenntnisverfahren, 2. Auflage, Berlin 1985.

Blomeyer, Jürgen: Die Erinnerungsbefugnis Dritter in der Mobiliar-Zwangsvollstreckung, Berlin 1966.

— Rechtskraft und Rechtsmittel bei Klageabweisung, in NJW 1969, 587 ff.

de Boor: Anmerkung zu BGH, Urteil vom 17.1.1951 - II ZR 16/50, in JZ 1951, 450.

Bötticher, Eduard: Kritische Beiträge zur Lehre von der materiellen Rechtskraft im Zivilprozeß, Berlin 1930.

— Reformatio in peius und Prozeßurteil, in ZZP 65 (1952), 464 ff.

— Buchbesprechung zu O. Jauernig, Das fehlerhafte Zivilurteil, in AcP 158 (1959/60), 262 ff.

Brehm, Wolfgang: Verfahrenskontroolle und Entscheidung des Berufungsgerichts, in ZZP 107 (1994), 463 ff.

Breit, James: Die Handhabung der Verfahrens-Verordnung vom 13. Februar 1924 in der Berufungsinstanz, in JW 1924, 369 ff.

Brox, Hans: Die Beschwer als Rechtsmittelvoraussetzung, in ZZP 81 (1968), 379 ff.

Bruns, Rudolf: Zivilprozeßrecht, 2. Auflage, München 1979.

Butzer, Hermann: Die Erweiterung der Klageanträge in der Berufungsinstanz - Gilt § 506 ZPO analog?, in NJW 1993, 2649 ff.

Dehner, Walter: Anmerkung zu BGH, Urteil vom 15.2.1971 - III ZR 188/67, in NJW 1971, 1565 f.

Diederichsen, Uwe: Die Revision in Ehesachen, in FamRZ 1966, 605 ff.

Ekelöf, Per Olaf: Der Prozeßgegenstand - ein Lieblingskind der Begriffsjurisprudenz, in ZZP 85 (1972), 145 ff.

Endemann, Wilhelm: Das Deutsche Zivilprozeßrecht, Heidelberg 1868, Neudruck Aalen 1969.

Fenn, Herbert: Die Anschlußbeschwerde im Zivilprozeß und im Verfahren der freiwilligen Gerichtsbarkeit, Bielefeld 1961.

— "Das Rechtsmittel der Anschlußberufung" oder die Rechtsmittelanschließung?, in FamRZ 1976, 259 ff.

— Buchbesprechung zu T. Ratte, Wiederholung der Beschwerde, in ZZP 90 (1977), 111 ff.

Fiedler, Herbert / *Richter*, Hans: Bemerkungen zur Regelung des Rechtsmittelverfahrens im Arbeitsentwurf der neuen ZPO, in NJW 1967, 471 ff.

Frank, Johann: Anspruchsmehrheiten im Streitwertrecht, Köln u.a. 1985.

Fuhrmann, Manfred: Die Zurückweisung schuldhaft verspäteter und verzögernder Angriffs- und Verteidigungsmittel im Zivilprozeß, Bielefeld 1987.

Furtner, Georg: Das Urteil im Zivilprozeß, 5. Auflage München 1985.

— Die Erledigung der Hauptsache im Rechtsbehelfsverfahren, in MDR 1961, 188 ff.

Ganter, Gerhard: Wiedereinsetzung in den vorigen Stand wegen Versäumung der Berufungsbegründungsfrist ohne Nachholung der Berufungsbegründung, in NJW 1994, 164 ff.

Gernhuber, Joachim: Das Zwischenurteil im deutschen Zivilprozeß, Jena 1947.

Gilles, Peter: Rechtsmittel im Zivilprozeß, Frankfurt a.M. 1972.

— Die Berufung in Zivilsachen und die zivilgerichtliche Instanzenordnung, in Gilles (Hrsg.), Humane Justiz, Gent 1977, S. 147 ff.

— Rechtsmitteleinlegung, Rechtsmittelbegründung und nachträgliche Parteidispositionen über das Rechtsmittel, in AcP 177 (1977), 189 ff.

— Anschließung, Beschwer, Verbot der reformatio in peius und Parteidispositionen über die Sache in höherer Instanz, in ZZP 91 (1978), 128 ff.

— Grundprobleme des zivilprozessualen Anschließungsrechts, in ZZP 92 (1979), 152 ff.

— Rechtsmittelreform im Zivilprozeß und Verfassungsaspekte einer Rechtsmittelbeschränkung, in JZ 1985, 253 ff.

— Rechtsmittel im Zivilprozeß aus juristischer Sicht, in Gilles/Röhl/Schuster/Strempel (Hrsg.), Rechtsmittel im Zivilprozeß, Köln 1985, S. 11 ff.

Göppinger, Horst: Die Erledigung des Rechtsstreits in der Hauptsache, Stuttgart 1958.

Götz, Heinrich: Urteilsmängel und innerprozessuale Bindungswirkung, Frankfurt a.M. 1956.

Goldschmidt, James: Der Prozeß als Rechtslage. Eine Kritik des prozessualen Denkens, Berlin 1925, Neudruck Aalen 1962.

— Zivilprozeßrecht, 2. Auflage, Berlin 1932.

Gottwald, Peter: Die Revisionsinstanz als Tatsacheninstanz, Berlin 1975.

— Rechtsmittelzulässigkeit und Erledigung der Hauptsache, in NJW 1976, 2250 ff.

— Argumentation im Zivilprozeßrecht, in ZZP 93 (1980), 1 ff.

Grunsky, Wolfgang: Prozeß- und Sachurteil, in ZZP 80 (1967), 55 ff.

— Beschränkungen bei der Einlegung eines Rechtsmittels und bei der Aufhebung des angefochtenen Urteils, in ZZP 84 (1967), 128 ff.

— Grundlagen des Verfahrensrechts, 2. Auflage, Bielefeld 1974.

— Zum Umfang der Dispositionsbefugnis des Rechtsmittelklägers bei der Bestimmung des Verfahrensgegenstandes, in ZZP 88 (1975), 49 ff.

— Die Erweiterung des Rechtsmittelantrags im Zivilprozeß, NJW 1966, 1393.

Habscheid, Walther: Der Streitgegenstand im Zivilprozeß und im Streitverfahren der freiwilligen Gerichtsbarkeit, Bielefeld 1956.

— Der Rechtsmittelverzicht im Zivilprozeß, in NJW 1965, 2369 ff.

— Urteilswirkungen und Gesetzesänderungen, in ZZP 78 (1965), 401 ff.

— Buchbesprechung zu P. Gilles, Rechtsmittel im Zivilprozeß, in NJW 1974, 635 ff.

Habscheid, Walther / *Lindacher*, Walter: Zur Akzessorietät der unselbständigen Rechtsmittelanschließung, in NJW 1964, 2395 ff.

Hahn, C. (Hrsg.): Die gesamten Materialien zu den Reichs-Justizgesetzen, 2. Bd., 1. Abteilung, Die gesamten Materialien zur Civilprozeßordnung und dem Einführungsgesetz zu derselben, Berlin 1880.

v. *Heintschel-Heinegg*, Bernd: Das Verfahren in Familiensachen, 3. Auflage, Neuwied u.a. 1994.

Heintzmann, Walther: Die Erledigung des Rechtsmittels, in ZZP 87 (1974), 199 ff.

Hellwig, Konrad: System des Deutschen Zivilprozeßrechts, Bd. I, Leipzig 1912, Neudruck Aalen 1976.

Holzhammer, Richard: Österreichisches Zivilprozeßrecht. Erkenntnisverfahren, Wien-New York, 1970.

Jauernig, Othmar: Das fehlerhafte Zivilurteil, Frankfurt a.M. 1958.

— Prozeßbeendigung durch außergerichtlichen Vergleich?, in JZ 1958, 657 f.

— Verhandlungsmaxime, Inquisitionsmaxime und Streitgegenstand, in Recht und Staat, Heft 339, 340, Tübingen 1967.

— Materielles Recht und Prozeßrecht, in JuS 1971, 329 ff.

— Zum Prüfungs- und Entscheidungsvorrang von Prozeßvoraussetzungen, in Festschrift für G. Schiedermair, München 1976, S. 289 ff.

— Zivilprozeßrecht, 24. Auflage, München 1993.

Johannsen, Kurt H. / *Henrich*, Dieter: Eherecht, 2. Auflage, München 1992.

Kahlke, Gerhard: Zur Funktion von Beschwer und Rechtsschutzbedürfnis im Rechtsmittelverfahren, in ZZP 94 (1981), 423 ff.

Karmasin, Ernst: Nochmals: Zum Verhältnis von Rechtsmittelbeschränkung und Klagerücknahme, in NJW 1974, 982 f.

Kapsa, Bernhard-Michael: Das Verbot der reformatio in peius im Zivilprozeß, Bonn 1976.

Kisch, Wilhelm: Beiträge zur Urteilslehre, Leipzig 1903.

— Empfiehlt sich die Einführung der vollen Berufung im zivilrechtlichen Verfahren?, Zweiter deutscher Juristentag in der Tschechoslowakei, Prag 1925, S. 217 ff.

Kissel, Otto Rudolf: Der dreistufige Aufbau in der ordentlichen Gerichtsbarkeit, Frankfurt a.M. 1972.

Klamaris, Nikolaos: Das Rechtsmittel der Anschlußberufung, Tübingen 1975.

Klein, Franz: Der Zivilprozeß Österreichs (mit Ergänzungen von F. Engel), Neudruck der Ausgabe 1927, Mannheim 1970.

Kleinlein, Kornelius: Der maßgebliche Zeitpunkt für die Beurteilung der Rechtmäßigkeit von Verwaltungsakten, in VerwArch 81 (1990), S. 149 ff.

Körting, Ehrhart: Erfordernisse der Berufungsbegründung, in AcP 142 (1936), 92 ff.

Kohler, Jürgen: Anmerkung zu BGH Urteil vom 9.12.1993 - IX ZR 64, 93, in ZZP 107 (1994), 241 ff.

Kolotouros, Panagiotis: Der Rechtsmittelgegenstand im Zivilprozeß, Berlin 1992.

Kopp, Ferdinand: Verwaltungsgerichtsordnung, 10. Auflage, München 1994

Kraemer, Wilhelm: Anmerkung zu Urteil des RG vom 21.1.1931, 7. Zivilsenat - VII 140/30 in ZZP 56 (1931), 354 ff.

v. *Kries*, August: Die Rechtsmittel des Civilprocesses und des Strafprocesses nach den Bestimmungen der Deutschen Reichsgesetze, Breslau 1880, Neudruck Aalen 1975.

Kuchinke, Kurt: Anmerkung zu Urteil des BGH vom 10.7.1985, 4a. Zivilsenat - IVa ZR 151/83 in JZ 1986, 90 f.

Lang, Rolf: Haftpflichtfragen, in AnwBl. 1982, 240 ff.

Lange, Hans Dieter: Bezugnahme im Schriftsatz, in NJW 1989, 438 ff.

Leipold, Dieter: Rechtsmittel als Verfahrensfortsetzung oder Entscheidungskontrolle, in Gilles/Röhl/Schuster/Strempel (Hrsg.), Rechtsmittel im Zivilprozeß, Köln 1985, S. 285 ff.

Lent, Friedrich: Anmerkung zu BGH, Urteil vom 21.11.1953 - VI ZR 130/52, in NJW 1954, 640.

Lepp, Wolfgang F.: Die Berufungsrüge in der Rechtsprechung des BGH, in NJW 1984, 1944 ff.

Lindacher, Walter: Anmerkung zu BAG, Urteil vom 28.11.1966 - V AZR 190/66, in NJW 1967, 1389.

— Besprechung zu P. Gilles, Rechtsmittel im Zivilprozeß, in FamRZ 1973, 279 ff.

— Die Streitgenossenschaft, in JuS 1986, 379 ff.

Lorenz, Max: Über die volle Berufung im deutschen und die beschränkte Berufung im österreichischen Zivilprozeßrecht, in ZZP 65 (1952), 169 ff.

Lüderitz, Alexander: Anmerkung zu BGH, Beschluß vom 18.12.1963 - IV ZR 263/63, in NJW 1964, 1075.

Lüke, Gerhard: Die Beseitigung des Prozeßvergleichs durch Parteivereinbarung - BGHZ 41, 310, in JuS 1965, 482 ff.

Martens, Joachim: Streitgegenstand und Urteilsgegenstand der Anfechtungsklage, in DÖV 1964, 365 ff.

— Die zeitliche Fixierung des materiellen Anspruchs im Verwaltungsprozeß, in DVBl 1970, 260 ff.

Mattern, Friedrich: Miterledigung von vorderinstanzlichen Prozeßresten, in JZ 1960, 385 ff.

Menger, Christian-Friedrich: System des verwaltungsgerichtlichen Rechtsschutzes, Tübingen 1954.

Merle, Werner: Zur eventuellen Klagehäufung, in ZZP 83 (1970), 436 ff.

v. Mettenheim, Christoph: Der Grundsatz der Prozeßökonomie im Zivilprozeß, Berlin 1969.

Mittenzwei, Ingo: Zum Umfang der Berufungsbegründungspflicht gemäß § 519 ZPO, in MDR 1972, 468 ff.

Müller-Rabe, Steffen: Beschränkter Prüfungsumfang im Berufungsverfahren, in NJW 1990, 283 ff.

Münchener Kommentar zur Zivilprozeßordnung/*Bearbeiter*, herausgegeben von Gerhard Lüke und Alfred Walchshöfer, München 1992

Nikisch, Arthur: Zivilprozeßrecht, 2. Auflage, Tübingen 1952.

— Zur Lehre vom Streitgegenstand im Zivilprozeß, in AcP 154 (1955), 272.

Ohndorf, Wolfgang: Die Beschwer und die Geltendmachung der Beschwer als Rechtsmittelvoraussetzung im deutschen Zivilprozeßrecht, Berlin 1972.

Philippi, Peter: Anfechtung und Rechtskraft von Scheidungsverbundurteilen, in FamRZ 1989, 1257 ff.

Planck, Julius Wilhelm: Lehrbuch des Deutschen Civilprozeßrechts, Bd. II, München 1896.

Pollak, Rudolf: Rechtsangleichung im Rechtsmittelverfahren, in ZZP 54 (1929), 178 ff.

— System des österreichischen Zivilprozeßrechts mit Einschluß des Exekutionsrechts, 2. Auflage, Wien 1932.

Prütting, Hanns: Die Zulassung der Revision, Köln u.a. 1977.

Rahm, Walter / *Künkel*, Bernd: Handbuch des Familiengerichtsverfahrens, 4. Auflage, Köln 1994.

Ratte, Theo: Wiederholung der Beschwerde und Gegenvorstellung. Die Abänderbarkeit einer oberlandesgerichtlichen Beschwerdeentscheidung im Zivilprozeß. Zugleich ein Beitrag zur Rechtsnatur der Berufung und der Beschwerde. Berlin 1975.

Reichsjustizministerium (Hrsg.): Entwurf einer Zivilprozeßordnung, Berlin 1931.

— Das Neuerungsrecht in der Berufungsinstanz, DR 1941, 1039.

Riechert, Max: Hängengebliebene Ansprüche, in ZZP 80 (1967), 102 ff.

Rimmelspacher, Bruno: Die Prüfung von Amts wegen im Zivilprozeß, Göttingen 1966.

— Materiellrechtlicher Anspruch und Streitgegenstandsprobleme im Zivilprozeß, Göttingen 1970.

— Tatsachen und Beweismittel in der Berufungsinstanz, in ZZP 107 (1994), S. 421 ff.

Rolland, Walter (Hrsg.): Familienrecht, Neuwied 1993.

Rosenberg, Leo/*Schwab*, Karl Heinz/*Gottwald*, Peter: Zivilprozeßrecht, 15. Auflage, München 1993.

Roth, Herbert: Gewillkürter Parteiwechsel und Bindung an Prozeßlagen, in NJW 1988, 2977 ff.

Rüffer, Wilfried: Die formelle Rechtskraft des Scheidungsanspruchs bei Ehescheidung im Verbundverfahren, Bielefeld 1982.

Sartorius, J.B.: Beiträge zur Geschichte und Theorie der reformatio in peius, in AcP 31 (1948), 83 ff., 313 ff.

Sax, Walter: Das unrichtige Sachurteil als Zentralproblem der allgemeinen Prozeßrechtslehre, in ZZP 67 (1954), 21 ff.

Schellhammer, Kurt: Zivilprozeß, 6. Auflage, Heidelberg 1994.

Schilken, Eberhard: Zivilprozeßrecht, Köln 1992.

Schlosser, Peter: Gestaltungsklagen und Gestaltungsurteile, Bielefeld 1966.

— Zivilprozeßrecht I. Erkenntnisverfahren, 2. Auflage, München 1991.

Schnauder, Franz: Teilanfechtung und Teilrechtskraft im Zivilprozeß - BGH NJW 1993, 365 ff., in JuS 1993, 365 ff.

Schneider, Egon: Zurückverweisung in zweiter Instanz bei erstinstanzlichen Verfahrensmängeln, in MDR 1973, 449 ff.

— Zivilprozeßrecht im Wandel, in MDR 1975, 801 ff.

— Zurückverweisung nach erstinstanzlicher Teilabweisung, in MDR 1977, 709 ff.

— Anmerkung zu OLG Köln, Beschl. vom 20. 2. 1979 - 9 U 137/78, in MDR 1979, 499.

— Klageänderung in 2. Instanz, in MDR 1982, 626.

— Problemfälle aus der Prozeßpraxis, in MDR 1985, 21 ff.

— Anmerkung zu OLG Nürnberg, Urteil vom 24.4.1991 - 4 U 3249/90, in MDR 1991, 1091 f.

Schönke, Adolf: Anmerkung zu BGH, Urteil vom 5.2.1953 - III ZR 105/51, in NJW 1953, 702.

— Anmerkung zu OLG Oldenburg, Urteil vom 23.1.1952 - 2 U 64/51, in JZ 1952, 566.

Schönke, Adolf/*Kuchinke*, Kurt: Zivilprozeßrecht, 9. Auflage, Karlsruhe 1969.

Schrader, Siegfried / *Steinert*, Karl-Friedrich: Zivilprozeß, 7. Auflage, München 1990.

Schumann, Claus-Dieter: Die Berufung in Zivilsachen, 4. Auflage, München 1990.

Schumann, Ekkehard: Grundbegriffe des Gerichtsverfassungsrechts der Bundesrepublik, Teil I und III, in JA 1974 (ZR S. 97), 283 ff. und (ZR S. 193) 575 ff.

— Das Versäumen von Rechtsbehelfsfristen durch einzelne notwendige Streitgenossen, in ZZP 76 (1963), 381 ff.

— Recht auf Rechtsmittel, in Gilles/Röhl/Schuster/Strempel (Hrsg.), Rechtsmittel im Zivilprozeß, Köln 1985, S. 267 ff.

Schwab, Dieter/*Bearbeiter*: Handbuch des Scheidungsrechts, 2. Auflage, München 1989.

Schwab, Karl Heinz: Der Streitgegenstand im Zivilprozeß, München-Berlin 1954.

— Anmerkung zu BGH, Urteil vom 16.6.1959 - VI ZR 81/58, in NJW 1959, 1824.

— Das Verfahren zwischen den Instanzen, in Festschrift Schnorr v. Carolsfeld, Köln 1973, S. 445 ff.

Schweizer, Frank: Der Eintritt der Rechtskraft des Scheidungsanspruchs bei Teilanfechtung im Verbundverfahren, Bielefeld 1991.

Schwerdtfeger, Gunther: Öffentliches Recht in der Fallbearbeitung, 9. Auflage, München 1993.

Sedemund-Treiber, Antje: Änderungen des Verfahrensrechts nach dem Gesetz zur Änderung unterhaltsrechtlicher, verfahrensrechtlicher und anderer Vorschriften, in FamRZ 1986, 209 ff.

Sell, Reinhard: Probleme der Rechtsmittelbegründung im Zivilprozeß, Köln 1973.

Sonnenberger, Hans/*Schweinberger*, Jürgen: Einführung in das französische Recht, 2. Auflage, Darmstadt 1986.

Stein, Friedrich/*Jonas*, Martin/*Bearbeiter*: Kommentar zur Zivilprozeßordnung, 20. Auflage, Tübingen 1977, 1984, 1986, 1987, 1988 und 1989, 21. Auflage, erscheint seit 1993.

Teubner, Ernst: Die hilfsweise Erledigungserklärung, in MDR 1989, 586 ff.

Thomas, Heinz/*Putzo*, Hans: Zivilprozeßordnung, 19. Auflage, München 1995.

Tiedke, Klaus: Das unzulässige Zwischenurteil, in ZZP 89 (1976), 64 ff.

Tietze: Anmerkung zu OLG Darmstadt, Urteil vom 4.10.1933 - 2 U 50/33, in JW 1934, 176.

v. Velsen: Der Berufungsantrag, in ZZP 49 (1925), 356 ff.

Vollkommer, Max: Anmerkung zu BGH, Beschluß vom 2.10.1967 - III ZR 24/67, in NJW 1968, 1042.

— Formstrenge und prozessuale Billigkeit, München 1973.

Wach, Adolf: Vorträge über die Reichscivilprocessordnung, 2. Auflage, Bonn 1896.

Walchshöfer, Alfred: Anmerkung zu LAG Hamm, Beschluß vom 24.8.1972 - 8 Ta/72, in NJW 1973, 244 f.

Walsmann, Hans: Die Anschlußberufung. Zugleich ein Beitrag zur Lehre von der Berufung, insbesondere Grundlagen und Zulässigkeitsvoraussetzungen der Berufung, Leipzig 1928.

Weitzel, Jürgen: Grundzüge des Rechts der Rechtsmittel, in JuS 1992, 625 ff.

Westerhoff, Rudolf: Vom Sinn prozessualer Formen und Formvorschriften, in JR 1986, 269.

Wieczorek, Bernhard/*Bearbeiter*: Zivilprozeßordnung und Nebengesetze, 2. Auflage, Berlin-New York, 1976.

Wolf, Manfred: Die Berücksichtigung verspäteten Vorbringens in der Berufungsinstanz, in ZZP 94 (1981), 310 ff.

Zeiss, Walter: Zivilprozeßrecht, 8. Auflage, Tübingen 1993.

Zeuner, Albrecht: Die objektiven Grenzen der Rechtskraft im Rahmen rechtlicher Sinnzusammenhänge, Tübingen 1959.

Zimmermann, Walter: ZPO, Kommentar anhand der höchstrichterlichen Rechtsprechung, 3. Auflage, Heidelberg 1993.

Zöller, Richard/*Bearbeiter*: Zivilprozeßordnung, 19. Auflage, Köln 1995.

Sachregister

Abänderung unangefochtener Entscheidungsteile, *187 ff.*
- Antragsbindung des Berufungsgerichts, *187 ff.*
- Fehler im Verbundurteil, *190 f.*
- Verfahrensfehler in 1. Instanz, *188 ff.*

Allzuständigkeit des Berufungsgerichts, *78*

Änderung des Berufungsgegenstands
- bei nachträglichen Klagedispositionen, *178 ff.*
- bei Wiedereinsetzungsvoraussetzungen, *168*
- der Anschlußberufung, *168*
- durch den Berufungsbeklagten, *168*
- im Verbundverfahren, *169 ff.*
- mit Abänderungsgründen, *165*
- mit nachgeschobenen Berufungsgründen, *165 ff.*
- mit Vollstreckungsabwehrgründen, *167*
- mit Wiederaufnahmegründen, *167*
- nachträgliche Erweiterung, *151 ff.*
- nachträgliche Reduzierung, *149 ff.*

Anfechtungsbegehren, *34*

Anfechtungserweiterung, *151 ff.*
- bei Sorgerechtsentscheidung, *173*
- bei Teilanfechtung, *153*
- bei Unterhaltsentscheidung, *174*
- formelle Rechtskraft, *152*
- mit Abänderungsgründen, *165, 173*
- mit nachgeschobenen Berufungsgründen, *165, 173*
- nachträgliche, *151 ff.*
- Prognoseverbundsachen, *173*
- Tatsachenpräklusion, *166*
- und Rechtsmittelverzicht, *152*
- Verbundverfahren, *169*
- Vollstreckungsabwehrgründe, *167*
- vor Begründungsfristablauf, *153*
- Wiederaufnahmegründe, *168*
- Wiedereinsetzungsgründe, *168*

Anfechtungsumfang, *44, 69 ff.*
- Anspruchsgrundlagen, *70, 82*
- Auslegung, *65 f.*
- Berufungsbegründung, *56, 62*
- Berufungseinlegung, *56*
- Beschwer, *71*
- Beweisanträge, *70*
- Einwendungen, *70*
- Entscheidungselemente, *69 f., 82*
- Entscheidungsgründe, *76, 84*
- Erweiterung nachträgliche, *151 ff.*
- Grund und Höhe, *70*
- Haupt- und Gegenforderung, *70*
- Haupt- und Hilfsanspruch, *73*
- herrschende Meinung, *69 ff.*
- im Zweifel, *66*
- mehrere Streitgegenstände, *69, 72, 73*
- Mitverschulden, *70, 83*
- qualitative Teilanfechtung, *76 ff.*
- quantitative Teilanfechtung, *71 ff., 74*
- Reduzierung nachträgliche, *149*
- Schadensposten, *69*
- Streitgenossen, *72*
- Stufenklage, *74*
- Tatbestandsmerkmale, *70, 82*
- Teilsummen, *74*
- und Anfechtungsziel, *71*
- unentschiedene Prozeßreste, *69*
- Urteilstatbestand, *84*
- Urteilstenor, *84*
- Veränderung nachträgliche, *149 ff.*
- Vollstreckbarkeitserklärung, *84*
- Widerklage, *69, 72*
- zulässiger, *69 ff.*
- Zulässigkeit und Begründetheit der Klage, *70, 83*
- Zurückbehaltungsrecht, *70*

Anfechtungsziel, *44, 85 ff.*
- Aufhebung und Zurückverweisung, *86 ff.*
- Auslegung, *66*
- Beschwerbeseitigung, *85*
- herrschende Meinung, *86*
- in der Berufungsbegründung, *56, 62*
- in der Berufungseinlegung, *56*
- Kassationsantrag, *86*
- reiner Prozeßantrag, *86*
- Urteilsabänderung, *87*
- zulässiges, *85 ff.*

Angriffs- u. Verteidigungsmittel, *26, 77, 140, 182 ff.*

Anschlußberufung, *27, 145, 179, 192, 199*
- Begründung, *49 f., 168*
- bei Klageanerkenntnis, *124*
- bei Klageverzicht, *124*
- Erweiterung, *168*
- gegen Streitgenossen, *60*
- Gegenstand, *49*
- im Verbundverfahren, *171*
- zur Klagedisposition *145*

- zur Klageerweiterung *145, 184*
- zur Klagerücknahme, *119, 145, 184*
- zur Widerklage *144, 145, 184*

Anträge zur Berufung, *56 ff., 62 ff.*
- Änderung, *149*
- Anfechtungsumfang, *69 ff.*
- Anfechtungsziel, *85 ff.*
- Auslegung, *62 ff.*
- bei nachträglicher Klagedisposition, *181*
- Berufungsbegründung, *62 ff.*
- Berufungseinlegung, *56 ff.*
- Bindung des Berufungsgerichts, *187*
- in der mündlichen Verhandlung, *149, 160*
- nachträgliche Erweiterung, *151 ff.*
- nachträgliche Reduzierung, *149 ff.*
- schriftsätzliche, *149*
- unter Vorbehalt, *67*
- vorläufiger Charakter, *160*

Antragsbindung des Berufungsgerichts, *187 ff.*

Antragsrücknahme im Scheidungsverfahren, *115, 118*

Anwaltszwang, *65, 115 f., 120*

Appellation, *25,33*

Aufhebung und Zurückverweisung, *66, 85 ff.*

Auslegung
- Anfechtungsumfang, *65 f., 71*
- Anfechtungsziel, *66 f.*
- Berufungsbegründung, *62 ff.*
- Berufungseinlegung, *60 ff.*
- Berufungsparteien, *60 ff.*
- Kassationsantrag, *67*

Auslegungsfähige Erklärungen, *64*

Beantragung des Berufungsgegenstands, *56 ff., 62 ff.*
- Änderung, *149*
- Anfechtungsumfang, *69 ff.*
- Anfechtungsziel, *85 ff.*
- Auslegung, *62 ff.*
- bei nachträglicher Klagedisposition, *181*
- Berufungsbegründung, *62 ff.*
- Berufungseinlegung, *56 ff.*
- Bindung des Berufungsgerichts, *187*
- in der mündlichen Verhandlung, *149, 160*
- nachträgliche Erweiterung, *151 ff.*
- nachträgliche Reduzierung, *149 ff.*
- schriftsätzliche, *149*
- unter Vorbehalt, *67*
- vorläufiger Charakter, *160*

Beibringungs- und Beweislast, *40*

Beklagtenwechsel, *143*

Berufung
- eines notwendigen Streitgenossen, *58*
- gegen notwendige Streitgenossen, *58*
- gegen unentschiedene Prozeßreste, *69*
- zum Zwecke der Klagedisposition, *128 ff.*
- Zulässigkeit und Begründetheit, *44*

Berufungsänderung, *149 ff., 178 ff.*
- bei nachträglicher Klagedisposition, *178 ff.*
- der Anschlußberufung, *168 ff.*
- durch den Berufungsbeklagten, *168 ff.*
- Erweiterung, *151 ff.*
- im Verbundverfahren, *169 ff.*
- Reduzierung, *149 ff.*
- und Klageänderung, *47*

Berufungsanträge, *30, 37, 43*
- Änderung, *149*
- Anfechtungsumfang, *69 ff.*
- Anfechtungsziel, *85 ff.*
- Auslegung, *62 ff.*
- bei nachträglicher Klagedisposition, *181*
- Berufungsbegründung, *62 ff.*
- Berufungseinlegung, *56 ff.*
- Bindung des Berufungsgerichts, *187*
- in der mündlichen Verhandlung, *149, 160*
- nachträgliche Erweiterung, *151 ff.*
- nachträgliche Reduzierung, *149 ff.*
- schriftsätzliche, *149*
- unter Vorbehalt, *67*
- vorläufiger Charakter, *160*

Berufungsbegründung, *37, 62 ff., 90 ff., 117, 120, 126*
- Anträge, *62 ff, 69 ff.*
- Auslegung, *62 ff.*
- bei Anfechtungserweiterung, *160 ff., 173 ff.*
- Berufungsverfahren als Tatsacheninstanz, *38*
- Formerleichterung, *63 ff.*
- Gesetzgebungsverfahren, *162*
- Gründe, *90 ff.*
- objektiver Berufungsgegenstand, *62*

Berufungseinlegung, *37, 56 ff.*

Berufungserweiterung, *151 ff.*
- bei Sorgerechtsentscheidung, *173*
- bei Teilanfechtung, *153*
- bei Unterhaltsentscheidung, *174*
- formelle Rechtskraft, *152*
- mit Abänderungsgründen, *165, 173*
- mit nachgeschobenen Berufungsgründen, *165, 173*
- nachträgliche, *151 ff.*
- Prognoseverbundsachen, *173*
- Tatsachenpräklusion, *166*
- und Rechtsmittelverzicht, *152*
- Verbundverfahren, *169*
- Vollstreckungsabwehrgründe, *167*
- vor Begründungsfristablauf, *153*
- Wiederaufnahmegründe, *168*
- Wiedereinsetzungsgründe, *168*

Berufungsgegenstand, *42 ff., 69 ff.*
- Abänderungsbegehren, *40 ff, 42 ff.*
- Änderung, *149 ff.*

- Anfechtungsumfang zulässiger, *69 ff.*
- Anfechtungsziel zulässiges, *85 ff.*
- Begriffliches, *20 ff.*
- bei Klagedispositionen, *112 ff.*
- bei Streitänderung, *125 ff.*
- bei Streiterledigung, *114 ff.*
- der herrschenden Meinung, *23 ff., 26 ff.*
- eigenständiger, *22 ff., 40 ff.*
- Erweiterung durch das Berufungsgericht, *187 ff.*
- Erweiterung, *151 ff.*
- Kassationsbegehren, *34 ff.*
- nach Gilles, *34 ff.*
- objektiver, *56, 62 ff.*
- qualitative Teilanfechtung, *76 ff.*
- quantitative Teilanfechtung, *71 ff.*
- Reduzierung, *149 ff.*
- Streiterledigung, *114 ff.*
- Streitveränderung, *125 ff.*
- subjektiver, *57 ff.*
- und Zulässigkeit der Berufung, *53 ff.*
- Urteilshöhe, *74 ff.*
- Veränderung, *149 ff.*
- Verfahrensfortsetzung zum Streitgegenstand, *23 ff.*
- zulässiger, *69 ff.*
- zur Verfolgung anderer Zwecke, *112 ff.*

Berufungsgründe, *90 ff.*
- abweisendes Urteil, *107*
- Anzahl, *106*
- Begründungserstreckung, *97*
- Bestimmtheit, *93*
- Bezugnahme auf die erste Instanz, *94*
- Erfolgsrelevanz, *94*
- Formalbegründung, *93*
- formale Erfordernisse, *91 ff.*
- formelhafte, *94*
- Gegenrecht, *108*
- Haupt- und Hilfsantrag, *100*
- in anderen Schriftsätzen, *91 ff.*
- inhaltliche Erfordernisse, *93 ff.*
- Klage und Widerklage, *100*
- Nachschieben, *160*
- neue Beweisangebote, *94*
- neue Tatsachen, *94*
- PKH-Beschluß, *92*
- stattgebendes Urteil, *107*
- Streitgegenstände, *96*
- Streitgegenstandsteile, *102*
- Streitpunkte, *102 ff.*
- SV-Gutachten, *92*
- Urteilsrügen, *93*
- Verbundurteil, *101*

Berufungsparteien, *57 ff.*
- Parteiwechsel und Parteierweiterung, *143 ff.*

Berufungsreduzierung, *149*

Berufungsrücknahme, *149 ff.*
- Einwilligung, *150*
- teilweise, *150*
- und Klagerücknahme, *30, 33, 47, 116, 150, 152 ff, 178 ff.*

Berufungsurteil, *45*

Berufungsverzicht, *150, 152 ff.*

Beschwer, *54*
- Beseitigung, *85, 128*
- der Anschlußberufung, *146*
- und Berufungsverzicht, *153*
- und Klagedisposition, *117, 118, 120, 123, 124, 126, 127, 128, 129, 130, 132, 136, 142, 180*

Beschwerde, *27, 35, 50*
- Rechtsmittelgegenstand, *50*
- Rechtsmittelverständnis, *50*

Beschwerdewert, *53, 55*

Beweisaufnahme in zweiter Instanz, *109 ff.*

Civilprozeßordnung, *25*

Devolutiveffekt, *23*

Dispositionen zweitinstanzliche, *40, 47*
- zur Berufung, *47*
- zur Klage, *47*

Dispositionsmaxime, *187*

Einwilligung
- des Beklagten, *139 ff.*
- des Klägers zur Widerklage, *144*

Entscheidung des Berufungsgerichts, *31*

Entscheidungskompetenz zu unentschiedenen Streitteilen, *191*
- bei Anfechtung von Teilurteilen, *201 ff.*
- bei Vorbehaltsurteilen, *196 ff.*
- bei Zwischenurteilen, *196 ff.*
- Hochziehen übergangener Ansprüche, *191 ff.*
- Hochziehen unentschiedener Streitreste, *195 ff.*

Entscheidungsvorgriff, *191 ff.*

Erledigung des Rechtsmittels, *122, 151*

Erledigungserklärung, *112, 121, 145*
- beiderseitige, *121 ff.*
- einseitige, *141 ff.*
- im laufenden Berufungsverfahren, *178*
- mit Einleitung der Berufung, *122*
- vor Einleitung der Berufung, *121*
- zwischen den Instanzen, *122*

Erwachsenheitssumme, *53, 116, 117, 120, 123, 124, 126, 128, 134, 151, 180*

Erweiterung der Berufung, *151 ff.*
- durch das Berufungsgericht, *187 ff.*
- durch den Berufungsbeklagten, *168*
- formelle Rechtskraft, *152*
- im Verbundverfahren, *169 ff.*
- mit nachgeschobenen Berufungsgründen, *165 ff.*
- nach Ablauf der Begründungsfrist, *155*
- vor Ablauf der Begründungsfrist, *153*

Familiensachen, *169*

Feststellungsklage zur Hauptsacheerledigung, *141 ff.*

Folgesachen, *169*

Form- und fristgerechte Beantragung, *56 ff.*

Formalbegründung, *93*

Formzwang der Berufungsanträge, *63 ff.*

Gegenanschließung, *156*
- im Verbundverfahren, *176*

Haupt- und Gegenforderung, *73*

Haupt- und Hilfsanspruch, *73*

Hochziehen, *191 ff.*
- auf Parteiantrag, *195 ff.*
- bei Grundurteilen, *196*
- bei Teilurteilen, *201 ff.*
- bei Vorbehaltsurteilen, *196 ff.*
- bei Zwischenurteilen, *196 ff.*
- erstinstanzlich übergangener Ansprüche, *191*
- übergangener Ansprüche, *194*
- übrige Fälle, *207 ff.*
- unentschiedene Hilfsansprüche, *191*
- unentschiedener Streitreste, *195 ff.*
- von Amts wegen, *193 ff., 195 ff.*

Instanzverlust, *139*

Inzidentfeststellungsurteil, *202, 203*

iudicium
- rescidens, *32*
- rescissorium, *32*

Klageänderung, *112, 125 ff., 129 ff., 132 ff., 137 ff., 178 ff.*
- durch den obsiegenden Kläger, *129, 132*
- durch den unterlegenen Kläger, *129, 134, 137*
- in Feststellungsklage zur Hauptsacheerledigung, *141 ff.*
- und Berufungsänderung, *47, 178*
- und Teilanfechtung, *71*
- während des Berufungsverfahrens, *178, 180, 183 ff*

Klageanerkenntnis, *113, 124, 145, 178 ff.*
- mit Einleitung der Berufung, *124*
- vor Einleitung des Berufungsverfahrens, *124*
- während des Berufungsverfahrens, *180*

Klagedispositionen
- Antragsrücknahme in Scheidungssachen, *118*
- durch den Berufungsbeklagten, *145 ff.*
- frühe, *114 ff., 137 ff.*
- mithilfe einer Anschlußberufung, *145 ff.*
- nach der ersten Instanz, *112 ff.*
- späte, *178 ff.*
- streiterledigende, *113, 178*
- streiterweiternde, *125 ff., 180 ff.*
- streitverändernde, *125 ff., 180 ff.*
- zwischen den Instanzen, *114, 119, 121, 124, 125*

Klageerweiterung
- durch den obsiegenden Kläger, *130, 132*
- durch den unterlegenen Kläger, *131, 134 f.*
- während des Berufungsverfahrens, *178 ff., 181*

Klagenhäufung
- durch den obsiegenden Kläger, *130, 132*
- durch den unterlegenen Kläger, *131, 134 f.*
- während des Berufungsverfahrens, *178 ff., 181*

Klagerücknahme, *112, 114 ff., 178 ff.*
- durch den Berufungsbeklagten, *119*
- durch den Berufungskläger, *115 ff.*
- Einwilligung des Beklagten, *114, 116*
- mit Einleitung des Berufungsverfahrens, *115 ff.*
- und Berufungsrücknahme, *47*
- vor Einleitung des Berufungsverfahrens, *114*
- während des Berufungsverfahrens, *178 ff.*

Klageverzicht, *113, 124, 145, 178*
- mit Einleitung des Berufungsverfahrens, *124*
- während des Berufungsverfahrens, *180*

Kostenentscheidung, *187*

Ne ultra petita, *205*

Parteidispositionen, *40 ff.*

Parteien im Berufungsverfahren, *57*
- Auslegung, *60*

Parteirollen im Berufungsverfahren, *32, 46*

Parteiwechsel und Parteierweiterung, *143 ff.*

Präklusion, *182*

Prozeßantrag, *86 ff.*

Prozeßgegenstand, *17 ff., 20 ff.*

Prozeßstoff, *21*
- der ersten Instanz, *110*
- der zweiten Instanz, *109 ff.*

Prozeßziel, *36 ff., 42 ff.*

Qualitative Teilanfechtung, *71 ff.*

Quantitative Teilanfechtung, *76 ff.*

Quantitätsgrundsatz, *71*

Rechtskraft, *151, 164*

Rechtsmittelgegenstand, *20 ff.*
- Abänderungsbegehren, *41 ff.*
- der Beschwerde, *27, 35, 50*
- der herrschenden Meinung, *23 ff., 26 ff.*
- der Revision, *27, 35, 50*
- Diskussion, *17*
- nach Gilles, *34 ff.*

Rechtsmittelklarheit, *80*

Rechtsmittelkosten, *46*

Rechtsmittelverständnis, *20 ff., 41 ff.*
- der herrschenden Meinung, *23 ff.*
- nach Gilles, *34 ff.*

Reduzierung des Berufungsgegenstands, *149 ff.*

Revision, *27, 35, 50*
- Rechtsmittelgegenstand, *50*
- Rechtsmittelverständnis, *50*

Rügeloses Einlassen, *139, 208*

Sachantrag und Prozeßantrag, *204*

Sachdienlichkeit
- der Klagedisposition in zweiter Instanz, *139, 140, 143, 183, 207*
- der Widerklage, *144*

Säumnis im Berufungsverfahren, *33, 46*

Schadensposten, *69, 74 ff.*

Statthaftigkeit, *54*

Streitgegenstandsbegriff, *20 ff.*

Streitgenossen, *57*
- Auslegung, *61*
- einfache, *58*
- notwendige, *58 ff.*

Streitpunkte als Berufungsgegenstand, *76 ff.*

Streitstoff
- bei Klagedisposition, *139*
- der Berufung, *109 ff.*
- zur Berufung und zur Klage, *48, 77*

Stufenklage, *74, 201, 203*

Suspensiveffekt, *23*

Tatsachen- und Rechtslage, *24*

Tatsächliche Neuerungen, *91*

Teilanfechtung, *66*
- Auslegung, *66*
- Geltendmachung, *83*
- qualitative, *76 ff.*
- quantitative, *71 ff.*
- Rechtsmittelgründe, *77*
- urteilstechnische, *84*

Urteil des Berufungsgerichts, *45*

Urteilsbezeichnung bei Berufungseinlegung, *56*

Urteilsgegenstand, *31*

Urteilskassation, *24, 35, 43*

Urteilskontrolle, *23 ff.*

Veränderung des Berufungsgegenstands, *149 ff.*
- bei nachträglichen Klagedispositionen, *178 ff.*
- bei Wiedereinsetzungsvoraussetzungen, *168*
- der Anschlußberufung, *168*
- durch den Berufungsbeklagten, *168*
- im Verbundverfahren, *169 ff.*
- mit Abänderungsgründen, *165*
- mit nachgeschobenen Berufungsgründen, *165 ff.*
- mit Vollstreckungsabwehrgründen, *167*
- mit Wiederaufnahmegründen, *167*
- nachträgliche Erweiterung, *151 ff.*
- nachträgliche Reduzierung, *149 ff.*

Verbesserungsverbot, *187*

Verbindliche Anträge, *149*

Verbundurteilsfehler, *190*

Verbundverfahren, *169*

Verfahrensfehler der Vorinstanz, *40, 188 ff.*

Verfahrensfortsetzung, *24, 42*
- und Ergebniskontrolle, *42*

Verfahrensfortsetzungsvoraussetzungen, *29*

Verfahrensgegenstand, *20 ff.*
- Begriffliches, *20*
- Diskussion, *17 ff.*
- und Urteilsgegenstand, *31*

Vergleich, *114, 119*
- mit Einleitung des Berufungsverfahrens, *120*
- vor Einleitung des Berufungsverfahrens, *119*
- während des Berufungsverfahrens, *178*

Verhandlungs- und Entscheidungsbefugnis, *78*

Versäumnisverfahren, *33, 46*

Verschlechterungsverbot, *187*

Vollanfechtung, *65*

Widerklage, *69, 127, 144, 145*
- durch die obsiegende Partei, *132*

- durch die unterlegene Partei, *134, 144*
- während des Berufungsverfahrens, *184*

Wiedereinsetzung in den vorigen Stand, *117*

Wiederholung der Beweisaufnahme, *110 f.*

Zulässige erste Bestimmung des Berufungsgegenstands, *53 ff.*

Zulässigkeit und Begründetheit der Berufung, *44, 53 ff.*

Zulässigkeitsvoraussetzungen der Berufung, *28, 53 ff.*
- maßgeblicher Zeitpunkt, *54*

Zulässigkeitsvoraussetzungen der Klage, *28, 53 ff., 188 ff*

Zulassungsbeschränkungen bei der Revision, *80*

Zustimmung zur Klagedisposition, *139, 140, 143*

Zwischen den Instanzen, *114, 119, 121*

MÜNSTERISCHE BEITRÄGE ZUR RECHTSWISSENSCHAFT

Herausgegeben im Auftrag der Rechtswissenschaftlichen Fakultät
der Westfälischen Wilhelms-Universität in Münster durch die Professoren
Dr. Hans-Uwe Erichsen Dr. Helmut Kollhosser Dr. Jürgen Welp

85 **Die Erledigung eines Verwaltungsakts im Widerspruchsverfahren.** Von C. Huxholl. 457 S. 1995 ⟨3-428-08203-6⟩ DM 128,– / öS 999,– / sFr 128,–

86 **Die Urteilspraxis des nationalsozialistischen Volksgerichtshofs.** Von H. Schlüter. Tab., Abb.; 239 S. 1995 ⟨3-428-08283-4⟩ DM 94,– / öS 734,– / sFr 94,–

87 **Die Übersicherung des Geldkreditgebers bei Sicherungsübertragungen.** Von T. Seeker. 197 S. 1995 ⟨3-428-08286-9⟩ DM 74,– / öS 578,– / sFr 74,–

88 **Erkennungsmerkmale der illegalen Arbeitnehmerüberlassung in Form von Scheindienst- und Scheinwerkverträgen.** Von W. Hamann. 281 S. 1995 ⟨3-428-08344-X⟩ DM 94,– / öS 734,– / sFr 94,–

89 **Die Durchsetzbarkeit von Verhaltensbindungen im Recht der begünstigenden Verwaltung.** Von C. Heydemann. 180 S. 1995 ⟨3-428-08278-8⟩ DM 76,– / öS 593,– / sFr 76,–

90 **Die Reichweite der lex fori im internationalen Zivilprozeßrecht.** Von F. Jaeckel. 222 S. 1995 ⟨3-428-08354-7⟩ DM 94,– / öS 734,– / sFr 94,–

91 **Die gewerkschaftliche Urabstimmung vor einem Arbeitskampf.** Eine Untersuchung zum deutschen und britischen Recht. Von F. F. J. Michlik. 327 S. 1995 ⟨3-428-08153-6⟩ DM 108,– / öS 843,– / sFr 108,–

92 **Die Rechtsstellung des Testamentsvollstreckers.** Von A. Offergeld. 243 S. 1995 ⟨3-428-08404-7⟩ DM 98,– / öS 765,– / sFr 98,–

93 **Die Durchsetzbarkeit des Rechts auf Kenntnis der eigenen Abstammung aus der Sicht des Kindes.** Eine Analyse des geltenden Rechts und Vorschläge für eine künftige Rechtsgestaltung. Von H. von Sethe. 421 S. 1995 ⟨3-428-08433-0⟩ DM 124,– / öS 968,– / sFr 124,–

94 **Norminhalt und Formenstrenge im Recht der Nottestamente.** Ein Beitrag zur Analyse und Reform der außerordentlichen Testamentsformen. Von H. von der Beck. 200 S. 1995 ⟨3-428-08451-9⟩ DM 94,– / öS 734,– / sFr 94,–

95 **Exekutive Normsetzung in den Vereinigten Staaten von Amerika und der Bundesrepublik Deutschland.** Von H. Pünder. 339 S. 1995 ⟨3-428-08479-9⟩ DM 128,– / öS 999,– / sFr 128,–

96 **Die Heilung von Zustellungsfehlern im internationalen Zivilrechtsverkehr.** Von J. Kondring. 426 S. 1995 ⟨3-428-08480-2⟩ DM 138,– / öS 1.077,– / sFr 138,–

97 **Die verfassungsrechtliche Stellung der nichtehelichen Lebensgemeinschaft im Spannungsfeld zwischen Freiheits- und Gleichheitsrechten.** Von T. Kingreen. 332 S. 1995 ⟨3-428-08573-6⟩ DM 112,– / öS 874,– / sFr 112,–

98 **Die Einrede ausländischer Rechtshängigkeit im deutschen internationalen Zivilprozeßrecht.** Von C. Dohm. 328 S. 1996 ⟨3-428-08608-2⟩ DM 118,– / öS 921,– / sFr 118,–

99 **Kausalität und Gesamttat.** Von F. Dencker. 284 S. 1996 ⟨3-428-08611-2⟩ DM 98,– / öS 765,– / sFr 98,–

92,-

Schriften zum Prozessrecht

93 **Die Vollstreckung aus verwaltungs-, sozial- und finanzgerichtlichen Titeln zugunsten der öffentlichen Hand.** Von A. Wettlaufer. 430 S. 1989 ⟨3-428-06801-7⟩ DM 87,– / öS 679,– / sFr 87,–

94 **Die einstweilige Anordnung im bayerischen Verfassungsprozeßrecht.** Von M. Greßmann. 158 S. 1990 ⟨3-428-06883-1⟩ DM 43,– / öS 336,– / sFr 43,–

95 **Tatbestand und Entscheidungsqualität.** Von J. Weitzel. 123 S. 1990 ⟨3-428-06851-3⟩ DM 72,– / öS 562,– / sFr 72,–

96 **Die Gegenvorstellung im Zivilprozeß.** Von M. Bauer. 163 S. 1990 ⟨3-428-06918-8⟩ DM 43,– / öS 336,– / sFr 43,–

97 **Informationsbeherrschungsrechte im Strafprozeß.** Dogmatische Grundlagen individualrechtlicher Beweisverbote. Von K. Amelung. 111 S. 1990 ⟨3-428-06912-9⟩ DM 58,– / öS 453,– / sFr 58,–

98 **Materielle und formelle Verfahrensgerechtigkeit im demokratischen Rechtsstaat.** Von W. Bottke. 90 S. 1991 ⟨3-428-07042-9⟩ DM 46,– / öS 359,– / sFr 46,–

99 **Die Anerkennung und Vollstreckung ausländischer und internationaler Schiedssprüche.** Von U. Haas. 334 S. 1991 ⟨3-428-07197-2⟩ DM 87,– / öS 679,– / sFr 87,–

100 **Das Verhältnis der Abänderungsklage gemäß § 323 ZPO zur Vollstreckungsgegenklage gemäß § 767 ZPO.** Von M. Jacoby. 264 S. 1991 ⟨3-428-07171-9⟩ DM 128,– / öS 999,– / sFr 128,–

101 **Einstweiliger Rechtsschutz und vorläufige Vollstreckbarkeit.** Gemeinsamkeiten und Wertungswidersprüche. Von S. Vogg. 183 S. 1991 ⟨3-428-07287-1⟩ DM 68,– / öS 531,– / sFr 68,–

102 **Beweisverwertungsverbote und die Hypothese rechtmäßiger Beweiserlangung im Strafprozeß.** Von S. Schröder. 192 S. 1992 ⟨3-428-07405-X⟩ DM 87,– / öS 679,– / sFr 87,–

103 **Der Umfang der Verjährungsunterbrechung durch Klageerhebung.** Von R. Merschformann. 196 S. 1992 ⟨3-428-07426-2⟩ DM 74,– / öS 578,– / sFr 74,–

104 **Der Rechtsmittelgegenstand im Zivilprozeß.** Von P. Kolotouros. 142 S. 1992 ⟨3-428-07444-0⟩ DM 68,– / öS 531,– / sFr 68,–

105 **Der Beklagtenschutz nach Art. 27 Nr. 2 EuGVÜ.** Von S. Braun. 225 S. 1992 ⟨3-428-07486-6⟩ DM 86,– / öS 671,– / sFr 86,–

106 **Der Rechtsschutz gegen die vom Ermittlungsrichter angeordneten und erledigten Grundrechtseingriffe.** Von I. Köster. 140 S. 1992 ⟨3-428-07530-7⟩ DM 74,– / öS 578,– / sFr 74,–

107 **Vorbehaltsanerkenntnis und Anerkenntnisvorbehaltsurteil im Urkundenprozeß.** Von R. Hall. 175 S. 1992 ⟨3-428-07519-6⟩ DM 86,– / öS 671,– / sFr 86,–

108 **Die Klage zur Durchsetzung von Vornahmepflichten der Verwaltung.** Von J.-H. Hong. 313 S. 1992 ⟨3-428-07429-7⟩ DM 98,– / öS 765,– / sFr 98,–

109 **Der Urkundenprozeß** unter besonderer Berücksichtigung von Verfassung (rechtliches Gehör) und Vollstreckungsschutz. Von C. Hertel. 203 S. 1992 ⟨3-428-07550-1⟩ DM 84,– / öS 656,– / sFr 84,–

110 **Die Stellung der Gesellschaft des bürgerlichen Rechts im Erkenntnis-, Vollstrekkungs- und Konkursverfahren.** Grundlagen, Einzelprobleme und Auswirkungen auf das materielle Recht. Von S. Göckeler. 259 S. 1992 ⟨3-428-07563-3⟩ DM 98,– / öS 765,– / sFr 98,–